谁在你家

中国"个体家庭"的选择

沈奕斐 著

上海三联书店

再版序言 Foreword

《个体家庭 iFamily》出版后，我就一头扎到了家庭教育的研究和实践的领域，本来是想开拓一个新的研究领域，探讨何种家庭模式和方式最能促进孩子的成长。结果发现，五年过去了，当年《个体家庭》一书中提到的问题和冲突愈演愈烈，很多当年担心的问题在今天都成了现实。

想要前进就先要清除障碍。

如果想要让孩子成长得好，首先要造就一个和谐的家庭，那么家庭冲突必须一一解决，才能让孩子在一个愉快的有能量的环境中成长。所以，我经常送我的受访者们《个体家庭》这本书。

虽然《个体家庭》是一本学术书，采用了规范的学术写作，但由于是质性研究，里面有很多的个案，并不妨碍一般读者的阅读感受，因此，这本书意外地受到了非学术界的欢迎。我的很多受访者告诉我，我书里的那个某某某就是他/她，那个故事一模一样地发生在他们家里，以致他们怀疑我就是写的他们家的故事，只是匿名处理了。甚至，有一位朋友说：我怀疑你一直在监视我们的家庭，我觉得你里面一半的故事都是我家的！

幸福的家庭都是相似的，其实不幸的家庭，或者家庭冲突也是相似的，背后涉及的问题无非是：这是谁的家，到底听谁的？

搞清楚这个问题，把家庭的权、责、利理清楚，才能做好分工，才能让 1+1≥2，让家庭成为休息的港湾，成为每个人的能量站。这本书聚焦的就是这个问题，力图把这个问题背后每个家庭成员为什么这么想、这么做的理由呈现出来，使得你能看到别人的行为逻辑，更好的理解他人，从而找到合作的方式。

同时，随着心理学的普及和“90后”、“00后”的成长，自我这个概念被越来越多的提及，家庭和个体之间的张力也被学术界更为重视。这一议题的探讨既是中西方学术对话的一个空间，也是了解中国特色的社会主义发展道路的一个切入点。对于我们了解、解释中国人的过去、现在和未来有重要的意义。

感谢上海三联书店的支持，这本书在这样的需求下，再次出版，并且我们把书名修改为《谁在你家——中国“个体家庭”的选择》，把背后的问题直接点明，希望这一问题也引起更多人的关注。

在这第二版中，我修改了一些语言和细节，以使得全书阅读更流畅，细节更为清晰，总体的框架和内容并没有做大的调整。

了解家庭，是了解中国和了解我们自己最重要的切入点之一，期待有更多的朋友一起为家庭研究努力，也希望更多的人了解家庭的运作，更好地安排好自己的生活。

沈奕斐

2019年3月

序一 Foreword

个体家庭？乍一看，书名就存在着矛盾。家庭是两性与血缘的组合，是维系着人类绵延的最基本单位、社会的细胞。家庭是最自然、最基本的人类的“群”，怎么可以说“个体家庭”？

细一想，“个体家庭”概念的提出正是本书重要的理论创新。

家庭研究一直受到社会科学界的高度重视，也有了丰富的学术积累。家庭研究领域早已形成了一些“权威概念”，如核心家庭、主干家庭、联合家庭等等，这些概念不仅被广泛接受，而且似乎穷尽了可能的创新空间。家庭研究中的创新都只是补充、拓展、修正这些概念，难以出现“颠覆性”的成果。

沈奕斐副教授的家庭研究具有“体验式”的风格，她从自己家庭生活的经历中敏锐地体察到上海城市家庭的新变化，隐隐地感觉到这里“有话可说”。她细致地调查了上海一批城市白领家庭；她走到哪里，都反复地问“什么是家庭”。然而，调查越深入，询问的人越多，她脑海里的家庭概念反而模糊起来。当今城市中的家庭现象充满着流动性与不确定性，甚至同一个家庭中的不同的人都会给出有关家庭的不同答案。面对这种情况，传统的“权威概念”失去了其权威性，需要从新的角度去理解实践中的城市家庭。

曾经，中国人把家庭看成生命的依托，看成某种神圣的东西；家庭因此也成了个体难以摆脱的束缚，特别对于女性更是如此。进入新世纪以来，人类的生存方式已经并将继续发生翻天覆地的变化，人口流动、信息爆炸、弹性就业、全球化影响，这一切不断地改变着人们对于生命的态度，对于生活的选择。今天，城市中年轻的白领们更看重个体的兴趣、情感、快乐、成就或者事业。他们步入婚姻的殿堂以后，较少受到家庭的束缚，更多地从自己出发去解释“家庭”，去处理家庭内部的夫妻关系、代际关系或者其他关系，去演绎日常家庭生活。一句话，个体成为家庭的支配性力量。“个体成为了家庭的中心；个体形塑了家庭的面貌，而不是家庭决定个体的生活。”

这就是作者笔下的“个体家庭”。个体想法的独特性决定了家庭形态的多样性，决定了家庭内部权力关系的复杂性；个体想法的不稳定性决定了家庭的流变与多元。更进一步说，家庭内部多个个体间的互动、博弈、较量使当下的城市白领家庭生活变幻莫测、斑斓多彩，吸引着研究者的目光。

在本书中，“个体家庭”首先是一个实体概念，指称那些上海的白领们组成的家庭。作者通过那些生动的故事，描述了城市白领家庭的生活细节，呈现了家庭内部多样的权力格局，更揭示出存在于这类家庭中的个体与家庭的张力。个体家庭成为当今城市社会的基础，成为城市生活的有机构成部分。

作为一部研究当代城市家庭的专著，“个体家庭”中的个体更是一种理论视角。有一段时间，作者被城市家庭的杂多性所困惑；而且，调查越深入，情况越复杂。传统的家庭分类根本无法概括丰富多彩的家庭资料，怎么办？鲍曼、贝克、阎云翔的个体化理论给作者以启迪，当作者用个体化理论去重新审视那些城市白领家庭的时候，一切似乎豁然开朗了。

在传统的学术研究中，核心家庭、主干家庭等概念更多地是家庭内部人际关系的结构性表达。在这里，家庭结构优于个体，并不断地规范与形塑着个体。个体的能动性被泯灭于家庭结构之中，个体成了被家庭结构支配的木偶。个体化理论把胶着于家庭结构中的个体“解救”了出来，成为在家庭领域的实践中富有活力、积极主动、与时俱进的主体。在这里，个体并没有完全被家庭结构束缚，而是努力地根据自己的需要或者想象不断地建构着家庭结构。个体形塑着家庭，创造着更适合时势的家庭形态，更富有现代气息的家庭生活。

当然，能动的个体不是天外来客，他的创造性行为是有限度的。性别与血脉搭建起家庭人际关系的舞台，也设定了这个舞台的边界；个体创造家庭的所有可能性都不能超越这个边界。另一方面，创造着家庭的个体本身是社会创造出来的，他的身体与心灵上打着传统的烙印，他的所有创造都“逃不出传统的掌心”，都留着“传统的影子”。因此，个体家庭是传统家庭的延续，杂多中包含着秩序。

“每个原理都有其出现的时机。”每个原理一旦出现，就打开了理解社会现实的新视野。个体化理论是后工业社会的产物，揭示了知识经济、信息化、全球化场景下人的生存状态，强调了个体的社会实践对于理解社会现象的重要价值。与社会科学的经典原理相比，个体化理论更关注个体的选择、个体的日常生活以及个体与他人的互动，并从个体中概括出社会存在的特点。个体化理论首先是对于当下人类某种生存状态的描述与分析。但是，其理论魅力更在于，当我们把个体化作为一种理论视角去重新审视近现代人类历史与社会存在的时候，我们可能会摆脱英雄史观与各种形式的历史决定论的束缚，通过大量阅读个人生活史所呈现的具体故事，揭示在特定历史场景下的个人行为以及这种行为对于历史进程的影响，发现历史演化的多样性及其逻辑。

因此，个体化理论为我们洞察人类社会生活打开了一扇新的窗口，可能有助于我们看到以往被既有的概念、理论甚至意识形态所遮蔽的社会现实，从而有机会根据新发现的社会现实去检验、修正与发展社会科学理论。沈奕斐副教授的新作《个体家庭》就是沿着这个路径展开的一次“思想的探险”，其中的一些新发现让人耳目一新。

张乐天

复旦大学社会学系　教授　博导

序二 Foreword

尽管我早已认真读过沈奕斐的博士学位论文并且熟知她的田野调查资料，再次拜读这本由论文改写的专著时仍然感到耳目一新，书中几乎每一小节都给予我一些启发，掩卷之后我有从一场学术盛宴归来的震撼和满足之感。

沈著将丰富扎实的民族志描述与富有创意的理论探索近乎完美地结合在一起，用生动有趣、细致入微的笔触刻画上海市中产阶层家庭生活的千姿百态，堪称中国当代人类学和家庭研究领域的一朵奇葩。张乐天教授的序言字字珠玑，寥寥两千字便勾勒出沈奕斐博士大作的诸多精彩之处并且将个体化理论视角的重要意义阐述得淋漓尽致。读过之后，我立刻忧喜参半地发给乐天一封电邮："写得好！但是接下来我还能说点什么呢？"

为避免狗尾续貂的尴尬，我决定换个角度，沿着张序的思路，就沈奕斐的"个体家庭是中国式的个体化的产物"这一重要研究发现谈谈我所得到的启发。

沈博士快人快语，说她要做的就是"把历史的'一瞬间'像照相一样，选择一个角度，'咔擦'一声，记录下来"。此语千真万确。沈著中记录生活之流的精彩镜头比比皆是，给我印象最深刻的图像之一便是2011年10月的那场婚礼：

"酒席过半，大厅灯光突然变暗，司仪邀请大家重新关注红地毯。随着音乐，大厅的门再次打开，换了服装的新娘挽着自己的父母缓缓走出来，而身后是挽着自己父母的新郎，六个人在灯光的追逐中走上红地毯，走上大厅前方的舞台，宾客们鼓起掌来。随后，新郎新娘站在舞台中间，他们的父母站两边，在司仪的主持下，完成了子女向各自父母献花，父母发表感言的步骤。

当两束大光照向舞台时，我突然在台上清晰地看到了个体家庭的心形模型：一束光照着新娘和她的父母，另一束光照着新郎和他的父母，两束圆形的光在中间重合，正好形成了一个心型。”（沈奕斐 2012：278）

读到此处，我的脑海中立刻浮现出 20 世纪 80 年代初期我参加的一场婚礼的清晰图像。那是一个炎热的初夏夜，一群刚毕业的大学生聚在一间灯光昏暗的教室（印象中三分之一的灯有故障）为他们的一对同学办婚礼。25 瓦灯泡上搭着的彩色纸条和黑板上书写的红双喜是唯一的庆典装饰，花花绿绿的水果糖和淡淡的茶水是婚宴的全部内容。这一切在今天看来实在太寒酸，但在那个充满希望的年代，这样的朴素婚礼正是风华正茂的理想主义青年所追求的。更重要的不同在于，那场婚礼上只有同学和老师，双方父母都缺席——因为他们还蒙在鼓里。伴随着轻轻的吉它独奏，新娘新郎与来宾分享他们从相逢到相知再到相爱的过程和他们对未来的憧憬。在回答某个好友关于父母缺席的提问时，23 岁的新娘轻声地说：“我们的事我们自己做主；婚礼过后我们会去拜见父母的。”她听起来与 20 世纪初那些“冲破网罗，张扬自我”的新青年有些相似，但却完全没有后者急于呐喊和抗争的不安。对于这群穿着土气但思想异常开放的青年而言，婚姻自主不过是简单的事实陈述而已。言者轻描淡写，听者会心一笑，因为在那时未得到父母祝福甚至违抗父母意愿而结婚的青年大有人在。乃至于在我长期研究的下岬村，村民们也认为只有经过与父母抗争但最终有情人终成眷属的个案才是“浪漫婚姻”，顺风顺水的只能叫做“自由恋爱”。

比较这两场婚礼，我发现从 20 世纪初的家庭革命，到集体化年代的革命家庭，到改革初期的自由自主小家庭，再到沈博士笔下的以直系代际关系紧密，父母介入小家庭深入，年轻一辈趋于平等，情感表达加强为特征的当代“心型个体家庭”，父母一代在夫妻小家庭中的位置在一个世纪中似乎经历了凤凰涅槃式的轮回。最值得注意的是,浴火重生而复归的不仅仅有丈夫的父母还有妻子的父母。双方父母在个体家庭中的位置孰重孰轻可以因人而异,但双系父母同归这一新发展一定会彻底颠覆传统父系家庭与家族文化的基础,同时向既有家庭研究模式提出严肃的挑战。

核心家庭真的是主导吗?家庭真的是以感情为基础的吗?夫妻主轴真的替代了亲子主轴吗?沈博士这三个问题环环相扣,层层深入,切中要害,入木三分。我为沈博士缜密严谨但又锐气十足的问题设计而拍案叫绝,更为她的平和公允但又充满灵感的答案而折服,即中国家庭的真正变化是从家庭主义转向以多元和流动的家庭结构,经济和情感并重的家庭生活,亲子主轴倒置的家庭内部关系为主要特征的个体家庭。

细心的读者会发现沈博士在对复杂多变的个体家庭作出条分缕析的考察之后却很少给出绝对的是与否的答案;她只是提供准确而丰富的线索和清晰而富有说服力的总结,留给读者足够的空间去发挥他们自己的想象和抽象能力。这是一种高水平的学术写作,作者无需声嘶力竭地向读者兜售某些观点或结论,就像武侠小说中的高手从来无需靠蛮力或快剑来克敌制胜一样。在我看来,沈博士的这套"剑术"有三个绝招。首先,她总是浓墨重彩地描绘生活实践的复杂和多元,比如,"谁是家里人"这么简单的问题就有近乎无限的答案。其次,她运用一些概念工具来提纲挈领地分析复杂现象背后的逻辑或规则,譬如,老年人承担家务是"心型个体家庭"得以顺利运转的关键。更值得称道的是,沈博士善于抓住受访人使用的本土概念来归纳概括,如,"两扇门,一碗汤""人心总是向下长"等等。再次,沈博士还善于将家庭变迁放到更大的社会变迁和制度设计的背景下加以分析,避免了一叶障目的当代学界流行病。这方面的例子多得很,随手拈来的便是她关于老年人,特别是老年男性,成为个体家庭中的"第二个妻子"的精彩分析。

让我们再回到2011年那场令沈博士因为亲眼看到"心型个体家庭模型"的真人现场演示而激动不已的婚礼。我们可以设想,婚礼过后,一个新的个体家庭便随之诞生,家是谁的?谁的父母搬进来同住?这些问题也会顺理成章地相继出现。但是,依照“个体的选择形塑了家庭的框架”(沈博士语)和家庭要为个体服务的新原则,这个小家庭的具体形态和运行模式却很难预测,因为个体的选择可以多样而且多变。接下来的问题是,在这个由多人组成的小共同体中,哪一位个体有能力有权利按照自己的意愿塑造这个新的个体家庭呢?从沈著提供的大量例证来看,多数情况下是年轻夫妇中较为强势的一方会成为这样一位个体,而新的小家庭便是她或者他的个体家庭。但是,父母一代也有可能成为选择方;这里的关键是个人收入的高低和对于其他资源的拥有与掌控,如局长爷爷一家的例子所示。说到底,能够依照自己意愿塑造家庭和家庭生活的只是一位有权力有资源的权力个体,而不是包括所有家庭成员在内的权利个体。在生活实践中,某个人所拥有的塑造个体家庭的合法性是以对其他个体权利的否认或者后者的自愿让渡权利为基础的。在这个意义上,通过个体家庭而达到过自己的生活、充分实现自我的个体化理想的也只是一家一人而已。这是否就是个体化的中国特色呢?

进而言之,那些有幸也有能力按照自己意愿来塑造个体家庭的权力个体其实也没有利用家庭为个体利益服务;相反,他们精心设计并为之努力拼搏的仍然是一个包括多人的家庭共同体。所以,在家庭纠纷中,最常听到的便是权力个体抱怨:“我这么辛苦,还不是为了这个家吗!”当然,第三代的健康成长和事业发展日益成为个体家庭奋斗的核心理想,作为权力个体的家长或个体家庭主导者认为他们是为了孩子作牺牲。但我们也会听到饱受娇宠的小孩子少年老成地表示:“我这么听话,努力学习,还不是为了父母吗!”言外之意,小皇帝们也认为他们在为个体家庭作牺牲。在一个人人认为自己要为共同体作牺牲或者如此辩称的个体家庭里,个体化到底在多大程度上发生在个体身上呢?而这里面是否恰恰隐藏着中国式个体化的奥妙呢?

尽管没有重点探讨,沈博士其实已经看到中国式个体化的种种矛盾现象,特别是个体与家庭之间的剪不断理还乱的复杂关系,并且就某些问题提出初步的答案，例如，在中国家庭内部，平等远没有平衡重要，情景式应对的灵活性反映出个体家庭的智慧等等。正因为抓住了深嵌于中国社会文化土壤中的这些矛盾复杂现象，她才能够做到熟练地运用多种社会理论但又不会拘泥于任何一家之言，还时常向前人定论提出挑战，完成了从我注六经到六经注我的关键一跃。

一本好书不仅为读者提供满意的答案，更重要的是还能提出新的问题，启发读者进一步思考。我相信，沈博士提出的个体家庭概念一定会引起公众的关注和众多学者的兴趣乃至于挑战，中国人类学和家庭研究也会因此而向前迈进重要的一步。果真如此，《个体家庭》便成为学术史上的一个新地标。

阎云翔

2012年10月2日，洛杉矶

目录 Contents

导论：

个体化进程中的中国城市家庭

2007年8月的一个晚上，我和六个“妈妈朋友”家庭一起吃饭，所谓的妈妈朋友就是那些因为我女儿而认识的朋友，彼此的名字都以孩子名加妈妈爸爸来称呼[①]。

由于我满脑子都是我的家庭研究，饭桌上自然而然地谈起家庭问题，我发现我们七个家庭，竟然是七种模式，都不尽相同。

凡凡家[②]和凡凡外婆家住得很近，平时主要依赖凡凡外公外婆接送和照顾凡凡，而凡凡的爷爷奶奶每隔两个月到凡凡家住两个月，爷爷奶奶在的时候，凡凡由爷爷奶奶接送和照顾；

雷雷爸爸妈妈星期一到星期五把雷雷放在外婆外公家，周末雷雷爸妈把孩子接回自己家；

婕婕爸爸星期日到星期五住在单位里，而婕婕妈妈和婕婕住在婕婕外公外婆家，到了周末，婕婕爸妈把孩子一起带出去玩，中午在外面吃一顿饭，“减轻父母的负担，让他们有个休息日”，晚上再把孩子送回外婆家，小两口回到自己的房子里过周末[③]；

汉斯一家本来和汉斯外公外婆以及汉斯舅舅一家住在一起，

① 从儿称作为一种习惯用法，原来是建立在亲属关系和亲属称谓之上的，是对那些不好称呼的亲属使用的委婉的称呼方式（冯汉骥，1989：62）。现在在城市中，对于这种没有亲属关系，因为孩子而认识的人采用从儿称是一件很常见的事情。

② 后做正式访谈，个案42：米菲一家。

③ 后做正式访谈，个案44：欧莉一家。

但汉斯爸爸因为和丈母娘老丈人关系极其不好，已经住在外面一年多了，虽然经常回来看孩子，但是很少过夜，而汉斯妈妈一直在犹豫要不要跟着搬出去[①]；

子路妈妈是全职太太，自己带孩子，一家三口一起居住，典型的核心家庭；

奕辰一家更有意思，星期一到星期五是奕辰外公外婆住到奕辰家，照顾小奕辰；星期五到星期一早上是奕辰的爷爷奶奶住过来照顾小奕辰，双方父母轮流来，用奕辰妈妈的话说是“轮流着，大家都有休息的时间”；

而我自己和我母亲住在一起，我父亲每个周末从苏州赶到上海，和我们团聚。

我问大家：如果问你，你的“屋里厢人”(家里人)，是指哪些人？

雷雷妈妈、子路妈妈和凡凡妈妈非常快地并且很确定地说，屋里厢人指自己的爸爸妈妈和自己小家的三个人。我转头看汉斯妈妈，汉斯妈妈轻轻说，“我也差不多吧”，因为知道她的困境，我没有追问。

雷雷爸爸说：“你们这些女人，就只包括自己的父母……”

问一直在外面和孩子一起玩而没有参加讨论的奕辰妈妈，她说：“我的父母、老公和孩子。”

于是女同胞们说：“这是很正常的吧，就是这样啊。”

凡凡妈妈说：“我的回答是第一感觉，如果再想想可能就会包括公婆。比如说，大家庭可能会包括公婆。”

雷雷妈妈说：“我一年也见不到我公婆一两次，我的第一反应肯定是不包括的，再想想么……可能理性告诉我应该要包括，可是感情上，真是觉得没什么关系。”

我们发现，女同胞们对这个问题回答踊跃，而男同胞们却都没有直接反应，于是我们开始逼迫男同胞们回答。婕婕爸爸认为他

---

① 后做正式访谈，个案43：柳荷一家。

们都是独生子女,所以两个家庭加起来就7个人,都是家里人。婕婕妈妈在边上,笑笑不说话①。

汉斯爸爸马上很明确地说:“我的家里人绝对不包括我的丈母娘和老丈人”!

我丈夫的屋里厢人包括的最多,他的父母、他的兄弟姐妹,还有我的父母都是家里人!而雷雷爸爸的回答很含糊,说:“总是要包括爸爸妈妈的……”雷雷妈妈眼睛一瞪:“那我的父母呢?!”雷雷爸爸这次接得很快:“都是!”

……

在做本研究的五年中,无论是在上海还是其他城市,无论是在中国还是美国,只要和其他家庭一起吃饭,我就会问这样的问题,而答案总是不同。家庭的居住模式和三餐安排——根据“同居共炊”定义中家庭结构的关键衡量标准——很难用核心、主干、联合这样的概念去分类,仅仅七个家庭(包括我自己的家庭),就有七种模式,没有一家是相同的,如果在更长的一段时间内来考察的话,同一家庭在不同的时间点上,家庭结构也是不同的,多元和流动是总结今天中国城市家庭结构最贴切的两个词汇。

当然,家庭和家户类型越来越多样化的结论已经成为了家庭生活社会学的一个论证充分的主题(Allan & Crow, 2001:197)。这一点也是后现代家庭和前现代、现代的不同,斯戴丝认为:在前现代和现代中,存在一个霸权性的家庭模式:核心家庭——男人挣钱,女人管家,不仅大部分家庭是核心家庭,而且核心家庭被看作是合理的生活安排;而到了后现代,随着职业女性、未婚妈妈、同性恋家庭等等的出现和离婚再婚的增多,个人家庭生活越来越多元,不再存在一种主导性的家庭(Stacey, 1998)。

---

① 在后来对婕婕妈妈,也就是欧莉正式访谈时,同样的问题,可能因为只有欧莉一个人在场,欧莉说我的父母加我们三个,完全没有提到婕婕爸爸的父母。

2006 年，我确定了我的博士论文主题是：“父母住我家——中国现代化进程中城市家庭变迁”，当时的想法非常简单，希望能解释我看到的和理论不一样的现实。因为在当代家庭研究中非常主流的一种观点认为，在现代化进程中中国家庭趋于小型化和核心化，而我身边却有很多和父母住在一起的家庭，其中大部分都是父母离开自己的家，老夫妻两个或一个住到小两口的家中。我很好奇，在这样一种家庭核心化的潮流中，为什么我却看到了很多主干家庭？在媒体中也涌现了很多反映父母和子女居住在一起而产生种种矛盾和冲突的电视剧和节目，并且剧中人似乎对于这种代际矛盾的解决束手无策。已有的理论似乎已经不能跟上现实快速而多元的变化，需要有更微观更“地方化”的解释，于是这便成了我研究的起点。

对此问题的探讨却一步步超越了我原来的假设，甚至超越了我自己的研究积累，我发现家庭结构和家庭认同的多元和流动很难类型化，但是也并非是没有规律、无序、不可穷尽的，在这种多元和流动中有一些特征和规律，而这些特征和规律反映了个体与个体、个体与家庭、个体与社会之间的关系。同样，家庭成员的冲突也与中国社会中新型的人际关系模式相关，反映了社会转型所带来的人们认同和行为模式上的差异，当这些差异需要在同一时间和空间中共存时，冲突就不可避免地发生了。

于是，研究的野心被激发起来，不再满足于讲一个上海家庭变化的故事，而是想要通过家庭的变化来看社会的发展，不仅想要描绘出今天上海的家庭风貌，解决家庭问题，还希望能反思中国的现代性。

第一节　家庭现代化的海市蜃楼：核心家庭

什么是家庭？

1971 年，美国人类学家墨多克和另五位人类学家通过对 860 多个社会的跨文化比较研究，认为“家庭是一个社会团体，其内包括两个或多个彼此结婚之不同性别的成人，并且包括已婚双亲之亲生的或收养的一个或多个孩子”(Murdock，1975)。这一结论是过去很长一段时间内，学者们对家庭概念界定的总结。这一界定把婚姻关系和血缘关系(收养关系是一种被看作类血缘关系)作为家庭概念的核心要素，潘允康解释得更为简明：家庭是以婚姻和血缘关系为纽带的社会生活组织形式(潘允康，1986：35)。

但是很快，被认为是非常清楚的家庭概念，由于各种新现象的出现，而变得界限模糊。从 20 世纪 70 年代女权运动把家庭看作是性别战争的主要场所开始，到 20 世纪末广泛出现的未婚妈妈、同居、离婚、再婚、同性恋、代孕等现象，使得“什么是家庭”成为了一个问题，有关“家庭将会终结”还是“家庭是幸福的未来”的争论，直到今天还在争论不休。有学者认为给家庭下一个确切的定义是非常困难的，不如确定家庭的功能更实在(埃尔什曼，1991)。切尔认为家庭就是为履行如下功能承担责任的一群人：群体成员之间身体上的抚养和照顾；通过生殖和收养增加新成员；儿童社会化；对成员的社会控制；对食品和劳务的生产、分配和消费；通过爱来维护的道德和动机(切尔，2005)。但是，履行这些功能的不仅仅是家庭中的个人，还有公共机构。

斯黛丝发现，生活环境的变动和亲属成员的流动性是如此多样和灵活，以至于没有一个单一的社会类型可以恰当地描述这样的家庭单位，所以，她干脆把家庭简单定义为对亲属关系和性别关系的安排(Stacey，1998：6)。耶鲁大学更是在 21 世纪的家庭研究中，把家庭界定为：相爱和彼此关心的一群人(Stacey，1998：270)。这个概念完全超越了家庭概念的核心要素：婚姻、血缘关系，似乎只有“亲密关系的集合体”这样的概念才能涵盖“家庭”的多样性。

中国的家庭概念具有更大的模糊性和不确定性(Wolf 1972，Becker；1979)。费孝通先生早在 20 世纪 30 年代就指出：在不同的文化语境中，家庭的概念是不同的，英文中的“家”即 FAMILY 的概念不同于中文中“家”的概念。英文中的 family 表示的是由夫妇和未婚子女所构成的集团；而中国的“家”往往包括了已婚成年子女，其他亲属，有时甚至还包括仆佣等。为了表示这种差别，他特别提出用英文的 Expanded Family 作为中文“家”翻译(Fei, 1933)。不仅如此，家的大小还依事业的大小而定，如果事业小，夫妇两人合作已够应付，这个家可以小得仅有子女父母在内的核心家庭；如果事业大，超过了夫妇所能负担的时候，家庭的包含就大了(费孝通，1998)。因此，家总是变现为一个能放能收、能伸缩的社会范围，可以“穷在闹市无人问，富在深山有远亲”。

中国家庭伸缩性极强的特征，被很多学者注意到。“家，是一个收缩性极强的概念，作为一种象征符号，这种模糊性正是汉族家庭的重要特征。它可以扩展到社会和国家，作为一种具体结构表现在姓、宗族和家庭与家户上”(麻国庆，1999:18)。这一判断指出了家庭这个概念在中国至少包含三个层次：宗族(家族)、家庭、家户。虽然这三个概念经常被混淆，在不同的学者阐述中指向是不同的，但是我们都清楚，家庭概念常常在这样三个层次间伸缩。

这种伸缩性不仅仅受关系远近的影响，还与居住和饮食等经济因素有关。林耀华指出：“在西方的一般学者而言，他们多以家庭指夫妇及其所生子女的团体。成了夫妇，而无子女，还不算家庭。换言之，家庭视为一个生物的团体，我们所说宗族内的家庭是以灶为单位，无论其为夫妇、父子、祖孙、叔侄、姑媳、妯娌，凡是衣食共同，就是同一家庭。这是经济的团体，自与生物的团体不同，不应并为一谈。”(2000:75)

孔迈隆认为中国的家庭本质上就是一个经济合作单位，其成员之间具有血缘、婚姻或者收养的关系，并且还有共同的预算和共有财产(Cohen, 1976:57)。孔迈隆的这个界定很长一段时间内被看作是对中国家庭的经典阐述，他对中国家庭是一个“经济合作单位”的理解也被很多学者所接受。“家庭与家族在理论上的区别在于：家庭范围较小，是一同居共炊共财单位；而家族范围较大，不是同居共炊共财单位。”(岳庆平，1990:5)

在中国传统社会的日常生活中除了宗族、家族、家庭，还存在“房”的概念，它具有连接家、家族和宗族的系谱性的含义，明确了家族成员之间的远近关系，强调“生活团体”的意义。但“房”这一概念在英文中并没有相对应的词汇,“家、族、家族或宗族的用语因为后来受西方社会科学研究的影响,已经被当做是功能性的亲属团体,而纯粹系谱性的含义则被忽略了”(陈其南,1990:132)。陈其南强调“‘房’才是厘清汉人家族制度的关键”(陈其南,1990:129)。虽然“房”并不具有功能上的意义,但“分房的法则决定了汉人一般家族事务的运作形态,而反映在功能性的日常生活活动中”(陈其南,1990:139)。

陈其南批评孔迈隆等把“房”翻译为 the conjugal family 是不妥当的,因为英文概念包含女儿,而前者中文“房”是不包含女儿的(陈其南,1990:144—149)。之所以“房”很难被翻译就是因为它是中国独有的,这样一个家庭系谱性的概念在西方家庭研究中并没有对应的词汇。

那么,如此不同于西方文化和语境的“家庭”在现代化的进程中如何走现代化的道路呢?今天,在中国,家庭又意味着什么呢?

中国家庭真的现代化了吗?

中华人民共和国成立以来,尤其是改革开放以后,有关中国家庭的研究一直是放在现代化发展的体系下来讨论的。中国社会近几十年来快速而巨大的变化是有目共睹的:从 1954 年提出的实现工业、农业、交通运输业和国防的四个现代化的战略方针,到 1978 年开始的改革开放的宏观指导,无论是建设社会主义还是重视市场经济,可以说,中国的变迁与现代化这个词紧密相关,并且其速度之快、涉及面之广是史无前例的,也是全世界都少有的。

家庭作为社会的一个细胞,人们自然地认为家庭必然在现代化进程中发生了“翻天覆地”的变化。有关中国城市家庭变迁的理论假设主要是三方面:家庭功能、家庭结构和内部关系的变化(杨善华,1994)。

一般来说,有关中国家庭的变迁有三个普遍被接受的观点:

1. 家庭结构:家庭规模小型化、家庭结构核心化(潘允康、林南,1987;刘英,1991;曾毅,1993;沈崇麟、杨善华,1995;赵喜顺,1996;周智娟、康祥生,2000;刘宝驹,2000;陈卫民,2001;叶文振,2002;胡亮,2003;孙丽燕,2004;唐灿,2005a;郭志刚,2004;孙立坤,2004;王跃生,2006)。

2. 家庭功能：从经济单位转向情感满足（徐安琪，2001；孙立坤，2004；汪怀君，2005）。

3. 家庭内部关系：从纵向亲子主轴转向横向夫妻关系主轴，女性权力上升，性别间趋向于自由平等（周智娟、康祥生，2000；胡亮，2003；潘鸿雁，2006a）。

用一句话来说，今天的中国家庭转变为相对平等以情感为主要功能的核心家庭。①

这三个结论在日常生活中能够找出很多例子来证明。比如，统计数据一而再再而三地证明了第一个结论；婚姻要以感情为基础也得到了大部分人的认可；配偶放在父母之前的决定已经被合理化。有关家庭的微观研究常常是不加批判地建立在三个基础上展开，从而形成了今天家庭研究的“主流”。在我设计博士论文的时候，我对这一主流没有怀疑，我是在这个前提假设的基础上，设计研究主干家庭的计划，我想看看，在一个核心家庭为主的社会中，人们选择相对传统的主干家庭的逻辑是什么？

但在研究中，我发现了很多“反面”的例子，家庭既不核心，情感也没有想象的重要，甚至连平等都很难衡量，而代际之间的紧密关系更是非常普遍。

首先，核心家庭真的是主导吗？比如我们聚在一起的七个家庭，至少有四家统计上属于主干家庭，凡凡一家要根据是在男方父母来的时候统计还是其他时候统计来确定。雷雷一家在统计上可能会是一个夫妇核心家庭，如果统计是在晚上进行的，也可能会重复计算：雷雷一家三口的户口都在雷雷爷爷奶奶家，因而，从来没有居住过的雷雷爷爷奶奶家成了一个主干家庭。真正的核心家庭只有一家！另外，统计结果至少多三个核心家庭出来：婕婕爸爸妈妈有自己的房子，一家三口的户口在自己房子那里，虽然，他们仅仅周末入住；奕辰的爷爷奶奶和外公外婆都有自己的房子，也会是夫妇核心家庭。

---

① 有关这一方面的总结可详见《中国城市家庭变迁的趋势和最新发现》一文。

无论是否居住在一起，在上海有学龄前儿童或小学低年级儿童的家庭中，依赖父母帮忙照看小孩是非常普遍的现象。每天幼儿园放学前，接孩子的很多是祖辈，这样高度依赖的关系与家庭结构核心化的结论相矛盾。难道核心家庭仅仅是指居住模式？

其次，家庭真的是以感情为基础的吗？虽然，人们越来越重视情感，可是因为经济问题而离婚的个案数也在不断增加，上海电视台经常播出的“老娘舅”节目，80%以上的感情纠纷都和经济紧密相关。近年来，由于上海房价攀升，传出了年轻女性择偶标准是有房有车，并且一定要有房子才结婚的“说法”[①]，以“愤怒”著名的电台电视台主持人万峰讲了这么一件事：“前几天接到一个观众电话，让我见识到了什么叫做‘闪离’。这对‘80后’小夫妻在结婚典礼当天，就红包到底是男方收还是女方收的问题大打出手，然后在婚礼之后第三天，就去办了离婚手续。我说这不是神经病吗？男方收还是女方收红包，到最后不都是小两口一家人的？他们到底知不知道什么叫做婚姻啊？”[②]对万峰这样一个出生于五六十年代的人来说，这是不可理解的，但是对80后、90后来说，他们比以前任何一代中国人更清楚地认识到金钱的重要性，即使结了婚，“你的还是你的，我的还是我的”，感情好一点的话，就是“你的是我的，我的还是我的”。当然，在对付父母的时候，年轻夫妇又会联起手来，一起争取，这个时候，小夫妻两口是利益一致的经济整体（阎云翔，2006）。

再次，夫妻主轴真的替代了亲子主轴吗？韩心说了他们家一个很现实的问题：“我们家不是很大，就一个电视，我还是比较自由的，他们喜欢看什么就看什么，我随意啊。但是如果你说让我妈妈看，还是让我爱人看，我也不知道怎么选。”（个案4）。如果考虑到孩子的话，情况就更复杂了。2009年回来后，再次和妈妈朋友们吃饭，子路爸爸说到自己很可怜，每天晚上老婆和孩子一个被窝，自己一个人一个被窝……结

---

① 我在有关性别的研究中发现，这种说法并不代表大部分女性。

② 新闻晚报2010年2月9日A2叠02：观点“峰言峰语”，万峰：我愤怒因为我关心。

果，雷雷爸爸马上在旁边幽幽地说：我也是啊。身边的妈妈们说：这不是很正常吗？有什么好抱怨的？二十四孝中“埋儿奉母”的郭巨[1]在今人来看肯定属于脑子有问题的人，而今人在古人看来个个不孝。但是，是不是夫妻关系已经普遍被看得比亲子关系更重要？结论似乎也没那么简单，更多的事实似乎在证明亲子主轴并没有被夫妻主轴替代，而是亲子主轴两端被倒置了。

那么多似是而非、相互矛盾又各自成片的事实不断地拷问我：中国的家庭究竟在发生怎样的变化？上面说的三种变迁究竟是统计和理论上的，还是事实上的？三种变化是我们为了表明自己已经现代化了的一厢情愿，还是我们真的已经改变了？

有关家庭研究似乎总是局限在先验式的“单线进化论”框架中（余华林，2005），似乎中国家庭的核心化已经是一个不容置疑的结论了，我们的研究仅仅是在此基础上的证明或者细化。但是《家庭史》已经向我们展示了一个多元的、随机的家庭变迁历史，每一个民族的家庭变化都有其自身的特点和偶然性（佐纳邦德，1998）。

任何一个做中国家庭研究的学者都不会忽视中国家庭的独特性，尤其是它具有伸缩性的特征、经济合作单位的性质和父权制的结构。很多学者都提出，西方的“家庭”术语很难与中国家庭概念的内涵和外延相吻合（Fei，1933；林耀华，2000；Cohen，1976；麻国庆，1999 等）。在这样一种概念差异很大的基础上，在普遍认同中国改革历程具有中国特色的道路中，中国的家庭变迁却严格地遵照工业化导致核心化的模式行进是非常值得怀疑的。正如有学者指出：走上现代都市化以后，中国人的家庭观念，还是波纹状似的。即使在统计上核心家庭的比率是增加了，但这种核心家庭是跟西方社会的小家庭制在结构上是不同的。正如

---

① 郭巨，晋代隆虑（今河南林县）人，原本家道殷实。父亲死后，他把家产分作两份，给了两个弟弟，自己独取母亲供养，对母极孝。后家境逐渐贫困，妻子生一男孩。郭巨担心，养这个孩子必然影响供养母亲，遂和妻子商议：“儿子可以再有，母亲死了不能复活，不如埋掉儿子，节省些粮食供养母亲。”当他们挖坑时，在地下二尺处忽见一坛黄金，上书“天赐郭巨，官不得取，民不得夺”。夫妻得到黄金，回家孝敬母亲，并得以兼养孩子。《二十四孝》故事之一。

把鲸鱼放在“鱼”类是没有科学根据一样，吾人也不能把中国人的核心家庭跟西方的小家庭相提并论（王松兴，1991）。大陆的学者，如唐灿（2010）对家庭现代化理论的述评中对此也进行了理论上的反思和分析。

维多利亚家庭的秘密

1930—1950 年代，许多社会学家，如帕森斯（Talcott Parsons）、沃思（Louis Wirth）、林顿（Ralph Linton）等都认为 19 世纪晚期到 20 世纪中期，人们一般居住在扩大家庭中，独立的核心家庭是现代工业社会的理想模式。帕森斯将核心家庭视为工业社会不可避免的家庭形式，认为由于家庭的孤立、流动以及工业化社会连锁的劳动力市场的需要，必然产生男女功能的分化。其中男性在家庭中扮演积极主动的工具性角色，而女性在家庭中扮演表意性的情感角色。男女之间的这种角色分工不仅在家庭中存在，而且延伸到社会公共领域，从而保证了家庭与整个社会的正常功能运行（Parsons & Bales，1955）。在某些文献中，把核心家庭的概念运用得更加狭隘，认为核心家庭是 19 世纪开始出现的一种现代家庭模式：一个挣钱的老公加一个全职太太和一群孩子（Stacey，1998）。所以说，核心家庭的概念与工业化的变迁密切相关，它从一开始就不仅仅是一个居住模式的概念，还包含家庭内部关系的结构，并代表一种现代家庭意识（Parsons & Bales，1955）。

当时，大部分学者都认为，随着工业化的开始，原来在维多利亚时代占据主导地位的扩大家庭逐渐被核心家庭所替代，核心家庭成为了主导的模式。但是，这一观点从出现开始，就受到很多的质疑和挑战，如萨斯曼（Marvin Sussman）就提出独立的核心家庭可能是虚构的，大部分的人都生活在核心家庭中，但是他们依赖于亲戚提供帮助。也就是说，一直存在核心家庭，并且一直是多数人的家庭模式（Sussman，1953）。

还有一种观点是质疑核心家庭与工业化的关系。1963 年拉斯利特（Peter Laslett）和哈里森（John Harrison）指出在工业化之前的英国只有 1/10 的家庭为非核心家庭，核心家庭成为主流早于工业化之前，这一点挑战了之前的认为核心家庭是工业化的产物的观点（Laslett &

Harrison，1963）。

拉格尔斯（Ruggles）运用1850—1990美国普查数据和1776年马里兰州的普查资料认为从扩大家庭到核心家庭的转变这样一种思路是一个“维多利亚家庭的秘密”，实际上这种转变与工业化无关，它早于工业化，和人口的变迁关系更为紧密（Ruggles，1994）。

无论核心家庭何时出现，是否与工业化有关，在前现代和现代西方社会中，核心家庭是主流模式，这是毋庸置疑的。虽然，有学者质疑工业化和核心家庭之间的关系，但直到今天这一观点依然有赞同者。当然，在这一过程中，对于核心家庭的概念，学者们一直在做梳理和澄清。约格伯在20世纪70年代，针对混乱的核心家庭概念，通过与扩大家庭相比计较，做出了有关家庭结构的区分和解释。

核心家庭与扩大家庭的概念

核心的	变动核心的	变动扩大的	扩大的
完全自理；没有经济方面的帮助	较大程度上的经济自立；娱乐和友谊的联系；在遇到危险时临时性互相帮助	每个核心家庭都有独立的经济来源，但每天都互相表达美好的祝愿和互相服务	在经济上完全依赖于亲属网络——实行共有制和有共同的经济来源；事业上的合作，每天都相互表达美好的祝愿和互相服务
核心家庭，友谊的，专门的，隔离的模式，唯一的实现社会化，感情交往和提供保护的	社会化中亲属网络角色，感情交往和提供保护	较强的亲属网络，在心理上互相寄托，但较多的以来自非亲属关系去实现社会化、感情交往和提供保护	心理上的相互寄托——社会化，感情交往，保护——几乎完全局限在亲属网络之中
完全的核心家庭自治，没有亲属网络的影响	核心家庭自治，有亲属网络的影响	核心家庭自治，但在做某种决定和解决某些矛盾时受较强的骑术关系的影响	独断的，家长的，人际权威式的

续表

核心的	变动核心的	变动扩大的	扩大的
极少接触，地理上的隔离，在节假日或举行某种家庭仪式时才见面，在文明社会中以信或电话的方式联系	一般联系但不每天接触，亲属网络是在容易见面的距离以内的	每天联系，距离很近	每天联系，距离很近

资料来源：贝特·约伯格：《核心和扩大的家庭：一个概念混淆的领域》，载《家庭比较研究杂志》，第6期，1975年春天，第6页。①

约伯格对核心家庭的定义是从经济、亲密关系、亲属、地理和交往角度对核心家庭与扩大家庭之间的区分做了一个简单的谱系化的图标，这一界定中核心家庭的概念强调不仅仅是居住，更主要的是家庭成员之间的关系和家庭功能的完成。当然也有学者提出，即使在美国，所谓的核心家庭也不是独立的、孤立的、自给自足的单位，照顾的非正式网络可以提供核心家庭所不能提供的独特的价值（Hansen，2005）。也有女性主义家庭研究者从族裔和性别角度出发，认为在美国的黑人中，家庭的联结远比白人紧密，这种独立核心家庭是美国主流的概念忽视了不同族裔和性别的经验（胡克斯，2001）。

但是，从美国和西欧的研究来看，大部分的家庭社会学教科书都倾向于把核心家庭作为现代家庭的主要模式，认为在"后现代"之前，核心家庭是西方人的居住选择，也是家庭理念的一套体系。夫妻加孩子是核心家庭的形式，而其内涵是家庭功能，包括生育（收养）和抚养、情感、生产和消费等功能均可在这一家庭中完成。也就是说，核心家庭理论更多地是一种解释个体、家庭与社会发展三者之间的关系，当大家庭模式不再适合工业社会发展的时候，个体从大家庭中脱嵌出来，构成一个最合适工业发展的家庭模式：核心家庭。它也成为了市场经济发展中一个基本消费单位。

---

① 转摘自埃尔什曼：《家庭导论》。

古德对丰富和完善家庭现代化理论做出了巨大的贡献，但是他也把工业化导致核心家庭这样一种结论推广到全世界，认为扩大家庭的瓦解和向夫妇式家庭制度的变化是全世界的共同趋势（古德，1986）。这样的一股理论潮流同样影响了中国的家庭研究。

中国家庭现代化变迁的最重要特征：核心化？

在家庭现代化的理论中，虽然承认中国家庭概念与西方存在巨大差异，但是对中国家庭变迁的研究却似乎完全遵循了帕森斯和古德等提出来的工业化中的家庭变迁道路：核心化。

但是，如果按照约伯格的定义，我们发现中国基本不存在独立的核心家庭，可能存在少量的变动核心家庭，大部分都是变动扩大家庭，还有一部分是典型的扩大家庭。无论是帕森斯的定义还是约伯格的定义，我们发现他们所强调的家庭与家庭之间的独立关系和交往方式和中国是有很大不同的，尤其是家庭功能主要是依靠核心家庭成员来完成的，西方的代际关系也与中国不同。

与西方相比较，在1949年之后的中国，“核心家庭”的夫妇大部分都是双职工，个体权力的概念也是近年才兴起，而且还并没有得到共识，家庭的很多功能的完成需要依赖其他亲属，尤其是父母来完成，隔代家庭的兴起即很好地说明了这一问题[①]。此外，正如费孝通指出的，西方的家庭是单向哺育，孩子成年后，对父母并没有赡养义务，和中国的“反哺”是很不相同的[②]。

那么有关中国家庭小型化，家庭核心化的概念是如何得来的呢？

---

① 我在美国有一个好朋友，30多岁还在读本科，因为他先工作挣够了学费再上私立大学。他说“一般”美国人都是这样的，成年了，就不再依靠父母。一旦结婚一定会和父母分开住，结婚的费用父母没有义务承担，生了孩子后，父母会很高兴来看看，也会帮忙照顾，但是不可能把照顾孙子看作是他们应尽的义务。我2007年在美国波士顿访学的时候，看到幼儿园接送孩子的基本都是父母，很少很少见到爷爷奶奶。当然也有祖父母照顾孙子女的情况，而且近年来这个比例还在上升，但是，这对美国人来说是“例外”，这与中国人把祖父母不肯带孙子女看做例外是完全相反的。

② 后文会详细分析中国的家庭概念与代际关系。

我发现这些结论的得出所依据的资料大部分都是源于统计，而统计中常用的单位是家庭户，不是家庭。

家庭户和家庭是两个不同的社会经济概念（彭希哲、黄娟，1996）。家是指以姻缘或血缘（包括收养关系）为基础的社会群体，户是指以居住在同一门户为标志的社会群体（徐安琪，1995）。从社会学角度来看，家庭在研究中强调家庭关系、功能等，以及家庭作为一个单元在社会系统中的作用。

孔迈隆也提到了家和户的区别，虽然户被认为是居住的单位，但是，他倾向于用“家”的单位来探讨中国的家庭问题，因为即使住在一起，如果没有家庭关系，在经济上是很难融合在一起的。他还发现了另一种家和户的重要关系：认同为一家人的群体可能是居住在不同的地方，是几个户，这个时候，有一个会被认为是“主要户”（primary household），其他的家庭成员构成的户是“次级户”（secondary household）。主要户可能是主干家庭，而那些分散的户可能是联合的。（Cohen，1976：65）

无论是人口普查还是抽查，权威的人口调查，大部分用的是“家庭户”概念，早期有关家庭户的统计基本上以户籍为基准，2000 年开始，以居住和户籍作为基准，它不涉及家庭成员之间互动的关系，也不考虑家庭功能问题。比如，2005 年 1％人口抽查中，确定的调查对象为：2005 年 10 月 31 日晚住本调查小区的人口和户口登记在本调查小区但 2005 年 10 月 31 日晚未住本调查小区人口。家庭户是指以家庭成员关系为主的人口，或者还有其他人口，居住一处共同生活。单身居住独自生活也作为一个家庭户。①

可见，家庭与家庭户既有联系又有区别。首先，户与家庭的区别在于它侧重于人们生活单位的空间位置，作为一户的首要条件是共同生活起居，而不注重其中的婚姻血缘关系（郭志刚，1995：7）。但是，前文

① 《2005 年全国 1％人口抽样调查表填写说明》，《2005 年上海市 1％人口抽样调查资料》，上海市 1％人口抽样调查领导小组办公室和上海市统计局人口与就业统计处主编，中国统计出版社，2007 年。

已述,中国人对家庭的概念是超越“共同居住”这一范畴,是否居住在一起,并不是家庭概念中的必需要素,近年来,中国流动人口大军的存在已经证明了,分居两地并不影响人们对于“家庭”的认同。同样,也并不局限于共同居住,在某个时节点上接受直系家人的入住,对中国人来说,并不是一件很为难的事情,这也并不意味着重构了家庭格局。而核心家庭概念本身也不局限于居住模式。

其次,改革后,户口家庭与实际家庭的对应问题更大。在改革以前个体的户口和居住基本上是相对应的,户是一种政治-行政体制的界定,对它的分类和研究还是有意义的,用朱爱岚的话来说,户是在国家和家庭之间(2004)。改革开放后,随着流动的增加,户籍制度的变化,户口和居住逐渐脱离,这种情况在上海更加明显。徐安琪 1992 年在上海的调查就发现有 50%以上的家庭居住和户口是不一致的(徐安琪,1995)。我在访谈中,也遇到多个家庭户口全在即将动迁或者社区教育资源较好的房子中,但是居住情况完全和户口无关。户口这一因素在西方的家庭统计中是完全不存在的,而在中国的家庭统计中却至关重要,建立在这一基础上的统计意味着什么?显然,与西方的家庭统计全然不同。

再次,家庭的概念中还有共同的经济要素,比如,一起吃饭、消费等。但因为伸缩性的特点,导致中国家庭在家庭成员的辨识上比较困难。虽然,西方的家庭概念也很模糊,但是在“前现代”和“现代时期”,对于家庭成员的辨识还是相对简单的。虽然,“家庭”可以包含一个人所有的亲戚,但是,“我的家庭”或者“某家庭”(The family)对大部分西方人来说意味着一个包含丈夫、妻子和他们的孩子的单位(Schneider,1968:30),而对中国家庭来说,这种辨识是很难的。弗里德曼指出,在许多时候,我们能够为每个人辨识的家户归属是唯一的:通常,他吃在家中,家户构成其基本的财产拥有群体;然而,正如我们所看到,有时这种家户也是更广泛的(弗里德曼,2000:26)。而如果考察吃饭的情况,就更加复杂,有的年轻夫妇和老人住在一起,但是却经济独立,分开吃饭;而有的年轻夫妇虽然和父母分开居住,但是却每天到父母家“搭伙”

就餐(徐安琪,2001)。

在有些研究中,学者也发现用核心家庭这一概念很难把中国的家庭模式概括清楚,因而提出了“非常规核心家庭”[①](潘鸿雁,2006),强调分离的核心家庭与亲属等的密切联系。也有学者指出,统计数字说明,家庭规模的小型化并不简单地是核心家庭替代各种大家庭模式的过程(唐灿,2005a)。统计数据显示的家庭规模小型化有可能是因为:离婚、生育率低、空巢家庭以及外来务工家庭等因素出现的结果。北京市家庭小型化的过程实际是核心家庭和其他非核心的各类小家庭模式共同发展的过程。虽然核心家庭占有最大的比重,但是非核心化的其他小家庭同样构成北京市家庭结构的多样化内容(唐灿,2005b)。

把统计家庭户的情况之间变成分析家庭的变化的基础,这是非常有问题的。这一方面,郭志刚讲得很清楚:

家庭户模式研究方法中的两个问题:

(1) 尽管家庭人口学早已证明平均户规模的变化不一定代表家庭模式的变化,但仍然有人简单地将家庭规模的缩小等同于家庭核心化,这是不正确的。……一般来说,家庭核心化反映的是在社会经济因素的影响下,主导家庭模式的转变,强调的是家庭组合的形式和家庭内部的关系,而家庭规模注重的只是数量关系。……平均户规模变动的原因初步分为两个方面:一种是由人口结构的变化所致;一种是由家庭模式的变化所致。

(2) 家庭模式变化不仅不能用哪一种模式的户数占比例最大来说明,也不能用核心家庭比例的变化来说明。核心家庭比例的增加并不一定意味着主干家庭模式向核心家庭模式的转变,这种情况仍然可能是人口结构变化的反映。因此,在研究家庭模式的变革时,必须注重控制人口结构变动的影响(郭志刚,1995:30—31)。

因此,应用“家庭户”的调查,来推导家庭结构是有问题的(郭志刚,1995;王跃生,2005a),但是,这并不意味着有关家庭户的调查是没有意

---

① 文章对这一概念没有做说明。

义的。我认为，有关家庭户的调查是非常重要的，因为它能够展示“家庭户”的变迁以及部分的家庭变化，而这种变迁本身是具有社会学意义的。尤其是2000年，人口普查中，有关和户主关系一类，划分得更为清晰和详细，因而，根据权威的普查数据，进行结构分析是可行的（王跃生，2005a）。2005年的抽查中，还有一个特点，其户主身份的确定并不依照户口本，而是根据家庭成员的认定，因而也有利于了解实际的情况。但是，对于家庭户的分析并不能直接解释为家庭的变迁。

我们可以说，今天中国的主导家庭户模式是核心家庭户，但是，我们的家庭模式却很难用西方的概念去套，因为从家庭的内涵、外延到它的变化都是和西方不同的。虽然，核心家庭的概念并不符合中国实际，但是，核心家庭户的概念是可以成立的，只是，在运用这一统计数据的时候，需要做明确的说明。同样，我认为中国的家庭模式很难用核心家庭的理论框架来分析，并不等同于我认为中国的家庭依然是主干家庭，事实上，在调查中确定的主干家庭，实际上，从功能到内部关系来说，他们也并不是主干家庭。本文想要强调的是，核心-主干-联合这样的分类体系本身不适合今天中国家庭的分析，是一个僵尸类别，失去了分析的洞察力①。同时，我们也看到家庭本身却并没有成为一个僵尸类别，它的重要性和存在必要性一点都不比过去逊色。

现代化和家庭变迁之间的关系

核心家庭的概念不仅仅是居住模式，实际上和西方一整套的价值体系、生活方式、物质条件等因素都紧密相关的（Macfarlane，1978），在此基础上的家庭现代化理论也是在回应家庭成员在这些条件下的变化。唐灿犀利地指出：“强调个人主义价值观念与夫妇式家庭制度间的适应性，以及核心家庭制度与工业化之间的适应是家庭现代化理论的两个重要观点。”（唐灿，2010）而目前大部分认为中国家庭核心化的研究主要是从居住模式的数据得出结论的，强调的是家庭对社会的适应，

---

① 但是，可以用“核心家庭户”的概念来区分开来，对家庭居住的变化作说明。

而把社会价值观与家庭变迁之间的关系忽略了。

当我们运用核心家庭去分析中国的时候，需要不断地反思，我们今天的核心家庭是不是包含西方社会所强调的个人独立？核心家庭的功能是不是都在这一家庭内完成？如果这些都没有，那么我们用这个概念在解读中国家庭的哪一方面呢？上文的文献回顾以及下文将详细展开的事实描述，都不断在证明，中国的家庭概念其实很难用西方的核心概念去套用，因为这个概念所包含的一整套理念和背景是中国的家庭完全缺乏的。列维-斯特劳斯在谈到余豪克人的家宅概念时指出，余豪克人的家宅是不能归结为一处居所的，它是名副其实的权利和义务的主题。“因此，只根据余豪克人所不具备的特征去描写他们的社会组织，并且得出它根本不存在的结论，这个思路是错误的。”（列维-斯特劳斯，2007：190）以核心家庭为概念体系来分析中国的家庭所犯的错误是同样的。

中国家庭概念与西方有如此大的差异，中国的变迁又和西方有很大不同，在这两个不同的背景下，中国的家庭模式竟然神奇地冲破重重差异，变得和西方逐渐相同，这样一种判断是非常可疑的。

一般谈到对家庭影响的社会变迁主要是指两种变化：社会、经济的变化和西方意识形态，并且家庭的变化总是比经济组织、社会阶级、政治组织要慢很多（Lang，1968）。中国进入21世纪以来开始反思中国家庭的变迁，中国有没有经历一个从扩大家庭或者联合家庭向核心家庭的转变？研究证明，早在18世纪，中国家庭结构中，核心家庭比例最高，直系次之，联合最小（王跃生，2000）。无论是在周代还是在宋代还是在清代，文献证明中国以小型家庭为主（谢维扬，1990；王善军，2000；张研、毛立平，2003），因此，中国历史上一直是以直系或联合家庭为主的论断已经受到了多方面的质疑（邢铁，2003）。对于家庭内部关系，李长莉认为中国家庭内部性别之间的平等的关系具有民间内生性，而不是由西方带入的，早在维新之前就出现了小家庭化，出现了“男女并立，夫妇为友”的近代家庭伦理（2002年）。

如果我们观察中华人民共和国成立以来的家庭规模，也发现这一过程并不是逐渐变小的趋势。中华人民共和国成立初期，家庭户数急剧增加，家庭规模变小，随后，家庭规模持续增大，直到70年代生育率变化，家庭规模开始不断缩小，缩小速度有地域性的差异(彭希哲、黄娟，1996)。有学者发现2000年的普查资料显示，从基本家庭构成来看，核心家庭比1990年下降了7.66%，单人家庭上升了35.60%，而直系家庭则上升了21.40%(含二代直系)(王跃生，2005a)。

其实早在20世纪70年代，就有西方学者提出，“现代核心家庭”这个概念在中国和在欧美或苏联的意义很不相同。现代化理论将这些差异归咎于这些国家地区处于经济发展的不同阶段，这本身就是有问题的(Stacey，1979)。80年代西方学者对中国家庭的研究就指出，虽然，家庭变小了，但是并不意味着更“核心”了①。

反思现代化导致家庭核心化这样一种命题需要有新的理论指导，我认为桑顿(Thornton)对于家庭变迁研究范式的批评非常适用于中国家庭研究：

> 长期以来，有关家庭变迁的研究被由发展范式、历史途径和跨文化三者构成的“发展理想主义”模式所主宰，这种模式把社会比喻为个体，每个社会都会通过线性的、必然的生命周期阶段，不同的社会被看作是发展的不同阶段而已。这种模式本身又和“欧洲中心主义”紧密结合在一起，把欧洲的历史看作是非欧洲的现在。学者们从不同的角度描绘了一系列西欧和北欧的家庭从传统到现在的变化：工业化、城市化、教育和知识的提高，消费和流动的增加等，他们相信这些因素的变化和发展，直接或间接地影响现代家庭模式(Thornton，2001)。

我认为把中国家庭的变迁归纳为核心化主要有两个方面的原因。

① 详见Chinese Families in the post-Mao Era [M].，edited by Deborah Davis and Stevan Harrell，University of California Press，1993.一书。

首先,虽然一直有质疑的声音,但是,工业化导致家庭核心化这一理论长期占据理论的主导地位,局限了很多学者的研究视野。在西方学者分析中国家庭变迁的时候,往往用这一观点来说明,如古德就曾经直截了当地说中国的家庭因为工业化的影响,必然核心化(1986)。也有学者直接把核心化的特征强加给中国家庭。埃舍尔曼曾断言,"在从原始农业劳动技术向现代经济技术发展转变过程中,中国的家长制家庭正在转变为平等型家庭。"(1991)但是,西方学者一直存在对这一观点的质疑:谢格兰(Segalen)主要研究西北欧和北美的家庭,她认为帕森斯夸大了工业时期和前工业时期的现代家庭的不同,过于简单化了家庭与社会变化之间的关系(1986)。詹森斯(Janssens)发现在工业化的语境中,亲属关系对家庭和个人来说依然是重要的,因此,工业化的出现和家庭关系变弱之间存在直接和必然的联系这样一种假设是不正确的(1993:236)。而这样反思和批评的声音在中国没有得到足够的重视。

其次,家庭核心化的观念被普遍接受和中国人渴望现代化紧密相关。很长一段时间内,学者们认为中国传统的家庭与现代化是对立的,比如有学者认为:中国社会中团结一致的主要来源是家庭,作为社会稳定基础的家庭曾经如此重要,以至于其他确保社会稳定的机构发展很弱,工业化过程和传统中国的亲属关系是不相容的,所以,目前中国社会的杂乱无章(组织紊乱)本质上很大程度是这些条件和过程的结果(Levy, 1949)。因此,如果能实现核心家庭就意味着我们能赶上现代化的脚步。

20世纪初,面对西方的强盛和中国的落后,许多新文化运动的激进分子把家庭改革看作是释放中国年轻一代的潜力并重建他们破碎家园的关键。他们指责传统的父权家庭牺牲了中国的年轻人,因为父权家庭要求年轻一代承担孝顺的义务,并使得他们具有依赖性、奴性和偏狭,把他们的活力抢走了。在这一点上,他们赞赏西方的夫妇家庭,把其看作是提倡自由婚姻选择权、伴侣式婚姻和在经济、情感上与大家庭独立的理想。新文化的激进者认为夫妇家庭使得西方国家强盛,因为夫妇家庭促进生产力、独立性和公民道德。正是从那个时候开始，西方的核心家庭模式成了当时人们心目中的现代家庭的模式，在中国，人们用的词汇是“小家庭”(Glosser, 2003)。

但是，历史的进程常常有其自身的逻辑，绝不会按照人们的计划发展。在实际的推进过程中，中国的“小家庭”并不是夫妇家庭的简单拷贝，有一个显著的不同：西方国家的夫妇家庭是一个私领域的概念，其明显特征就是独立于国家，以个体性的方式处理社会的问题；而中国的小家庭依然沿用“内-外”的概念，而没有形成“公-私”的概念。20 世纪的小家庭虽然有的时候也会被描绘为一个逃避严酷世界的避难所，但是它更多地被建构为一个为了国家奋起培养年轻人的地方，小家庭最重要的目的是灌输独立、生产力和公民道德等国家诉求的地方(Glosser, 2003)。在这个意义上，家庭与国家依然是紧密相连，只是新文化运动力图把人们对家庭的忠诚和义务转化为对国家的热情和责任。所以，在整个新文化运动时期以及其后的很长一段时间，家庭革命都和强国梦想紧密连在一起，这和西方的个体主义是很不相同的，中国知识分子直到今天还会抨击西方的这种有关个体的局限性。

正是因为人们都相信“如果中国要建设工业化和现代化，那么必须瓦解‘父权家庭’(Glosser, 2003:25)”。小家庭概念的发展本身是国家所提倡的，因此，理想模式和实际操作结合起来了。20 世纪 20 年代晚期和 30 年代，政府利用小家庭的概念来强调个人事业和自主权，保护个体逃脱联合家庭的控制。到了 30 年代，在上海，各种媒体都在鼓励夫妇家庭成为消费的单位(Glosser, 2003)。

对 20 世纪早期中国的启蒙者来说，他们相信只有改变中国原有的政治、经济和家庭系统，学习西方的技术和理念，并且跟随西方的道路，中国才能富强。在这样的思路下，中国家庭从大家庭变为小家庭，从联合家庭变为核心家庭成为了一种迫切的政治诉求，而不仅仅是家庭应对社会变迁的自然发展。这种对现代化的狂热虽然中间有过中断，但是在改革开放之后，又被提了出来：实现四个现代化、提高人口素质等都和五四时期的现代化热情有异曲同工之妙。

正当上海作为连接西方和中国的一座岛屿在演绎西化之路时,中国社会的急剧变化打断了这一进程,家庭从消费单位变成了“事业单位”。在共产主义中,小家庭的理想就像在新文化运动时期一样,爱和社会责任、事业依然是联系在一起的。在特殊的时代,丈夫或妻子对其配偶来说,首先是同志,爱人是一辈子的革命伴侣,在丈夫和妻子之间第一重要的感情首先是革命感情(Glosser, 2003)。家庭中本来可以演绎的个人主义被国家力量打断,个人被集体主义保护或者说抹杀了。在中国帝国时期,家庭作为社会组织的基本单位,对父母的孝顺和对君主的忠诚是不矛盾的,是相互加强的;而在共产主义时期,家庭仅仅被看作是对国家忠诚的基本社会单位。在这一层面上,家庭的理想模式不再重要,重要的是能够为国家做出贡献,维持社会的稳定。所以,在集体主义时期,家庭定位是拥有财产和其他资源的基本单位,个人的财产权力是从属于整体家庭,家庭成员的产出也是作为家庭共有的。

当家庭是为国家服务而不是为了祖宗的时候,当家庭的资源控制在国家而不是家长手里的时候,当家庭的分工不仅仅在夫妻之间平衡的时候,家庭内部的性别关系和代际关系都开始变化了。国家不仅号召年轻人出来工作,并且号召妇女也加入到劳动大军中,这样,在农村,家庭还是生产单位,第二代开始成为户主,老年人在照看孩子和家务劳动方面扮演重要角色,但是权威降低。在城市,核心家庭户更加普遍,但是对老年人的照顾孩子和家务劳动的需求依然存在(Whyte, 1973)。怀默霆预言:如果健康标准的提高和生命延长的速度比房屋和托儿所的提供速度更快,那么老人这种有价值的角色在未来会被更多地强调(Whyte, 1973)。

正是因为中国个体、家庭与国家三者之间的关系不同于西方,因而在个体化的进程中,家庭的变化并没有按照西方核心化的进程发展,而是出现了颇具中国特色的“个体家庭”(iFamily)。

如果考察核心家庭这一个概念在学术中的出现和应用,我们会发现这和我们的现代化渴望是紧密不可分的。在台湾地区,有关家庭变迁与现代化之间的关联紧密的文章和书籍大都出现在20世纪70年代到80年代(Wong, 1981),而那一个时期是台湾渴望现代化的时期。在中国大陆,主要出现在90年代,同样是一个渴望现代化的时代。

在这种渴望下,核心家庭像一个现代化的海市蜃楼,悬挂在城市的上空,无比美丽和诱人,引导着学者们就着这幅美景来临摹自己城市的景色。而现在,核心/主干/联合这样的家庭类型概念,似乎已经成为了一个"僵尸类别"[①],即一个失去生机和活力的概念。也许这个概念在过去曾经为学术发展起到清晰化类型化的作用,但是,在今天用这样的概念去分析家庭的现状和变迁,我们看不到真实多元的情况,也得不到任何新的知识。

第二节 从"家族主义"到个体家庭

我访谈中46个家庭多样化的家庭结构向我揭示了核心家庭-主干家庭-联合家庭这样的分类模式的不足之处,我需要找到一个新的理论框架来解释这种多元化。在这一过程中,阎云翔的《私人生活的变革:一个中国村庄里的爱情、家庭与亲密关系1949—1999》一书给了我很大的启发。阎云翔所提供的研究中国家庭新的理论模式强调在社会变迁的过程中,"首先,过去在许多社会里仅仅作为一种生产与再生产的社会制度的家庭,如今逐渐演变为私人生活的中心以及个人的避风港。其次,在家庭成为私人圣地的同时,家庭内部的个体成员也开始了自己独立的私人生活,因此,私人生活一词便具有了家庭与个人的双重含义。"(2006:11)在这样一种理论指导下,阎云翔在考察中国家庭与私人生活过程中采取个人中心的民族志方法,得出了两个非常重要的主题:(1)作为独立主体的个人的出现与发展;(2)国家在私人生活的转型以

---

① 贝克认为所谓的僵尸类别就是这些类别没有生机却依然存在,如家庭、阶级、邻里等概念。在贝克眼里,在今天的西欧社会中,都已经是僵尸类别了(Beck, 2001:202)。我在上海的研究,觉得说家庭是僵尸类别还为时过早,虽然这一天会很快到来,但是,核心/主干/联合这样的家庭结构类型的的确确是一种僵尸类别,不仅没有生机,而且影响分析新现象。

及个人主体性形成中所起到的重要作用(2006:19—20)[1]。这两个主题打开了对中国家庭研究的新思路:在理论上,这一思路可以打破有关家庭是经济合作单位的局限,也可以突破核心-主干-联合这样的分类体系,而是站在个体的角度来思考家庭的变迁;在方法上,这一思路打破了分析家庭以家庭为单位的局限,以个体为中心,展开对家庭的分析,启发我重新思考个体、家庭和国家三者之间的关系。

个体的崛起、个体化、个人主义等词汇就这样进入到了我的研究视野中,与我之前对于家族主义在中国衰弱的印象契合起来。

"家族主义"传统的变迁

家族主义(Familism)这个词在英文词典中是没有的,是葛学溥(Daniel. H. Kulp)在研究中国华南的乡村生活时创造的一个新词。他认为,家族主义是一种社会制度,所有的行为、标准、思想、观念都产生于或围绕着基于血缘聚居团体利益的社会制度。家族是所有价值判断的基础和标准,一切有利于家族的事务、行为,都会采纳、推行,而反之,就会被视为禁忌,加以修正和限制。村落所有的其他制度包括政治制度、社会控制、宗教信仰、亲属制度都是围绕家族主义这一核心的[1925(2006)][2]。

后来的很多学者在对比中西方家庭体系和家庭制度不同时,都注意到了家族主义这样一种结构机制的存在。贝克(Baker)认为,在西方,家庭作为一个组织其存在主要是为了个体能被抚养长大和成为一个社会成员进入世界创造良好的环境。而在传统中国环境中,与其说家庭能够存在是为了支持个人,还不如说个人存在是为了延续家庭(Baker, 1979:26)。伊斯曼(Eastman)认为中西方抚育孩子的目的是不同的。在西方,父母抚育孩子是为了使孩子成为一个独立的、自我实

---

① 在后来的研究中,阎云翔进一步清晰了中国家庭的个人崛起的过程实际上与西方的个体化有相关性,但是,也有不同于西方个体化的特点(Yan, 2009)。

② 此处直接引自周大鸣对《华南乡村生活》的译者序。

现的成人……在中国，儿童作为个体被珍视并不是因为他们的命运会展示他们独一无二的潜能，而是他们，尤其是儿子，将会有助于田地工作的价值。儿子将会延续家庭的姓、养父母老、操办后事。所以，家族主义“familism”对中国人说是非常重要的，它是一种评价所有的观念和行为是否有利于家庭福利的体系（Eastman，1988:16）。桑顿认为（在中国）家庭被看作是最基本的社会单位，个体的利益被放在大家庭的利益之后。老人得到充分的尊重，他们的权威凌驾于年轻的家庭成员之上（Thornton，1994:2）。家族至上的价值观念就是家族主义。所谓家族至上，就是家族利益高于其他利益，重于其他利益，亲族联系重于其他一切联系。以家族至上作为导引家族成员思想、感情和行为的最高准则，作为最高的价值尺度，就是家族至上的价值观（杨知勇，2000）。这一系列的文章都说明，一般认为中国的家庭利益高于个体利益，当两者相冲突的时候，以家庭利益为重。而这一原则之所以能够在中国执行，是因为中国盛行“家族主义”，而不是个人主义，家族主义是中国人的中心价值（刘创楚、杨庆堃，1989:179）。在西方体系下，人们不会将家庭看作是一个终身可以依靠的组织；而对中国人来说，家庭是一个世代延续的形式（刘创楚、杨庆堃，1989:46）。

也有学者从另外的角度来阐述家庭主义：在当今世界上，从家庭和个人关系的角度上来说有两种代表性的文化：“人本位”和“家本位”。所谓“人本位”是说在个人和家庭的比较中更重视个人，强调个人的生存、个人的利益、个人的意志、个人的发展、主张人的个性和独立性，以家庭服从个人。在西方社会，大多是“人本位”。“家本位”不同，它在个人和家庭的比较中更重视家庭，强调家庭的利益、家庭的生存、家庭的意志和家庭的发展，以个人服从家庭（潘允康 2002:377—378）。

潘允康把家庭本位与农业经济联系起来，而把人本位与工业化联系起来：从经济发展的角度看，以往落后的小农经济是以家庭为基本的生产单位，也是人们赖以生存的基本团体。在生产力低下的小农社会，依靠个人的力量是不足以维持生产的，要以一家一户为单位进行生产，个人对于家庭的依赖性强，要服从家庭的利益与安排，“家本位”是适宜的。现代社会的发展,以大工业的社会化生产代替以家庭为单位的小农生产,它需要自由的劳动力,需要高度的社会流动,人们淡化了家庭和乡土观念,确立“人本位”的价值取向。换句话说,在一般的规律中,工业化水平越高,经济越发达,越容易实行“人本位”,反之则是“家本位”。了解中国和美国工业化和经济发展水平的差异,就知道为什么美国更容易是“人本位”,而中国则是“家本位”的(潘允康 2002:378)。

当然,这里的家庭主义和家本位中的家,指的都是“父系、父居、父权”的家。那么这个家是什么时候开始变化的? Jack M. Potter 在 1979 年“文革”后到广东省东莞县增设大队做过三次实地调查。他的结论是三十五年的社会主义集体生活并没有改变旧社会保留下来的基本的亲属关系结构。父系继承制,从夫居制的家庭,以及妇女外婚制,都从宗族村原本照样搬到集体单位。大队的户口登记簿几乎与旧族谱一模一样,土地改革期间,土地按人口分配,可是土地使用权仍由男性家长掌握,家庭成员的收入(工分)仍归家庭的家长所掌握(王松兴,1991)。可见,在改革开放前,家庭主义和夫权制还是维系中国社会的基本亲属关系制度。

个体化理论

个体化的理论与现代性的理论紧密相关。对西方社会而言,无论是在实践还是理论层面,个体化都不是近期出现的。西方社会从乡村向工业的转型,某种意义上就是一个个体化的过程(Weber, 1968),不同的学者对于个体化的表现形式和所起的作用有不同的观点,但都认可这一转变的重要性。滕尼斯强调个体作为一个理性选择主体的存在(Tonnies, 1957);涂尔干认为随着劳动分工的进一步分化,分离的个体才成为了人们关注的焦点(Durkheim, 1984);梅因认为契约主义的兴起割裂了个人与家庭、社区之间的密切联系,人们被引入一种以陌生人之间的个人契约关系为基础的社会(Henry Maine)。

有关西方个体化的理论历史,霍华德(Howard)做了非常详尽的介绍和分析(2007),而个体化本身是一个非常多元的概念,学者的理解和运用也是不同的。在当代，个体化理论的主要代表者是鲍曼、吉登斯和贝克(Howard，2007)，这三位有关个体化的阐述有共性的地方，也有差异。

对鲍曼来说，个体化是放在结构中来讨论的。简括地说，“个体化”指的是人们身份从“承受者”到“责任者”的转型，和使行动者承担完成任务的责任，并对他们行为的后果(也就是说副作用)负责。换句话说，个体化存在于自治——根据法律上的权利——的建立之中，而不管事实上的自治是否已经很好地建立起来(鲍曼，2002:49)。

吉登斯所讲的个体化在我看来更像是一种可以灵活变动的结构，吉登斯反复提到了解放政治(Emancipatory politics)与生活政治(Life politics)，他认为个体化的进程与生活政治紧密联系在一起，选择、自我实现是个体化的核心内容(Giddens，1991)。

解放政治	生活政治
1. 把社会生活从传统和习俗的僵化生活中解脱出来。	1. 从选择的自由和产生式权力(作为转换性能力的权力)中得来的政治决策。
2. 减轻或消灭剥削、不平等和压迫。所关心的是权力和资源的差异性分配。	2. 在全球化背景下创造能够促进自我实现的道德上无可厚非的生活方式。
3. 服从于由正义、平等与参与的伦理所具有的独断。	3. 在一种后传统秩序中提出有关“我们应该怎样生活”这样的问题伦理，并抗拒存在性问题的背景。

贝克认为个体化概念描述的是有关社会制度以及个体和社会关系的一个结构性的、社会学的转变，所以他强调个体化是“制度性的个人主义”(*Institutionalized Individualism*)，个体在历史上第一次成为社会再生产的基本单位，没有确定的集体身份，如阶级等可以“自然地”“不加思考”地嵌入，而是必须通过选择和决定来体现出某一身份，“过自己的生活”。简言之，个体化正在成为第二波现代性社会自身的一个社会架构(Beck & Beck-Gernsheim，2001)。

鲍曼、吉登斯、贝克的特定个体化议题可以被视为对流行的个体化的新自由模型的批判和发展。新自由主义经济建立起一个自给自足的个人形象。它认为个人能够主宰自己的命运，个人可以从自身出发找到自己行为的能力并不断提高这种能力（Beck & Beck-Gernsheim，2001）。通过关注个体与社会、国家之间的紧张关系，新自由理论以不同的方式强调对个体权利和自由的保护和发展。作为新自由理论的反对者，贝克及其他学者近来的个体化理论强调了一种紧张关系，即一方面是个体对自身独特个性、选择和自由要求的增加，另一方面是这些个体对社会制度的复杂且不可避免的依赖。

现代化本身也不是不变的，它目前已经从第一波现代性进入到第二波现代性。在第一波现代性时，社会是一个线性的结构系统，是反射性的，是在确定的知识体系下，主体对客体的一种反映；而在第二波现代性时，社会是一个非线性的、开放的系统，是一个奉献社会，它是自反性的。

贝克在风险社会中说到的在“自反性现代性”或者“第二现代性”中的个体化与以往的个体化不同的地方就在于：没有温床可以“再嵌入”了——在任何层面上都再也没有了。……对于脱嵌的个体来讲，在他们行走的道路尽头没有重新可以嵌入的前景（贝克，2003）。

将社会成员塑造成个体是现代社会的标志，但这种塑造不是一次性完成的，它是日复一日的再塑造的活动。贝克认为，现代化导致一种三重的“个体化”：脱离，即从历史的规定的、在统治和支持的传统语境意义上的社会形式与义务脱离（解放的维度）；与实践知识、信仰和指导规则相关的传统安全感的丧失（去魅的维度）；以及重新植入——在这里它的意义完全走向相反的东西——亦即一种新形式的社会义务（控制或重新整合的维度）（贝克，2003：156）。

阎云翔总结个体化命题中的三个主要观点值得我们特别关注：

第一个是吉登斯说的“去传统化”（detraditionalization），或贝克所指的脱嵌（disembedment）。个体日益从外在的社会约束中脱离出来，这些约束包括整体的文化传统和其中包含的一些特殊范畴，例如家庭、血缘关系和阶级地位。所以，社会变得更加分化和多元。但是，这并不意味着传统和社会群体就不再发挥作用；如果它们能成为个体可资利用的资源，传统和社会群体就仍然重要。在我看来，主要的不同在于，个体不再相信他们应该为保持传统（例如维系家庭血脉）而奋斗；相反，个体选择一些传统来为他们自己的生活服务。

第二个特点是鲍曼所指的“强迫的和义务的自主”这种自相矛盾的现象（Bauman 2000：32）。这个意思是现代社会结构强迫人们成为积极主动和自己做主的个体，对自己的问题负全责，发展一种自反性的自我（参见 Giddens 1991）。这是通过诸如教育体系、劳动力市场和国家监管等一系列社会制度来实现的。通过排除人们寻求传统、家庭或社区之保护的选择，现代社会制度对个体的影响事实上在不断增加。这是个体化命题与新自由主义个体化理论分道扬镳之所在。

第三个特点是“通过从众来创造自己的生活”（Beck and Beck-Gernsheim 2002：151），意思是倡导选择、自由和个性并不必然会使个体变得与众不同。相反，对社会制度的依赖决定了当代的个体不能自由地寻求并构建独特的自我，男男女女必须根据某些指南和规则来设计自己的生命轨迹，因此他们最终得到的反而是相当一致的生活。这个论点也符合关于现代社会缺乏真正个性的早期观察，例如，在美国社会个体从“有主见的人”到“受人支配的人”的转变（参见 Riesman 1989）（阎云翔，2012：328—329）

如果说第一次现代化，让个体从原有的体系中解脱出来，嵌入到新的体系中去的话，那么第二次的个体化的真正含义是：个体在历史上第一次成为社会再生产的基本单位，已经无法重新嵌入到某个体系中，而是只能依靠个体的判断和选择，来决定自己的命运。简言之，个体化正在成为第二现代社会自身的一个社会架构。

但是，这里需要特别指出的是，个体化与个人主义并不等同。贝克明确指出，个体化不是个人主义，个人主义是精神分析学家使用的一个术语来描述变成自主个体的过程，而个体化是描述社会机制以及个体与社会的关系在结构上和社会学意义上的转变的一个概念（Beck &

Beck-Gernsheim, 2001:203)。这一区分是很重要的,可以解释个体化的结果不是个体不再依赖他人,而是变得更加重视和个体关系的互动。正是因为个体从体系中出来了,因此在具体的决策中,个体需要和他人协商、妥协,或者争取他人的支持,才能达到目的(Beck & Beck-Gernsheim, 2001:204)。也正是因为在这一层面上产生个体化,因此,个体化并不一定产生一个"自私的社会"。个体化的文化一方面培养了关注自我的文化,但是另一方面也的确培养了他们自己的利他主义的道德标准。作为一个个体并不排除对别人的关心。实际上,生活在一个高度个体化的文化里,意味着管理和组织你的日常生活时你必须拥有社会理性,能够联系他人懂得奉献自己。在旧的价值体系中,个体往往必须服从集体的模式。……考虑自己同时为别人而活在形式上曾经被认为是矛盾的,但却揭示出他们内在的本质联系(Beck & Beck-Gernsheim, 2001)。

家庭,作为集体的一种单位,和个体之间的关系同样被不断重构,家庭成员之间的关系也在个体化的进程中发生了改变,这一过程既发生在西方世界,也发生在已经进入到全球化体系中的中国。

中国的个体化进程

个体化理论最为吸引我的地方有三点:第一,个体化是一个开放的过程,强调在全球化和本土化的互动中,每一个地方都一定会形成不同的过程和特征,这就为描述和分析"中国特色"打下了基础;其次,个体化是以个人为基点的宏观描述,一方面关注社会结构,另一方面强调个人微观的日常生活,微观与宏观的完美结合使得这样的理论特别有力量;第三,很多西欧社会的个体化现象在我们今天的社会里,几乎我们每时每刻都会遇到、感觉到这种个体化的体验、选择和无助。

贝克在《"自我"中国》的前言"个体化的种类"中强调中国同样在发生个体化,在中国个人正在变得越来越重要,但并不是像欧洲那样发生在制度上得到保障的架构中,并基于公民、政治、社会等方面的基本权利之上,而这些权利正是在欧洲第一次现代性期间通过政治斗争所争取到的。相反,中国个体化进程与众不同的恰恰在于一个事实,即,这些目标仍然是斗争的目的,而斗争的结果却尚无定论。

贝克认为,个体化通过多种方式把人们从传统角色和传统束缚下解放出来,如个体摆脱了基于地位的阶级;妇女摆脱了家务束缚和照顾丈夫的“地位命运”;旧有的工作常规和工作纪律形式正在衰退,取而代之的是灵活的工作时间(贝克,2011:235—236)。这些变化在中国并没有完全实现。

贝克强调被解放出来的个体开始依赖劳动力市场,并进而依赖教育、消费及福利国家的管理和支持之类的东西……个体摆脱了传统信念和传统支持关系,却又陷入了劳动力市场的束缚。虽然出现了新的束缚,但个体化的文化却催生了个体自我控制的信念——一种“为自我而活”的愿望(贝克,2011:236)。这些变化同时在中国正在发生。

中国的个体化之所以与众不同,在于社会发展的基础和条件都是不同的。在中国传统社会,只有作为道德主体和伦常关系载体的人,并没有作为权利主体和社会组织基本单元的个人(金观涛、刘青峰,2010)。在西方,individual 一词指涉个人并作为政治术语的显现始于17 世纪。个人成为自然权利的最终主体,个人拥有权利和表达的权利,就成为西方个人观念的核心。所以,西方个人观念也可概括为将人视为“自我代表的个人”(金观涛、刘青峰,2010:156)。个人观念的普及导致个人主义的兴起,所谓个人主义(individualism),是一种认为个人比社会更重要的思潮。

中国的个人观念的起源显然和这些西方国家是很不同的,个人以及个人主义都是舶来词,有一个被消化和再创造的过程。对于这个过程,金观涛和刘青峰有非常精彩的分析,总结起来,他们认为:“1900 至1915 年主导中国的官方意识形态是中西二分的二元论。‘个人’、‘社会’和‘权利’等观念,都是在这种中西方二分二元论的意义结构中被接受的,他们只在公共领域有效,而不能进入家族、家庭等原由儒家意识形态规范的领域。这就造成了个人观念在引进中国之初,与西方现代政治思想中的个人观念有结构性的差异。在西方,个人作为权利主体是在公共领域和私领域普遍成立的。但在中国,个人权利主要是在个人参与公共事务(如参与政治、经济、教育等活动)时才有效。在处理私人关系时,特别是家族内部事务,个人权利观念与儒家伦理出现矛盾,儿子对父亲并不能讲个人权利,在亲戚和朋友之间谈个人权利亦是十分可笑的事。"(金观涛、刘青峰,2010:161)

"新文化运动中,随着中西二分的二元论被抛弃,全面批判儒家伦理,使得本来主要在公共领域有效的个人观念一下子进入家族(家庭)和私人领域,个人观念在公共领域和私人领域都确立了其正当性。"但这并不意味着中国个人观念开始和西方一致。"1919 年后对西方个人观念的重构,是由两种相互矛盾的动力所推动:一方面,新知识分子颠覆了儒家伦理是家族和个人事务的最终根据这一传统,他们认同个人是先于家庭和社会的存在,在这方面接近西方自由主义。但另一方面,既然个人独立已成为现代常识,那么激进派新知识分子就会用这一现代常识来考察包括个人权利在内的所有新观念的意义"。结果由于经济条件的不同很难保障权利的平等,考察的过程中,认定个人权利是有阶级性的,"这样一来,社会契约论便丧失了基础"。"新文化运动以后,当代中国的个人观念是一种不同于西方的个人观念,我们称它为一种'常识的个人观'。……与西方个人观念最大的不同在于:权利不再是个人观念不可或缺的核心,或者说个人不是用权利主体来界定的。"(金观涛、刘青峰,2010:168—173)

正是由于这种基础不同,在改革开放后,缺乏个人权利和隐私内容的常识个人观念被接受,但它们只是在工具意义上被中国人接受的,而不是从个人自主性这一最终价值推出的。

有意思的是,公共领域压制了个人权利,但是在私人领域,主要是在家庭中,也许恰恰是从个人自主性出发的,从个人权利的强调出发。

中国从中华人民共和国成立以来,在个体化的角度来看,我们经历了两种转型:首先是把个人从家庭中脱嵌出来,再嵌入到集体体系中,在农村是公社、小队等体系,而在城市是单位。其次,是把个人从集体中脱嵌出来,这次社会不再强迫个体进入某个体系,而是让个体选择如何生活。与上文所说意义接近的个体化实际上是从第二个转型开始的，也就是说从改革开放开始的，因为在上一阶段的再嵌入是目标明显的，几乎没有个体的选择；而在第二个转型中，个体选择才有了意义。因为本文关注城市的个体化，所以，主要以城市的情况来加以解释。

我们来回顾一下个人在集体化时代的生活。毛泽东时代，政治全能主义把个人从家庭里拉出来，投入到集体中，让个人为整个国家的社会理念而奋斗，因此，对个人而言，无论是意识形态还是社会制度几乎都是铁板一块的。集体制度不仅给个人提供了“铁饭碗”，而且提供了从摇篮到坟墓的一切保障：国家补助的住房、教育、医疗等等，更为重要的是，单位制度传承了很多原来家庭的功能。对于那些在单位生活的人们来说，“以厂为家”“以单位为家”的口号一定不会陌生（李汉林，2004：59）。单位，似乎和家具有同构性的特征。首要的一点，单位的边界和家一样，也具有很大的模糊性和不确定性……其次，在单位中人们可以比较容易地观察到，单位和家一样，也是一个功能多元化的事业组织和社群。……再次，人们在单位中也可以观察到家庭这种“父为子纲”的影子（李汉林，2004）。在吃大锅饭的时代，个人没有什么选择，也没有什么特别的担忧。

从个体来讲，一个个体在城市出生大约半年以后，就开始跟随母亲到单位的托儿所或街道幼儿园“上班”；到了上学年龄，就到指定的学校上学，学校不收钱或收非常少的钱，然后一直到初中毕业；能够往上读的就往上读，读不上去的，就通过国家分配，进了单位后，一切的事情都有单位在背后撑着。结婚的时候，单位开单身证明才能结婚；生孩子的时候，单位会有补贴，还会有专门的人来看望你，你的孩子进单位或街道办的托儿所；你碰到的任何问题都可以向单位反映，包括你的配偶和别人“好”上了，单位也会帮你处理……总而言之，你的生活和单位紧密相关，能不能进一个好的单位对个体人生的“幸福”来讲几乎具有决定性的意义。斯坦福大学社会学家魏昂德（Andrew Walder）将这种福利体制下个体与单位之间的关系，概括为一种“组织化的依赖性”（参见Walder 1986）。

随着改革开放,单位系统开始逐步瓦解,计划经济条件下存在的"组织化的依赖性"近乎荡然无存,对个体的稳定和福利也随之变得不确定了。

不再有大锅饭可以吃,改革开放的一个核心词是松绑,给企业松绑,给个人松绑。所谓的给个人松绑实际上就是让个人成为个人,人生的每一步都变成了可以选择的。

当前的规则是,个体的人生在未成年之前由父母选择、决定,成年后由自己选择决定。一个个体的出生不再像以前一样是父母到了一定的年龄自然而然结婚生子的过程,而是父母通过事业和家庭平衡的考量后的一个选择结果;出生后,进哪一所托儿所、幼儿园、学校,都是父母衡量了投入与产出的性价比后的决定,虽然,中国理论上按照区域决定就学,实际上,在大城市,择校已经成为了一个普遍的现象;读文科、理科还是高中毕业就工作,读哪个大学,本地还是外地等一系列问题都是父母经过现实的考量后的决定。成年后,要不要结婚,要不要生孩子,要不要工作,在哪里工作……对放牛娃而言是必然的人生环节,在今天,每一个环节都可以选择要或不要,这样做或那样做,而每一个选择都会把人生引向一个不可知的方向。

贝克强调的个体化对个体而言的一个巨大转变是"过自己的生活",而这一点越来越成为今天中国年轻人的信条。"走自己的路,让别人去说吧",几乎成为每个人的口头禅,甚至,这一句话还有好几种流行改法:1. 穿别人的鞋,走自己的路,让别人追吧! 2. 穿自己的鞋,走别人的路,让别人无路可走! ……西欧社会中的个体化在今日中国同样也成为了一种熟悉的场景。

在社会的快速转型中,中国的私人生活发生了巨大的变化,个人主义虽还未举起旗帜,但是已经切切实实地影响到了中国人的生活,尤其在家庭领域更为明显。阎云翔教授在中国东北农村的研究证明了在年轻一代中个体化的进程导致对独立自主的个体强调,从而影响了家庭的结构;而我在上海的家庭研究中,同样清晰地看到了个人的崛起,并且在年轻一代中已经形成了个体家庭。

从家族主义到个体家庭的转变，也许正是中国家庭从传统到现代的真正转变。如果说以前的家庭是通过家庭利益来组织的，那么今天的中国城市家庭更多的是通过个体利益之间的协调来组织的。家庭的结构、流动都是内部个体利益协商的结果，而不再是个体为了家庭利益妥协的结果。甚至具体的家庭概念都很难再承担孔迈隆所谓的“合作单位(a corporate Unit)”意义，家庭成员对家庭的认同、家庭关系的处理、家庭的经济管理等都出现以个体为单位的考虑，而不再有统一的家庭概念、统一的家庭协调，尤其是对年轻夫妇而言。对家庭存在的目的而言，家庭不再是个体的目的，而成为了个体追求自身发展的途径和平台。对家庭的认同而言，个体不再努力形成一个认同，而是保持各自独立的家庭认同。

但是，中国的个体化和西欧或美国又是存在很大差异的。西欧的个体化建立在福利国家、个人主义和民主文化，而这三点我们都没有或者直到今天都不健全。

首先，福利国家的保障体系保证了个体可以不依赖于家庭或其他人能够生活，并对个体的生老病死都提供了比较完整的保障。贝克强调制度性的个体化是发生在个人已经成为个体，国家曾经提供了社会福利系统，但是现在却在逐渐减少对个体的福利保障的语境中的。但在中国，在个人还没有完全成为个体的时候，国家福利就快速消减，中国的福利保障体系并没有那么发达，个体在某个生命阶段必须依赖他人生活，即使在城市里，成年人能够做到经济上的独立，但是依然很难做到全方位的独立，如育儿需要家人支持，养老需要子女帮助。

其次，个人主义是西方哲学思想的重要组成部分，人人生而平等的思想与个人主义紧密不可分，因此，西方的个体其人格相对独立并追求平等。而中国式家庭主义或集体主义，个体的利益和需求都被集体或家庭的利益需求所决定，虽然这一体系目前正在快速转变，但是其影响依然存在。

再次，民主文化使得个体化有一个宽松的更为广阔的选择领域，并且，个体化本身就是通过民主来实现的。而中国经济体制先于并大大快于政治体制的改革进程,两者之间的冲突正在日渐显现,这对中国个体化的进程和方向都有重要影响。某些方面的局限使得个体化在理念上就已经存在一定的障碍。中国的个体从家庭中脱嵌,从集体中脱嵌都不是一种自然而然的自愿过程,其中有政治运动、国家命令的成分。

以上三个方面将会极大地影响中国个体化的进程,除此之外,中国社会转型之快也将会影响个体化。西方经历了第一波现代性,在个人已经成为个人的基础上进入了第二波现代性,个体化成为一种社会结构。而中国第一波现代性就和西方的不同,在短短的几十年中,我们又进入了第二波现代性,对个体而言,某些个体一直停留在计划经济时代,依然把集体主义看作是人生信条;某些个体进入到第一波现代性中,按照认定的目标前进;而有些个体已经进入到第二波中,面对知识的不确定性,面对风险社会的来临,个体化已经成为了他们眼中的世界。

可以说,在中国,个体化还不是一种社会结构,但是它正在成为一种社会结构,在这一过程中,全球化与中国本土化的纠结自然会继续胶着,“中国特色”是一个需要我们不断观察和总结的概念。阎云翔认为中国的个体化是一种“缺失个人主义的国家管理下的个体化”(State-managed individualization without individualism, Yan, 2009),而我认为现在断言中国的个体化是如何的还为时尚早,个体化的进程还在继续中,并且依然处于和传统博弈的过程中,远未定型。我想做的就是剖开这一历史节点的横截面,把个体化进程中的一瞬间从家庭的角度展示出来,以便于我们更好地了解中国的发展道路。

第三节 个体家庭分析框架

个体化与家庭研究

理论本身当然会受到社会价值观和社会思潮的影响,当帕森斯在20世纪40年代提出美国的家庭是一个核心家庭时,他把家庭变迁与工业化进程紧密相连,他力图论证的是核心家庭是家庭功能专业化的结果,而这些功能——主要是儿童抚养和夫妻之间的支持——恰恰是工业社会发展所依赖的。同时,核心家庭没有与扩大亲属关系的利益瓜葛,也不必承担扩大家庭所要求的义务,这有益于工业社会所需的职业流动和地域流动。因此,核心家庭是适应工业化发展的(parsons,1943)。这种理论分析是建立在把家庭看作是一个整体,把其放置在静态中来分析这一整体和外部的关系,但是对家庭内部,尤其是日常生活中的情感和各种关系的动态是无暇顾及的,同时也忽略了家庭成员的不同。

对此,古德在其《家庭》一书再版的时候,提到了这一问题,他承认在家庭研究中忽略了妇女的问题,也承认真正的"核心家庭制度"可能并不存在,他"将家庭现代化理论向一个更加开放的、接纳多样性的理论体系推进了一大步"(唐灿,2010)。

随着理论界对工业化、现代化等宏大叙事的反思,家庭研究也从静态的、整体观的分析中更多地关注动态的、个体的情况。公共家庭(public family)和私人家庭(private family)的概念提出,就是学者们力图提供两种分析家庭的视角:公共家庭强调社会语境中的家庭,如离婚率提高、未婚先孕现象等;而私人家庭强调个体共同生活的那个空间和时间,涉及内部关系和情感议题等(Cherlin,2008)。

对核心家庭强调的侧重也从对工业社会的适应转变为个体对家庭的依赖,如核心家庭成为了治疗外部世界创伤的场所,成为了家庭成员的情感避难所①。20 世纪后期的家庭理论越来越强调家庭对个体的作用,而不是家庭对社会的意义。古迪在总结现代家庭时,强调个体化家庭的特征:自由选择配偶,摆脱亲属束缚,婚姻私事化,个人事务不再与大家庭的利益相关,而成为纯粹的个人私事(古迪,1998)。目前有越来越多的研究开始挖掘核心家庭与个人主义、个体化之间的关系。

---

① Hareven, T.K. 1976, Modernization and Family History: Perspective on Social Change, Chicago Journals 2(1),转载自唐灿《家庭现代化理论及其发展的回顾与评述》,2010。

总之，“个人化(individualization)已经成为西方家庭理论发展的最新形态，其界定性的特征是分析焦点从家庭本身转移到个别成员身上”(唐灿，2010)①。

越来越重视个体的家庭研究者自然不会忽略个体化理论，虽然我个人对于贝克认为“家庭”作为一个分析概念已经是一个僵尸类别持保留意见，但是，个体化理论的确提供了崭新的分析家庭视角。正如有学者指出：个体化理论强调了发展中许多的不确定性特征对当代家庭生活的影响……所以个体化理论更为强调个体化和亲密关系的转变对家庭成员的理想和选择的影响，而不是传统家庭社会学所强调的那一套(Allan & Crow，2001:9)。

个体家庭的分析框架

家庭作为社会的细胞，对家庭的研究当然是有意义的，因为只有细胞稳定才能使得社会稳定；只有细胞和谐，社会才会和谐……做家庭社会学研究的学者看到这样的话语，一定是熟悉无比，并认为完全正确。大部分的家庭研究也是把家庭看作是社会的一个基本单位，一个整体来研究的，我也不例外。所以，当我们做家庭研究的时候，常常把家庭中的个体进行虚化或者同等化处理，把同一家庭中的成员看作是一样的，家庭的选择和行为模式就是这一家庭所有人的选择和行为模式。

把家庭看作是社会细胞，并强调家庭与社会之间的关系，尤其是家庭和谐对社会和谐的重要性，实际上依然把集体的利益放在了高于个体的利益之上，而我受个体化理论的影响认为：社会的存在是为个体服务的，家庭的存在同样是为个体服务的，而不是反之。

我们之所以要婚姻不是因为我们不结婚就活不下去，或者婚姻是每个人必需的一步，而是因为婚姻会让我们个体的人生更美好。

---

① 引文把 individualization 翻译为个人化，而本书在其他地方都把 individualization 翻译为个体化，因为在个体化的理论中，把 person 翻译为个人，而把 individual 翻译为个体。

因此，家庭研究的意义在于如何明确家庭的逻辑，从而更好地指导人们来处理家庭问题，让自己的生活更美好，这才是社会和谐的目的，而不是探讨如何让家庭适应现代化的发展，如何为社会发展作出贡献。实际上，早有学者指出了这一点：20世纪80、90年代，家庭现代化理论成为一种“家庭理论的标准”……而这种标准化的理论错误之一就是把家庭形式简单化为对应于社会经济变迁要求的因变量(Allan & Crow，2001：199—200)。在中国，大部分的家庭研究都是在此基础上展开讨论，即使对这一结论有不同观点，也仅仅是对此进行修正和弥补。进入21世纪后，中国学者开始反思家庭现代化理论到底适不适合中国。

贝克的个体化理论强调个体，尤其是女性，在个体化的时代自愿或者被迫“过自己的生活”，这对曾以家庭主义为主流价值观的中国人来说，是非常具有挑战性也非常具有吸引力的一句话。改革开放把中国推入一个现代性社会，而这个社会开始允许个人拥有做出与他人不同生活方式的选择自由，包括个人、性、家庭内部关系等，这是和社会进入到现代性后期的转变紧密相关的，因为现代性后期强调把“自我是过程的核心”(the self as a project)放到了优先的地位(Allan & Crow，2001：8)。如果要“过自己的生活”，那么当家庭利益和个人利益产生冲突的时候，首先维护的自然是个人的利益，家庭成为了个体成就自我的手段，而不是目的。在这样的前提下，如果把家庭看作一个整体，那么就很难看到个体的能动性以及家庭成员不同的特性及其对家庭的影响。因此，个体化理论对本书的第一个重要影响是把个体独立出来，看作是分析家庭的中心。

我认为以往有关家庭的理论分析框架“社会←→家庭(包括家庭结构和家庭内部关系)”这样的两维框架是有问题的，这种框架是一种“单线进化论”，从而很容易得出“工业化导致家庭核心化”(古德，1986)、“在从原始农业劳动技术向现代经济技术发展转变过程中，中国的家长制家庭正在转变为平等型家庭”(埃舍尔曼，1991)等这样的结论。这种直线路径只见森林不见树木，对于这种变化究竟是如何发生的、社会和家庭之间的变化是不是同步的、社会变化和家庭变化之间到底是什么关系等一系列的问题，我们得出的都是似是而非的结论。更为重要的是，本来生动活泼、复杂多元的家庭被迫简化为一种单位，其中完全不同的个体被去除特征，被看作是标准化的理性个体。而任何有家庭生活经验的人都知道，家庭可能是最不理性的地方，是一个充满感性力量的神奇领域，古话说，"清官难断家务事"，就是说用理性可能是看不到事实真相的，也是无法解决问题的。

如果家庭研究的意义在于为个体的幸福服务，那么，在家庭研究中就一定要还原那些生动的个体。无论是社会还是家庭，实际上都是由人构成的。社会的变化说到底是物质的变化和人的变化两部分，而以往的研究关注物质多于人，甚至把两者混为一谈，因而忽略了家庭变化的一些本质。

在家庭研究中，把"人"的因素独立出来，做重点研究可以弥补以往研究中的偏差和不足，而个体化理论本身和现代性紧密相关，对贝克而言，个体化是第二波现代性的社会结构(Beck, 2001)。个体化理论帮助我串起了现代性和家庭变迁之间的直接联系。比如，以前是修身——齐家——治国——平天下，平天下是最终目标，对个体来讲，个人的发展目的是光宗耀祖；而今天，是平天下——治国——齐家——修身，最终目标是修身，要"过自己的生活"，要自己感觉好。虽然是一样的几个层次，但是，把人独立出来后，我们看到其中的逻辑关系已经变化了，体现了现代性中的个体化。

所以原来从社会变迁直接推导家庭变迁的分析框架已经不适用于现在的复杂情况。本文参考个体化的理论，建立了一个社会、家庭和个体的三角形分析框架。[①]

---

① 必须说明，本研究虽然关注的主要是实线部分，但是虚线部分的关系也是非常重要的，是现实中的确存在的。但是由于目前家庭变化太快，太多元，在有限的篇幅之内想要把这些问题都交代清楚几乎是一件不可能完成的任务。因而除了在结论中本文会提到虚线部分的关系外，在主要的分析中，都有意回避了虚线部分的关系。我刻意简化本文的分析框架是为了应对复杂而多元的家庭变迁。在未来，如果有能力，我将对虚线部分做更加清晰的阐述，因为这一部分同样重要！

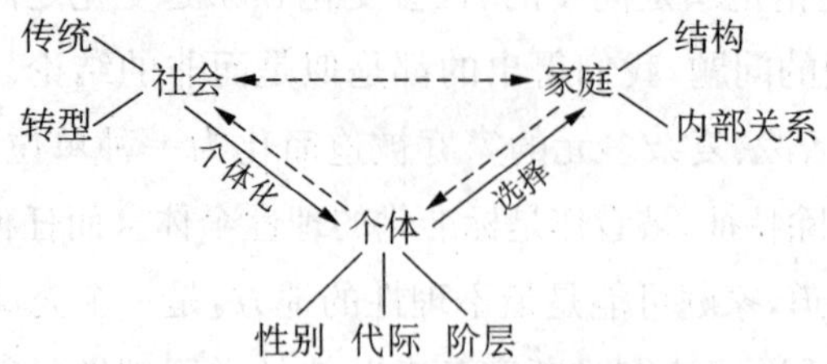

在这个框架中，研究的核心在于“个体”，无论是社会的变化还是家庭的变化，实际上这些变化都是通过个体来体现，而不同个体的情况是不同的。同样，在同一家庭中，个体也是不同的，除了性格等不同，其性别、年龄和所处的辈分与阶层也是不同的，而这种不同会影响到家庭的运作，所以，需要把家庭分解为不同成员的组合体，看到不同成员的情况。在分析家庭认同的时候，我会把夫、妻、父母区分开来描述；在讨论代际关系的时候，把自己父母与配偶父母分开来讨论；在谈论家庭权力的时候，结合个体的年龄、辈分和性别的维度来看。

分析中对个体的关注从三个维度来进行：性别、年龄和经济地位。在社会学中，有关不平等的解释维度有四个：性别、年龄、阶层和种族；在人类学中多元的研究视野有种族、族群性、社会性别、年龄和区域（周大鸣，2001）。在我目前的家庭研究中，不涉及种族，区域是上海，而阶级这一概念在中国太过复杂，在分析框架中，考虑到操作性，我把这一维度简化为经济地位，虽然会出现一定的偏差，但我觉得更能讲清楚问题。年龄这一维度在家庭研究中通过代际来体现这一维度，因此，总的来说，着重于性别、代际和经济地位。

这三个维度对个体的影响是非常重要的，首先就性别而言，无论是贝克还是吉登斯都认识到了在现代性中，女性的变迁对整个社会变迁的重大影响，尤其是在家庭领域，几乎可以说，家庭改变的主要特征是女性角色和地位的改变（Beck，2001；吉登斯，2001）；其次，由于中国的快速变化，不同代际的群体个体化程度也不同，而不同代际之间的互补和冲突也在重塑家庭的面貌，尤其是中国家庭被看作是经典父权制的典型，代际关系的变化直接影响家庭结构；最后，在市场经济体系下，经济地位不仅是决定个体在公领域地位的重要影响因素，在私领域，这一维度的重要性也日益突出。

由于个体存在性别、代际、经济地位的差异，因而个体不仅个体化程度不同，能够做出的选择也是不同的。这里强调选择是因为选择的自主性和局限性是第二波现代性中的个体化的核心要素，对于这一问题的讨论，已经形成了很多多元个人主义的讨论。

其次，个体既是社会也是家庭的能动者，但是个体的行动和观念受到社会和家庭已有的一些文化和制度的影响。社会的变化对个体而言是两种力量的牵扯：传统和社会转型，两个部分本身有密切关联，同时在影响个体。而在个体化的进程中，脱嵌意味着传统失去了作为一种结构的作用，变成一种资源，由个体根据自己的需求决定如何取舍。这一方面的分析着重：对传统的违反有没有合理化；同一惯习有没有被用作完全不同的两种目的；对传统的重新解释和界定等。

社会转型意味着国家和社会目前提供的一系列制度和机制上对个体和家庭的保障和限制，如从计划经济时代转型为市场经济的过程中，国家、社会对于个体所提供的支持、保障以及局限是不同的，而这同样深刻影响个体的思想和行为。

怀默霆(Martin Whyte)在讨论农村经济改革和中国家庭模式的时候，指出家庭的变迁有可能是一幅矛盾的图景：一方面因为经济改革，家长更有权威，家庭可能会回归传统；另一方面，外部提供更多的就业机会，使得家庭"现代化"，"传统复兴，但是伴随着新的因素"(Whyte, 1992)，因此，在本文分析中也关注传统与转型的矛盾的表现。

再次，家庭的变化主要体现在两个方面：结构和内部关系，两者相互影响，同时又各自独立，前者偏重客观层面的家庭概念，后者偏重主观层面的家庭概念。我在论述的时候更多的笔墨放在了后者，因为在现代化的进程中，家庭的一个重要变化就是原来被看作是结构性的要素逐渐变得不那么结构了，可以选择改变了，家庭内部关系的状况常常决定了结构的形态。

最后，本书利用目前还是一款软件的名词 iFamily 作为总结目前家庭模式的一个词汇，我把它翻译为“个体家庭”①，这里的 i=I，也 i=individualization（个体化），强调目前上海家庭的动态性，以个体为中心，在个体化的进程中，通过个体之间以及各自家庭之间的博弈最后形成家庭结构和内部关系运作模式的过程。

本书框架

本文主要采用访谈和观察等质性方法来深描家庭结构和家庭关系，从个体化的理论视角分析上海家庭的多元和流动背后的逻辑，展示个体、家庭与社会三者之间的关系，并建构了个体家庭（iFamily）的概念，强调以个体为中心但受制于社会条件而代际关系紧密的家庭模式。个体家庭既不同于过去的家庭主义体系下的父权制家庭，也不同于欧美社会中强调个体独立的核心家庭模式，是个体在寻求生存与发展的过程中，由于缺乏足够的社会支持，从而选择或不得不依赖家人来抵御风险的一种家庭模式。

本节导论主要是对整体文章的一个介绍，包括研究的缘起过程，在理论方面的思考和突破等，强调中国家庭的独特性，认为核心家庭是中国家庭现代化理论中的海市蜃楼，在现实中没有现实过，在理论上有可能限制视角，因此需要建立新的分析框架——本文采用的是个体化的理论分析视角——来分析中国家庭。第一章是对方法论的介绍，重点介绍了本研究的个案情况以及我在方法上的尝试深度访谈的混合模型：“个案金字塔阵”。这部分的内容实际上是对整体文章的一个基础性的介绍和在理论方法上的澄清。

第二章理想的家庭结构，从人们认为最好的居住模式是“两扇门，一碗汤”开始描述，分析了为什么年轻一代需要年老一代的帮助，而年老一代又愿意帮助年轻一代。第三章是多元而流动的家庭结构，通过

① 确切的翻译似乎应该是“自我家庭”，因为 iChina 被翻译为自我中国，但是，在这里，个人觉得自我家庭很难理解，在中国文化还没有足够重视个体的情况下，先强调个体家庭，以后再强调自我家庭可能更好。

描绘各种各样的家庭来展示居住、经济、需求、亲密关系等变化,这样一种多元而流动的结构也正体现了个体化的特征:个体成为了形塑家庭的力量,而不是反之。这两章着重的分析点是家庭结构,尤其是家庭居住模式和饮食安排方面的特点。

第四章是从个体出发的家庭认同,主要是从主观层面讨论以个人为中心点所界定的家庭概念,分析大家庭与小家庭之间的关系,通过"谁是家里人""谁的家"、家庭认同与经济行为之间的关系,构建了一个"个体家庭"的模式,展示传统中国家庭的伸缩性在当代城市的表现。第五章家与家的关系则通过单边亲属关系、"两亲家不聚头"和姓氏等问题梳理个体家庭之间的关系,从更广的层面来分析家庭认同。

第六章血溶于水和第七章水难溶于血分析的是代际关系,分别从与自己的父母和与配偶的父母两个角度来讨论代际关系,分析孝顺在中国城市的困境,强调代际关系的研究需要区分个体的直系亲属还是配偶的亲属,两者是完全不同的关系处理逻辑。

第八章是后父权制时代的个体家庭,从父权制切入,把性别、经济和代际三个因素放在一起,通过交叉性分析家庭内部权力关系的变化,也试图回答父权制之后中国家庭如何的问题。

最后一章是结论,结合分析框架,汇总个体家庭变化的总体面貌,对全文进行总结,并把家庭的议题和社会变迁的议题做更紧密的联系,扩展这一话题。

总之,本研究试图从个体化的视角去分析家庭关系,展示家庭结构的多元性,同时归纳这种多元性背后的逻辑。我认为今天中国的家庭变迁并不在于从主干到核心这样一种转变,而是在于年轻一代逐渐脱离了家庭主义,每个个体都站在自己的立场上界定家庭,在自己的利益上选择和决定家庭的结构和关系;在这一实践过程中,传统和社会变迁以交织的方式影响着家庭结构和内部关系;而个体的选择和决定并非是自主决定的,它是在具体的语境下与相关家人的互动、协商、妥协中形成的。我把这样一种复杂的家庭结构和模式称之为"个体家庭"。每个人都有一个以自我为中心的家庭认同,家庭成员中每个人的个体家庭不会完全重合，而具体的家庭结构和家庭形态正是在不同的家庭成员和不同的个体家庭之间的互动中形成的。

本研究试图说明，在个体化进程中和生活方式的背景下，中国的城市家庭不再能够承担家族主义时代的结构角色，而是在结构形态上呈现出高度的可塑性。个体化的家庭成员，根据个人的需求和认同，来形塑家庭的结构。家庭成为了实现个人目标的途径，而不再像家族主义体系下，个人是实现家庭目标的途径，这是当代家庭改变的本质所在。但是，个体的选择受到现有社会条件的限制和文化的影响，因此个体和家庭之间的关系非常紧密，代际之间的联系并没有因个体的崛起而削弱。

第一章

深度访谈的混合模型：个案金字塔阵

本章重点在于阐述了深度访谈的混合模型：个案金字塔阵。结合定量和定性的方法，解释了本研究个案选择、访谈者选择、访谈过程和撰写的具体情况，与此同时，本章也详细描述了本研究的访谈个案的情况。此外，本章还探讨了访谈和观察的过程中的技巧与伦理问题。①

第一节　主题和方法的确定

议题的缘起和确定

对家庭议题，尤其是家庭结构和代际关系的兴趣源于我个人生活和研究经历。我的母亲在我刚结婚的时候，就离开江苏老家，到上海来照顾我和我先生的饮食起居，而我的父亲则一直在江苏工作，每个周末到上海和我们团聚。这种"父母住我家"的模式既不是现代社会意义中的核心家庭，也不是传统社会中的主干或联合家庭②。在生活和研究

---

① 之所以把方法独立成章如此详细的描述，首先在于我在混合模型的设计和实践中有一些尝试，提出来供批评指正；其次，还原研究过程有助于更好地理解本研究的具体观点和局限；再次，受女性主义方法论的影响我认为这是一个研究必须要向读者交代的。

② 主干家庭和联合家庭强调两代人或多个婚姻的同住集合体，但是这种合住模式一般是结婚后住到夫家，或者入赘，或者父母到了一定的年纪生活无法自理，而和子女住在一起，与父母离开自己的家，住到子女家不同。

中，因为生育或者其他事件，父母离开自己的原居住地，到子女的小家庭中暂时或者长久地居住在一起的个案并不少见，我当时把这种模式称之为“扩大-核心家庭”，因为这种家庭用以往的家庭结构分类似乎很难归类。

从 2006 年开始，无论我走到中国的那个城市，我都问身边的人：有没有父母离开自己的居住地，住到已婚子女家中，继续照顾子女或第三代的例子？无论在哪里，我总是听到“有”的答案，并且，在大城市中，似乎还相当普遍，甚至，有人认为如果家里有学龄前儿童，那么有祖父母在身边才是正常，小夫妻独立带大的，反倒成了特例。

比如我在访谈中，问上海人苏菲有没有年轻夫妇两个人独立带大孩子，没有找自己父母或保姆帮忙的。

苏菲：有。在德国。

沈：啊？在德国？

苏菲：是啊，他们是在德国留学，在德国生孩子，在德国带孩子。然后就是男的出去在外面工作，这个女的就是在家里带孩子这样的。

沈：那在上海有没有这样的？

苏菲：没有！（个案 39）

我在哈佛访学的时候，有机会和在波士顿的中国家庭交往，发现很多年轻的中国夫妇也想尽办法把父母从中国接到美国，居住在一起。除了享受美国良好的福利以外，最重要的原因就是请父母帮忙带孩子，他们家庭内的冲突和遇到的问题，和我在上海看到的从外地到上海的父母遇到的问题如出一辙。

当然，在现实生活中的确有年轻夫妇自己独立带大孩子的个案，但是，至少可以确定父母入住到子女家并非是独特的个案，而是一个在日常生活中很常见的现象，让我定下心来研究“父母住我家”是可行的。于是，我开始有目的地收集我身边有学龄前儿童的家庭情况。一旦开始研究，情况就比原先想象的更为复杂，家庭类型之多，超乎想象，每一个家庭似乎都有自己独特的一种方式，并且每个人都可以给出充分的理由为何会选择这种的方式。

基于个体经验的研究特别重要的一个优势在于充足的动力(Maxwell, 2008:21),这种带着自己生活的问题去研究的动力,激励我不断往前探索和反思。虽然,传统的社会学研究认为,把个人的身份、背景、体验带入到研究中去容易产生偏见和盲视,会削弱研究本身的客观性。但是,受训于女性主义多年,这一点对我来说已经没有心理障碍[①]。越来越多的学者,不仅仅是女性主义流派的学者,还包括一些社会学大家,如米尔斯(2005)等,都认同学者的生活和研究其实是不能分开的,也不应该分开。女性主义进一步强调,个体经验对于研究本身而言是有促进作用的。20 世纪 90 年代以来,个体经验作为研究问题的来源之一基本上已经被普遍认可,将自己的身份和经验带到研究中去也已经得到了理论和哲学思想上的支持(Maxwell, 2008:49)。

同时,我也认识到在研究过程中,个体经验容易对研究造成局限和方向性的偏差,如何在研究中能够尽可能地突破自己生活经验的局限,突破既定假设的框架,成为了摆在我面前的一个方法论问题。我希望能拥有米尔斯所倡导的"社会学的想象力",即在具体情境中在个人烦恼和社会结构的公共议题之间建立联系,具备在微观的经验材料和宏观的社会历史之间进行穿梭的能力(米尔斯,2005),这又要求我的研究必须能结合定量与定性的优势。这些"企图"迫使我不断地思考和完善自己的研究方法,深度访谈的混合模型:个案金字塔阵正是在这种情况下逐步完善起来的。

混合模式研究

混合模式研究在 20 世纪 90 年代,作为一种独立的研究类型得到

---

① 对这一问题,吴小英有比较好的总结:研究者在三个领域都会受到价值的侵扰,一是选择被研究的问题时,二是决定用什么方式进行研究时,三是对所收集的资料和发现的证据进行解释时。事实不会自己说话,因此研究过程中价值的作用不仅是不可避免的,而且是至关重要的(Ollenburger & Moore, 1998)。社会学家以科学为名,宣称研究过程不涉入任何主观的价值倾向,实际上是在借此帮助维系一种使女人居于从属地位的男性意识形态,所谓的客观性是代表男性特殊利益、观点和经验的男人的客观性。(吴小英:《社会学中的女性主义流派》)

了进一步发展，它的发展与实证主义和建构主义之争有关①。这种争论从一开始认为实证和建构互不相容(Guba & Lincoln, 1985; Smith & Heshusius 1986)逐渐走向了实用主义，认为不同的问题适合选用不同的方法(Howe, 1988; Reichardt & Raillis 1994)，而实用主义的取向又促使研究者提出了混合方法和混合模型研究，力图同时包括定性路径和定量路径的因素(Brewer & Hunter, 1989; Patton 1990; House 1994; Datta 1994)。

所谓混合模式研究是实用主义范式的产物，是在研究过程的不同阶段将定量路径和定性路径结合起来的学术努力。也就是说，在研究的每一个不同阶段内可以单一地应用一种方法，例如定量的(实验型)研究设计，随后进行定性的资料收集，并在转换资料后进行定量分析(塔沙克里 & 特德莱，2010:18)。塔沙克里和特德莱介绍了多种混合模型研究设计方案，基本上就是不同阶段用单一方法，但是，不同的阶段用不同的方法，然后组合起来，比如确证性研究＋定性资料＋统计分析(塔沙克里 & 特德莱，2010:134)。

深度访谈的混合模式研究

本文的深度访谈的“个案金字塔阵”希望进一步发展混合模型，不仅可以在不同阶段用不同的方法，而且尝试在研究的同一阶段，同时运用实证主义和建构主义两种范式来思考问题，结合定量和定性两种方法来设计和开展每一步研究。当然，从整体上看，深度访谈的“个案金字塔阵”更倾向于定性研究，“深度访谈”作为定性研究中的方法，在目前的社会学领域中有着重要的地位。

所谓深度访谈，学界所指的主要就是半结构式的访谈，其两个最重要的特征，第一：“它的问题是事先部分准备的(半结构的)，要通过访谈员进行大量改进，但只是改进其中的大部分：作为整体的访谈是你和你的参与者的共同产物”；它的第二个特征是“要深入事实内部”。从意义

① 这两种范式的争论有时也被称为定量-定性(有时翻译为质性)之争。

的角度来看待“深度访谈”的实质，我们可以得出这样的结论：它是对参与者在访谈时赋予自己的话语的意义以及参与者赋予访谈场景（包括参与者当时的衣着、神情、行动和居家环境）的意义的探究（杨善华、孙飞宇，2005）。深度访谈的个案金字塔阵正是在此基础上，“以研究问题为主宰，而非范式或方法为王”（塔沙克里 & 特德莱，2010：19），尝试用混合模型操作化深度访谈的要点。当然，首先，需要解决在本体论上的冲突和具体的结合方式。

我认同建构主义的立场“存在着多种多样的社会现实，他们是人类智慧的产物，会随着建构者的不同而不同”（Guba & Lincoln，1994：111）；但同时我认为每一位建构者在建构社会现实时，都不仅仅为了描述某个现象，而是常常会力图阐述现象之间存在的那些后实证主义者所追求的“规律性的、合理的、稳定的关系”（Miles & Huberman，1994：429）。格尔茨在阐述深描的理念中，强调深描并不意味着仅仅解释和说清楚现实，依然要关注背景中的“宏大实在”（格尔茨，2008：24）。这样一种实用主义的认同中，在同一个研究阶段结合定量和定性就成为了可能。

当然，并非所有的研究设计都可以或者需要变为混合模型。但是，我认为深度访谈的方法借鉴混合模型研究，将会事半功倍，因为，无论是定量研究还是定性研究，都会用到访谈的方法，但是，两种访谈的模式可能是完全不同的，就像一个系谱的两端，它们各有优缺点。

定量研究的访谈和定性研究的访谈主要有三个不同点：首先，定量研究常常采用结构性问卷，通常是一些封闭式的问题，访谈者主导访谈；而定性研究的访谈问题往往非直接，大部分是开放式问题，强调跟随参与者的思路，让参与者比较自由地发挥他们对问题的看法。其次，定量研究的访谈一般每一位参与者仅访谈一次即可，获取了结构性访谈提纲所需的信息，那么访谈就可以结束了；而定性研究中的访谈，从来没有预设的尽头，任何信息和资料都可以无止境地深挖下去，这种情况下，一次访谈是不够的，常常需要多次。再次，定量研究的访谈所需信息就是参与者的回答，不需要观察或其他非正式来源的材料；而定性研究中的访谈重视非正式的资料，强调观察的重要性，意图通过各种资料复原当时的场景。相比较定量访谈，定性访谈可以更深入、更接近现实是不言而喻的。但是，问题在于定性访谈犹如一个无底洞，定性访谈的研究者都很难确定什么时候“足够深入了”，什么时候“理论饱和”了，效率成了一个大问题，而定量研究的访谈在效率方面优势明显。

深度访谈的混合模型:“个案金字塔阵”在确定研究主题的情况下，可以有效地解决如何选取适合这一主题的个案，并且决定选择多少个个案；在访谈的时候如何处理不同的个案情况；并且在撰写的时候如何能集中到“规律性的、合理的、稳定的关系”。“个案金字塔阵”每一个步骤，都力图结合定量与定性各自的优势，在追求深度的同时满足一定的效率。

深度访谈的“个案金字塔阵”不仅是混合模型的一种发展，它还与“扩展个案法”[①]有密切的联系，在处理具有中观意义或者结合宏观背景的研究主题时具有非常好的弥补作用。传统的个案研究通常将他们的研究结论局限在他们研究的日常世界的范围内，无力或者无心顾及广泛的历史模式和宏观结构；而扩展个案方法则追求“扩展出去”，它将反思科学运用于田野研究中，旨在从独特中抽取一般，从微观走向宏观[②]。布洛维在具体描述方法时，强调根据问题，从不同的立场出发，寻找具有不同特征、社会地位、社会角色的人群进行访谈，而不是只局限在一个同质群体中(Burawoy, 1998)。“扩展个案法”使得定性研究有可能探索现象背后的“规律性的、合理的、稳定的关系”。

个案金字塔阵由三个部分组成:首先底部是由选取的个案和访谈者的数量确定的；其次，墙体部分是由深浅不同的访谈程度决定的；再次，在撰写的过程中，论据不断集中到顶部形成主要观点，顶部的位置

---

① 也被翻译为延展性个案分析法，见应星《村庄审判史中的道德与政治 1951—1976：中国西南一个山村的故事》，知识产权出版社，2010 年，第 5 页。

② 该段文字参见卢晖临《社区研究：源起、问题与新生》，载《开放时代》2005 年第 4 期。其具体内容可参见 Burawoy, Michael, 1998, The Extended Case Method [J]. Sociological Theory 16:1 March。

决定了金字塔的形状。之所以把这个结构称之为“个案金字塔阵”，是想要强调三个方面：1. 构成底部的个案并非都是相同类型的个案，结合变量的概念，个案选择的条件是不同的，但是最后都应该能够契合在一起；2. 构成墙体的砖头所垒的高度也是不同的，即不同个案访谈的深度也是不同的；3. 分析所能达到的高度是由最深入的访谈来决定的，但是，那些短砖所起到的基础作用是不可忽略的。

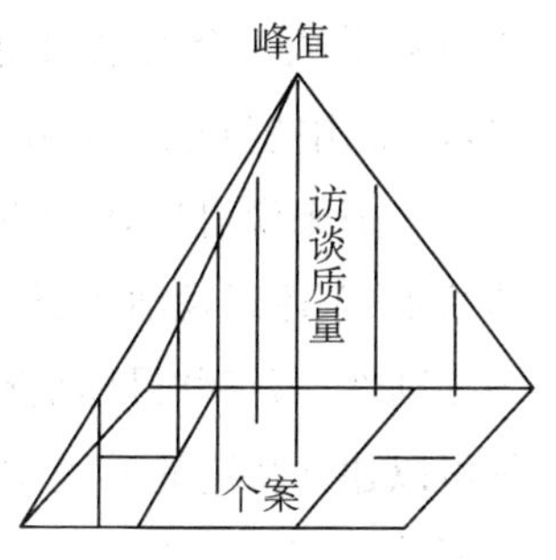

下面，结合本研究项目来具体说明这一“个案金字塔阵”的运用，以及本研究中具体个案情况。

第二节　建立深度访谈的“个案金字塔阵”

一、金字塔阵的底部：个案的选取和访谈者的确定

早期的人类学者所选择的“田野”，常常是一个原始部落，或者是一个村庄，一个社区，由于交通的不发达和人口不多，这些部落、村庄的边界非常清楚，所以，你在此边界内遇到的人都可以成为参与者。但是，今天，无论在城市还是在农村，“田野”的边界越来越难以确定，这就会面临许多挑战与困境，尤其是如何确定你的访谈对象（Foster and Kempe，2002）。

定量研究的学者认为“概率抽样是高质量研究的模范”（Light，Singer，Willett，1990：56），因为只有概率抽样才能用小样本推导到总体，但是，倾向于建构主义范式的定性研究的目的是“研究者通过自己亲身的体验，对被研究者的生活故事和意义的建构做出解释”（陈向明，2000：7），而不是得出一个其实并不普世的“普世性结论”。因此，定性研究的研究对象更多地被称为“个案”，而非样本，因为并不一定需要随机抽样，也不具有样本应有的代表性。可是，不强调科学抽样，并不意

味着随手抓一个人来问问就是一个个案了，就是在访谈了，在质性研究中，最常用的选取个案方式是“目的性抽样”(陈向明，2000:104)。

一般来说，目的性选取个案有四个目标：第一种目标是保证所选取的情景、个体以及活动具有代表性或者典型性；第二种是充分捕捉总体的差别性；第三种目标是有目的性地检验一些个案，如极端个案；第四种是可以建立特定的比较，以说明个体或者情景之间具有差异的原因(马克斯威尔，2007:68—69；Maxwell(即马克斯威尔)，2008:113—114)。

问题是，目的性抽样有可能使得研究组群的某些属性在研究开始之时就已经区别于另一个组群，由此，在研究中显现的差异可能并非是研究中显现的因素，而可能是因为其他区别于组群的因素所决定的。定量研究中，为了防止这一问题，常常通过“同质分群”来处理。即，如果预计有一个外部变量(如性别、种族、教育)会扭曲研究中的主要变量间关系，那么就可以根据这一属性划分样本，而此后的资料分析也在这些组群中各自分开进行(如在男性组与女性组分开进行分析)(塔沙克里 & 特德莱，2010:86)。而定性研究则常常通过“反面案例分析”来弥补，即寻找和研究案例相反情况的案例来分析，“修正所建模式直至相互矛盾的案例也能符合所建模式，从而最终消除反面案例”(塔沙克里 & 特德莱，2010:90)。

“个案金字塔阵”的个案选取和参与者的确定结合了同质分群和反面案例。在实际操作中，同质分群意味着在选取个案时引入可以形成属性的变量，反面案例意味着寻找各种属性对立面的个案。具体的涉及分为三个步骤：首先根据研究目的来确定主体个案的特点；其次，根据可能的变量，按照同质分群和反面案例原则确定一些参照个案，每一个变量至少要有 4—5 个个案[①](从理论上讲，质性研究的个案数可以从 1—∞，但是，在实践中，其实总是有一些常用的个案数能够帮助研究者最有效率同时又能最深入地讲述生活故事)；再次，当没有新的变

① 为什么是 4 而不是其他数字，其理由我还不太清楚，这个数字是密歇根大学妇女中心主任 Carol J. Boyd 老师在指导我研究的时候提出来的最少参照个案是 4—5 个。但是从实践来看，4 的确是一个最小参照组的个案数，基本上能够说明问题。

量出现的时候，常常意味着“理论饱和”，不会有新的现象或者结论出现了，这个时候总的有效个案数就形成了金字塔的底部。

在本研究中，我的目的是研究家庭结构和代际关系，根据目的和条件的有限性，我确定了主题目标个案的特征：

1. 访谈的年轻夫妇双方均为 66 年以后出生，也就是都在 40 岁以下；

2. 夫妇中至少有一方的学历为大专[①]或者大专以上；

3. 在上海定居(拥有上海户口)；

4. 父母离开自己的家，和年轻夫妇住在一起。

这四个要求就确定了主体个案“目的性抽样”的选择条件。但是这一主体个案并不是选取所有个案的标准，在访谈—思考—再访谈的过程中，我不断寻找可能影响群体属性的“变量”，而每一个变量就形成一组参照组[②]，参照组的存在对于纠正观点的偏差，分析某些因素的相关性是非常重要的。在具体操作中根据变量的出现来确定(每一变量的参照个案数量最少为 4)参照个案的寻找。

比如，第一个条件确定 1966 年作为一个分水岭，是因为我设定研究群体为 40 岁以下(本研究开始的第一年为 2007 年)，因此，主体个案中大部分年轻夫妇都是出生于 1966 年—1979 年后的。但也有可能年龄是一个非常重要的群体属性，因而它成为选取个案的变量之一，我特意找了 4 对以上有一人超过 40 岁的夫妇个案。同时，因为“80 后”在我 2007 年做田野时还都在 27 岁以下，结婚生子的情况较少，因此，在方便抽样中并没有遇到，为了形成参照，我同样有意识地找一些“80 后”的个案[③]。

第二个条件是把主体个案确定在中产阶级中，这一群体既是主流的群体也是代表发展趋势的群体，比较具有实践的意义。但是，阶级同样是一个群体属性，影响家庭结构和代际关系，因此，我有意寻找了不同阶级的家庭。这里，阶级主要是通过学历和收入来区分。由于限定

① 在日常生活经验中，大专就算是大学生了。

② 这一观点深受密歇根大学妇女研究中心的主任 Carol J. Boyd 老师的指导。

③ 具体年龄情况见附录 3。

了主体的个案中，夫妻双方必须有一方是大专或以上，因此，个案中的参与者学历普遍比较高，因此，我又特意寻找了四对夫妇双方都是大专以下学历的家庭。

妻子 丈夫	研究生	大专或本科	中专、高中或以下
研究生	8	9	
大专和本科	5	16	
中专、高中或以下		4	4①

收入也是同样如此。2006年，上海市居民家庭人均可支配年收入为20668元，而本科生的人均年收入是70000元，因此，本研究把夫妻双方收入总和在4万以上40万以下的群体作为一个主要群体，辅以4对夫妻双方年收入在4万以下的个案和7对夫妻双方年收入在40万以上的个案为参照组②。

第三个条件完全是因为本人能力有限，在一定的时间内，想要做全中国的质性研究我认为是不可能的，因此把地域直接确定为上海。但是，很多学者都认为上海地域具有特殊性③，因此对于上海能否说明中国城市的情况持怀疑态度。地域对研究的影响是任何研究都不可避免的，其实任何一个地方都不能代表中国，单独提炼一种“中国家庭”的统一模式几乎是不可能的(Wolf，1972；Saso，1999)。上海是一个移民城市，既有本土的上海人，也有来自外地的新上海人，因此，我在寻找个案时，有意识地考虑上海-非上海以及城乡背景。在46个个案中，16个个案夫妻双方都是上海人④，20对夫妻双方都不是上海人，10对夫

① 夫妻双方都为高中的个案：个案26、28、31和38，除个案31以外，其他三家也是在寻找和男方父母一起居住的情况中找到的，此外，这三家也都是一户两家的典型。

② 具体收入图见附录4。

③ 上海被看作是“海派文化”的中心，这种文化在性别关系上的特点是女性的地位要比其他地方高，在家庭方面，宗族等观念在近代很早就衰弱了。

④ 根据填表时，参与者自己填写的情况。

妻双方有一方为上海人。此外，在城乡背景中，我发现双方都来自农村的比例很低，但是保证了至少 4 个个案的要求，此外，妻子是城镇、丈夫是农村的个案数远高于丈夫是城镇、妻子是农村的个案数，虽然，这一数据没有代表意义，但是和日常生活经验还是基本吻合的。

上海-非上海

妻子 / 丈夫	上海	非上海
上海	16	4
非上海	6	20

城乡背景[①]

妻子 / 丈夫	城镇	农村
城镇	23	3
农村	13	5

第四个条件是与主题紧密相关的，主体个案是“主干”家庭，但是考虑到反面案例原则，我对于“核心”家庭是怎样一种代际关系产生了好奇，因此增加了 8 个核心家庭作为参照组来看代际关系。而这些反面案例在后期的研究中极大地影响了我的研究结论，因为我发现其实反面案例并不一定“反面”，它与主体案例有非常多的共性。

还有一种“反面案例”的情况是出现极端个案。比如，我偶然发现了一户两家的极端情况，为了寻找这种极端情况，我增加了三个个案，这四个个案与主体案例想要体现的“主干家庭”不同，他们居住在一起，但是代际之间的关系却“各自为家，互不干扰”。

最终，本研究一共正式访谈了 46 户在上海的家庭，并访谈了其他相关人士若干[②]。正是因为增加了同质分群和反面案例，本研究的研究个案从白领或中产阶级拓展到了涵盖各个阶层的家庭；从父母离开原居住地和子女生活在一起的家庭拓展到了子女入住到父母家的个案；从“主干家庭户”拓展到了包含“核心家庭户”的个案。最后选取的个案变得立体而丰富，但是主体个案群依然是最突出的，这些个案建立了金字塔的底部矩阵。

家庭作为一个个案还有一个特殊性是每个家庭都有几个家庭成

① 两个个案不清楚：其中一个个案为知青，一个个案是成长期迁移频繁。

② 如老人聚会、参与者亲戚、社区情况等。

员，那么访谈哪个家庭成员？理想的情况是一个家庭的每个成员都访谈到，但实际上，这是很难做到的。考虑到伯纳德（Jessie Bernard）在家庭研究的方法论上提出的“谁的家庭”的问题（Bernard，1982），这一选择更加艰难。我在访谈中也发现，访谈不同的家庭成员，得到的结论可能是不同的。比如我询问强强一家为什么老一辈和小一辈住在一个屋檐下，却分开吃：

强强爸爸说：不能老是依靠父母，总归要分开的。

强强爷爷：老了，做不动了，最好分开。

强强妈妈：没办法在一起！（个案 38）

三个截然不同的答案。

我发现，首先，不同性别、学历、背景的人回答同一问题往往是有差异的。比如在填写收入的时候，丈夫往往会填得比较高，老婆说，你哪有这么多啊（个案 6）。如果是老婆填，丈夫会在边上说，还要高一点吧？老婆说：你就这么点！（个案 24）有的时候说到给双方父母钱，妻子说：不给的，那个时候我们自己也很困难，没有钱啊。丈夫马上在旁边说：过年，过节还是给的（个案 18）。有的男性填写的收入和我看到的家庭情况实在是不符合（个案 25），似乎男性更容易夸大自己的经济收入和家庭的和谐。

其次，丈夫和妻子往往有不同的回忆。

谭敏公公婆婆曾经来住过一阵子，我问老人离开湖北老家到上海住得惯否？

谭敏：我看起来他们是住不惯的。语言不通呀，就是在房间里走来走去的，穿个马路都觉得很恐怖，都不知道怎么走，两个人在这里总是很寂寞的。在这里那是很正常的，连垃圾都要很小心不能随地掉。总归是比较缩手缩脚，总是没有自己家里来得自在。

阎刚却在一边很肯定地说：他们住得挺惯的！

谭敏：住得挺惯的啊?!

沈：喏?!

谭敏：感觉的差别。（个案 20）

再次,如果家庭成员关系不好,参与者容易否定与其关系不好的家人的贡献和帮助。

李芸与公婆的关系极为糟糕,两次访谈都是在她和公公大吵了以后。谈到带孩子的时候,给我的信息是她几乎是一个人在带孩子,所以很累。她用了“心有余悸”这个词。现在孩子大了,但是:“她现在学书法,学这个什么东西,这个学会去,哦哟,忙也忙死了。”但其他人提到经常是李芸的公婆来接送孩子上下学以及上各种班的。在李芸的访谈中我几乎没有得到任何有关这方面的信息(个案 12)。

在具体的家庭主要信息提供者的选择中,我倾向于选择女性。女性更愿意说,也更加坦白,并且比较好约时间。另外,女性主义有关家庭的研究,强调倾听女性的声音,用女性的话语来解释,展现了家庭研究不同于以往的面貌,而研究中展现的不同的代际和女性个体的经验,也可以不断修正原有的家庭理论和家庭策略(Stacey, 1998)。此外,沃尔夫(Wolf)认为以前有关中国的人类学研究,绝大部分是由男性书写并依赖于男性信息提供者的文本,这局限了我们对于中国社会的观察,从妇女的视角来看中国社会,“现实”是不同的(Wolf, 1972)。华琛(James Watson)作为一个长期研究中国的男性人类学家,他在评论 Wolf 的书籍时说:“沃尔夫是对的,在另一方看来,‘现实’的确不同。”(Watson, 1975)此外,女性对家庭事务往往比男性更加清楚,描述得更加细致。加入女性的视角看家庭也是本研究的一个尝试。

因此,在确定具体参与者时,尽量保证不同身份的参与者至少要有四个个案。在 46 个正式访谈的家庭中,直接访谈妻子的有 20 个个案,直接访谈丈夫的有 4 个个案,同时访谈妻子和丈夫的有 5 个个案,访谈全家的有 14 个个案,只访谈了老人的有 3 个个案。2008 年 1 月,我又增加了经常聚在一起的三个老人的访谈。

对于家庭成员多元化的访谈实际上是对前面个案参照组的补充,是对个案金字塔阵的进一步夯实基础。因为具体访谈的是活生生的个人而不是所谓的参照组。如果研究本身是以个人为单位的,那么不需要考虑成员问题,但是如果研究个案的单位并非个人,那么一定要考虑这个单位中的个体差异性，以使得金字塔的底部更加坚实。

二、个案金字塔塔身的建设：访谈的设计和深度

金字塔的底部建设决定了你会遇到多少人，可以访谈多少人，理论上讲当然是对每个人都做深度访谈最好，但在实际操作中，这不仅是做不到的，而且也是没有必要的。定量研究中的个案，它们的地位是平等的，要求尽可能对每一个个案施与同等的时间和精力。而定性研究中个案可以是不同的，不仅可以深度不同，还可以问题不同，尤其是在民族志中，非常强调关键角色或报道人（informants）的重要作用（费特曼，2007：37）。

但，谁是关键角色？并不能一开始就确定，需要不断探索和比较。对每个人进行同样的信息收集是必要的，这有助于建立一个分析框架，方便后期的比较分析；但是在这之后，对不同的参与者进行不同的访谈将会有助于观点的提升、材料的生动和论证的力度。

为了尽可能全方面地了解参与者，可采用杨善华等提出来的以生活史为切入口的深度访谈方法，悬置自己的知识体系与立场，通过交谈，进入到参与者的日常生活中去；同时还需要随时保持反思性的观察，以便能够发现并追问问题与事件。访谈的结构依从日常生活本身的结构，从参与者的生活世界与生命史当中去寻求事件的目的动机与原因动机，主观与客观方面的意义（杨善华，孙飞宇，2005）。

所谓在田野的时候把理论和自己的知识体系"悬置"，具体的操作是遵循事件发生的过程，不断追问细节，才有可能避开先入为主的理论所导致的局限。这里有三个小技巧可以作为访谈时"悬置知识立场"的尝试：首先，在访谈之前，要根据访谈目的和已有的信息制定尽可能详细的访谈提纲，详细的访谈提纲中一个问题常常会罗列不同的问法以便适应不同的参与者，同时问题要尽可能地深入细节，把能想到的方方面面都加入到访谈提纲中。其次，在访谈的时候，不要按照访谈提纲来询问，而是根据事件的顺序或者参与者的生活史来询问。再次，在访谈的最后，回到访谈提纲，看看有什么问题在前面的访谈中完全没有涉

及,需要补充的。这样一来既能保证访谈的时候以参与者为主,又能保证不脱离主题。这三个步骤实际上把定量的结构性特点和定性的开放性特点糅合在一起。

在本研究中,我的访谈提纲非常详细,并且设计了一个半结构性的访谈提纲,提纲的前半部分是封闭性问题,获取参与者的基本数据[①];然后是开放性问题,包括居住模式、家庭树、家庭内部关系等很多方面。这个访谈提纲进行了多次修正。在具体访谈的时候,我并不局限于访谈的框架。一般第一次访谈两个小时左右,我首先花 15 分钟填写完参与者的基本信息,以便于下面访谈的进行。然后,抛开访谈提纲,根据参与者的生活史,根据我需要的主线,尽可能深入地像朋友那样交谈下去。鼓励参与者用他自己的逻辑和思路描绘生活,评论生活。最后半个小时,回到访谈提纲,看看刚才的访谈中,有没有忽略掉一些重要的问题,如果有忽略(一般总有忽略),再进行追问。甚至,很多时候,根据参与者的情况不同,我追问的方向和重点可能是完全不同的。

而确定谁是需要深度访谈的,谁仅仅访谈一次就可以了,取决于三个方面:访谈目的、参与者本身的性格、访谈者与参与者可能形成的关系。

首先,研究目的确定了谁是主要的参与者。在我的研究中,那些父母离开自己的原居住地,住到已婚孩子家中的家庭一定是访谈的重点,深度访谈中的参与者这一群体必须要占主要的部分。但是,这并不是说,符合刚才所说的四个条件的参与者一定是深度访谈者,只是说,需要比较多地访谈该类型的参与者,金字塔的高墙部分应该是由这一群体来建构的。但是这堵高墙并不是同一高度的,就像金字塔的墙是个三角形而不是一个正方形或长方形。同样,这也不意味着参照组的个案就一定是短砖,因为参照组可能一开始是因为需要比较才特意寻找的,但是如果比较的结果非常影响结论,那么这个参照群就成为了需要

---

① 通过表格,要求参与者填写夫妻和双方父母的一些基本信息,如地域、学历、收入、健康程度等。

深度访谈的对象，需要做更加详尽的了解。

其次，访谈成功与否很大程度上取决于参与者本身的特性：参与者本身是否愿意说，并有能力把一个事情说得比较清楚，这是我确定是否要花精力和参与者搞好关系，进一步访谈的基础。对于那些能说，又有机会建立良好关系的参与者，我常常多次访谈，每一次访谈都要做访后分析，然后带着新问题再去访谈，甚至会参与到参与者的某些生活场景中去，比如一起吃饭、旅游、购物等等；而那些不善言辞，或者不愿意说的参与者，一两次访谈就够了。有的参与者性格开朗非常善于描绘一个事物或一个事件，具有讲故事的天赋，这样的参与者是非常好的深度访谈的对象，一次次的访谈，每次都能有新的信息，并且能够得到启发。

个案12和13是同一个朋友介绍的两个参与者，前者每次见面都主动和我说他们家的家庭大战，后者每次都要追问很多问题才回答一点。显然，前者对我的研究更有帮助，我在后来的田野中，与前者的关系更为密切。

我有一个特别失败的案例。因为想要比较那些年轻夫妇住到父母购买的房子中的家庭情况，我通过学生认识了秦琴。在去之前，我的学生就告诉我，这个家庭的代际关系非常糟糕，但是在整个访谈过程中，秦琴不断强调公公婆婆对自己有多好，自己有多幸福：“大家都说我老鼠掉在米缸里，开心啊。”“大家都说我嫁得好，呵呵！”但是，并没有提供具体的例子。与“和谐”无关的任何问题，秦琴的回答常常是需要我不断地追问才会说一点什么，而说的东西滴水不漏，全部是客套话一样的回答。秦琴说到自己从小就是吃素的，以前看到肉就反胃，怀孕后，公婆做菜，就荤素都吃了。我对这一转变很好奇，问，怎么会呢？她说“我婆婆做菜好吃啊。”（个案29）秦琴的个性是非常谨慎小心的，甚至有些多疑，这样的参与者想要让其敞开心扉谈是很艰难的，在有同样情况参与者的条件下，我就放弃了这个参与者，这样，秦琴的个案就变成了一次性的访谈个案，并且大部分的访谈内容都没有办法用在分析中，成为了短砖，甚至是“峰底”。

再次，研究者和参与者的关系，也是决定是否能够建立金字塔高墙的一个重要因素。但是，这里的关系并不是指原来的朋友关系。那些原先就和我关系很好的朋友，也不见得就能够成为“峰值”。关系好是有利有弊的，比如越是熟悉的朋友越不愿意说自己家庭的具体收入。多年的好朋友虽然在信息的收集上可以更加完整，但是也正是因为是朋友，很多的信息不能带来新鲜感和激动感，访谈会比较平；但是优点是对于任何一个变化和细节都能够非常真实地了解前因后果，不会出现太大的偏差。对好朋友的访谈让我可以确定一个大概的真实的家庭生活逻辑，在和陌生的参与者访谈时，如果他们讲述的故事在逻辑上不通的话，我一般会委婉地追问或者换个角度在另一个节点询问细节，往往能够得到一个完全不同的答案；而不熟悉的访谈者，有的时候更愿意倾诉家庭内部的冲突，更容易回答敏感的问题。

我做得比较成功的是个案 14 和个案 16，前者是我多年的好朋友，后者是我在访谈之前完全不认识的。个案 16 并不是性格很开朗的人，但是，由于我是她的好朋友介绍过去的，因此她一开始就非常信任我，而且她记忆非常细致，讲事情的时候常常有各种细节呈现出来，因此我也非常主动地和她建立联系，比如经常短信问候，经常约着见面。因此，这个个案做得很成功。

目的、参与者的个性以及与研究者的关系这三者决定了金字塔墙部的建设，每一个个案访谈的深度与其他个案都是不同的，有短砖有高墙，这样才能建构三角形的墙面，并提高效率。

三、集中到顶部：深描与分析

在访谈了若干个个案后，收集到的信息是非常丰富和多元的，面对这些个案，如何进行整理、归纳、分析成为了摆在学者面前的难题。撰写的成功与否决定了整个研究项目最后的成败，在田野中有意义的工作和发现都应该能够在撰写中体现出来。

很多定性研究的论文在撰写的时候，往往还是按照定量文章的风格，仅仅是把数据换成了参与者的语言。这不仅没有说服力，还损害了定性研究的魅力。定性研究的一个特点就是能够较为完整地呈现个体的经验，而深度访谈的重点除了呈现经验，其重点还在于对于意义的探究（杨善华，孙飞宇，2005）。叙事是呈现和理解经验最好的方法，经验就是我们所研究的东西（克兰迪宁 & 康纳利，2008：20）；而对意义的探究需要对资料进行非常细的分析。

无论是为了呈现经验还是探究意义，第一步要做的是对访谈资料进行整理和分析。在前文已经谈到深度访谈的访谈问卷是半结构性的，这样一种特点在整理的时候，完全可以结合封闭型问题的优点和开放性问题的优点。

对于封闭式的问题和部分简单的开放式问题，可以进行编码、统计和分析，甚至，“需要的时候，可以量化定性数据，这包括建立定性化的编码和主题，然后统计它们在文本资料中出现的次数”（克雷斯威尔，2007：174）。需要提醒的是，量化以后的数据并不能证明普遍性或代表性，很多时候只是能够说明个案的基本情况，有助于分析重点和变量的影响，并可得出一些探索性的结论。

在本研究中，前文涉及的那些变量以及不同变量所发现的结论都可以通过编码和统计的方式来呈现，说明我所选取的个案特征和范围。同时，在已婚独生子女和已婚非独生子女的情况中，我发现了居住结构比较大的差异，进行了统计分析，但是这一统计得出来的结论并不具有代表性，也不能进行演绎，但是，可以提出一些探索性的问题。比如，是否已婚独生子女与父母的关系比已婚非独生子女与父母的关系要更加密切？对于封闭型的问题和部分开放式问题的统计有助于读者了解参与者的背景，从而更好地理解他们的经验和所反映的意义。

大量的开放式问题的整理更加耗费精力。从我的经验来说，想要比较仔细地分析开放性问题以及参与者的生活史，并且最后能够在如此纷繁复杂的情况中总结出一些经验意义，在整理访谈资料时，应该有三个步骤。

首先，完整地记录下访谈录音，并且及时地写好田野笔记，这一步骤是后面几个步骤的基础，记录不能有遗漏，应该是逐字逐句的记录，并描绘整个访谈的背景、感受等。我在访谈完 46 个家庭后，访谈记录的整理有一百多万字，每一次在分析的时候，我都会边听录音，边看记录，这一步骤非常有助于提炼意义。

其次，面对如此庞大的资料，在归纳的时候，常常看了后面的记录就会忘了前面的记录，并且在撰写的时候有点无从下手。因此，第二步，可以对资料进行段落编码，即把访谈记录根据内容划分成几个板块，然后把访谈记录再放进去。但是，这一步骤不是简单的剪切和粘贴，而是需要进行文字的梳理工作：把所有有关事实的客观陈述从对话变成陈述，但是保留有价值观的陈述和观点的陈述。比如参与者谈到什么时候在哪里发生了什么，可以用陈述的方式，使得文字简练清晰；而参与者谈到为什么会发生这样的事情，他的观点是如何的等，保留其有特色的语言。在电脑时代，编码对资料分析而言是非常有用的工具，但是，好的编码的前提是需要对资料分得很细(巴比，2000：11)，因此，根据内容和研究目的，合理地进行段落编码是关键。

第三，根据文章的中心问题再次组合资料。与定量访谈不同的是，深度访谈需要说明参与者的背景、谈话的背景等，才能更好地提炼意义。克雷斯威尔在比较定性研究和定量研究的撰写时，强调：定性研究至少要设计一个中心问题和几个附属问题；他们以“怎么样”和“是什么”的形式提出问题……定量研究者要写出每一个研究问题或假设。这些问题或假设中的变量被描述、分类到各组中以用于对照，或作为自变量和因变量来分别测量(克雷斯威尔，2007：93)。由于前文在选择个案的时候，就已经考虑到了同质群体和反面案例，因此，在文章中可以反映不同变量的影响，虽然不具备普世意义，但是，对于说明事件发生的条件是非常有意义的。

克雷斯威尔在谈到定性研究的部分特征时，强调定性研究的论文焦点集中于参与者的观点、经历和他们对自己生活的看法，其意图不在于了解单一的事件，而是多样的现实；就像关注结果或成果一样，定性研究同样也关注事情发生的过程；独特的解释往往被采用(克雷斯威尔，2007：158)。这些特征应该在撰写文章的时候被充分地考虑到。因此，叙事的完整性必须被考虑进去，只有在叙事完整的基础上，才有可能挖掘其内在的意义。

无论是定量还是定性，客观性和真实性对两种研究传统而言都是很关键的，但是判断定性研究的标准却有别于定量研究。最重要的是，研究者追求的可信性是基于一致性、洞察力、工具效用和证实过程的真实性获得的，而不是通过传统的信度和效度测量来寻求可靠性（克雷斯威尔，2007：158）。真实性不仅要求真实地体现事情发展的过程和结果，还需要站在当事人的立场上来叙述这一故事；而意义的提炼也必须尊重当事人的想法和价值观，以研究者自己的价值观替代参与者的价值观来阐述和分析是有失公允的。因此，好的深度访谈的论文其真实性和洞察力是同等重要的，既要完整地展现过程，同时又要提炼和总结，失去任何一个方面，都是不完整的。

我不敢说我在这一方面的探索已经成功，或者说今天我的文本已经尽善尽美，但至少我自己享受和得益于这一发现问题、归纳问题、表达问题的过程，这种方法帮助我有效而深入地回答我自己提出的那些问题。

第三节　访谈过程中的技巧与伦理

个案金字塔阵的深度访谈质量除了上文提及的框架，还必须面对访谈者和被访者的身份、敏感问题和伦理考验。在一开始访谈时，研究者和参与者的关系是非常重要的，我是以什么身份进入访谈的，是否让被访者感觉平等、是否和谐等都很重要；而在过程中，敏感问题的处理将直接影响到访谈的进行和质量；在深入探索和研究的过程中，明确什么是伦理底线更为重要。

研究者的身份

我强烈意识到研究者身份的影响是在访谈谢恬家的时候。因为她家所在的区域在上海的“城乡交界处”，比较远，坐公交车很费时，我也担心那里叫不到出租车，因此，犹豫再三，我还是决定开车。本来想停在小区外面走进去，没想到谢恬夫妇在小区门口等我们，而我开车（是一辆中高档轿车）这一事实使得谢恬马上意识到我的经济情况，因此，在谈到她家的情况时，她常常会感叹"不能和你们比"，也强调"我们只能靠自己"。在讨论家庭经济时，谢恬再三强调她和我之间的距离。这个过程提醒我，处于中下层的上海人面对一个处于中上层的外地人也许会有比较复杂的情感。（个案 27）

访谈男性，身份议题更为微妙。

我一进刘天明的小区，就遇到了前来接我的刘天明。刘天明所居住的小区是一个 20 世纪 60 年代建成的小区，其规模、绿化、设施等方面显然无法和 90 年代以后建成的小区比。但是，刘天明一看到我，就向我介绍他们家所在小区的悠久历史。

当我问到刘太太哪里去了，刘天明回答：今天区长开会，所以，她又去忙了。我以为刘太太是政府公务员，后来在访谈时才搞清楚，刘太太是区政府的一个清洁阿姨，俗称"保洁员"。

我觉得这次没有开车去是非常正确的。这样一个要面子的上海男性，面对一个大学教师的女性已经有压力了，如果再发现这位女性还是有车一族，访谈会更加走形。（个案 28）

另一个与身份有关的重要事项是，我是作为谁的朋友去访谈的。如果我是通过关系认识了媳妇，然后到她家去访谈，很自然，无论是多少人共同在，他们都会认为我是这个媳妇这方面的人，所以，公婆的回答就会非常谨慎。反之，媳妇有可能产生排斥。

到强强家访谈时，一开始，我是和强强的爷爷奶奶聊天，然后，走进小房间和强强妈妈聊天。刚开始的时候，基本上强强妈妈不理睬我，而且显得气呼呼的。后来强强的小姨再三解释我是她的朋友，主要是来找她的，我也适时地拿出给她的礼物后，她发现我并不是站在强强爷爷奶奶一边的，话就越来越多，整个访谈变得顺利了。（个案 38）

还有一种情况是，除非我特别指明，一般老人都会主动避开我和年轻夫妇的聊天。访谈许立萍一家时，许立萍夫妇非常热情，到小区门口来接我，结果错路了，我们先到了。于是我就先和许立萍的妈妈聊起来。许妈妈很喜欢说话，讲了很多她年轻时候的故事，聊到一半，许立萍夫妇回来了，许妈妈许爸爸就带着孩子到另一个房间去了，说是不打搅我们，一直到我要求和许妈妈再聊聊。（个案 24）

虽然我在选择访谈对象的时候尽量多元，但是限于家庭研究的想象和我自己的性别身份，所以，访谈对象还是以媳妇居多。后来，为了弥补这一问题，我请我的母亲一起帮我寻找访谈对象，并且陪同我一起访谈老年参与者。这一改进措施效果非常明显，在了解老人的真实想法的时候，更加容易切入。同时，因为我母亲的善谈，也拓展了某些话题，因而尽可能地接近与参与者背景，访谈相对来说会更加顺利。

敏感问题的处理

我一直在主观上认为性对家庭而言是个非常重要的话题，但是如何在访谈中把这个敏感问题放进去并能得到答案一直是很困惑我的问题。在我的访谈中，有好几个家庭，老年人为了照顾不同的子女很早就分居两地；而有的年轻夫妇因为房子问题，孩子已经十多岁了，还是住一个房间，他们的性是如何处理的呢？

阎林建是唯一一个正面说到性问题的个案：

阎林建的丈母娘在女儿怀孕生孩子之前到了上海，来照顾女儿。女儿生育后，就和女儿一起住在大房间，一直到离开，都是和女儿睡在一起，而阎林建被迫一个人睡在小房间，对于这一点，阎林建非常有意见：

“她（指丈母娘）就是说你对我不好，我就不让女儿（就是阎林建的太太）跟你睡觉。有的时候，我老婆到我的房间来呆的时间长一点，她就在外面喊她女儿，你说这个……变态嘛！当我老婆面说这个事情，也比较伤她心啦。这也比较搞笑啊……我们还出去开了几次房呢。你说这不是变态吗！她二嫂子说，可能是更年期吧，我说更年期也不能那么更法。”（个案 25）

无论是家庭矛盾还是家庭内部的亲密关系和性都会有或多或少的关系，虽然我意识到了性问题的重要性，但是，在访谈中想要得到有关性的正面回答是非常难的。

我一般会采取非常委婉的方法来问，比如叶玲玲是我的好朋友，她说到她爸爸其实内退后在家乡还有很多工作需要做，并不是急着上来，但是叶玲玲和她妈妈都希望他马上到上海，我问：是不是你爸爸和你妈妈分开时间太长了，所以你觉得……

叶玲玲：也有点这个考虑的，就是说总希望一家人在一起。从他的照顾上面是很希望他过来，因为不放心，我们每天都通两个电话，上午通一次，晚上通一次，一个人麻烦……身体，就算有感冒我妈也不放心的。那么我爸我妈，就是这样子的，大吵没什么，小小的拌嘴什么的，一两天就好了，从心情舒畅上，我妈觉得他还是两头跑跑比较好。

叶玲玲的妈妈也说到叶玲玲的爸爸一个人在老家，她就心挂两头。"没有办法，因为要照顾女儿，全当又一次下放，插队入户，或者是到外面打工。现在下放的条件好多了，至少吃穿不愁。不过真的不放心，天天打电话。现在一家人都在一起了，心满意足了。"（个案 19）

他们的回答自然而然地避开了性，甚至，我觉得他们就没有往那方面去想，但是，对我来说，我觉得已经无法再露骨地问得更深入了，我觉得从他们的回答里也得到了我想要的答案：对叶玲玲的父母来说，分开本身就是一种为子女的牺牲，其中当然包括性的牺牲。

在访谈坦率的谢恬时，倒是有了意外的收获。谢恬目前的问题是孩子大了，缺了一间孩子的房间，本来可以住封闭半个阳台改造的小房间，但是因为堆满了东西而不可能。我婉转地提到了孩子大了，已经11岁了，可能对夫妻生活有影响，谢恬回答：还好啦。毕竟是在两张床上。她还跟我举例子，她身边有很多上海人住房条件都很艰苦的，三口人吃喝拉撒都在一间房里。每天晚上打地铺睡觉。还有的孩子从懂事开始就没有睡过床，一直睡沙发。

谢恬："上海的住房条件很差的，你没去过上海其他的家里，你们现在都属于上海家里条件都比较好的，我给你说啊，就是以前啊，在我们的房间啊，就是属于三代同堂，住在一间屋子里，是十几个平方，就是上面再往上面搭一层，算阁楼啊什么的，还没有固定的床呢。晚上呢打地铺，白天收起来……”

通过这样的比较，谢恬觉得自己家的情况还算好的。她还和我半开玩笑半认真地说：上海很多夫妻都到外面解决（性生活）的[①]。（个案27）

这倒提醒我，也许把性看做是婚姻中很重要的一部分也仅是一部分人观点，或者说是西化后的观念。对于大部分中国人来说，性在夫妻的日常生活中也许并不是最重要的，还有很多不得不面对的生存问题凌驾于其上。

叶玲玲的妈妈就曾经说过：“我现在活着是为他们（指女儿一家）活着的，我一点也不怕死，但是我死了他们怎么办？所以，我说我现在完全是为他们活着。以前，我是为了丈夫女儿活着，现在是为了女儿外孙活着。所以，玲玲爸爸就说我，你对我怎么就没有好脸色？”（个案19）当一个老人的生活完全是以子女为中心的时候，他们把自己所有都奉献给了子女，性方面的牺牲在全方位的牺牲中就变得微不足道了，或者说，在他们的理性中，完全可以说得通的。

在性观念上存在的东西方文化的差异也是中国家庭研究的一个非常有意思的一点，如果今后能够有更深入的研究，一定能够发现家庭变迁中更深层次的问题，比如“没有好脸色”究竟意味着什么？但是，限于我个人能力的局限、主题的设定和研究中伦理的思考，并没有对“性”做更多的深入研究，对于性的问题我依然认为是对家庭内部关系很重要的一个部分，但本文仅浅浅涉及此，后文不再作具体的阐释。

对性这样的敏感话题，我提前判断它对我的研究重要与否，如果可以通过其他的问题替代，我觉得也是一种办法。参与者对这些问题避开的方式本身已经能够说明很多问题。

但是，还有一些敏感问题是我必须要了解的。比如一个家庭的经济收入以及家庭内部的经济分配等情况。处理敏感问题的另一种方式是用自我揭露法。

---

① 这里“开房”并不是指找情人，而是夫妻一起到外面开钟点房解决性生活的问题。

以问家庭财政为例,简单地问"你家谁管钱?"得到的回答往往也是非常简单的。一般来说,我会先说我们家怎么管钱,每个月菜钱如何给父母,水电煤怎么付,信用卡谁来还,老公怎么给我钱,家庭年度财政计划怎么做,逢年过节怎么给双方家庭钱……我自我揭露的方面,参与者也总是会有回应,说,我们家也是这样,或者说,我们家不是这样,我们是怎样怎样的。一旦这个话题打开了,敏感的话题也就不敏感了,因为参与者发现每个家庭其实都会有经济分配的问题。

还有一个敏感问题是关于家庭冲突的。我和莎莉并不是特别熟悉,作为邻居,有过点头交流,有的时候也会有一些关于孩子的话题讨论,但是对于她的家庭我其实并不熟悉。在一开始访谈中,莎莉避免谈到婆媳矛盾。然后,我就开始谈我们家发生的一系列家庭矛盾、婆媳冲突等,[①]莎莉对我的情况感同身受,她敞开了话题。谈起她遇到的婆媳问题,以及她丈夫的态度,还给了我《两个对我恩重如山的人》的歌词,整个访谈非常成功。(个案 10)

当然,自我揭露并不等于所问的问题要把自己的情况都汇报一遍,而是强调对等,对等的目的是拉近距离。这种方式的优点是可以在短时间内获得参与者的信任,并且提醒对方哪些细节是我感兴趣的。缺点是,容易产生误导性。但是,误导并不见得一定是坏事,要允许被误导,真理是"去遮蔽",在方法上如果追问细节,要顺藤摸瓜,被误导的回答也可以是藤,细节的不断追问,一定会摸到瓜。

追问细节是非常重要的。韩年富一年的收入只有 1 万多一点,因此对他来说,家里的经济问题是一个很敏感的问题。韩年富夫妇、孩子和韩年富的母亲住在一起,我询问家庭开销时,一开始韩年富说,每个月给母亲 300 元,我一直以为是韩年富夫妻给老人的零花钱,但我总觉得韩的表达很含糊,因此追问细节,比如为什么要给,什么时候给,用来做什么等等。这才发现,是韩年富每个月都帮母亲领 1000 多元的退休工资,然后从退休工资中拿出 300 元给母亲,这 300 元也不是所谓的零

---

① 当然都是真实的。做家庭研究的学者并不一定能够避免家庭矛盾。

花钱,因为他们的吃(三顿)有时是分开的,这意味着老太太一个月偶尔自己吃加上零花等总共300元。(个案26)因为300元的这根藤,我摸到了他们一户两家的瓜。

伦理的考验

在46个访谈中,我常常面对来自伦理的困惑。

我对于阎林建的个案是非常感兴趣的,因为他是我在正式访谈中碰到的第一个直面讲述女婿和丈母娘之间冲突的个案。在他和丈母娘发生剧烈的、正面的冲突中,当阎林建拒绝丈母娘再到上海,并决定以后再也不去丈母娘家的时候,他太太怎么看待这件事情?阎林建说:我老婆都听我的,丈母娘走了,也没有什么意见。我对这样的判断非常怀疑。因为在我去之前,我迟到了,阎林建不断短信我,说:还是改期吧,因为孩子她妈就要回来了,说起这个话题可能会比较伤心,不开心。但因为我已经在路上了,我还是去了。很遗憾的是,直到我走,他妻子也没有回来,因此没有机会听听他妻子的想法。而阎林建完全不希望我和他妻子聊这个事情,并且认为这个事情除了让他太太伤心以外,没有别的好处。因此,无论我如何好奇(虽然我完全可以通过别的朋友联系到他太太),我也决定就此作罢。因为对我来说,这里的伦理是我不能逾越的:研究者不能违背参与者的意愿进行研究。

类似的情况还有当两代人都在的时候,有关代际冲突的话题就成为了伦理上禁区,因为很有可能因为这次访谈而增加参与者新的矛盾。

另外一种伦理困惑是如何面对参与者的“谎言”。

潘玉在第一次访谈的时候告诉我,她的父母一直反对她和她丈夫结婚。

潘玉:我妈妈就觉得我老公长得也不好看,反正我妈觉得他人品也不一定好。我爸就说,他说你看以后哦,他没钱了你就跟着他吃苦吧,有钱了肯定不要你。

我觉得父母因为长相不好而如此激烈地反对有点说不过去,而且,我看过他们的合影,她丈夫应该不算难看,比较普通的一个人。后来,我追问她细节的时候,潘玉说:其实,我们的婚姻是很奇怪的。我刚才这边……我刚才这边写……我刚才这边隐瞒了一个事情,就是说,他(指丈夫)其实学历只有初中。

一个名校本科的毕业生,找了一个初中学历的公司员工,即使是大帅哥,做父母的恐怕也会坚定地反对。一开始填表的时候,她把他丈夫的学历填写成"本科",后来向我坦承,她丈夫只有初中学历,并且正是这个问题,是父母反对的,她现在感觉到的确是有问题的一个重要因素。

我想起以前她说不喜欢两个人睡一张床,因为睡不好,所以,她要和丈夫分床睡。可是今天,她和丈夫睡一张床,而且她承认那时候她怀疑丈夫有外遇。(个案 15)潘玉坦白了自己的谎言,让我感觉到我的追问其实一直在拷打她,对她来说,那是她人生失败的地方,她并没有做好准备血淋淋地把伤口展示给一个经常见面的朋友。这次访谈,让我反思我的研究对参与者来说,到底意味着什么?我能帮到她什么?还是我会伤害她什么?[①]

如果参与者夫妇中出现了第三者的问题,对研究者来说,伦理的问题就更加严重。

柳荷和柳先生(柳荷丈夫)都是我的朋友,但是也都是新认识的朋友,有过几次的聚会和见面。刚认识他们的时候,就知道柳先生和柳荷父母矛盾闹得很大,说是彼此看不惯,一点点小事就要吵,柳先生还和我说起过他为了孩子教育的问题和丈人、丈母娘大吵。柳荷也和我说过因为公司的事情,她父母和柳先生大吵。这是刚认识他们时候的版本。

那个时候,柳先生着重告诉我的是,柳荷父母以前嫌弃他穷,说话很刺,在家中也不把他当回事,让他自尊心受了伤害,柳先生觉得妻子也不是很支持他,也没有站在他这边,他最大的担心是如果两个人搬出来还要吵架。柳荷着重告诉我的是父母和丈夫的不合以及房子的事

① 在后来的交往中,我尽量地帮她做一些心理疏导的工作,希望借此弥补我的"追问"。

情，让她很难做决定，也很难做人。

到了后来熟悉的阶段，柳荷多次找我聊天，柳先生参加聚会时经常跑到外面去接长时间的电话等情况，让柳荷怀疑柳先生有“外遇”的情况浮出水面，我曾直截了当地对柳荷说：你这次说的和上次完全不一样了。

柳荷：怎么不一样了？

沈：你记不记得我第一次跟你讲你要判断他是不是外面有女人。你还说他肯定没有，你说是他跟你妈妈的问题，这是两个月之前了。

柳荷：从头到尾我都不想考虑这个东西。

沈：所以是你在回避，是你在逃避呀。

柳荷：实际上他跟我妈是没有什么问题的，问题是这个女人来到公司之后，我那天发了脾气嘛，然后我爸妈就知道了。他回来以后我爸妈就说他了，就是说他在外面和那个女人……然后我老公就把这些话记得很牢的，这个仇记到现在。

在这次的对话中，柳荷开始承认导致柳先生搬出去的导火索正是柳荷父母开始指责女婿的“不忠”。但是柳先生对此一直否认，认为他们是在莫名其妙地怀疑他，他只是因为工作关系和一位女合伙人关系比较密切而已，没有他们怀疑的“不忠。”(个案 43)

在第二个版本中，有了“第三者”，故事就要开始改写了。

这也提醒我，在家庭访谈中，“第三者”这类的隐情其实是背后最大的原因，可是，在一般的关系中，这个最大的原因会以种种合理的装饰掩饰起来，看上去就像是一个非常合乎情理的故事，只是遇到了一个性格怪异的人而已。而这也正是家庭研究面对的最大的伦理困境：我们有没有权力去挖掘参与者本来不想说的原因？如果不去挖掘，显然得到的信息是错误的。但如果去挖掘，一定是强迫参与者向他人展示自己不愿意展示的一面。

在后来的访谈中，我反思到，每一个谎言背后都有一个真实的理由，我认为参与者面对一个善意的、没有直接利益关系的人，一般是不会刻意说谎的。他们的“谎言”实际上是他们的一种态度、他们的理想和他们想要表达的“正常”，因此，发现“谎言”对访谈来说，实际上是非常重要的一个点，可以说，是突破访谈内容，提高访谈质量的一个关键点。能否深入理解“谎言”是访谈成功的重要方法之一。但是，面对伦理问题，追问显然是不合适的。所以，我选择的方法是，把问题放在心里，等待参与者自己主动叙述，如果参与者一直不说，访谈内容总有矛盾的话，要么选择放弃这个个案，要么避开这个问题，收集其他信息。

方欣华的个案进一步向我展示了，对参与者来说，谎言也是真实的。

方欣华的公公婆婆只来过上海一次，就在方欣华生完孩子七八个月的时候，也仅仅住了一个星期。

沈：这么短啊？

方欣华：因为我生完孩子以后，那年我是 4 月生的，他妹妹（的孩子）11 月就生了，然后他哥哥（第二个孩子）也是在那年生的，所以父母就赶回去了，等于是哥哥（那边）要有人照顾，妹妹家也要有人照顾。所以住的时间也比较少。

即使很急，也可以早点过来，或者呆得长一点，或者以后再过来了。我把这个问题放了放，后来问到方欣华和方妈妈住在一起有什么不习惯的地方的时候，方欣华说到了她妈妈和丈夫的矛盾，那个时候提到了公婆来后，两亲家之间的矛盾，以及因此导致的丈母娘和女婿之间的大矛盾。（个案 17）

对方欣华来说，她回答公公婆婆来的时间很短的时候，她并没有撒谎，她说的都是事实，只是这些事实并不是实际的理由，她之所以把理由隐藏在后面是因为她在主观上一直不愿意承认公婆来的时候是因为和母亲的不愉快而离开的，她认为是客观原因离开的，丈夫把这个错误加在母亲身上是不公平的。因此，在这样的回答上，不能简单判断“说谎与否”，而应该更加深入地了解背后复杂的日常图景。如果，方欣华主动愿意叙述，那么伦理上的压力就降低了很多。

有关真假的问题，如果认为研究首先要获得真实的情况，那么就非常难解决，但如果以探究意义为目标的深度访谈来说，分辨出“假货”并不意味着事情的完结。因为被访者说谎这件事背后是隐含了他/她的动机的，也就是说，被访者是赋予说谎这个行动以主观意义的。对某件事，被访者虽然没有说真话，但是搞清楚他/她为什么说谎，研究者仍然获得了对他/她赋予行动（说谎）的意义的认识，而这个认识显然是“真”的。因此，在“假”的背后，我们对“真”的发现，就又回到了韦伯对行动意义的强调，即这里所指的“意义”是行动者主观的认识即社会学上的意义（贾春增主编，2000：106），这种意义无所谓对错，也没有事实层面的具有某种共同标准的“真”与“假”之分。换言之，只要是被访者赋予其话语和行动的那种意义，就是“真”，这一点，也是我们做意义探究的本意。（杨善华、孙飞宇，2005）

当然，也有一些参与者并不认为叙说家庭矛盾有什么不妥之处，反而把她看作是自己情绪宣泄的一种方式，这样的认知，对研究者来说，是处理伦理的福音。比如卫静就曾告诉我，和我聊聊她对母亲的不满，她觉得很痛快。（个案 33）那是我和参与者讨论家庭冲突问题中，感觉最轻松的一次，因为我没有伦理上的压力。

最后，在撰写的过程中，我尽量运用参与者的语言，正如马林若夫斯基认为的参与者的语言是我们认识事实的重要途径。我力图尽量完整地展现语境和对话，关注日常生活，还原事情发生的缘起和经过，探讨微观世界中意义的运作。

每一种方法都有它的缺陷，本研究也在所难免，但是生活本身吸引着我们用深度访谈的方式来探索深邃的意义世界。

第二章

理想的家庭结构："两扇门，一碗汤"

居处的聚散多少是有关于生活上的亲疏，空间距离给了我们研究社会联系的门径（费孝通，1998：171），描绘一个屋檐下谁和谁同居共炊，大家庭成员如何互相走动展示的个体与个体之间的关系联动，也体现了个体和不同家庭之间的关系。

传统中国社会的家庭理想是大家庭，四代同堂是一种最高理想，这既是家庭和谐的象征，也是老人长寿的象征。但是，受制于种种条件，大家庭更多是上层社会的家庭模式，对中下层家庭来说，小家庭一直是主流。"传统中国的主流家庭是实行于下层人民中的小家庭结构，但实际上这种家庭结构是受经济能力低、意外灾害多、生活条件差和人均寿命短等因素制约而形成的一种残缺性或未充分发展型家庭。家庭结构得以充分发展的完全型或典型家庭是实行于政治上层的贵族、官僚和经济上层的地主、富人中的大家庭结构。虽然主流家庭占绝对多数，而典型家庭仅占少数，但对于家庭观念发生重要影响甚至决定影响的，却往往不是主流家庭，而是典型家庭。"（岳庆平，1990：13）

理想家庭的图景是人们对于个体与个体、个体与家庭之间关系的一种期待和目标，虽然这种目标常常因为现实中各种条件的限制而无法实现，但是理想家庭图景一直在影响着人们的生活实践。

在个体化的进程中，上海的理想家庭或者说有影响的典型家庭又是什么呢？这种理想家庭背后反映了什么样的生活逻辑呢？

第一节 “两扇门，一碗汤”

“两扇门，一碗汤”

“两扇门，一碗汤”的说法在上海人中非常普遍，我很早就听说过，但是我并没有给它足够的重视，以为这只是一种地方说法，因为我看到现实中真正能实现这种居住模式的并不多。

意外的是，我在开始研究的第一次正式访谈中，晓月就告诉我，她认为无论是父母，还是公婆，一定要分开居住，并且居住的距离以“一碗汤的距离为最好的，可以避免很多的矛盾，又能互相照顾”。在我之后的访谈中，我不断听到这种说法，并且参与者普遍认为这种模式是最理想的两代人居住模式，即使现在条件限制做不到，也希望未来能够实现。

所谓两扇门是指两代人之间最好分开住，即使是住在同一幢楼，最好也是分开的两户，但是两扇门距离太远也不行，最好是“一碗汤的距离”。所谓一碗汤的距离，就是一方熬好了一锅汤，拿到另一方家中，汤还是热的。这就要求两家的距离足够的近，并在交通方面，最好能步行就到。参与者对于一碗汤的距离有不同的说法，有的认为最好一两站路（公交车）就能到；有的认为一定要骑自行车能到；有的认为最好是在一个小区里。[①]

姚华和公婆家的居住模式就是这样“两扇门，一碗汤”。姚华的丈夫在结婚之前就在父母所住小区边上新开发的一个商业小区里买了一

① 20世纪90年代，潘允康去台湾访问，和一个著名的台湾社会学家谈起台湾今天家庭中两代人的关系和青年人的家庭模式理想。那位社会学家说，今天的台湾青年希望和父母保持着“端一碗汤也不冷的距离”。这是个生动而形象的比喻，它包含有两层意思，第一层意思是，不同居共财，不共同生活，而是分开过；第二层意思是距离要近，以至于端一碗汤过去也不凉，意思好似有相互关照的距离和条件。潘允康把这种家庭理想称之为家庭网或网络之家（潘允康，2002：210）。两岸人民在私人生活方面有很多的共性，连形容都很接近。

套两室两厅,离父母那套三室两厅的房子,走过去,也就十分钟距离。姚华结婚后,就住在那个小区里。这样的距离好处是非常多的,用姚华的话说就是:既能享受两代人的互助,又能保持相对客气的关系。

在有孩子之前,姚华和丈夫每天早饭或者外面吃,或者牛奶面包,总之,不需要煮;中午都在外面解决,晚上下班和丈夫一起到公婆家吃饭,吃好饭,再散步回家,十分钟走走,正好消化一下,有助于身材的保持。

我记得我在她结婚半年后到她家去,带了一点需要加工一下的熟食,结果发现他们家的厨房干净得闪闪发光。姚华说他们家的厨房是摆设,除了偶尔烧水没有发挥过实际功能。

一碗汤的距离保证了互相照应的方便性,但是方便和自由之间姚华也是有取舍的,并且具体的互动模式会根据具体的情况不断变动、调整。

我第一次正式访谈的时候,姚华刚辞职在家,中午也需要自己解决,有的时候她在家里随便吃点面条什么的,更多的时候到外面去吃。

我问她:为什么中午不去婆婆家呢?

姚华:我自己可以在家里解决,不然还要特地跑到那边去吃一顿饭,什么都要她管,我还是减轻她的负担,我不要她管。我让他妈妈唯一做的一件事情就是一天给我们烧一顿饭。

沈:那你这个媳妇也是蛮好的。

姚华:但是另一方面,他妈妈也很希望我们回去,她一天到晚都是一个人在家里,很闷的。没有人陪她说话,那我们晚上回去,儿子陪她说说话,媳妇陪她说说话,告诉她今天一天的见闻,她就不觉得寂寞。有时候我们不打算回去吃饭,起码要提前一个小时打电话通知,说:“妈,我们今天不能回来吃饭。”她就会很失望的,说:“哦,这样啊。”比如她儿子连着一个星期出差,好几天不回来,她就会很想她儿子。

沈:那你晚上还是去的?

姚华:对,我晚上尽量去。反正陪着她嘛。我现在辞职在家里,也没什么事。但如果我有应酬,我就跟她说我出去了。如果我和老公都在家，我不安排自己的事情的，我会跟别人说今天我不出来。但如果我老公他有事情的话，那我尽量安排我的事情，比如说请客吃饭，或者晚上必须要有的应酬，最好是趁老公出差的时候。这样呢，老公不回来，她妈妈见我一个人，我相信这个喜悦度肯定不如见到她儿子。所以我也不回去，这样的话对她妈妈的损失不会特别大。

生好孩子后，姚华就住在自己的家，姚华的婆婆每天早上八点到姚华家，带来早点和要做的菜，然后帮忙一起照顾孩子。晚上八点左右，吃好饭再走回家。所以，生孩子之前是姚华姚先生夫妇走去吃饭，散步回家；生好孩子后是姚先生的母亲每天 8 点来、8 点走，吃好饭散步回家，流动的主体变动了。孩子出生后，姚华说：“婆婆家的厨房成了摆设。”

“两扇门，一碗汤”的居住模式对两代人来说都是非常适宜的，既能互相照顾，有一定的情感交流，又能分工明确，各自有自己的空间，这个诱惑是很有吸引力的。

我问姚华：以后会不会和公婆住在一起？

姚华：可能性很小……我其实倒是没有关系，但是他（指丈夫）不喜欢和他父母住在一起，觉得他母亲管得太多，太强势了。他比我更不想和父母住在一起。现在这样挺好的，大家都有自己的空间，我觉得这种模式挺好的。我们想在自己的小区里再买一套房子，更近一点，这样就不需要走来走去了，最好对门！但是一定要分开住，要两扇门。

沈：那扇门很重要？

姚华：是的，能关起门来，区分开是谁的家。你的家你做主，我的家我做主。还能在背后说说婆婆的坏话，呵呵呵。（个案 46）

姚华其实很少在“背后说婆婆的坏话”，她总体上对婆婆是很满意的，觉得自己还比较幸运，但是这种“说说婆婆坏话”的隐私权利对年轻一代是非常重要的。三年以后，我再次和姚华长谈她在养育孩子方面的心得时，姚华直言不讳地指出自己和婆婆在育儿方面的分歧。但是，正是因为两扇门，所以，各自很清楚谁是哪个家的女主人，有一个时间和空间上的调整,这个时候,两扇门一碗汤的意义就更大了[①]。

不仅和公婆居住在“两扇门,一碗汤”的距离是理想的,和自己的父母也是同样如此。毕佳玲说:我自己是这么想的,我跟父母在同一个地方,我也不会跟父母住在一起。我肯定要保持距离的,因为我觉得,不管再亲密的人一定要保持距离的,太近了之后,再好的两个人肯定也有不一样的地方……人总是很关注自己的需要自己看法吧,那个时候两人就会容易产生矛盾。最好是买在一个小区里面,老人住在一幢楼,你住在另一幢楼,你不方便的时候你把孩子放在那,然后你有时间的时候把孩子接回来。(个案 18)

也许这种理想随着房价越来越高和父母年龄越来越大永远都实现不了,但是其诱惑却一直存在。晓月结婚后一直和自己的父母住在一起,现在女儿大了,也需要自己独立的房间,所以,晓月老是想在自己居住的小区中买一套房子给父母住,但又没有合适的。她认为如果让父母住出去,又比较远的话,会有很多不方便的地方。父母毕竟年纪会大,需要人照顾,那个时候,晓月认为基本上还是应该由自己照顾的。(个案 1)

“两扇门,一碗汤”不仅是年轻夫妇的理想模式,也是老年人的理想模式,尤其是在第三代大一点,不需要时时刻刻有人在身边的时候。

欢欢爷爷奶奶目前和儿子儿媳住在一起,但是他们并不喜欢目前和儿子同住的新的商业小区,“现在社会没邻居关系了,以前我住在老房子关系很好的,现在住到这个房子就没什么好的关系了。没什么人讲话的,以前在老房子,家里打扫好,小菜都做好,下午没事了,要么打打麻将,要么聊聊天。现在……说不定要老年痴呆了。真的,两个老的,如果不在外面走走整天在家,人真的要傻掉的。”但是为了儿子和孙女,他们已经做好了 8 年甚至 10 年 15 年抗战的准备。但是他们经常会讨论什么时候可以回到自己原来住的房子,那个房子虽然长期不住人,但一直没有出租,欢欢奶奶经常回去打扫一下卫生,以便于某天不想和儿子媳妇一起住了,可以马上住回来。

---

① 本文在后面家庭认同一章中详细论述两代人在空间上的主人身份认同的逻辑。

欢欢爷爷奶奶非常具有奉献精神，几乎包揽了所有家务，而且基本不干涉儿子媳妇的生活，所以，一家五口住在一起还比较和谐。欢欢妈妈也承认：我想得很开的，人家（指公婆）帮你做掉了家务，帮你带好了孩子，让我们生活得很轻松，那么有什么缺点就只能容忍，否则是没有办法过日子。何况，现在我们的确也离不开老人。但是，即使这样，欢欢妈妈接着说：以后，分开住了，就找个保姆，找个好的保姆也很好的，免得麻烦。住在一起总是有不舒服的地方。

当我和欢欢奶奶聊到以后把两室两厅的房子换成更大的房子，比如四室两厅，这样老人有自己一间房间的时候，欢欢奶奶非常坚定地回答我：不去的。我们住我们的（现在的房子），他们自己另外买。……以后，我不去住了，我也不管了。再下去年纪大了也做不动了。呆在一起总归要做的，不住在一起眼不见为净。（个案37）

有关理想家庭的模式，我不准备在这里列举更多的参与者个案，因为在已有的文献中，对于这一点的论述已经非常充分了。1988年上海市的调查在询问“在下列居住方式中，您认为那种最理想？”时，1456位调查对象中28%的人希望“夫妻和父母分开单独居住”，17.7%的人希望“与老人或子女住在一起”，51.2%的人希望“老人与已婚子女分开住，住得近些”①（刘炳福，1996：82）。这说明在20世纪80年代，已有超过一半的人赞同“两扇门一碗汤”的模式。这个比例随着社会发展而不断提高。徐安琪1998年对上海800位已婚人士的调查发现，97.3%的已婚人士都同意“父母最好和子女分开居住，但是不要住得太远”。徐安琪认为“有分有合，分而不离”已经成为直系家庭所普遍遵循的互动原则（徐安琪，2001）。

外地父母：临时居住心态

当然，对外地父母来说，这个理想有点不同，因为外地父母离开自

---

① 还有1%的人希望“子女在双方父母家轮流居住”，1.2%的人希望“双方老人都和子女住在一起”，0.5%的人“其他”，0.4%的人“不详（未回答）”。

己的居住地到上海,对上海的认同感不强,没有自己原来熟悉的社区,因而,到上海来的目标非常简单:照顾孩子的家庭。对他们来说,和孩子住在一起是天经地义的,很少会考虑重新买房或租房,和子女分开住。除非是居住一起后,矛盾太大,不得不分开,才会重拾或强调"两扇门,一碗汤"的理想①。

我在访谈外地父母的时候,发现除了那些卖掉了原居住地的房子,到上海来和子女住在一起的父母②,绝大部分的外地父母都有一种"临时居住"的心态,总觉得等第三代大了以后,自己还会回去,不会在上海长待,就算是已经在上海住了好几年,还会有这样的心态。许立萍和严昊云家庭就是一个很好的个案。

许立萍的妈妈 2003 年就到上海了,许爸爸 2004 年到上海,我访谈他们的时候,他们已经在上海居住了三年多了,但是谈到对于未来的家庭格局,许立萍和严昊云给的答案都很模糊。他们都认为近期不太会有什么改变。我问道,等孩子独立以后,老人会不会回老家?

严昊云:独立不独立,这个问题不是很大的,这个应该在一起,因为还有三个兄弟么。就是大家都出来了,老家都没有人住了(所以老人)再回老家也不太可能的。我们在一起好几年了,也都习惯了,所以不会有什么刻意的改变。除非出现什么特殊的变化,可能他们会离开。

到了上海,因为离老家太远了,担心老人已经不习惯原来的生活,因此再回去可能性也不大了,也没有子女再需要他们去带孩子,所以,许立萍觉得没有特殊情况发生的话,父母应该是和他们长住的。不过他们也都提到,老人不喜欢上海,语言不通,在小区里只能和其他人做简单的沟通,没什么交流,所以,觉得还是生活不习惯,希望回去。

---

① 如个案 15,2003 年,潘玉的母亲离开南京,来照顾怀孕的潘玉,在孩子出生后的一年中,潘玉、潘玉丈夫和潘玉母亲三人之间的矛盾不断。2004 年,潘玉父母在潘玉家附近的小区买了一套二手房,分开居住。潘玉弟弟生孩子后,潘玉母亲回南京照顾儿子,潘玉父亲住在自己的房子中,每天接送外孙女,偶尔到潘玉家帮忙做家务。

② 如个案 9,李强父母原来居住在武汉,2001 年把自己的房子卖了,先到女儿家帮忙了四年,然后又到了上海的儿子家帮忙带孩子。但是这种情况对"谁是这家的主人"产生混淆,从而导致家庭矛盾。后文对此有详细描述。

沈:你妈妈以后会不会和你们住在一起?

许立萍:我妈妈觉得她住在这里不是很习惯。他们觉得这种生活状况可以接受,就是不会一直了。

在访谈结束后,许立萍、严昊云两人送我们出门,提到了以后两位老人"老去"的时候,他们说,也许那个时候,他们都会回自己的家,因为"老人们都不愿意死在别的地方,希望叶落能归根。"(个案24)

虽然小一辈并没有说你活干不动了,就回老家,但是在客观上,无论是老一辈还是小一辈都有老人"老"的时候回老家的打算。对老人来说,对小辈没有用处了,还留在小辈家里,他们也觉得不妥;对小辈来说,尊重老人"叶落归根"的想法也是一种孝顺,何况还有一个房子的问题,随着孩子的长大,五口人住在三室两厅的房子里,显然又拥挤了。也因此,这种外地父母到上海来和子女居住在一起的情况也许会持续很多年,但由于老人一直有一种临时的心态,觉得自己的家还在老家,因而家庭关系的互动和传统社会中从夫居的家庭模式本质上已经不同了,就算是住在一起,依然是两个家。

此外,外地父母还有一种倾向,即希望能把第三代带回老家抚养,这样既不用离开自己熟悉的地方,也能帮到子女,但是这种"理想"常常遭到子女的否决。比如李怡晖的父母和公婆都曾提出这样的想法,但是李怡晖夫妇否决了,一方面是因为上海的教育环境更好,另一方面是年轻夫妇认识到父母对孩子成长有不可替代的作用。(个案30)

杨晴的母亲成功地把第三代带回了老家。杨晴是这样解释的:我妈为什么要我一直把儿子放在老家带么,她也有理由的啊,一个是她不喜欢上海这个环境,怎么着也没有人说话么,跑个公园又累,而且地方又小又封闭,邻居都不来往的,她也觉得不舒服,而且吃的东西也没有我们那边新鲜、好、丰富,然后再加上一个最重要的理由就是我先生不在这边,那她觉得我来了干吗,反正除了你就是对你唯一的好处就是能见到儿子,对她来说她失去的挺多的,而且她的父母亲也需要照顾,就是这个意思,而且她觉得反正就你一个人么,工作效率也可以高一点。

对杨晴来说,孩子放在父母家实在是出于无奈。她说:这是被迫,没办法,一个人承担不起,我觉得我心里知道是应该我一个人承担的,不应该父母帮我承担的,所以我也希望自己跟我先生能尽快地单独过。

我:如果你先生回到上海你觉得你就可以不需要你爸爸妈妈了么?

杨晴:要的要的,至少目前是要的。但是我觉得会好一点吧。

当孩子大一点能上托儿所而杨晴丈夫也从外地回到上海工作的时候,杨晴就再也没有同意父母把孩子带回老家抚养,而是让母亲或父亲轮流到上海来照顾自己和孩子。(个案 3)

这种情况在父母和子代都是上海人的家庭中也同样发生,但是,因为住得近,就成为了令人羡慕的“两扇门,一碗汤”的模式,可以选择不同的时间段把孩子放在父母家,而小夫妻有时间的时候,又可方便地把孩子接回家。

“两扇门,一碗汤”模式听上去很新鲜,但是如果我们回到传统从夫居时代的话,我们会发现这种理想和分家后两代人既有独立,又相互帮助地情况非常相似。传统中国的房屋设计被称为合院住宅,在北方是四合院,在南方是纵深庭院,也就是说,每个家庭都有一个院落,父母和已婚子女一般都住在一个院落中。成年已婚的兄弟和父母虽然分了家,但是常常共享一个院子,或者居住得非常近。经济、日常劳动、饮食安排等虽然已经小家庭化了,但是在日常家务,尤其是照顾孩子方面,婆媳之间、妯娌之间的互相帮助是非常多的。尤其是婆媳之间,由于孩子被看作是家族的延续,既属于小家庭也属于大家族,因此,大家在照顾孩子方面是不分家的。

“两扇门,一碗汤”常常只是一种理想

如果说,以前这种有分有合,彼此居住很近的模式是“大家庭”理想的话,那么在今天,“两扇门,一碗汤”却正在成为上层阶级,至少中产阶级的模式,而不是普通老百姓的模式,因为高昂的房价,忙碌的工作都使得两扇门一碗汤的理想实现起来不那么容易。虽然绝大部分的上海人同意“父母最好和子女分开居住,但是不要住得太远”,但是由于住房的严重短缺,使得 1/3 的家庭是直系家庭或联合家庭,体现了理想与现

实的差距(徐安琪,2001)。

理想与现实的差距与上海的住房政策改革紧密相关。在进入社会主义中国后,中国单个的家庭不再成为社会的一个管理单位,个体被从家庭中分离出来,编入到“单位”体系中。个人的爱恨情仇、生老病死都跟随着单位的计划性而进行,住宅作为单位福利的一部分,依据单位的级别和个人的资历进行分配。属于单个家庭的院落逐渐消失了,大杂院、宿舍楼建构起了集体式的邻里关系,个体成婚后就有资格排队等待分房,然后入住单位分的房子,周边常常是同一个单位的邻居。效益较好的单位不仅提供房子,还会提供一整套原来属于私人生活的公共服务功能区,以单位为核心的食堂、澡堂、幼儿园、医院等公共空间,把个人的生活与单位紧密结合起来。这样,原来的家庭院落概念被彻底地瓦解了。这种房屋分配制度被称为“福利分房”①。

但是,集体主义的弊端不断显现,尤其是房子的供应越来越僧多粥少,很多人结婚多年分不到房子,只能和父母居住在一起。这种情况,上海尤盛,9 平方米住一家三代的故事几乎人人熟知,很多住房都有一个直不起身的阁楼。20 世纪 80 年代末,人均 2 平方米以下的家庭有几万户,因而,1980 年后,住房体制改革成为了改革的重点之一,但是发展缓慢。1991 年 3 月,《上海市住房制度改革实施方案》出台,率先推出住房公积金制度。1992 年 5 月,上海发放出第一笔住房公积金贷款,商业买房的模式正式出台,但在那个时候还没有被政府推广,人们依然在等待福利分房,虽然期间出现了住房货币化、集资建房等变通方式。直至 1997 年亚洲金融风暴之后,住宅商品化才作为拉动内需的主要举措全面铺开。住宅终于从单位福利摇身变成了商品,成为了资产和价值的载体。单位大院的崩溃改变了人们对住宅的想象,改变了家

① 福利分房是中华人民共和国成立以后计划经济时代特有的一种房屋分配形式。在市场经济中,房屋是具有价值的,人们需要用货币去购买,交换。在计划经济中,人们所有的剩余价值都被国家收归国有,国家利用这些剩余价值中的一部分由各企事业单位盖住房,然后按级别、工龄、年龄、居住人口辈数、人数、有无住房等一系列条件分给一部分人居住。居住的人实际支付的房租远远低于建筑和维修成本,房屋的分配实际上是一种福利待遇。具体可见:http://baike.baidu.com/view/2108854.htm

庭互动的模式,改变了邻里关系。

市场经济时代的住宅产品是由地段、位置、户型、朝向、景观、物业、小区配套设施等消费点组成的,家庭,尤其是两代人之间的居住模式被瞬间和随机地重组,邻里关系也转变成彼此陌生的业主关系。而单位原来提供的一系列功能性的公共空间:食堂、澡堂、幼儿园、医院等随之瓦解,个体需要依赖家庭资源来承担这些功能。

随着 2000 年新住宅运动的兴起、2001 年房企上市的解禁、2002 年土地拍卖方式的确立、2003 年房地产成为支柱产业,房价开始一路走高。2005 年,“房奴”[①]出现,买两套距离较近的房子,或者在老房子边上买一套新房子成为了很多人的奢望。[②]

上海的房屋价格受地段的影响较大。在福利分房时代,上海人虽然居住面积不大,但是由于当时上海城区的范围远比现在小,因而在今天看来,地段一般都比较中心。但是当住宅成为商品后,房屋的价格开始根据地段不同而呈现出巨大的落差,人们编了顺口溜:内环住着说外国话的,中环住着说普通话的,外环住着说上海话的,就是形容由于地段价差导致的人口分层。因为内环最贵,只有富人和外籍人士才买得起房;而中环房价次之,很多从外地来的有钱人或白领买了房,上海人想要置换房子就只好买遥远的外环房子了。这种流行话语虽然有戏谑的成分,但是非常清楚地表明了房屋的差价。

这种差价对“两扇门,一碗汤”的理想造成了很大的阻力:原来福利分房分配的房子虽然小,但是由于地处黄金地段,单价很高,所以,已婚子女想要和父母住得近一点,那么必然代价很大;而如果卖掉原来的房

---

① “房奴”(mortgage slave)一词是教育部 2007 年 8 月公布的 171 个汉语新词之一。“房奴”意思为房屋的奴隶。“房奴”是指城镇居民抵押贷款购房,在生命黄金时期中的 20 到 30 年,每年用占可支配收入的 40%至 50%甚至更高的比例偿还贷款本息,从而造成居民家庭生活的长期压力,影响正常消费。购房影响到自己教育支出、医药费支出和抚养老人等,使得家庭生活质量下降,甚至让人感到奴役般的压抑。详见:http://baike.baidu.com/view/41339.htm

② 有关住宅的变迁和人居结构的变化资料部分来自于《城市中国》第 34 期“中国人居”和 46 期“保障人居”。在这里感谢编辑部相关人员的分享。

子，又因为房龄、面积等原因，很难在较好的地段买到两套房子。所以，除非是父代或子代非常富裕，一般的上海家庭采取两种方式来应对：一种是老两口住老房子，然后子女结婚的时候在没有那么繁华的地段上买房子；一种卖掉原来的老房子，添一些钱，买一套大一点的房子，三代人共同居住。在我的访谈中，个案 5、7、32、35、37、39、41、42、46 是第一种情况，而个案 2、12、20、36、43 是第二种情况。第一种情况保持了独立性，但是很可能损失了两代人互相照顾的优势；而第二种情况实现了两代人的互相照应，却失去了各自的独立性。当然还有一些家庭错失了买房良机，一直在等待房价下跌，结果到现在还没有置换房屋的。房价的居高不下，使得真正实现“两扇门，一碗汤”变得不那么容易。

随着个体化的深入，人们对于个体独立、隐私的保护等越来越重视，可以说，“两扇门，一碗汤”的理想模式是昂格尔提到的 80 年代中国城市的“网络家庭”(network family)(Unger, 1993)的延续。相比较 80 年代，两扇门的概念更加突出，无论是老人还是年轻人都意识到虽然代际之间的联系是非常重要的，但是人们对于两代人居住在一起的矛盾以及个体的独立性有了更加清醒的认识，因而两扇门放在了前面。

即使两代人居住在一起，也强调两扇门(房间门)之间的独立性，这个问题我们会在第三章一户两家中做更为详细的描述和分析。引起我特别兴趣的地方在于为什么人们在强调“两扇门”后，还会强调“一碗汤”？为什么在经历了集体主义时代，进入了个人本位的家庭价值观后，人们似乎又开始留恋传统的家族主义文化，强调代际之间的互动呢？为什么个体化以后，年轻夫妇还需要老人入住，而老人为什么愿意入住呢？

第二节　双职工家庭需要第二个“妻子”

第二个妻子的需求

1994 年，阿普特(Apter)出版了一本书，题目就引起了大家的注意:《职业妇女们没有妻子(Working Women Don't Have Wives)》,这一标题显示了这样一个现实:现代社会越来越多的女性在生活和工作中感受到双重压力和负担,即作为妻子的义务和作为职员的工作,女性开始希望能像男性一样拥有一个“妻子”,为她处理一切工作以外的事务。这里的“妻子”一词,指的是广义的妻子,具体来说,是这样一个伴侣,他/她能够照顾家庭需要、照顾孩子、顺应另一半不断变化的职业需要,把家庭责任放在最优先和最重要的位置。这样一个伴侣,是几乎每个已婚职业男性都拥有的,或者说可以拥有的,而女性却不然。男性在追求事业成功的同时,可以理所当然地享受妻子在背后的付出;而女性在追求事业的时候,却没有人愿意做他们的后备(Apter, 1994)。阿普特调查了100多位职业妇女,描绘和讨论了职业妇女的艰辛,以及他们在家庭中的妥协,这种妥协主要就是在家庭中依然承担大部分的家务劳动。

日复一日地做没有报酬的家务劳动,是女性主义把家庭看作是社会剥削女性的场所的重要原因,在“传统家庭”或者“前现代”和“现代”家庭中,妇女的角色就是照顾家人。繁重的家务劳动制约了女性在公领域的发展,而因为家务劳动没有报酬,女性在家庭中的地位也得不到认可,因此,在第二波女性主义运动中,很重要的一个解放标志就是女性走出家门,进入劳动力市场中去。

但是,家务劳动对一个家庭来说,又是非常重要的。德瓦尔(Devault)在研究“准备食物”(Feeding the family)这一项家务活动时,指出“准备食物”之所以被看作是家务活动,并不仅仅是因为这一活动是在家庭内完成的,更重要的是,通过日复一日重复这样的喂养工作,家庭作为一个社会群体才持续存在下来(Devault, 1991:30)。更加重要的是,“喂养”,不仅仅是个物质性(material)的工作,还是个情感性的工作(emotional),不仅包括为家人做饭,还包括根据家人的口味和爱好,为“她/他”做饭;不仅是关爱和照顾家人身体上的需求还是构建家庭联系和交往的重要工作(Devault, 1991:229—230)。

这个重要的工作的承担者以往一直是由妇女承担的,虽然参加工作的母亲花在家务上的时间不及家庭妇女，但丈夫们也并不承担那些未干的家务活。……即使夫妻双方都工作，两人也不会平等地分担家务，料理家务和照看孩子依然是妇女的责任（古德，1986：184）。二战后，主要是从1960—2000年，美国妇女的家庭工作和外部工作都发生了重大的改变。大量妇女加入到劳动市场中，但是，市场带给美国妇女的不是新的机会而是威胁，因为它提高了工作的要求，但是却没有减少家务事。工作的女性依然要承担家务。女性并没有从经济发展中受益，而是传统上对家务的支持被打破，使得女性超负荷（Thistle，2006）。也就是说，原来认为妇女加入到劳动力市场一定会导致她们在家庭领域，尤其是在照顾孩子方面的削弱。但社会学研究证明，妇女参与劳动力市场导致了她们的轮班状态，一方面参与有偿劳动，另一方面在家庭工作。

学者们认为要改变女性的双重负担问题主要有三条途径：

首先，让男性参与到家务劳动中来。男性对家务劳动的参与不仅有利于减轻妇女的负担，并且有利于孩子的发展。研究父亲角色的多赛特（Doucet）发现母亲和父亲有很多共同的地方，不同的是父亲们更加强调乐趣、玩耍、身体活动、运动、户外活动，特别是感情方面，对年纪大一点的孩子促进他们的独立和冒险精神（Doucet，2006：218）。但是，男性是否愿意并且能够参与到家务劳动中来是一个问题。在有幼儿园年龄孩子的家庭中，与职业女性结婚的男性比太太是全职太太的职业男性在干家务活方面一星期只多45分钟（Hochschild，2003：3）。因此，对职业妇女来说，工作并不是要求丈夫分担家务劳动的理由，甚至，收入高的女性还不得不承担更多的家务（Tichenor，2005）。

其次，是通过科技来减轻部分家务劳动。洗衣机、吸尘器等家电的发明，改变了人们做家务的方式和时间安排。但是，有研究指出科技的发展并没有减少总体的家务劳动时间，而是家务劳动的具体内容和时间分配发生了变化。比如，在美国，从20世纪20年代到60年代的家务劳动比较发现，人们在准备食物方面的时间减少了，但是购物方面的时间增加填补了这种下降（Devault，1991：36）。在中国，我们看到的是强化性育儿的出现，导致在育儿方面的时间大大增多。

第三，通过家务劳动社会化来减轻家务负担，包括社会托儿机构的提供、保姆等。霍赫希尔德指出，要走出目前"第二轮班"在家庭以及社会生活中造成的阴影，除了呼吁男性加入家庭，另一个解决方案是社会推行"亲家庭性的改革"(profamily reform)，在制度层面为问题的解决提供保障，在税收、补贴方面照顾育有学龄前子女的双职家庭。譬如政府给予企业相应的免税举措，鼓励企业为双职家庭提供相应的假期、"兼职工作机会"和"灵活的工作时间"(Hochschild，2003:271)。这一方面西欧做得比较好，福利国家把孩子的养育问题看作是整个社会的责任，不仅在制度上保证了对儿童和妇女的保障，而且在社会机构上也做了很多工作。保姆也是一个可选择的方案。

比安基(Bianchi)通过比较 1965 年和 2000 年、2001 年的数据发现，第一，今天的美国妇女虽然参与有偿工作，但是她们花同样多，甚至更多的时间和孩子在一起。有些妇女当她们孩子小的时候他们会减少工作时间，有些妇女更有效地利用时间，同时做两件或两件以上的事情。第二个发现，就是父亲参与到家务事中来，原来的研究认为父亲主要参与到照顾孩子"有趣"的事情中。作者发现，现代的父亲也参与到日常照顾孩子的事情中来，比如说喂孩子，给孩子穿衣服等。第三个发现父母间的性别平等正在出现(Bianchi，2006)。

对中国家庭而言，大部分的女性都是职业妇女，全职太太的比例小于 10%(张乐天、沈奕斐，2005)。我们同样出现了职业女性需要妻子这样一种困境，从 80 年代开始讨论的妇女的双重负担和妇女回家论，正体现了这一困境(沈奕斐，2005)。

相比较美国，我们并没有看到相应的改变出现，家务的性别分工并没有出现大的改变，男性参与育儿虽然开始有所改变，但依然是女性承担主要责任。而科技的进步已经被证明并不是解决的良方，因而北欧等国强调国家福利的重要性，通过把家庭功能社会化来减轻女性的家庭负担，确保女性平等就业的机会；或者通过保障女性承担家务劳动的利益促进性别平等。中国既缺乏类似的国家福利体系，同时，更为严峻的是人们不得不面对国家不断撤出私人领域，把各种相关功能重新扔回到家庭的时代。

年轻夫妇的现实家庭压力

对当代年轻的夫妇而言，如果有了孩子，那么摆在面前有四道关口是必须要面对的：

1. 科学育儿压力大：很少有年轻父母认为自己能够独立带大孩子的，带孩子成为了一个花费时间精力无数的工程，即使是全职太太也需要父母的帮忙[①]。比如崔浠等虽然是全职太太，但是依然需要家人或保姆的帮忙。对职业女性来说，还有一个问题是陪伴孩子虽然是一件开心的事情，但同时也是件乏味的事情，并不能带来如职业中的成就感。杨晴对这一点说得很清楚。

我：如果你是全职太太，你能一个人带孩子吗？

杨晴：我觉得不行！肯定要找个帮手。就算是我体力上能够吃得消，我觉得是精神上受不了，要崩溃的，一天到晚对着孩子。说实话，我这次一个月就很受不了。体力上很累，精神更受不了。所以他一岁半的时候，我一定要回上海工作了。我现在看那个时候，又胖又难看！一回来工作就不一样了，那种状态马上不同了，身材也恢复了。

回去，待一个月就够受了。每天干吗呢？就是陪着他走走，到地里去玩。给他讲故事吗？要么一遍遍地重复，要是讲个新的故事的话，他可能走掉了。

我：那你妈妈就带下来了……

杨晴：可能妈妈这一辈真的想法不同的，她还是以家庭生活为主的；而我虽然也不是一定要事业上怎么样，但是总是想要做些什么事的。（个案3）

中国经历了“劳动最光荣”的时代，个体的价值依托于职业场所的

---

① 关于这一点，本人在《科学与传统的悖论——“生育的故事”报告之一》（《女性与社会发展论文集》，上海社会科学院出版社，2008）一文中已有阐述。

成就,尤其是在市场经济时代,个人的价值与其能创造的经济价值等同起来。在家重复做同样的家务和育儿并不能带来直观的经济价值,因而很容易导致个体的厌倦,并在家庭权力地位中处于弱势。

2. 请不起保姆或者不相信保姆:请保姆除了需要具备一定的经济和住宿上的条件以外,各种关于保姆虐待孩子、盗窃婴儿的报道让年轻的父母对让保姆独自带孩子疑虑重重,一般即使请保姆,也最好有个老人在一边看着。中国实行独生子女政策,每个家庭只有一个孩子,这个孩子成为了小皇帝、小公主,宝贝无比,一点差错都不能出,因而只有自己的父母才是最让人放心的。用晓月的话说:保姆或钟点工只是减轻父母负担的一种方式,但你不能信任他们。(个案 1)

只有父母,甚至只有自己的父母才是让人放心的。

杨晴:不帮我的话我只能叫保姆了啊,全日制的保姆。但是会不放心。妈妈是我最贴心的人,最最放心的一个人,那其他人哪怕婆婆如果在的话,如果她来了我总归有点不放心的,说实在话就是说有些方式你控制不了,她的带孩子的方式跟你的方式有出入啊什么的,总归心理上最放心的人是妈妈。(个案 3)

我在访谈三个老人时,专门讨论到这一问题,他们给了我很有意思的答案。

陈陈奶奶:不行的!交给保姆不放心的,现在外面骗子多啊,万一……

咪咪外婆:中国的保姆和外国的保姆不一样,中国的保姆不愿意承担责任。像我们爷爷奶奶/外公外婆一般都是愿意承担责任的,有点小问题,马上就解决了,等他们回来以后告诉他们就行了。但是保姆要是遇到一点小问题,马上就会打电话给他们,那么他们又在忙,你说怎么办呢?我们么,能处理都帮他们处理掉了,一般不会工作时间打搅他们的。

陈陈奶奶:现在找保姆的,都是家里已经有老人了,搭搭手,一个人带也不行啊。

斌斌外婆:全部交给保姆肯定是不放心。现在不是说保姆都是坏

的，但是坏的保姆的确多，所以，把孩子交给保姆我总是有心理障碍的。(三位老人访谈)

所以，如果没有钱，那就只能请父母义务帮忙，也许老人还要贴一点进去。如果有钱，就请保姆，但是让父母在一边看着，免得有意外，因为这棵独苗太金贵了。

3. 产假与哺乳假不能满足实际的需求。由于中国的家庭大部分都是双职工家庭，一般产假和哺乳假一共最多6个月左右，而孩子要到1岁半才能进托儿所，因此每一个双职工家庭都有一年的断档无法一边工作一边照顾孩子，这个时候，如果夫妻双方都要工作，那么来自父母或者他人的帮助就是必须了。即使孩子能够进学校了，接送又是一个问题。工作节奏与孩子的学校节奏不吻合：一般工作5点下班，可能6点到家，而加班情况的突出，使得年轻父母能否按时回家成为一个天天要面对的问题，而孩子的幼儿园或小学确实到了一定的时间必须要接送，因此，没有老人的帮忙，孩子的接送任务就很难完成。

4. 高强度的工作和职业发展的压力，使得两性在时间安排和心理调节方面都面临挑战。对此，谭敏说：我是上班忙得要命，下班以后什么都不想干，电脑也不想开，电视也不想开。我现在连续剧也很少看，下班就觉得很累。(个案20)在这种情况下，家务和照顾孩子都成为了额外的、不能再承受的负担，因此，对谭敏来说，和父母住在一起是一个不需要思考的决定，不仅仅是因为感情，也是个理性的选择。

曾馨仪和许强还提到了工作忙碌导致时间上的问题。曾馨仪总结：说实话，没有爹妈吧还真不行。

说到孩子的教育问题，我提议许强多花一点时间和孩子在一起。

许强：没时间啊！很忙。

曾馨仪：很忙的。

许强：今年我有一个月加了28天的班，我只有两天没有加班。一般至少有1/2的工作日要加班的……她每个月加班也要有。

沈：那你一般早上几点钟出门去工作的啊？

许强：我俩都7点三刻出门。我骑车上班，5点下班。但我不会准时走的,5 点半(下班),如果不加班的话,到家也要 6 点了。

也就是说,对许强和曾馨仪来说,即使不加班,也有 10 多个小时不在家,孩子在 1 岁半之前必须要有人带,一岁半后,必须要有人接送。

沈:那你家里必须要有人的,如果请个钟点工的话……

曾馨仪:那是不可能的。

许强:我们楼下有请钟点工,小孩子饼干掉地上了,阿姨不管,小孩子捡地上的东西吃……看看,嗯,也挺好吃的。(笑)(个案 32)

对年轻的双职工夫妇而言,和西方的双职工家庭一样,家里必须要有个“妻子”。我们分析在西方的研究文献和理论中,几乎所有谈到家庭内部家务分工和权力构成的,都仅指夫妻双方而言,因为在西方的家庭中,家庭本身的概念就仅指夫妻和孩子,很少包括已婚子女的家长。因此,西方的做法是鼓励夫妻一方在特定的生命周期放弃职业,或者雇佣他人,或者依托社会机构和福利制度。[①] 而在中国,虽然我们福利制度不健全,虽然我们只有夫妻一方工作不足以养活全家人,虽然我们不信任保姆……但是,我们有任劳任怨的父母来充当“妻子”,他们做掉绝大部分的家务,放弃绝大部分的权利,堪称最完美的“妻子”。

也因此,对很多年轻夫妇来说,父母的帮忙不仅仅是锦上添花,简直就是雪中送炭了,尤其是在重视自身在公共领域中发展的中产阶级,“一碗汤”的需求比以往任何一个时代更为迫切。

年轻夫妇所面临的现实的压力并不能简单依靠个体努力来解决,第一点的科学育儿压力与社会文化有关;第二点的保姆问题和社会诚信有关;第三点的产假哺乳假是社会福利问题;第四点和经济发展速度有关。因此,如果没有社会体制上的改变,仅仅依靠个体的努力或奋斗是很难改变这种家庭压力,也因此,年轻夫妇对父母的需求是目前社会环境下的一种刚性需求,只有改变目前的社会环境和政策支持,这种需求才有可能改变。

---

① 我在美国访学时观察到,美国人加班很少,上下班还是比较准时的,因此能够按时接送孩子。而很多的学校都提供课外辅导班,一直可以上课到 5 点以后,这样就可以衔接上父母下班时间。

第三节 为什么父母愿意做“第二个妻子”

在我一开始做访谈的时候，我并没有意识到为什么父母愿意全心全意地帮助已婚子女，愿意做“妻子”角色这样的问题。因为在我看来，这是天经地义的：父母嘛，总是疼爱孩子，总是愿意用自己的所有来帮助孩子，这是天性，无需证明。但是，在美国和美国的年轻父母聊天的时候，他们都羡慕我有一个愿意跟着我（其实是跟着第三代）的母亲，并且总问我或者问我母亲为什么愿意。我母亲总是回答：不帮他们怎么办啊？他们那么忙……但是，美国朋友常常会建议我的母亲应该去旅游，应该有自己的爱好，应该和我的父亲生活在一起……总之，在美国朋友看来，和已婚子女生活在一起意味着我母亲没有自己的生活。

我在美国也认识了一些老人，他们会很骄傲地拿出他们的全家福，告诉我这是他们可爱的孙子约翰，这是孙女（美国不分孙子女或外孙子女）爱丽丝，他们每年会去看望他们，在子女需要的时候给予适当的帮助。但是，这些老人很少会和已婚子女长期住在一起以便照顾第三代，这是美国人很少会想到的一种生活方式。

面对那么多“为什么”，我开始问老人们为什么愿意全心全意地帮助已婚子女？

与子女需要父母一样，首先这是一个体制上的问题，政府无力对家庭提供足够的资源和服务，并且国家不断从私人生活中撤离；大部分的中国人都意识到他们在老年时候的唯一保障是依赖她们的孩子，而没有其他选择（Davis-Friedmann，1991：128）。尤其是在农村，孩子几乎成为了中国农村老年人唯一的支持来源，因为在农村缺乏普遍的保障体系（England，2005：3）。即使在城市，目前已有的社会保障虽然能保证老人的生存需求，但是，一旦老人得病，那么经济的困难马上就显现出来；同时，由于针对老年人的公共服务还不足够，所以，老年人在养老的问题上主要依赖的还是家庭。

其次，对很多中国老年人来说，老的时候“含饴弄孙”，不仅不是负担,也是他们向往的一种理想生活模式,和第三代在一起他们感觉快乐。值得注意的是,在中国,女性到55岁,男性到60岁是被国家强制退休的[①],而按照目前中国城市,尤其上海的健康状况,55岁的女性和60岁男性的身体状况还是非常好的,还不需要他人照顾,并且是有精力照顾他人的时候。同时,目前这一代处于50、60多岁的老人出生于50、60年代,他们的观念还是非常传统的,家庭主义的倾向或者说“家本位”价值观占主流,因此,和子女儿孙在一起被看作是“天伦之乐”,照顾儿孙也被看作是家庭义务的一种。因此,和子女居住在一起,或者照顾第三代被看作是一件好事。

咪咪外婆、陈陈奶奶和斌斌外婆是三位住在一个小区的老人,他们的第三代年龄相仿,正是因为孩子在小区里玩到了一起,老人们也走到一起。通过参与者的介绍,我去访谈了他们,他们对于为什么带第三代给出了非常丰富的答案:

沈:现在的孩子和以前的孩子相比,带起来……

咪咪外婆:现在的孩子,相对来说,比以前的孩子要难带一点。我们原来也是带孩子跟父母学的,很传统的……

陈陈奶奶:以前的父辈们,我们的父母把东西嚼嚼给孩子吃,我们都没有意见的,现在就不行了。还有,以前冬天,一个星期洗一次澡,现在要天天洗,至少两天洗一次,卫生要求高了。

咪咪外婆:现在卫生条件、家庭条件都好了。像斌斌、陈陈和咪咪等,现在还在吃奶。以前的孩子这个年纪都不吃奶了。而且,现在,每天都要考虑给小孩子专门做一个菜他/她吃的,以前哪有这样的条件啊。

沈:教育呢?

咪咪外婆:教育就更不同了,有碟片、电脑、各种玩具……东西多了,传媒也发达了。而且以前可以把孩子放在外面让她自己玩,现在就

---

① 虽然最近开始讨论“弹性退休制”,以及有些单位实行女性60岁,男性65岁的退休政策,但实际上,大部分的单位都是严格执行女性55、男性60岁的退休政策,甚至因为企业不景气还可能早退。

不行了,必须要有一个人看着。放在家里,她就看电视,不让她看电视你就要陪着他/她玩。

陈陈奶奶:还要陪她去画画什么的,陈陈爸妈没有空,那就只好我们去陪了。

沈:那真的很辛苦啊。

斌斌外婆:是啊。有什么办法呢?看着现在的年轻人这么辛苦,我们不帮他们,谁帮他们啊……

陈陈奶奶:说到底,是我们自己心疼我们自己的孩子,舍不得自己的儿子和女儿。他们每天工作都那么辛苦,还要急急往回家赶。我们以前吃过这个苦的,时间一到赶快往外奔。

咪咪外婆:舍不得第二代,就要带第三代。

陈陈奶奶:不帮他们带的话,第三代也要吃苦了……

哈哈哈,大家都笑了。这个时候,一直在边上不太说话的咪咪舅舅说话了。

咪咪舅舅:还有一点,他们都太空了,不带孩子没事情做。

咪咪外婆:不带孩子,我们就干这个活(织毛衣)。现在我们早上送了孩子,就没事做了,你看,我们就一起结结毛衣。三点多钟,就去接孩子,觉得生活很充实的。孩子不在,的确挺空的。我和咪咪外公一天也讲不了几句话的,没什么好讲的,咪咪一回来,废话就多了不得了,家里就热闹了。十万个为什么,为什么这样为什么那样,问得我们自己也搞不清楚了。

哈哈哈,大家一边笑,一边举例孩子问的滑稽的“为什么”。大家一致认为现在这一代聪明,见识广。

三位外婆、奶奶还总结道:

陈陈奶奶:现在我们帮他们带小的,以后他们就养我们的老。不是说经济上的,而是说精神上的。即使你有医保,生病了要住医院,也要他们把你送到医院啊,自己爬是爬不过去的。

咪咪外婆:我觉得现在带孩子是无怨无悔的,好像觉得为他们奉献也是应该,也有乐趣。没什么怨言。

斌斌外婆:还是有很多乐趣的。(三位老人访谈)

这三位老人很形象地告诉我们:首先,相比过去,在今天带第三代不是一件容易的事;其次,如果考虑到第二代的发展,这又是一件必需的事情;再次,对两代人来说这是互惠的,父母未来需要子女的照顾;最后,也是很重要的:对老人来说,带孩子是一件开心的事,很有乐趣,尤其是在漫长的退休生涯中,带孩子既是充实现在生活的一种方式,也是为未来生活打下基础①。

对老年人来说,帮助已婚子女的家庭做家务和带孩子是对未来孩子养老的一种交换,访谈中有的老人很现实地把带第三代和养老问题紧密地连接起来,这种情况不仅出现在父母在经济条件上弱于子女的情况中,也出现在父母目前经济条件好于子女的情况中。

局长奶奶和局长外婆是住在一起的两亲家,在解释为什么现在要帮子女带孩子的时候,两位女性老人的回答非常有意思:

沈:那外婆为什么过来帮带孩子呢?

局长外婆:奉献嘛,奉献。人都要有老的时候,现在小孩小的时候不照顾一下,将来老了……呵呵,交换。

……

局长奶奶:儿子媳妇都要上班。现在你不帮他们,他们累得要死,等你老了,儿子媳妇就不会睬你了。你能带小孩不带小孩,儿子媳妇这么累,你老了他也不来照顾你。老了还要靠儿女。(个案34)

局长爷爷奶奶的家庭是老两口在经济上占绝对的统治地位,但是这一点并不影响局长奶奶的“妻子”角色,只是这个妻子比较有财权而已。在经济优势明显的情况下,局长奶奶依然强调“交换”。这一点是非常重要的,由于家庭已经个体化了,对子女来说,因为有养育之恩,所以要“反哺”是天经地义的,但是,对媳妇和女婿来说,并没有这个直接的养育之恩,因此,如果要反哺的话,一定是你现在要对我有贡献,你要

① 这里需要指出的是,中国执行的是强制退休制度,即除了少数行业,一般来说女性55岁,男性60岁一定要退休了,而从目前老年人的身体情况和预期寿命来看,55岁、60岁还是很年轻的,还是很能够做一些事情的。

和我这个个体发生联系，我才会认同你的贡献。

反之，如果老人没有帮助带第三代，那么媳妇或女婿就会觉得互相之间缺乏必要的联系，因此也没有给老人养老的义务。强强妈妈和强强的爷爷奶奶关系非常不好，近20年住在一个屋檐下，几乎从来不说话。

强强妈妈：她小孩从来不管的，一碗水不端平，老了么做得动做不动都是自己做。和儿子媳妇关系不好，老了谁睬你啊。

沈：好在有养老保险……

强强妈妈：养老院就是等死，谁要去，人家都不要的。（这里强强妈妈把养老保险听成养老院了）（个案38）

从强强妈妈的话语来看，原有的家庭作为一个单位已经不再起作用，每个人都要求你和我发生直接的联系才能建立我们之间的关系。

这里之所以会出现“交换”是60多岁的老人或者年轻的老人，他们还能够为子女做出贡献，而到了年纪大一点或者生病了，他们就成了需要子女照顾的人，因此，父母通过现在的贡献交换未来来自子女和子女配偶的支持。这种支持是两个方面的。首先，从经济角度，来自农村的父母因为养老保障体系并不能完全覆盖他们的老年生活，因此，需要子女的赡养。但是与传统不同的是，过去老人得到充分的尊重，他们的权威凌驾于年轻的家庭成员之上（Thornton，1994：2），而现在，老人的这种因为辈分和年龄所产生的权威已经消失殆尽了，他们需要通过别的方式来获得尊重和照顾。

除了社会保障制度不能完全保障老年生活外，还有文化上代际之间的依赖一直被看作是家庭和谐的一个方面。代际之间的相互依赖对中国人来说是习以为常的，很多研究都证明了中国成年孩子和老人的关系保持着明显的紧密联系。依赖而不是独立是父母与子女关系的主要特征（Davis-Friedmann，1991：50）。对中国20世纪70—90年代的老年人研究表明，很少有老人能够完全独立于年轻一代，他们几乎完全融入与孩子们的每天的生活中。在城市，成年子女一般每个星期都会在周末的某一天去看望父母几个小时，还会带些礼物；在农村，子女一般与父母住得很近,在一个小时之内能看望父母。在农村,家庭是一个生产单位;在城市,即使子女和父母住在一起,他们也不会把所有的收入都放在一起,一般子女会把自己工资的50%—60%放入到公共开支中去,承担家庭的消费(Davis-Friedmann, 1991:50)。

其次,从情感上而言,很多的父母也希望未来有感情上的回报。带第三代既是联络和子女配偶关系的一种方式,也是建立与第三代关系的一种方式。老年人老了以后,“爬是爬不到医院的”,需要小辈除经济以外的劳力付出,需要小辈在感情上的交流。陈陈奶奶说的从家到医院的这一段路正好体现了社会保障的不完善带给老人的不安全感,这种不安全感使得老年人更加依赖子女。和第三代的亲密关系既是促进现在和子女的亲密关系的一种方式,也是保障未来和孙辈情感交流的一种方式。

在上海的研究中,代际之间的紧密联系有两方面不同,首先,正如有学者认为:随着父权家庭向平权家庭、男子继承制向两性平等继承制的转化,原有的男子单系的亲属体系也发生了根本的演变,尤其在两性平等意识日渐被内化为人们自觉行为的上海,家庭网络已实现了双系并重的过渡,甚至出现向女系亲属倾斜的状况。尽管这种趋向仅初露端倪,但在城市的家庭文化中似具有普遍规律。统计结果不仅证实了丈夫与父母的交往频率低于妻子与父母的交往,丈夫与岳父母的联系密度也高于妻子与公婆的联系密度(无论各自的父母是双亲健在或是缺一),而且还显示了丈夫与不同居的兄弟姐妹之互动频率略低于妻子,家庭与不同居儿子的联络也略逊于与女儿,从而印证了亲属网络的双亲并重且向女系倾斜的推论(沈崇麟、杨善华,1995:136)。关于这一点我们在后文儿章中会有更详细的论述。

第二点非常有意思的是,老人们对于自己的付出能不能得到回报并不确认,甚至,我们可以发现反哺模式的合法性产生了动摇。也就是说,虽然老人有期待回报的愿望,但是这一愿望能否成真还有有赖于其他条件的存在,老人为小家庭贡献力量是反哺的必要条件,但不是充分条件。

有一次,我在书店里听到两个已过退休年龄的妇女在聊天。

A对B说:放低期望值吧,不要指望小辈来照顾你。期望值越大,失望也越大。

B说:万一身体不舒服总是要他们来照顾的啊。

A:你有自己的养老金,要他们干什么?

B:生了病就不够啦。

A:总之,别指望孩子们,他们不来剥你的皮已经很好了。

B:……

老人在聊天的时候看上去很无奈,B一边说,一边轻轻地叹气。

有的老人也想明白了以后可能还是要到敬老院去。

我在访谈鹏鹏外婆时,她也有类似的观点:

沈:那你以后基本上就是住在这里?(指住在女儿家)

鹏鹏外婆:我基本上就这样给他们服务下去吧,除非我老了做不动了就去敬老院。

沈:老了做不动也住在这里?

鹏鹏外婆:我想清楚了。他们是说以后给我请个阿姨什么的,我说我不要。鹏鹏奶奶以前不肯,说要靠孩子,现在也想通了。他们都忙得很厉害,照顾一个孩子都来不及,什么时候下班都不知道,下班了要自己弄饭吃,照顾孩子,都搞好了,要9点多了,再赶过来看你也不可能啊。怎么照顾你啊?

沈:所以就住在一起才能照顾啊。

鹏鹏外婆:住在一起也不行啊。我想过了,我很开明的,住到小孩长大了,到一定时候了,就到敬老院去。我看不见你们,随便你们怎么过了。鹏鹏奶奶现在也想通了,女儿女婿儿子都靠不住,也是住敬老院。以前,她说你不要管他们的闲事,我们两亲家一起出去旅游旅游。我说怎么出去旅游啊?小孩怎么办?不管他们,他们怎么办啊?实际问题放在那里,是没办法的办法!我也想享受的,但是怎么办啊?(个案35)

即使认为自己以后是要进敬老院的,但这并不影响老人们的付出,似乎交换理论不那么起作用了,中国父母的牺牲精神更起作用。

父母愿意为子女服务和牺牲的另一个重要原因是以家庭为中心的价值观,尤其是女性,把个人价值和家庭发展紧密联系起来。

叶玲玲的妈妈曾这样对我说:其实每个人带好自己的下一代就行了,不能带再下一代,太累了。我就跟玲玲说,以后不要再帮儿子带孩子了,太辛苦了。带孩子是世界上最辛苦的事情。但是,叶玲玲的妈妈话是这么说,她做的却是另一套,她全心全意地为叶玲玲三口之家服务。所以,她几次说道:

我现在活着是为他们活着的,我一点也不怕死,但是我死了他们怎么办?所以,我说我现在完全是为他们活着。以前,我是为了丈夫女儿活着,现在是为了女儿外孙活着。所以,玲玲爸爸就说我,你对我怎么就没有好脸色?

现在我们帮他们主要是为了让他们安心地工作,要是老人不帮他们,他们上班那么累,回来后还要做家务,肯定要吵架的。实际上,我帮,主要是帮女儿,因为家务活主要是女的做的嘛,所以,实际上是帮女儿。

需要我,我就留下来;不需要我,我就走!(个案 19)

叶玲玲妈妈的话让我想起了集体主义精神。虽然我们处于个体化的进程中,但是对 40、50 年代出生的父母而言,他们一直成长于集体主义时期,他们的个体化程度和年轻人是不同的。因此,不仅有需求,而且愿意付出,愿意放弃“自己的生活”来为子女而过,这一点是非常重要的他们愿意成为“妻子”的原因。

费瑞因为研究的方向与社会性别有关,她认为自己是有女权色彩的,因此在访谈中她常常有意识地运用“解放”“女权”等词汇,并且不断反思女权主义和个人性别/社会角色之间的关系。费瑞认为她婆婆是典型的内化了传统妇女观的山东妇女,“她有知识,她也可以给人看病,但是她就是要全心全意地为她老公服务。所以呢,就是说,我婆婆呢,按照我们来说就是那种要被解放、被启蒙的那种,但是她就觉得为什么要解放,为什么要启蒙啊,家里就是需要有一个女人这样,所以,我觉得她太累的时候，她不，她就觉得她挺开心的，这样为家庭服务挺开心的……”

正是这些需要被启蒙被解放的女性承担起了年轻夫妇谁都不愿意做的“妻子”角色，让年轻一代有时间和精力能够投入到工作中去，又和谐了家庭。更有意思的，老人们把牺牲看作是很正常的，他们常常很具有阿Q精神地告诉我，别人家的孩子更加糟糕。

我：你们这代人怎么就那么具有牺牲精神？

欢欢奶奶：很正常的啊。如果我儿子媳妇赚不到钱，他们吃你的，你怎么办呢？（个案37）

因为和更差的情况相比较，因此，即使在我看来，今天的老年人实在是被“剥削”得厉害（虽然我自己也是一个剥削老人的人），他们依然能够非常平衡地生活，觉得目前的处境还是很不错的，依然能够保持心态的平衡。

从这种需求中我们看到了“一碗汤”的必要性，但是从话语中，我们又看到了老人们崇尚互助的独立性存在。但正是老年人既需要子女也愿意为子女服务，所以，这一碗汤，常常是父母熬好了，送到子女家里去。

代际之间的这种互相需求和互相扶持使得核心家庭那种代际间相对独立的关系不可能成为现阶段中国城市的理想。很多学者在强调核心家庭概念的时候，也发现了代际之间，甚至是亲属关系之间的这种紧密的关系。有学者用家庭网（潘允康，2002）的概念来总结也是非常形象的。而我之所以不用“网络”这个词汇是因为在家庭结构的研究中，我发现网络的点实际上并不确定，而在家庭认同的研究中，我发现也许这个网本身就是参与者认同的不同家庭。

第三章

多元而流动的家户结构

什么是中国家庭结构？有关中国家庭的界定大部分学者都会强调“同居共炊”的特点(Fei，1931；Cohen，1979；林耀华，2000)，“同居”强调共同居住，“共炊”强调经济一体。家庭结构关注谁和谁住在一起，谁和谁是一个经济共同体。

在欧美社会，同居共炊大部分情况下都是一致的，由于欧美社会很早就有“个人主义”的传统，因此，子女一旦离开父母就意味着在经济上的独立，今后如果不和父母住在一起，每天一起吃饭的可能性很小；同时，由于传统社会中，大部分女性没有工作，因此，一旦结婚就意味着夫妻双方的经济必然是在一起的。

在中国，“同居共炊”却不见得是一致的。传统中国家庭的分家主要有两种方式，一种是独立门户，分家出去的子女重新建筑房屋，离开原来的房屋，并且独立饮食，经济分开；另一种方式是仍然居住在原来的房子中，只是和父母或兄弟之间分开饮食，分配财产，从而开始小家庭的经济独立。在后一种方式中，居住模式没有改变，但是已经是两个家庭了。

在今天的中国城市中，同居共炊同样表现出不一致。本章通过访谈的 46 户家庭居住和饮食安排的情况，展示多元而流动的家庭结构。这种多元而流动的特点一方面非常有力地说明了核心/主干/联合家庭已经成为了分析今天中国家庭的僵尸类别；另一方面，这种多元而流动的家庭结构正是个体家庭的特征之一。

第一节　多元的家庭结构

虽然，本文的个案情况并不具有统计意义上的代表性，但是，如果我们来看看这些个案具体的居住模式会发现家庭的居住模式是如此的多元，尤其是考虑饮食情况，更是丰富多彩，同时多元背后也有一定的规律。这一规律对了解今天的城市家庭情况很重要。

下表对居住模式的整理是建立在2007年访谈46个家庭时，在此节点上，居住在一起超过三个月的同住者的情况（不考虑住在老一辈的家中还是年轻夫妇家中）。

夫妇家庭	与女方父母同住	与男方父母同住	与女方母亲同住	与女方父亲同住	与男方母亲同住	与男方父亲同住	其他
10	9	11	4	0	4	0	8

从这张表里我们可以看到，无法归类的有8家。但实际情况要比这样的分类复杂得多，为了更好地展现居住模式，我选择了十个个案通过图示来展示居住模式①。

图示代表含义：

○ 女　　▲ 男

女方母亲　　男方母亲

女方父亲　　男方父亲

女方姐妹　　男方姐妹

女方兄弟　　男方兄弟

■ 孩子

具体来说：

第一类是夫妇家庭。如果仅考虑居住关系，不考虑户口，在我访谈

① 这一图示与传统家庭树符号有不同，传统家庭树中涂黑符号代表已经死亡，但这里为了更显著区分男方还是女方，我们把年轻一代的丈夫的△都替换为▲。

的 46 户家庭中，有 10 个家庭属于核心家庭。如果我们把时间略略延长一点并考虑饮食的话，那这 10 个核心家庭的情况要稍稍复杂：

一种是我称之为“两幢房子一个家”的模式，夫妇居住在一起，而他们的孩子很可能和外公外婆或爷爷奶奶住在一起，这种模式如个案 3：丈夫在北京，妻子在上海，孩子跟着外公外婆在浙江；个案 16：小夫妻住在一起，因为学校的问题，孩子和距离学校很近的男方父母居住。由于孩子在家庭中被看作是不可分割的一部分，因此即使住在父母家，依然是年轻夫妇家的一分子；同时，因为孩子住在父母家，使得父母家和年轻夫妇家的联系非常紧密，几乎每天都有互动。

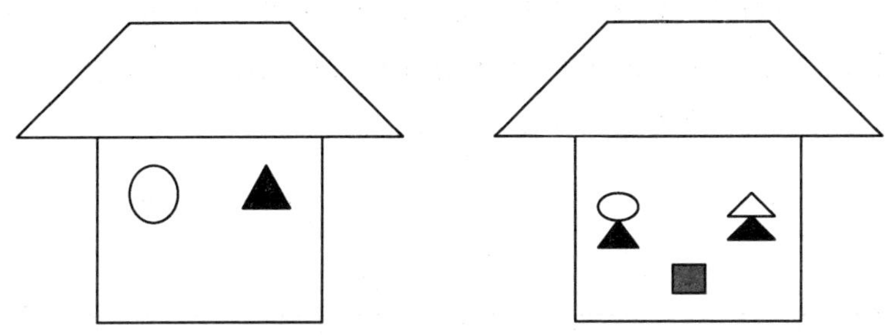

第二种是父母住在附近，所谓理想的“两扇门一碗汤”的家庭，如个案 7：小夫妻加孩子三个人居住，忙的时候，把孩子送到住在附近的女方父母帮忙；个案 15：小夫妻加孩子三人居住，父亲住在附近，帮忙接送孩子；个案 31：夫妻加孩子三人居住，晚上到男方父母那里和男方父母及男方亲戚等大家庭成员一起吃饭；个案 39：夫妻小两口还没有孩子，居住在自己的新房里，每天晚上到住在附近男方父母家吃饭，周末到女方母亲家吃饭[①]；个案 46：夫妻双方加孩子住在一起，每天男方母亲早上 8 点来，晚上 8 点走。

还有三个个案情况分别是：个案 14：之前男方阿姨和男方母亲一直和崔浠一家居住在一起，我去访谈的时候，因为阿姨和母亲的身体问

① 2009 年访谈时，苏菲已经生了孩子，这个时候，苏菲和孩子住在娘家，苏菲丈夫住在自己家。

题，刚刚离开，而崔浠的父母那段时间很忙，不能过来；个案 45：夫妻双方加孩子住在一起，同住的还有妻子的叔公，帮忙照顾孩子；真正独立居住，并且没有老人帮忙带孩子的，只有个案 25：阎林建在和丈母娘闹翻后，从老家找了一个小保姆，和妻子两人独立承担家庭劳务和孩子抚育。

可见，虽然居住模式是核心式的，但是如果考虑家庭成员的流动和饮食安排的话，那么这种核心家庭与第一章所述的核心家庭概念还是有本质的区别的。

第二类是统计意义上的主干家庭，一共有 28 家，是我研究的主体家庭。其中和男方父母或者男方母亲住在一起的有 15 家[①]，没有单独和男方父亲住在一起的个案；和女方父母或母亲住在一起的有 13 家，同样没有单独和女方父亲住在一起的个案。

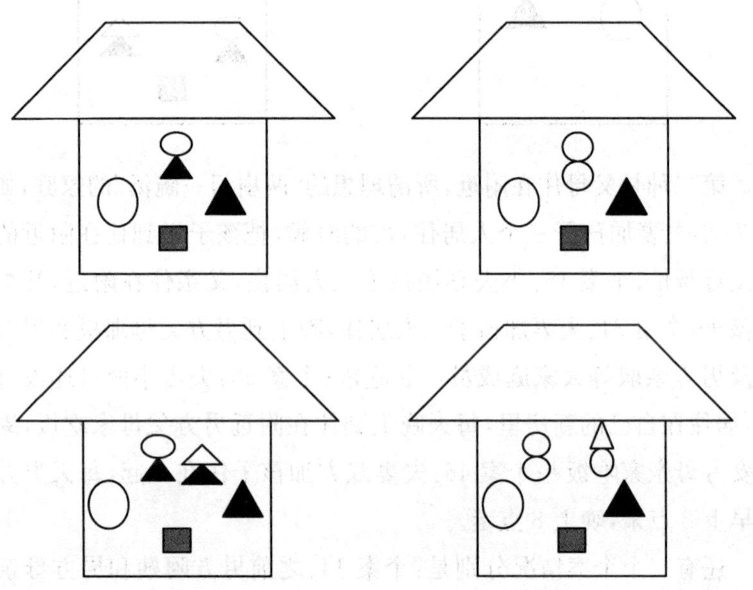

第三类是无法根据核心/主干模式来分类的家庭模式，一共有 8 个

① 其中，6 个家庭，是小夫妻结婚的时候，入住到男方父母家，在这 6 个家庭中包括 4 个一户两家的家庭。

家庭不能归类。在不能归类的家庭中,第一种是父母隔一段时间轮流来照顾的家庭。

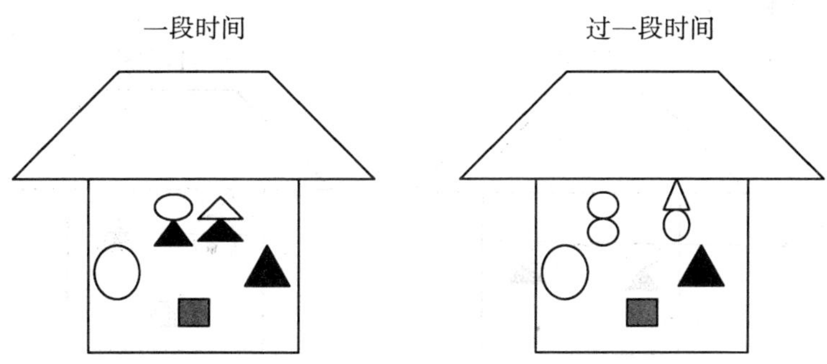

如:个案4:男方的父母每隔一阵子,来一两个月,女方父母有空就来住两三个星期或者几天;基本上,一年中,有40%—50%的时间,总有一方父母住在家里,但是,双方父母从来不会同时出现;个案18:男方母亲和女方母亲交替来,时间不固定,我去访谈的那段时间,正好双方老人都不在上海,但这种时候很少;个案42:米菲家住得离女方父母家很近,而男方父母虽然也在上海,但比较远,因此男方父母每隔两个月到米菲家住两个月,不来的那些月份米菲主要依赖自己的父母帮忙接送孩子、照顾孩子。

第二种是一周之内轮替着来的家庭,即一周之中会经历从核心到主干或主干到核心或者男方父母与女方父母轮替的情况,我在访谈中发现以下几种模式,但实际情况可能更复杂:

如个案32:工作日　　周末

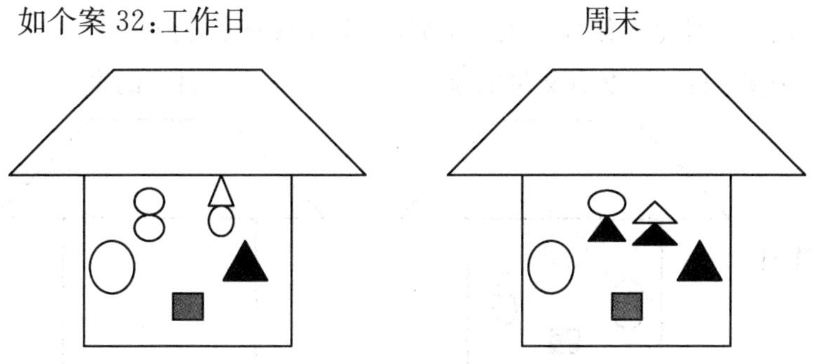

周一到周五是女方父母来帮忙，晚上，女方父亲回自己的家，女方母亲住下来；周末男方父母住过来，帮忙；

个案 41：

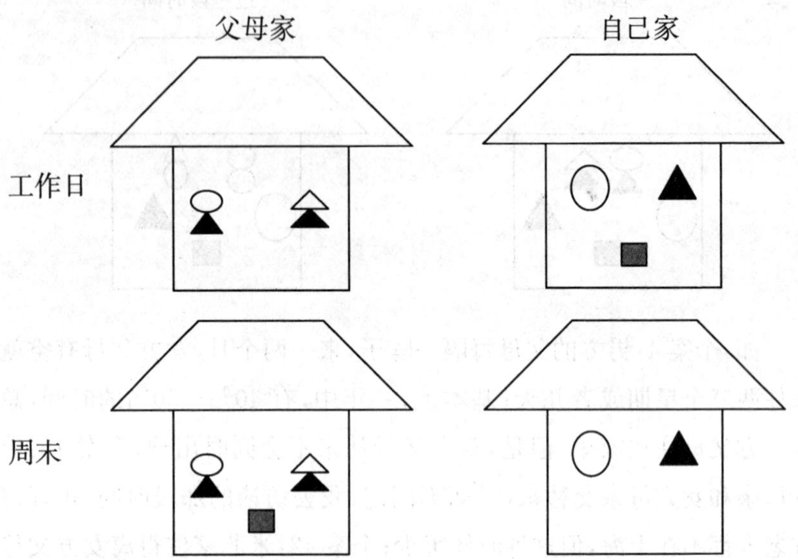

个案 41：刘凤在孩子出生到 2 个月住在母亲家，等到 2 个月以后刘凤就白天在母亲家，晚上抱着女儿一起回自己的家了；等到女儿一岁又抱去爷爷奶奶家，周末再抱回来；然后 1 岁半的时候反过来了，工作日到外公外婆家，星期六、星期天再抱回来；等到孩子 2 岁半的时候，上中班了，又倒过来，刘凤从星期一带到星期五，周末外公外婆带；

还有一种是工作日为主干家庭，周末为核心家庭模式。

个案 44：

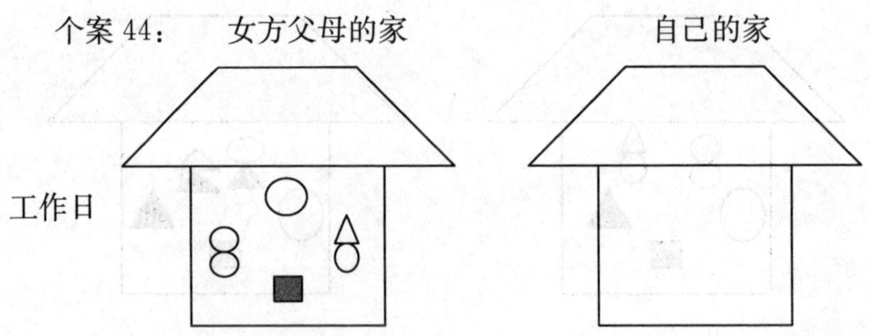

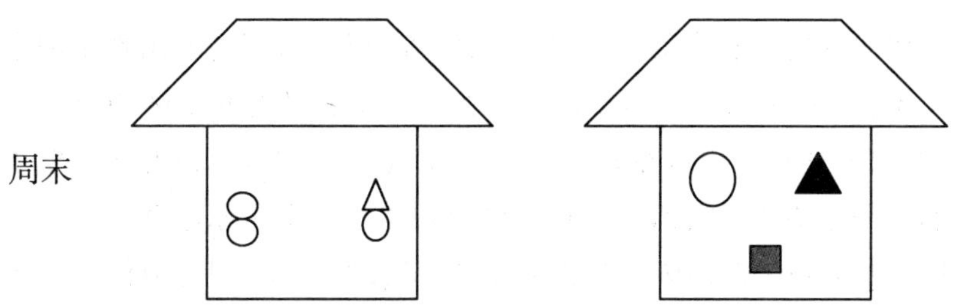

个案44:工作日时妻子带孩子住在娘家,周末和丈夫团聚回自己的小家。我的邻居家是男方父母和女方父母按日期的单双数来轮替,也就是说一天男方父母,一天女方父母;而我的朋友是周一到周五把孩子放在外公外婆家,周末再接回到自己家。在这种轮替的家庭中,我们很难用传统的家庭结构分类体系把他们分为核心家庭或主干家庭。

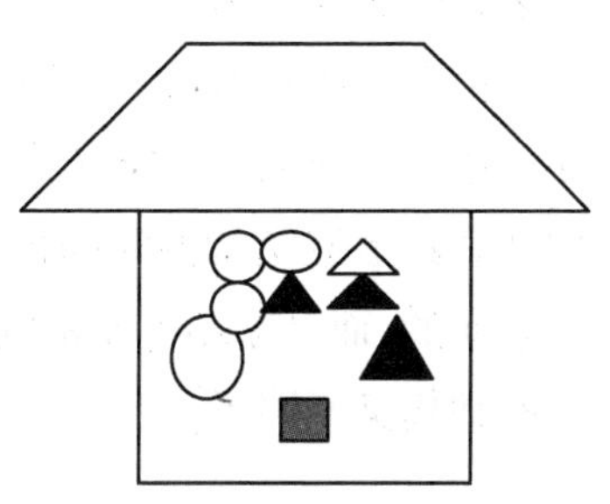

最后还有一类是女方母亲和男方父母以及年轻夫妇共同居住在一起,如个案23和个案34,这样的家庭可以算作是联合或扩大家庭[①],但是在传统社会中女方母亲是不可能和男方父母同住一个屋檐下的。在今天的上海,我从来没有见过女方父亲和男方父母住在一起,或者两个父亲和小夫妻住在一起的情况,后文“两亲家不聚头”将会更详细地分析这种情况。

上文的分类仅仅考虑了居住,而中国家庭户的统计划分还包括户口,如果这样来统计的话,那么这个结论就完全不适用了,因为大部分来自外地的父母户籍迁移是非常困难的,因此,大部分外地父母的户口依然在外地,因而在外地的统计中,这些父母会涵盖在当地的核心家庭中。而上海的父母往往还有自己另外的住房,因此,户口也会留在自己的住房中,所以,会多出一些核心家庭来。而像欢欢家就更加有意思了。欢欢的爷爷奶奶、欢欢爸爸妈妈和欢欢一家五口居住在欢欢爸爸妈妈拥有所有权的房子里,但是,他们五个人的户口都在另一套欢欢

① 这两个个案各自有特殊情况,才有这样的居住安排。

爷爷奶奶拥有所有权的房子里。因此，在统计上，可能就出现了两个主干家庭（个案 37）。尹薇安的父亲每天晚上回隔壁小区的自己家住，尹薇安的母亲就留在尹薇安家住，尹薇安的父母户口都在隔壁小区的那个家庭中，因此，这里可能就出现了一个主干家庭和一个核心家庭，尹薇安的母亲被计算了两次，朱安夫妇住在一起，他们的儿子和男方父母住在一起的情况，在统计中，朱安儿子也被计算了两次（个案 16）。

虽然从整体来说，家庭户的统计是可以反映变迁，并且有现实的社会意义，但是，从日常生活实践角度来看，通过居住和户口的集合来证明中国家庭核心化了，显然是背离了核心家庭本身的理念，也不符合中国家庭的实际结构。

很多的研究都指出，研究家庭结构必须和家庭生命周期结合起来，才能比较全面地了解家庭结构的变动（杨善华、沈崇麟，2000）。如果我们把观察家庭结构的时间再放长一点，那么我们会发现家庭结构不仅是多元的，而且流动得非常频繁，这和西方夫妇结婚后建立稳定的核心家庭结构又不同了。

第二节 流动的家庭结构

流动的居住模式

上海家庭的结构不仅彼此是不同的、多元的，就是同一个家庭在家庭生命周期的不同阶段也是不同的。从年轻夫妇结婚、生子到孩子上小学；从老年人工作、退休、身体从好到坏；从家庭的经济条件买一套房到买两套房……每一个家庭生命周期的阶段都有可能带来家庭结构的调整和变动。在我访谈的个案中，我发现家庭流动是如此普遍和频繁，归纳每个家庭的结构必须限定在某个时间点上，才能说清楚。

这里，我同样沿用上文的符号，选择了一些代表性家庭来展示居住的流动性。

个案 1:晓月一家

晓月 1998 年结婚,住在父母购买的一室户中,当时父母都还在湖南工作和生活。2000 年,晓月怀孕生下了一个女儿,当时晓月母亲作为高校的老师,可以选择 60 岁退休,但是为了照顾晓月母子,还是提前 55 岁就退休了,来到了上海,和晓月一家共同居住。2001 年,晓月和丈夫买了一套三室两厅的复式房,晓月一家三口和晓月母亲一起搬入新家。2003 年晓月弟弟也到了上海,住在晓月家,晚上睡客厅。2005 年,晓月爸爸退休到上海,住入晓月家。2006 年,晓月弟弟自己买了房子并结婚了,曾经有一段时间独立居住和吃饭,后来,考虑到父母太辛苦了,于是晚上到晓月家吃饭,吃好饭离开。

个案 8　乔希一家

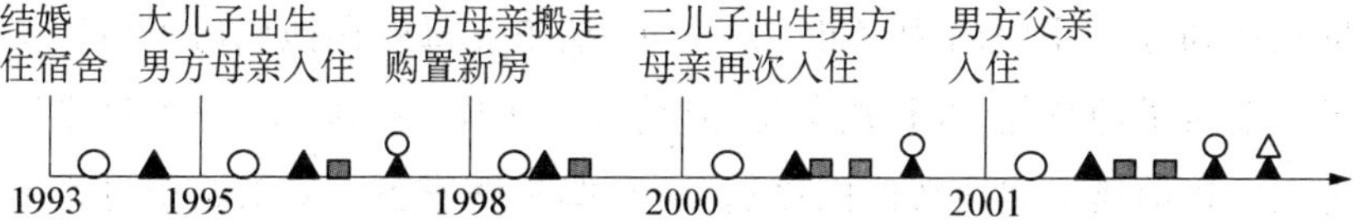

乔希 1992 年到上海,1993 年结婚,住在学校宿舍。1995 年,大儿子出生,婆婆到上海,和他们住在一起。1998 年,婆婆回老家。1998 年买房子,2000 年二儿子出生,婆婆到上海,2001 年公公到上海。

个案 10　董莎莉一家

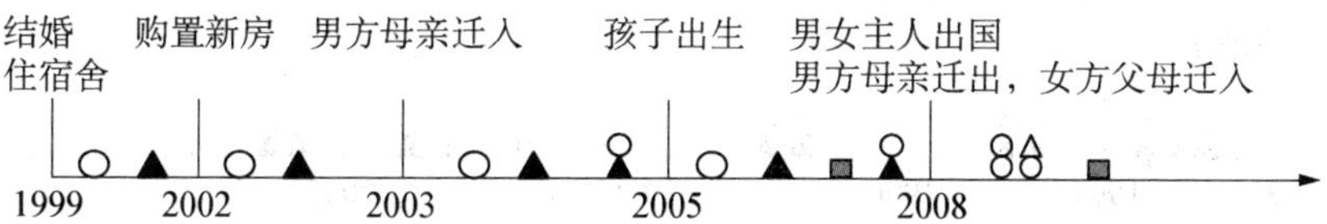

1999 年莎莉结婚,2002 年买新房子,莎莉的婆婆在他们生孩子之前就来了。2003 年婆婆过来,那个时候,莎莉还在工作,很忙碌,莎莉

婆婆来帮忙做家务。2005 年生孩子。2008 年由于莎莉丈夫和莎莉分别出国,莎莉婆婆已经回到浙江老家。目前莎莉的父母住到莎莉家,照看莎莉的孩子。

个案 15:潘玉一家

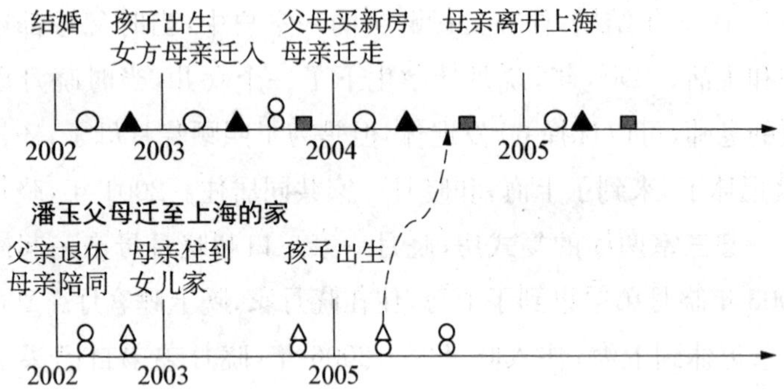

潘玉高中就来到上海,大学毕业后,留校做老师。1997 年认识现任老公,2002 年结婚,2003 年生孩子。她父亲退休后到上海工作,母亲在她怀孕的时候,就来到上海,与其父亲住在一起。潘玉生好孩子后,母亲住到她家,因为争执不断,2004 年,潘玉父母就在他们房子附近买了一套房子,照顾潘玉和她女儿,但是分开居住。2005 年,潘玉母亲回南京。目前潘玉父亲帮他们接送孩子,偶尔做家务。潘玉希望母亲能再过来帮忙,但是,可能很难实现,因为潘玉的弟弟要有孩子了。

个案 16:朱安一家

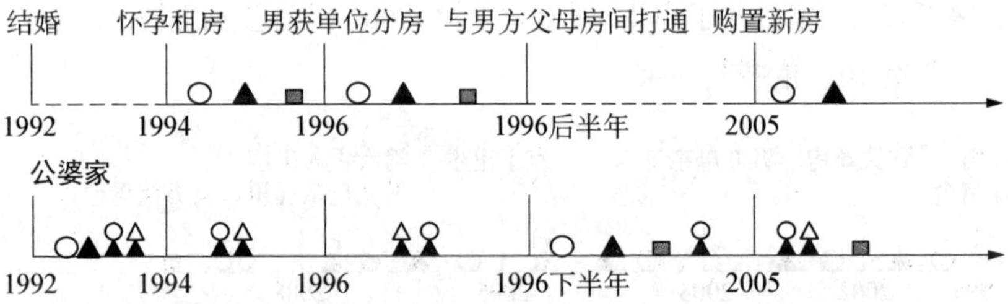

朱安 1992 年结婚,住在公婆家里,很小,单人床加一条木板。1994 年怀孕后,租房住,主要还是公婆照顾,公婆每天都来。1996 年住到老公单位分的房子,半年后,公婆买了隔壁的房子,打通,住在一起。2005

年买新房子，与公婆分开住，但是儿子还是主要住在公婆家。

个案 18：毕佳玲、邱志辉一家

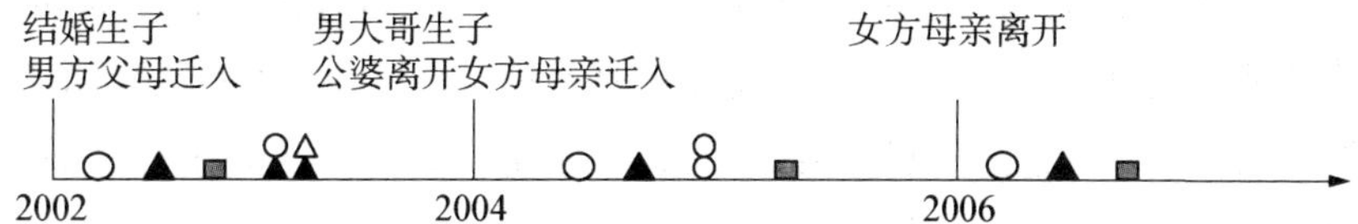

毕佳玲和邱志辉因为同学聚会而认识，2002 年结婚，同年生孩子，当时住在租的房子里，毕佳玲的公婆过来照顾怀孕的毕佳玲，中间离开了一段时间，又回来，2004 年，孩子 1 岁半多。由于邱志辉的大哥生了第二胎，公婆离开上海回老家照顾大哥家的两个孩子。毕佳玲的母亲随之到上海来照顾，一直到 2006 年 10 月回老家。

个案 19：叶玲玲一家

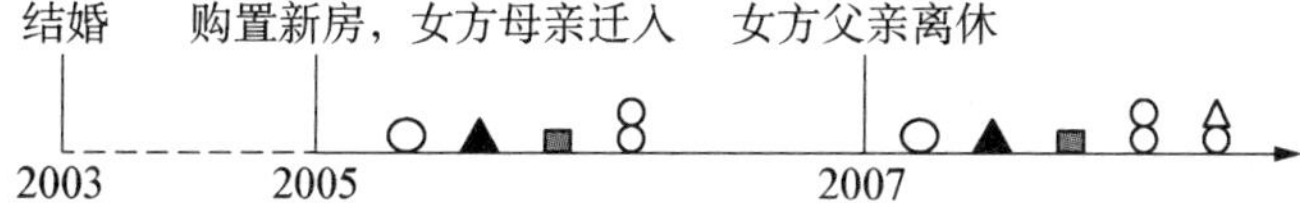

叶玲玲，知青子女，读大学的时候回到上海，住在大舅舅家，一直到 2003 年出嫁。出嫁后先是住在婆家，等期房拿到手，装修好以后，2005 年就搬入新家，叶玲玲的妈妈也随之搬入新家。搬入新家时，叶玲玲的儿子已经出世八个多月。叶玲玲的妈妈很早就因为大弟弟(即大舅舅)生病而到上海，叶玲玲的爸爸一直到 2007 年离休才来到上海，中间有很长一段时间两地分居。

个案 23：薛蒂一家

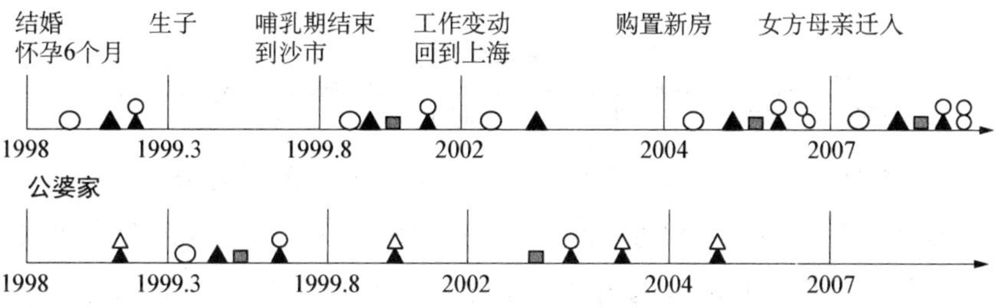

薛蒂原来在湖北结婚，1999 年 3 月 20 日生了个儿子，怀孕 6 个月的时候，他们就把婆婆接到了工作的地方。沙市，这既不是薛蒂的老家也不是张斌的老家。生孩子的时候，回到了婆婆家，哺乳假结束后，带着婆婆一起回到沙市。婆婆一直帮忙照顾孩子。后来，老公到国外工作，薛蒂也是和婆婆一起生活。2002 年，薛蒂因为工作调动到了上海，而这个时候，张斌也因为工作在国外。张斌回国的时候，就直接到了上海。薛蒂和张斌住在一个单位分配(随后买下来)的小房子里，只有 83 个平米。那个时候，孩子跟着奶奶回到了湖北。2003 年买了现在居住的三室一厅的房子，2004 年房子装修好以后，把孩子和婆婆都接到了上海。薛蒂的妹妹也在这个房子中住了很长一段时间，2007 年 3 月才搬出去。2007 年，薛蒂的妈妈到上海和他们住在一起，而薛蒂的爸爸已经过世了。

个案 24:许立萍一家

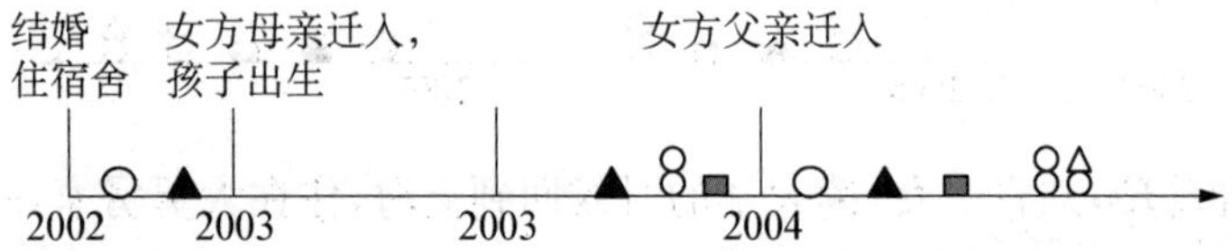

刚到上海的时候，许立萍和丈夫住在单位的宿舍里，2002 年买了房子，2003 年 10 月搬入新家。2003 年 6 月 6 日，许立萍的妈妈就到了上海，而到了 6 月 11 日，孩子出世。基本上就是要生了，把妈妈接过来，后来爸爸 2004 年再过来。

个案 30:李怡晖一家

李怡晖 2002 年结婚，租了房子，2003 年搬入新买的房子，2005 年生孩子。2005 年 6 月父母过来三个月照顾孩子的出生，期间公婆也来了一个月。在月子期间，因为两亲家在一起不是很和谐，公婆离开。三个月后，由于李怡晖丈夫的大哥的孩子需要照顾，李怡晖的父母又离开了，李怡晖的婆婆又过来，一直居住在上海，而公公两边跑。

在后文的附录中我展示了所有 46 个家庭的居住格局和流动情况，我发现，在不同的家庭生命周期调整居住模式的做法在上海非常普遍，除了月子中两边母亲可能一起照顾小家庭，其他的时候，总是需要取舍一方，究竟是哪方父母会入住小家庭？住多长？又为什么离开？这些问题涉及老人的时间和资源、两代人之间的情感和权力的博弈。

多元与流动背后的原则

在完成田野撰写论文的三年中，我又发现了一些新的家庭居住模式，比如结婚以后因为工作的关系或者没有购买新居，夫妻双方各自住在自己父母的家里，周末轮流到某方父母家碰头，这种情况一直到孩子出生以后才改变；还有一种是丈夫在外地工作，虽然年轻夫妇买了房子，但是妻子依然住在父母家，一直到孩子要上小学了，丈夫回上海，三口之家才住到早已买好的房子里。群众应对生活难题的智慧是无穷的，在没有“从夫居”的压力下，各种各样的居住模式涌现出来。

虽然分分合合的过程似乎也形似于核心家庭—主干家庭之间的变化，但与此种分类不同在于，从家庭功能看，居住模式和实际的家庭功能实现单位是不吻合的，也和家庭成员对家庭的认同不同。这种分分合合的过程与中国过去“分家”的模式也是不同的，因为分了之后还可以很容易地合，而且分与合一般都不涉及财产的分配与继承①。

值得注意的是，在这种多元和流动背后依然有一些原则存在，这些原则决定了大多数的家庭模式变化的轨迹。

首先，一个非常明显的原则是：两亲家，不聚头。在我访谈的 46 个家庭中，除了两个家庭的妈妈住在一起，或者在月子期间双方母亲短暂住在一起外②，绝大部分的家庭不会出现双方父母都住在一起的情况，

---

① 父母对于子女购房的帮助虽然和代际之间财产传承有关，但是参与者们本身没有这个想法，并不认为这是在分配父母的财产。

② 有关这方面，本书在第六章还会有详细论述。

尤其是出现两位男老人的情况。在父系体系中，男性更代表一个家庭，因此，没有两个男老人会同时居住在子女的家庭中。除了我访谈的家庭，我在日常生活中也没有看到这样的个案。这一原则如此刚性，几乎没有例外。这也说明了传统的某些原则，直到今天依然在影响甚至决定人们的观念和行为。

其次，大部分的家庭居住模式变动与家庭生命周期紧密相关。祖父母入住年轻夫妇家庭的时机一般都在第三代出生前后，而离开的时机一般在第三代开始可以上幼儿园或小学的时候；如果生第二个，那么父母可能会再次入住。当然，也会受到兄弟姐妹生命周期的影响，如兄弟也生孩子了，那么父母需要去照顾更小的孩子而离开，也可能会导致夫妻另一方的父母入住。老年男性的入住还受到职业生涯的影响，由于在中国女性比男性早5年退休，如果女老人为了照顾第三代离开家乡到上海，而男老人还在工作，那么老夫妻就必然会分居两地，一直到男老人退休跟到上海，才能结束两地分居。

再次，如果上有老下有小，那么居住模式的变化常常是以儿女需求优先。鹏鹏外婆的故事就非常有代表性。2001年的时候，鹏鹏外婆80多岁的母亲因为生病而从北京回到了上海，和鹏鹏外婆住在一起。2003年，鹏鹏外婆女儿结婚，并且入住新居。等到女儿怀孕的时候，鹏鹏外婆就住到了女儿家。当时，鹏鹏外婆和她的兄弟姐妹商量了很多方案，但是没人可以那个时候接手老母亲，于是，鹏鹏外婆给自己的母亲请了个保姆，住在原来的房子，自己选择住到女儿家，照顾女儿。2004年，鹏鹏外婆的妹妹退休，回到上海来照顾老母亲（个案35）。在这个个案中，鹏鹏外婆非常清楚地把女儿的需求放在母亲之上。鹏鹏外婆在谈这个事情的时候并没有道德压力，在和兄弟姐妹商量需要照顾女儿而不能照顾母亲时，也并没有遭到任何“不孝”的指责，而是被认为“只能这样啊”。

最后，在大家庭、小家庭的变动中，我也发现情感因素越来越重要。虽然和老人居住在一起有功能上的考虑，但是情感上的亲密程度也是非常重要的决定谁能和谁住在一起、能住多久的重要因素。个案7、

10、12、14、39、43、44 等家庭居住模式的变动与亲密关系有着非常紧密的联系，哪方老人入住，什么时候离开都和情感的交往情况有关。这一因素在未来可能会越来越多地体现重要性。

所以，多元和流动并不是没有规律、杂乱无章的。在多元和流动那个背后有传统和现代的博弈，也有家庭成员之间的博弈。

选择的过程

是否与父母住在一起，有三种学说：传统观念说，现实需求说，家庭资源说。本文无意就此方面进行孰优孰劣的比较，从现实来看，三个方面都在影响家庭结构的变动。传统的大家庭理想或许已经改变，但是代际之间亲密关系的理想依然存在。而家庭资源主要是住房，如果有两套在一个小区里的房子，能够实现“两扇门，一碗汤”的理想，自然就可以选择这样的理想模式，但是，对大部分的家庭来说，理想永远和现实是有距离的。现实需求说同样符合实际，每一个家庭的居住模式都是需求和冲突之间的博弈。

本章，我通过 46 个个案的归纳，展示人们选择或决定谁入住的过程。我这里用“选择”这个词汇，但事实上搞清哪一个家庭成员做出了选择或者是家庭成员如何协商作出决策是很艰难的。我只能通过观察和访谈得到的信息，主要从年轻夫妇的角度来归纳变动的模式。老年人强烈要求入住，年轻夫妇被迫接受的情况不归纳在以下类型，并且在我的访谈中，这种情况非常少见。

1. 被迫选择型

被迫选择是指由于现实情况的限制，在某一时间段内只能选择和你并不钟意的那方父母居住在一起。如果一方父母，尤其是母亲已经过世，那么就意味着在需要帮助的时候，只能选择配偶的父母。李芸的个案就是一个最好的例子。

2001 年李芸怀孕以后，经常去婆家，怀孕的最后阶段，因为需要照顾，所以最后几个月就住在婆婆家。孩子出生以后，回到李芸自己的新居，婆婆也跟着住过来，一直到现在。由于李芸自己的父母已经过世，所以没有选择，只能请婆婆来照顾，用李芸的话来说，当时是“形势所逼啊”。

当我问到为什么不考虑找个保姆，李芸说：“那时候觉得没什么钱，经济条件也比较受限制么，好像也没这个意思，觉得如果找保姆的话，总归也不太放心。”但是，对于婆婆的照顾，李芸是不满意的，觉得：“她没怎么帮我坐月子，我挺后悔的，还不如找个保姆。”(个案 12)

还有一种被迫选择是因为情况的变动，而不得不放弃原来的选择。李怡晖月子期间自己的父母和婆婆都来照顾，月子之后，李怡晖选择自己的父母留下来帮忙，婆婆离开了。后来因为李怡晖父母有事离开，只好选择婆婆再来。

李怡晖：比如我妈和我爸总是说湖南话，她(婆婆)也听不懂，然后她普通话说得不是很好，她说话我爸妈也理解不了。听不懂，然后她就感觉像落单一样的，总是没什么事。其实她就是做饭做菜嘛。按照我们的想法就是烧一烧嘛，但是她每天很早起来搞得很忙，整天楼都不下，从早上开始就为做饭做菜做准备了，也很没劲的。她自己说出来的。我妈就觉得她和我爸在这里的话，(不需要婆婆)我妈觉得她一个人带好小孩再做饭做菜，ok，没有问题的。后来我婆婆就回去了。也的确我妈妈又做菜又带小孩，她完全可以应付。

沈：对呀。

李怡晖：所以她就回去了，后来我爸妈因为家里面小孩要上学了嘛。这也有点特殊，因为我二哥是离婚的，然后这个女儿他是要的。现在他重新结婚了，又生了一个孩子，所以呢就是说，他想要两个孩子放在一块儿带，我爸妈觉得怕在一个屋檐下……现在也蛮好，我爸妈觉得这个小孩蛮可怜，而且我爸妈住的地方离学校也近，所以他们 9 月份就回去了，要去带我二哥的女儿嘛。而且我先生的爸妈也想带小孩的。

沈：为什么他们那么想带小孩啊？

李怡晖：那是他们的后代呀，他们家的人呀。

沈：现在很多父母都不愿意带孩子的呀。

李怡晖：农村里面的一般都愿意带的。那是他们家的后代，有这个观念的。

沈:所以他们在那边等待着要过来了?

李怡晖:嗯。

沈:你为什么不考虑找个保姆呢?

李怡晖:找个保姆毕竟是外人,不是很了解,那肯定还是自己人照顾的放心、舒心一点啊。全心投入啦。

沈:那你公公婆婆是不是住了很长时间了?

李怡晖:2 年。(个案 30)

被迫选择的情况很多,一方只剩下一个老人了,并且那位老人很难独立生活,这样,在需要一位老人入住的时候,也不得不优先考虑这位老人。如马兰的个案,原来孩子一直是自己父母帮忙带的。但是,回到上海的时候,婆婆一个人无法独立在老家生活,只好带到上海,两亲家不聚头,自己的父母也就不能过来了。(个案 13)

比较有意思的是,妻子解释为什么选择男方父母来住的时候,经常表达出被迫选择的含义,表示自己其实并不是非常愿意和公婆住在一起,只是形势所迫而已;而丈夫表达的这种被迫性要少很多,很多丈夫觉得女方父母来可以减少家庭矛盾,也挺好。

2. 强硬选择型

强硬选择是指,家庭中强势一方觉得就应该自己的父母过来,都不需要讨论这个问题。当我问瑞兰为什么妈妈特意从江苏过来来照顾她,而不是让住在附近的婆婆来照顾她,她很干脆地回答:"这总是自己的妈妈比较亲近嘛(笑),而且比较了解。""我婆婆因为住得比较近,她有空的时候就会来一下,一个星期来两次,但她不是天天在这个地方照顾我的,包括现在有孩子后,那也是一个星期来 1、2 次看一下,也不像是我妈这样常住的。"(个案 11)

叶玲玲也同样是没有任何讨论的过程,从开始设想需要父母来帮忙就是自己的父母。除了因为她是独生女以外,叶玲玲还比较了妈妈和婆婆的不同:妈妈帮忙整理房间,婆婆不会;妈妈会洗内衣等,婆婆不会。

叶玲玲：肯定跟妈妈住在一起舒服，不管从习惯上，还有说话，你不用考虑。你想说什么就是什么，然后我父母也知道我女儿从小就是这种性格。……就是这样子，就算你说冲一点，她还能容忍，包容你对吧？婆婆吧，你一不小心说了什么，她心里不舒服了对吧，然后再在儿子面前告你的状。（个案19）

所以，叶玲玲虽然结婚的时候是和公婆住在一起的，但是一旦自己买了房子，马上就让自己的父母住进来了，从来没有考虑或者商量过继续和公婆住在一起的可能性。

如果，在结婚买房的时候，双方父母都有入住的想法，那么强势一方如果坚定地要求，一般是能达到目的的。

鹏鹏外婆：当初考虑的是，我老公不是很早工伤死掉了么，我把女儿带大么，她跟她婆婆说，我妈带大我不容易给我上大学，我将来结婚要把我妈妈带走，她婆婆不肯啊，她说我也要和儿子住在一起。那么不是有矛盾了么？后来怎么办呢？我女儿说，那你还有个女儿啦，她婆婆本来就跟女儿住在一起，后来我女儿说她婆婆后来想了想，算了。

实际上，鹏鹏的爷爷奶奶并不是这么容易就放弃和儿子住一起的，在买房的时候，他们曾想过通过出钱购房来获得居住权。

鹏鹏外婆：那个时候，鹏鹏爷爷奶奶提出来，他们一口气付清，但是要写他们的名字，没有我女儿的名字，我女儿说，我不要。我自己买，写我们自己的名字。我女儿想他们出钱和他们住在一起，住得好还好，不好的话，把我们扫地出门了。我女儿很委婉地说，我们单位有房贴的，我们要用掉它，还是我们自己来，不够再问你们要。最后，付了25万，贷了30万。他们都有公积金嘛，每年充什么的，反正2005年就把钱还清了。我女儿想得很清楚的，他们出钱不让他们住肯定是有矛盾的，那我女儿是要和我住在一起的，所以，她和他们说：你们挣钱也不容易，留着你们自己用，可以出去旅游旅游。那我爸爸很早没有了，我肯定要和我妈妈住的。（个案35）

独生女、和父母的关系特别好、一方在家庭地位中占绝对优势地位等等，都会形成这种强硬选择型，而和哪方父母住在一起也可以进一步增强那方的家庭权力。

3. 博弈型

博弈型是指家庭结构的形成是通过两代人之间的博弈来达成的，而这个博弈的过程中，年轻一代考虑的要素很简单：老人过来居住，带来的是方便多还是麻烦多？

阎林建的丈母娘到上海来照顾生孩子的女儿，结果在7个月中，丈母娘和女婿之间发生了很多的冲突，彼此的关系很僵，原来准备常住上海的丈母娘趁着国庆回家了。阎林建太太的大哥打电话来说，如果还需要丈母娘带孩子，那他们就会劝劝老太太，结果阎林建一口回绝，说，“她给我的麻烦比给我的方便多”。后来阎林建就从老家找了一个保姆过来。(个案25)阎林建的这种理性决策是非常典型的，虽然很多的参与者没有这样直截了当地说出口，但是实际上也是有这样一种选择在其中，老人的到来究竟是带来的方便多还是麻烦多？

这种博弈在两亲家同时在月子中出现，然后要取舍一方的时候特别明显，但是，总会找到理由取舍一方。

周龙太太2006年刚生好孩子的时候，坐月子时，母亲也来帮忙，婆婆也过来了，两亲家住在一起，周龙说：“挺难的。我母亲和我丈母娘都来了。(沉默很久)反正等满月，那边(指女方的哥哥家)不行了，那边叫了，急了，不行了。正好(女方母亲)脚也受伤。脚崴了一下，迫不及待地要回家了。”而周龙妈妈就从孩子出生到现在没有回去过。(个案6)

4. 传统型

如果结婚的时候和配偶父母住在一起，并且关系比较好，那么即使年轻夫妇自立门户后，需要人帮忙的时候，还是会选择配偶父母。这种情况下，往往公婆出现的几率远高于女方父母。

薛蒂原来在湖北结婚，1999年3月20日生了个儿子。怀孕6个月的时候，他们就把婆婆接到了工作的地方，沙市，这既不是薛蒂的老家也不是张斌的老家。生孩子的时候，回到了婆婆家，因此月子期间是在婆婆家里过的，用薛蒂的话说，那个月“婆婆安排我的生活”。哺乳假结束后，带着婆婆一起回到沙市。婆婆一直帮忙照顾孩子。后来，老公到国外工作,薛蒂也是和婆婆一起生活。2002年,薛蒂因为工作调动到了上海,而这个时候,张斌也因为工作在国外。张斌回国的时候,就直接到了上海。薛蒂和张斌住在一个单位分配(随后买下来)的小房子里,只有83个平米。那个时候,孩子跟着奶奶回到了湖北。2003年买了现在居住的三室一厅的房子,2004年把房子装修好以后,把孩子和婆婆都接到了上海。薛蒂的婆婆基本上是常住上海。在刚到上海的时候,薛蒂、婆婆、薛蒂儿子三个人睡在一起,薛蒂说:我儿子生下来就跟我婆婆住,我们三个就睡一起,老公都不知道跑哪去了。(个案23)

还有一种传统型在上海近几十年的动拆迁过程中出现很多,同时也对老人很不利的传统型:老人卖了自己的房子,和儿子一起买大房子住,然后,老人就变成没有家了,成了年轻夫妇选择入住的人,当然实际上,这是另一种强硬型。

莉莉奶奶一家以前在金陵东路,后来拆迁到浦东,南浦大桥那里,那里是两室户,后来看到小女儿买的两室一厅,觉得有厅挺好的,因此就把两室户卖掉,借了些钱,买了一套两室一厅的。莉莉奶奶:结婚之后一直住在一起的。(停顿一下),这里房子是他们的,浦东的房子是我的。

沈:那你现在没有了……

莉莉奶奶:是啊,我没了(窝)。(叹气)(个案36)

5. "实践出真知"型

实践出真知型是指一开始没有确定谁入住,而是通过不断的尝试各种居住模式最后确定哪方父母入住,或者想出一种折中的方案。

2003年结婚后,曾馨仪怀孕了,第二年生下儿子。双方父母都住得很近,一开始都来帮忙。曾馨仪:坐月子的时候有月嫂,月嫂走了以后,就需要有人住过来帮忙了,一开始的时候是轮流的,比较乱。

许强:好像这边住的最多的一次是7个人,6个大人,一个宝宝,都来照顾。家里吵啊。

由于许强哥哥的孩子也需要许强父母照顾,因此,主要是以曾馨仪父母来住,但是带孩子很辛苦,曾馨仪的父母在女儿家住了有一年多。

当中有一段时间是许强爸妈也住过来(还同时带着大哥家的1岁的儿子)。还有一段时间先是曾馨仪的爸爸妈妈住一阵子,然后离开,许强爸妈又住过来。然后又是曾馨仪父母。

沈:为什么要这么多人来照顾呢?

许强:(对曾馨仪说)你妈照顾不了吗?

曾馨仪:一方面可能是我妈全部弄不下来。然后阿姨这头呢,可能又觉得靠不住。反正有一点是这样。

许强:她妈是不太愿意家里有人的。但是如果干得不停的话呢,她又很累。

沈:你爸爸在吗,那时候?

曾馨仪:我爸在啊,我爸白天在,晚上不在。这边实在承受不了了。人满为患了。

2006年后,开始稳定下来,平时是曾馨仪的父母来带,周末是许强的父母来带,这种模式一直持续到至今。(个案32)

以上五种的类型并不能涵盖所有的选择和决定模式,有的家庭可能是几种因素都有或者几种模式都采用过。在这些选择中,我们很清晰地看到,从夫居作为一种传统的结构性力量已经不存在了,而是成为了个体的一种资源,人们可以选择遵守它,也很容易地找到理由不遵守它。此外,更加重要的是,即使是和女方父母一起居住,也和入赘没有太大的关系。这一点,我们在下文嫁娶和姓氏中可以看得更加清晰。

最后,还是需要再次说明一下,虽然我用的是“选择”这一词汇,但是并不是强调这种模式的变动是完全主观的,实际上家庭的客观变化都会导致家庭的变迁。比如莎莉一直不愿意她父母住过来,认为还是婆婆在更好一点①,但是2009年因为她和他先生都要出国(并且是不同的两个地方),她父母住到了她家,帮她带孩子,而婆婆回到了老家。这个结果和我访谈时候的感觉截然相反,我不知道莎莉和她的丈夫是

---

① 莎莉与婆婆的关系并不是最好,后文也会说到两人互动较少,婆婆感觉到在上海很孤独的情况,但莎莉婆婆还是很能做家务的;而莎莉的妈妈非常强势,并且一直要求女儿和女婿给自己买房子,因此母女的关系并不融洽。

如何做出这样一种决定的，但是我相信他们一定有他们的理由和无奈。这也说明，家庭生活常常有意外发生，并不是按照当事人的情感和理性来抉择的。所以，访谈时谈到的家庭设想不一定能够实现，生活中任何一个小的变化，比如莎莉公公身体出现不适，都可能影响到家庭生活的安排。（个案 10）

个体化理论强调的个体跳出传统，但是又落入劳动力市场的束缚中，这一点在选择谁来入住的情况中表现得非常明显：从夫居这一传统已经不再是一种结构性的力量来影响人们的生活方式，年轻一代开始根据自己的需求和实际情况来作出最有利于家庭和个人的安排，但同时，这种安排明显受到个体和家人劳动情况的影响。

第三节　变化和流动的节点：第三代的出生和成长

入住的时机：第三代出生

由于我所做的个案大部分是中产阶级，并且年轻夫妇是 1966 年后出生的，他们的父母也还没有到需要他们照顾的时候，因此，由于父母的原因而选择住在一起的情况并不多，但是也并不是没有。其他研究证明，选择数代共同居住，并不是由于老一代需要年轻一代的帮助和照料，而恰恰相反，年轻一代需要老一代的扶持和照应（王树新，2004）。

那么家庭结构变迁或者流动的节点在哪里呢？通过上文的描述，我们可以发现：孩子的出生是家庭结构变化的关键点，也就是说，大部分的家庭都是因为第三代的出生，第一代才入住到第二代的家庭中。以前，费孝通在苏南研究时，指出：真正使丈夫的家接受一个妇女的，是那个孩子（费孝通，1997：35）。进入 21 世纪后，情况已经在改变，无论有没有孩子，一旦结婚，丈夫家基本上就接受了那位年轻的妇女，但是，有意思的是，我在访谈中听到很多人说：其实结婚不改变生活，生孩子才真正改变生活。或者说：生了孩子以后，两个家庭就连结在一起了，麻烦就来了。虽然各自的语言有所出入，但是表达的却是同一个意思。

大部分父母入住到已婚子女家中，都是为了第三代。比如薇安生了孩子以后，她母亲住到她家里，照顾她和孩子。他们打算等孩子大一点，父母再住回自己的房子。“他们现在帮我带宝宝么，等宝宝大一点再搬回去。其实现在，我妈妈住这边，我爸爸就是白天的时候过来帮帮忙，买点菜之类的，晚上他就睡他们那边去了，很近的。”实际上，薇安父母处于“分居”的状态。

薇安妈妈对此的解释是：“她现在早上 7 点多就出门了，如果把孩子送过来也不太现实，让我每天早上 7 点来接，我也不愿意，还是住在这里。”（个案 5）

因为孩子，两代人之间更加紧密地连接了起来，有了共同的关注点，但是在家庭中，最普遍的矛盾也是在第三代身上，而且这种矛盾既发生在和配偶父母之间，也发生在和自己父母之间。在 46 个访谈个案中，除了一个个案到 2009 年还没有孩子，其他的个案或多或少都会提到代际之间关于第三代养育的分歧，区别仅在于分歧程度不同而已。即使是一开始代际关系非常和睦的家庭，也会因孩子的到来而产生矛盾，从而导致家庭结构的变迁。

苏菲的故事：代际关系的转折

2007 年，我和苏菲聊天，这也是我第一次对苏菲的正式访谈。当时，苏菲的生活正是最惬意的时候，刚结婚，没有孩子，经济负担小，一周到公婆家吃一顿饭，到妈妈家吃一顿饭，其他的时间因为比较空闲，自己做饭，自己料理不多的家务，日子过得很舒服。苏菲对于未来生活，尤其是婆媳关系充满乐观的想象，觉得即使有孩子，也会一切处理妥当，因为苏菲觉得和公婆的关系是相当好的，公婆人不错，也愿意帮忙，而她觉得自己也够勤快。

苏菲：我觉得他们（公婆）不太管我们的。他们知道大的观点还是由我们自己决定的，就是我们说什么他们就听什么的，但是他们还是很帮忙的。

沈：那以后孩子主要是他们来帮你们带？

苏菲:不是的,他们是帮我们搭搭手。我需要他们做点什么他们就配合、合作。

沈:如果你发现你公公婆婆带孩子和你带孩子的方式不一样怎么办呢?

苏菲:我会讲的啊。我想他们会根据我们的需要来带我们的孩子。我们要帮什么忙,就帮什么忙吧。

沈:假设他们带孩子的方式不一样,比如你是想让孩子出去跑跑什么的,而老人认为这样会累到孩子的,那你会怎么办?

苏菲:……我一般会先说大的原则,教育理念我希望以我为主,他们为辅,从一开始我就会说明这一点,我妈妈肯定是要听我的。我想婆婆也是这样想的,我们需要他们帮忙什么,他们做什么,但是不会拿主意!

沈:假如你现在生孩子,有这个计划了你会怎么带孩子?

苏菲:大部分我会自己带,因为我们的计划就是搬到我们的公婆那去会更高兴一点,因为早上我很早出门呢。他们帮我带孩子,早上帮我看着。大一点了早上出门帮我送到幼儿园,然后晚上他们会计划找一个钟点工来烧饭。然后我们全部都在他们那里吃饭,吃完饭再回到我们的房间。

苏菲不断强调自己勤快,所以和父母公婆都没什么问题,但是我提醒她:生了孩子以后,勤快就不能解决所有问题了。苏菲当然是不信的,我也就不再多话。

事实却证明,我对了,苏菲的设想基本上都变成了梦想。2009 年,我从美国回来,11 月再见苏菲时,她的孩子刚刚满三个月,而她一个人搬到妈妈家,和母亲生活在一起(她父亲很早就过世了),并且准备住上半年再说。一下午的访谈苏菲都在怨恨公婆,希望孩子的事情公婆少插手,希望母亲来帮自己带孩子,准备卖掉原来公婆给他们小两口的房子,买一套大一点的房子,让母亲住进来来照顾她。那个自信的、勤劳的、善良的苏菲也陷入到婆媳关系的纠葛中。

苏菲的孩子出生后,苏菲的妈妈在月子期间到她家里来照顾她,她的婆婆也每天照顾她。由于距离的问题，苏菲的妈妈住在苏菲家里，婆婆每天来一回。本来有两个老人照顾很舒服，但是由于孩子不断地生病，苏菲的婆婆开始指责苏菲的妈妈带孩子带得不好，而苏菲的妈妈也陷入到自责中，导致原来就有的抑郁症复发。苏菲自己也和公婆以及丈夫因为带孩子的种种而产生了分歧。就是因为这些在生孩子之前怎么也没有想到的小问题小分歧，使得苏菲对公婆充满了怨恨。苏菲的妈妈住回到自己的家后，苏菲就开始了两边生活的日子，一段时间住在公婆家，因为孩子需要公婆的照顾；一段时间住在妈妈家，妈妈和她一起照顾孩子。原来希望的独立已经成为了泡影，因为需要老人的帮忙，不得不接受老人的某些行为，即使对公婆很不满，也只能在外面发泄，不能和公婆闹僵，因为母亲的身体已经吃不消一直带孩子，仅能隔一段时间帮帮忙。虽然住在一起，但是苏菲像很多媳妇一样，开始学会少和公婆说话，废话不说，有事说事。但是这种隔阂随着时间不仅没有消失，而变得更重。当苏菲的妈妈身体好转后，苏菲马上离开公婆家，住到妈妈家，一住就是几个月，导致公婆不满，因为看不到孙子了。

我劝说苏菲要和公婆、丈夫都开诚布公地站在孩子成长的角度来商量未来的居住模式和相处方式，但是，对苏菲来说，曾经发生的那么多事情已经在心头形成了阴影，她再也没有自信说以后可以通过“大家说清楚”来解决问题。虽然，后来通过重新买房，重新安排生活，苏菲改善了和公婆的关系，但是因为孩子，代际关系的转变是非常明显的，家庭的结构也随之变化。（个案 39）①

教育第三代的矛盾

苏菲的转变绝对不是个案，很多个案的家庭矛盾都是从有了第三代开始的，即使在生育前关系很好。这一矛盾的出现一方面是因为有了第三代以后，老一辈和年轻夫妇的交往骤然增加，所以发生摩擦的几

① 但这种关系还会再次出现转折，在孩子上幼儿园稳定后，苏菲和公婆的关系也磨合得差不多了，到了新的一种平衡，还算和谐的关系中。

率也变大。但另一方面，我认为主要的原因还在于由于社会变化太快，导致两代人在育儿等观念和行为模式上差异很大。

有关孩子训练和教育的分歧有各种各样的：

虽然杨晴和她母亲关系很好，但是，“我跟妈妈其实也有分歧的，就是关于训练孩子上厕所的习惯，什么时候开始把尿，我妈坚持，孩子两三个月就要开始把尿，因为她觉得尿不湿对孩子的小鸡鸡不好。我当然不能同意的嘛，我就说国外的老外一直用到三四岁他会叫了为止，孩子很大了还带着个尿不湿在走。我就说你有没有听说过老外有这种不行的，呵呵，我说甚至比中国人还厉害呢，呵呵，而我妈就这一点被我说服了，在她心目中那个老外比中国人厉害。……(个案 3)

莎莉：我们带小孩，就是吃饭问题上也是有矛盾的。我婆婆就是，哎呀，小孩子以后总归会吃饭的呀，现在要喂么，以后总归会吃饭的呀。(我认为)不是自己吃的问题，他现在能够自己吃了，就应该让他自己吃。实际上，我已经妥协半年了，就是从去年冬天的那个时候，我就和我老公说了要让孩子自己吃，然后我婆婆说，哎呀，喂吧，饭就要冷掉了，要再转要再弄很麻烦。然后我也觉得这样太麻烦，也就拖着。……然后我们两个一起反对她！(个案 10)

艾尔：不方便，嗯，可能我觉得不方便还是有一些关于小孩的话可能有一些教育观念可能不一样啊，可能会有些想法，嗯，就比如说小孩子入托的问题上，我和我老公今年坚决要把他送到幼儿园去，我父母就觉得没有必要，你看老人都在，干吗要放到幼儿园去啊。他们觉得，小孩子在幼儿园又没干什么事。我说我们肯定是觉得有好处的，他们就说别的阿姨说，你们两个人带得这么好，干吗还要送幼儿园啊。他们都不要送(笑)。我妈还说，哎呀小孩子在幼儿园里面生病啊。所以在她眼里，幼儿园根本就不用去！你要让他们认识到上幼儿园是有好处的，然后我就跟她说，你在家里给他教什么，除了吃饭就是到外面去玩玩，在家里你看我老爸经常看电视吧，这对小孩子影响也不好，经常在电视面前晃悠来晃悠去。(个案 22)

很多的年轻一代都会说父母没文化，不懂孩子教育，因而在教育上应该年轻一代做主角。实际上，即使是父母学历很高，情况也是一样。许强和曾馨仪都是大学毕业，而他们双方的父母也都是大学学历，这个家庭是典型的高知家庭。许强的父母周一到周五帮大儿子带孩子，周末帮小儿子带孩子。我访谈的时候，正好是周末，看到许强的母亲在叠衣服，中间还送水果进来，非常和善，而许强的父亲的确非常喜欢孩子，照顾孩子非常的好，而且在教育孩子方面也有一套。但即使这样，当我问道：那住在一起会有什么问题吗？

许强：我觉得总的是价值观啊，生活习惯都有差异，比如你喜欢吃这个，他喜欢吃那个。……还有教育方式，我先要教育我爸妈，再让他们教育孩子。

曾馨仪：差不多。有时候我觉得爹妈也是，因为这也是他们这么多年来的习惯嘛。习惯性的想法，习惯嘛，你要改变一个人的习惯是一桩很困难的事。

许强：他们对孩子太宠了，有时候没样子，特别捣乱，也不教育他。

曾馨仪：这也有可能是隔代亲的问题，可能对自己小孩这样，隔了一代就……这个可能是通病，像我们有的同事，想要教育孩子，他妈就说，你趁我不在的时候打你女儿。然后她就说，她妈天天都呆在家里，无时无刻不在家里。她只能趁她妈不在的时候，哎，笑死了。

许强：我爸妈这边好一点，如果要教育，大家意见一致。如果一边反撬边，那么教育的成果白费了。这个黑脸白做了。教育要到位，但是我觉得她爸妈不太适合。（个案32）

父母的流动

虽然带孩子的理念有不同，但是，上一章提到过的在育儿方面的刚性需求，已婚子女还是非常需要父母的帮助。这个时候，健康的、能做家务的、能照顾孩子的老人就成为了稀缺资源，常常在子女的家庭中根据需求流动，而小家庭也经常根据具体情况，包括兄弟姐妹家的孩子成长情况来调节哪位父母住进来。

毕佳玲一开始是公婆过来帮忙，后来是母亲过来帮忙。

毕佳玲：那个时候没有想过的。因为一直说是让爷爷奶奶陪着小孩长大的嘛。后来是因为他爷爷奶奶太忙了，大哥生了个孩子，二哥又生了个孩子，爷爷奶奶实在太忙了。

邱志辉：我二哥生的孩子还比我们小一岁，是个女儿。

沈：所以，你爸爸妈妈就给你大哥去带孩子了？

毕佳玲：后来给二哥带女儿，三家轮流带。我看他们跑来跑去太辛苦了，就把我妈妈叫过来了。（个案 18）

在中国某些地方还流传着这样一种说法，父母如果公平起见，就应该给予子女同样的帮助，如果带了大儿子家的孩子，那么也应该带小儿子家的孩子。

许立萍的妈妈帮老大家带孩子带到 1 岁多，老二家又生孩子了，于是又帮老二家带孩子，把孩子带到很大。老三家虽然也生孩子了，但是由嫂子家的父母帮忙带，因此，老人只过去一小段时间。等到许立萍生孩子了，母亲直接从二哥家到了上海。

沈：也就是说你妈妈把 4 个小孩都带过了？

许立萍：是的，我妈妈是这样的，要带小孩谁家的都带，要不带就一个也不带。这样公平啊。（个案 24）

如果成家的子女太多了，又在差不多的时候生孩子，这个时候就出现“带不过来”的问题，那就会把父母分开，各带不同子女的孩子。周龙一家的故事就有这样的特点。

周龙的大哥也在上海，孩子比较大了，大概十一岁，大哥的孩子是大哥的丈母娘带的，因为大哥和丈母娘家居住在一起。

周龙弟弟在江苏无锡，但是比较早结婚生孩子。周龙的母亲首先来到小儿子家带孙女，周龙父亲留守老家，这个时候周龙结婚了，“我弟弟的小孩还没有上学，那边呢他们工作很忙，然后他们（母亲带着弟弟的女儿）就到我们家里来住一段。有时就是带着弟弟的孩子到自己老家（因为父亲在老家）去。”

周龙的孩子出生以后，周龙妈妈就到上海来了，而周龙的父亲离开老家，到小儿子家带孩子，主要负责接送孩子上学，然后再做些家务。

寒暑假的时候，就带着小儿子的女儿到上海来，在周龙家居住。现在周龙弟弟的孩子已经五岁了。

周龙："我们基本上春节就在那边了。我是指我们哦。像我弟弟过春节，如果不想在江苏那边，就到我们家来了。爸爸妈妈都在一块了……"

周龙太太的父母也是类似的情况，只不过带的是周龙太太的哥哥的孩子。除了月子期间，周龙太太的母亲来住过一小段时间，后来就没有再来过，"因为我哥哥还有个小孩，而且还只有三岁。"周龙太太说。周龙太太的母亲住在儿子家，照顾儿子的孩子。而周龙太太的父亲留守老家，住在邻县自己家里。"

用周龙的话说就是："所以现在家里面老人都分掉了。"

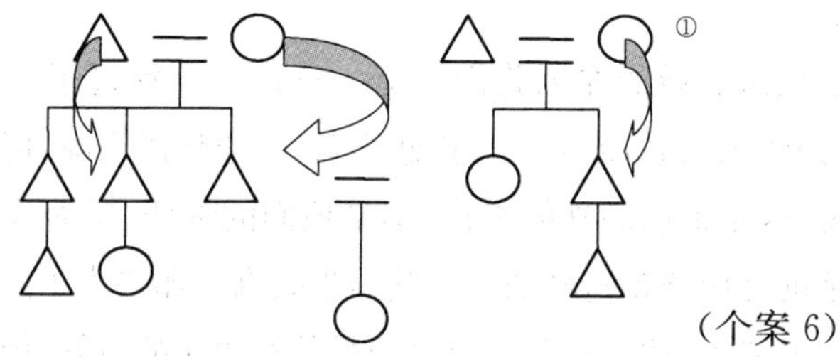
①

（个案 6）

从图上可以看出，这四个老人都很抢手。周龙大哥的孩子是由周龙大哥的岳母来带，并且住在一起。所以，每个家庭都有一个老人入住，每个老人都没有和自己的配偶住在一起。

但是，如果干不了家务活，又不能给子女提供经济支持的老人，往往不仅不是资源，反倒成了负担，因为年轻夫妇家庭需要的是"妻子"，而不是不挣钱的"丈夫"。从性别的角度，由于女性承担家务被可看作是自然的，因此，老年妇女往往相比较老年男性更加抢手。在我 46 个访谈个案中，有 8 个个案是男方母亲或女方母亲和子女共同居住，其中 4 个家庭父亲健在。即使是父母和子女共同居住，也有一个先来后到，往往是母亲先来，然后父亲再来。而父亲一起来常常是没有办法只好

① 此处符号用的是规范的家庭树符号。

一起来，因为留他一个人在老家没有办法自己照顾自己，反倒给别人添麻烦。除非，男老人也一样能干家务，才能避免“废物”的命运。离开老家到上海的外地男性命运更加“悲惨”，因为他们发现自己如果不干家务就会没有立身之处，而干家务对他们来说，又是一件很陌生的事情。

我：你爸爸是做什么呢？

韩心：他不会做什么家务，他就是擦地板什么的。其他他都不会做，他可以做些体力活，但是现在也没有什么体力活。（个案3）

由于男老人只能做少得可怜的家务和接送孩子，所以一般都是老年女性先到上海，然后老年男性再跟着过来。而一旦老人接手带孩子的任务，那么老人常常就和孩子捆绑在一起。许强的太太曾馨仪说：其实我公公婆婆很累，我公公婆婆被这两个孙子，等于是牢牢地套住，哪儿也去不了。

老人愿意这么做的原因我们在上一章已经解释过了。有意思的是，我们在访谈老人时，老人一边抱怨辛苦，一边畅谈乐趣，但是很少有老人质疑说，这是他们额外的工作，不是他们的责任，反而我听到很多老人说事情就是应该是这样的。尤其是当我询问那些为了照顾第三代而夫妻分居的老人，他们对于夫妻分居是什么想法的时候，他们都不明白我要问什么[①]。从没有一个老人把夫妻关系置于代际关系之上的。从老人与第三代的关系，尤其是老人愿意全日制照顾第三代来看，我们可以清晰地看到老人还是以“家本位”为行为的逻辑，这也使得年轻夫妇随着家庭生命周期的不同而调整家庭结构成为了可能。

第四节　一户两家

在过去的研究中，尤其是在统计数据中，把居住在一起的，有直系血缘关系的群体看作是一个家庭。本文并不认为核心化是家庭变迁的特征或趋势，但是，同样，我也不认为主干家庭是趋势。有些统计意义

① 在第二章方法论上，我提到过关于性问题的研究过程和伦理。

上的主干家庭，虽然住在一起，但很可能是独立的两个家庭，仅仅由于没有能力买房子而不得不住在一起。这种家庭我称之为“一户两家”，它的存在再一次提醒我们家庭结构的复杂性和多元化，同时也体现了个体化的特征。

在我的访谈个案中，有四个家庭是非常典型的一户两家，这四家的经济条件都属于中下阶层，家庭年收入小于或介于2—6万之间。这样一个收入情况，导致了无论代际关系如何，子辈和父辈都没有能力重新置房分开居住。在这样的情况下，即使居住在一起，从经济到家务到认同都是两个家庭。

强强家：同一屋檐下的对立

强强是一个20岁、人高马大的小伙子，我与强强小姨关系很好，她介绍我到她表哥家，也就是强强爸爸家去访谈，并且直言不讳地告诉我，两代人关系很不好的。二十多年来，住在一套两室户中，但是强强妈妈和强强爷爷奶奶互相是不说话的，形同陌路，家里什么都是分开的。虽然已经有了心理准备，可是当我看到现实的时候，却依然觉得胸口似乎被压住了，有点喘不过气来。

强强的爸爸妈妈都是1962年出生的上海人，高中学历，都曾经是工厂工人，也都下岗再就业，他们家的经济情况不是很好，夫妇年收入大约在4万左右，但是不太稳定。

强强一家现在居住的房子是1981年强强爷爷、奶奶分房子的时候拿到的，当时强强爸爸的大哥已经结婚了，因此大儿子在分房的时候独立分到了一间房了，而小儿子没有结婚，因此分房算面积的时候强强爷爷奶奶和小儿子算做一家分房。

对于当时分到的房子，强强爷爷奶奶回忆的时候觉得非常满意的，因为这个房子在80年代初已经厨房和卫生间独立了，因此算是很好的。

当时强强爸爸因为没有结婚，错过了第一次的政府分房；后来又因为单位效益一般，没有房子可分；而在1999年之前房价不高的时候，他们既没有经济实力,也没有那种紧迫性和魄力去贷款买房。随着房价的持续高涨,买房子已经成了一个彻底的梦想。这就意味着,无论代际关系如何,因为经济的问题,强强一家三口不得不和强强的爷爷奶奶住在一起。

强强一家居住的是两室户的房子,大房间 16 个平方米,小房间只有 10 个平方米都不到。每个房间都有一张床和一张桌子。

强强家的房型图

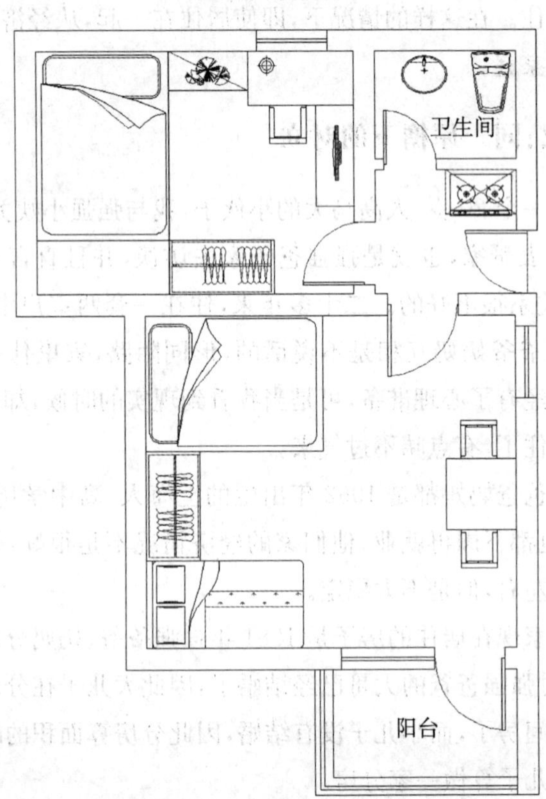

大房间里有床、方桌和椅子,而小房间四面墙都是家具,只留一个门。床是靠在了一面墙上,基本上就把这面墙全占了,然后对面的墙壁是一顶橱,中间放电视。床的左墙壁是一顶衣橱和一扇门,右墙壁是一张长方形的桌子。

我去访谈的时候，强强妈妈坐在床上，人高马大的强强站起身来，把长桌边的凳子让给我坐，然后走出去了，强强小姨站着，整个房间就填满了，我都怀疑如果强强不走的话，我们就会呼吸困难了。这个空间的狭小压迫着我。据说以前放长桌的地方是张小床，强强晚上睡的，后来强强长到1米8的个了，实在睡不下那张床了，才在爷爷奶奶房间搭了个小床，这里变成了桌子。

就是这样的小房子，祖孙三代住在一起却是两家人，强强爷爷奶奶住在大房间，强强爸爸妈妈住在小房间。两家人无论是在财政、家务分工、吃饭等等方面全部是分开的。对强强爸爸来说，他可以随意进出两间房间，而强强妈妈自从发生矛盾后，十几年了，从来没有进过大房间。我们在大房间热闹地聊天，强强妈妈就在小房间里，坐在床上，不出门。强强的爷爷奶奶也从不进小房间。但是强强爸爸家的其他亲戚，和强强妈妈还是有来往的。

强强妈妈和强强爷爷奶奶20年的恩恩怨怨也是从房子开始的。

强强妈妈：结婚的时候，说好我们住大房间，结了婚就不肯了。早知道他们不肯，我真的不会嫁到这里来。没有办法，结婚证都领了。我们有孩子，一个房间很不方便的。以前就在这里（现在摆了个长桌）摆一张小床。到了很大了，才睡出去。也不是我说的，而是小孃孃（一个亲戚）说的（睡到爷爷奶奶房间）。

沈：你们一结婚就分开了？

强强妈妈：大概六七个月，他们“硬劲[①]”要分，她饭不烧给我吃的，中午我自己出去吃面。我妈太远，不能天天去，我也不说的，我妈舍不得。

沈：你孩子也是自己带的？

强强妈妈：婆婆不带的，住在一起什么都分开来，饭也自己做，都自己做的。

我以前孩子小的时候，想吃在一起，等孩子大了分开，伊（她）不肯

---

① 一定。带有强迫意味。

(指婆婆),伊坏啊。我以前三班制很苦的,中班夜里十二点睡下去,早上六点起来买菜的,单位同事婆婆好,睡到10点起床。吃不消的。我以前人很瘦的,只有80几斤,现在在家好一点。他们一点都不帮的。很苦的。从孩子出生小毛头到大,都是我自己带的,自己管自己的。那个时候,我们经济很不好的,他们也不帮我们的,什么都要分。水电煤也是一人一半的。呆在一起,像隔壁邻居一样。现在我儿子也21岁了。

沈:那你们现在也挺难的,低头不见抬头见。

强强妈妈:我不出去的,就在家里。我每天早上去买菜,洗洗弄弄,下午电视看看,然后就要做饭了,也很忙的。

沈:你们吃饭在里面(小房间里)?

强强妈妈:是的呀。

强强妈妈不断说自己苦,因为公婆不帮忙,不论是在家务还是经济上,都不帮忙,因此,两家的关系变得非常尖锐,强强妈妈几乎就在自己的小房间里,不出来的。正如她自己所说的,"二十多年了也不吵架,就像隔壁邻居",实际上,他们比隔壁邻居还不如,连招呼都不打的。

对于未来,强强妈妈寄希望于儿子成才买房子,或者等强强爷爷奶奶离开(到大儿子家住或者过世),就把现在的房子卖掉,重新买房子。而对于未来强强爷爷奶奶的养老问题,强强妈妈说得很干脆:她(婆婆)小孩从来不管的,一碗水不端平,老了嘛做得动做不动都是自己做。和儿子媳妇关系不好,老了谁睬你啊。

沈:他们有养老保险……

强强妈妈:养老院就是等死,谁要去,人家都不要的。(这里强强妈妈把养老保险听成养老院了。)

清官难断家务事,我在强强小姨家听到了有关婆媳矛盾的很多版本,无论是谁对谁错,在这样狭小的空间中,亲人成陌路,对每一个家庭成员来说都是一件很难受的事情。

我一开始访谈的时候,是坐在大房间和强强的爷爷奶奶聊,后来,我提出来要和强强的妈妈聊聊,强强小姨偷偷告诉我:她(强强妈妈)不从小房间出来的，我们到他们家去，她都不出来的。我和她关系还可以，所以，我总是主动进去的，否则，肯定是碰不到她的。即使是很多人去吃饭她也不出来的。我们还是进小房间吧。

于是我们到了小房间和强强妈妈聊，一开始强强妈妈很戒备，觉得我是强强爷爷奶奶这边的人，幸亏强强小姨和她关系很好，在她的介绍下，我得以顺利地进行访谈。

在我整个访谈中，强强妈妈的确没有出过房门。访谈结束的时候，我送了强强妈妈一套护肤品，看得出来她非常喜欢，对我的态度一下子热情起来，不仅对我微笑了，我走的时候，还主动下床来送我。不过就到了小房间门口，强强爷爷奶奶也赶出来送我的时候(房子的大门就在小房间门的对面，见房型图)，强强妈妈就马上停在小房间门口，看着我和大家说再见，再也不往前一步。让我这个偶尔到她家的人都马上体会到了那种一个屋檐下两个家庭的尴尬。

这样一个不到 10 平米的空间，强强妈妈呆了 20 年，我能够想象她看到大房间时候，心里的怨恨和不满，二十年不和公婆说话似乎也变得合理了。但是，对于强强爸爸和强强来说，他们却完全不受小房间空间的限制，强强可以自由地进出两个房间，也很自然地和爷爷奶奶说话。强强爸爸更是像这个家的主人。

因为我到了强强家，首先是在大房间和强强爷爷奶奶聊天，强强爷爷和强强小姨的爸爸是兄弟，平时关系还是比较热络的，对他们的事情大都知道，因此，一开始是大家一起聊，聊得很客套。当时，强强爷爷奶奶坐在床上，强强小姨、强强小姨妈妈和我坐在方凳上，房间里只有一把像样的靠背椅，经过一番推让，最后强强小姨的爸爸坐了下来。

聊了半个多小时后，强强爸爸突然回来了，强强小姨把自己的座位让给他，强强爷爷从桌子底下拿出了一个简易折叠凳，让强强小姨坐。强强爸爸毫不客气坐了下来。刚聊了几句，强强小姨的爸爸有事走到外面去，结果，强强爸爸马上走过去，一屁股坐在舒服的靠背椅上。过了一会儿，强强小姨爸爸回来了，强强爸爸完全没有让座的意思，强强小姨的爸爸就坐到了方凳上，这个分配再没变过，直到我和强强小姨走进小房间和强强妈妈聊天,而强强小姨的父母留在大房间和强强爷爷奶奶聊天,不知道他们的位置会有怎样的调整。

在大房间里的聊天从强强爸爸回来后,就变成了强强爸爸和所有人聊,他会大声打断别人的话,会直截了当地反驳长辈的意见。无论是坐的位置还是说话,强强爸爸给我以强烈的这家男主人的感觉。他谈到家庭的时候说,我家当然是包括父母的。从聊天来看,强强爸爸和强强爷爷奶奶关系还不错。这一点后来得到了强强妈妈的证实,她说他:他很坏的。他自己老娘啊。从口吻上,听得出来强强妈妈抱怨强强爸爸两头讨好,有的时候还是帮父母的。

所以在这个家庭中,对强强妈妈而言,是两个家庭,对强强爸爸而言,是一个家庭。(个案 38)

除了强强家女主人不带任何掩饰地表达了对公婆的厌恶和两个家庭完全是独立的两个单位外,其他的三户人家即使向我描述一户两家,但又强调“和谐”或团结,他们分开吃的理由都是口味不同,但是,实际上不仅是吃饭,连洗衣服、家电等等一切都是分开的。我并不觉得是一种谎言,我认为这种现象,实际上更能展现中国人特有的“传统”和代际关系,因为家中有“房”,很早就存在了。刘天明的故事就很好地说明了这一点。

团结的一户两家:刘天明家

刘天明是我访谈中另一家年龄超过 40 的,访谈时,刘天明已经 49 岁了。刚到刘天明家的时候,只有刘天明和他 76 岁的老父亲在家,后来刘天明的母亲和刘天明的二姐也来了。除了刘天明的母亲似乎紧张得说不出话来以外,整个访谈,刘天明和他的父亲、他二姐都再三向我强调他们的家庭是非常和谐团结的。

刘天明二姐说到刘天明父亲前一阵子生病:儿子送医院,半夜里送医院,弟媳妇也陪。只要他们两个老人一说不舒服,我们就全部会赶过来。

沈:啊,那真是不容易。

刘天明二姐：我们在医院里陪，他在家里烧菜送过来，非常好的，不是说暂时的住几年，他们住了几十年了，就住在一起。就像这种家庭，上海不大有的。

就是这样一家团结和谐的家庭，却一样是一户两家。在长达16年的时间里，刘天明夫妇和父母住在一个狭小的两室户中，他们家的厨房和卫生间还是和隔壁邻居合用的，但是日常生活刘天明和父母家几乎全部分开的。

刘天明家房型图

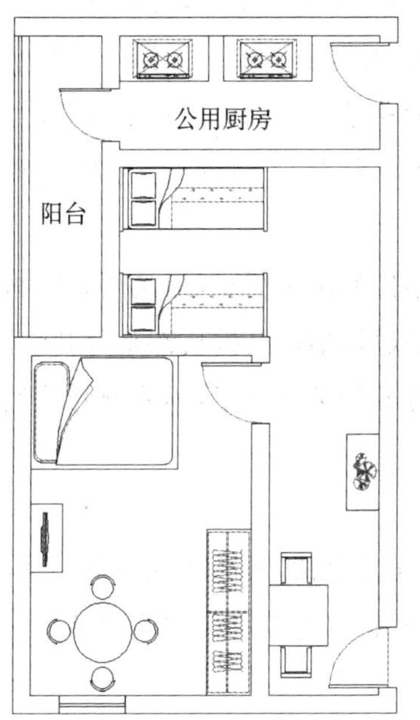

刘天明一家住在两室户的公房（刘天明父母单位分配的，没有买下）中，从1965年开始就搬到这个两室户中。当时，是刘天明的父母和四个子女住在一起，刘天明的父母住在大房间里，四个子女住在小房间，两个双层的床铺。刘天明的奶奶那时候还活着，她有三个子女，每年有一个月会住在刘天明的家里，也是在房间里搭一个小床。

1986年，刘天明结婚的时候，大姐已经结婚了，搬出去了；刘天明的二姐和弟弟还在家。刘天明说："结婚的时候就说好了，住大的房间就结婚,小的她就不过来了,因为她住惯大房子了。”

刘天明结婚后,刘天明和刘太太住大房间;刘天明父母和二姐、弟弟住在小房间双层铺上。然后,二姐也出嫁了;弟弟也住到单位分的房子去了。后来弟弟又把原来的房子换成了刘天明家楼上的一套房子,等于现在兄弟俩住一幢房子里。

刘天明结婚后和父母是一起吃的,一直到孩子 5 岁的时候,开始分开吃。

沈:那你们为什么不一起吃了呢?

刘天明:也是口味不同,她(指母亲)买菜帮我们买的,我们自己做,她就在我爱人回来前先做,年纪大了就跟我们的口味不一样了。有些东西我们不想烧得时间太长,不然就没营养了。我们的碗也是分开的。这里(指走廊兼餐厅里的一顶橱)是我妈妈的,(公用)厨房里是我们的。[①]

我在参观他们家的时候,发现虽然他们的房子很小,但是两间房间里都有一台电视机、一张饭桌,有两个洗衣机,他们的碗筷都是分开的。他们家的家务分工也是很有意思,能够分开的都分开了,不能分开的就是刘天明做。

沈:那您家里的生活费怎么算的?

刘天明:都是一人一半啊,每个月算是我算的,电话费我一个人付,装电话时三千块,我和我妈各一半。像房租、水电煤都是和我父母家一人一半。

沈:这个房子还有房租?

刘天明:对的,我们不是买下来的,每个月都要交的。一年交两次。一个月 47 元。交到物业吧。

沈:那上网费呢?

刘天明:这个只好我们出了,老妈又不会上网,如果她会上网,那也

---

① 之前我问到为什么父母不和房子大一点的弟弟一起住,刘天明说她不愿意跟他们一起,她就想跟我们吃。显然有矛盾。

是一人一半。

刘天明父亲：我们家还是很和谐的，团结就是力量……

刘天明：有钱出钱，没钱出力。像我就是出力的。我还是照顾老人比较多的，毕竟住在一起嘛。我爸爸半夜里身体不好，都是我送到医院的。

我发现他们家几乎所有能分得清楚的都在经济上分得很清楚，我随手指了一个电风扇，问这个是谁买的。结果，刘天明很紧张，说：这个电风扇是我买的，给我父母用的。一百多块，我太太一直不知道，她一直以为是我弟弟买的。这样可以省去好多麻烦，要是被她知道了，那还了得啊……

这里，一个团结和谐的家庭图景对刘天明的太太来说，也许并不适用，因为刘天明无意中说起：我太太是想分开来的，因为她习惯独立，但是家庭经济条件不允许。

最有意思的是，刘天明的母亲每天都帮楼上的小儿子做饭，有的时候，不住在一起的两家人倒是会一起吃饭。（个案 28）

一户两家的情况吸引我注意的并非是两个代际之间的矛盾[①]，而是在那么小的空间内怎么能够做到一户两家呢？我访谈到的四个家庭都是房子小于 80 平米的，三个是两室户，一个是两室一厅。每一个家都只放得下一张餐桌，（除了强强家，在 10 平米不到的小房间里硬塞了一张小桌子）那么，怎么能够在一张餐桌上吃两顿饭呢？刘天明家的解决方式是刘天明的父母常常到楼上的小儿子家一起吃，而韩年富和谢恬家采取的方式是老一辈父母和年轻的三口之家在不同时间段吃饭。

谢恬：一般他们是 5 点半吃晚饭。吃好后收拾好，差不多六点多一点，正好我们开始吃饭。在时间上的错开，使得一家人在一张桌上可以吃两顿饭。（个案 27）

此外，同住在一套房子中的两个家庭家务活和休闲活动也是分开

---

① 有关婆媳之间矛盾的论述已经足够多。

来的。谢恬三口之间的衣服谢恬洗;老两口的衣服都是老两口洗。在那么小的房子里,有两个洗衣机;一个好一点是谢恬小家庭的,还有一个老式的双筒洗衣机是老两口的。包括拖地板,谢恬也是拖自己的房间。因为我要去做访谈,是谢恬的客人,所以前一天谢恬拖了餐厅和卫生间。结果今天一看,卫生间又脏了,看上去是公公搞脏的,谢恬:我也很看得开的,老人们也干不动,总归我们多干一点。

电视机也是两个,两个房间各一个,同样,谢恬家的大一点,新式一点;老两口的小一点,旧一点。每天,两个家庭尽量做事情时间错开,老两口一般都在 6 点之前吃好,事情都做好,然后就到外面逛逛,谢恬一家就正好吃饭什么的。吃好饭,到了晚上就各自进房间看电视。(个案 27)

在那么小的空间一切分开并不一定意味着关系的对立。比如我去访谈时,正好在楼下遇到谢恬的公公,谢恬热情地向公公介绍我们。公公虽然 70 多岁了,但是看上去身体健康,性格开朗,每天公公都会帮谢恬把电瓶车扛到楼上。看着谢恬与公婆的笑言笑语,我的第一感觉是这家人的代际关系处理得很好。后来听到这一家人实际上完全是两家人的时候,我还挺吃惊的。(个案 27)

在这里需要强调的是,我访谈到的一户两家的情况都是年轻夫妇 60 年代出生的,目前收入处于下层,并且是和男方父母共同居住的家庭,是我在寻找年龄和收入参照组的时候找到的个案,因此,这些个案所反映的情况不能演绎到所有的家庭,但是在这其中,我依然发现了个体家庭的特征:夫妻双方对家庭的认同和行为可以是截然不同的,甚至夫妻双方对于同一事实也有不同说法。

韩年富:在一起过了一段时间,但是因为年轻的一代和年老的口味不同,老的爱吃的,小的不喜欢吃,所以住呢是住在一起,但是老的买老的菜,小的买小的菜。当然也不是分得很清楚……

沈:偶尔在一起吃?

韩太太:全部分开的。(很干脆!)

沈:那个时候你们两家虽然住一个房子,但所有开销都分开来?

韩太太：对，分开的。

韩年富：有的时候老人给孙辈们点钱，我们就买点水果糕点，大家一起吃，放在家里，也不是说就是给你买的，反正放在家里，你想吃就吃。有的时候，我母亲在外面，觉得有的东西她买得起，她就享受。

在这一段话里，我明显感觉到对韩年富来说，两个家庭还是有很多联系的，但是对韩年富的妻子来说，完全是分开的。他们两个人回答问题的态度是很不一样的。对韩年富的母亲的照顾也主要由韩年富承担。韩年富母亲因为已经85岁了，生活的很多方面都不能自理了，比如每天洗衣服的事情就由韩年富承担了，而韩年富一家三口的衣服是韩年富妻子洗的。

韩年富：我母亲的衣服一般都是我洗。我一般是用手洗，大件的用洗衣机洗。我母亲一般她不让媳妇洗自己的衣服，有时候内衣也不让我洗，我说你那么大年纪，不要那么封建思想。你就放着。

关于"封建思想"，韩年富提到了两次，第二次：我母亲有个习惯，不喜欢在大房间看电视，喜欢在小的房间看电视。我们一般都在大的房间看电视。那大电视放在这里又占地方，就在这里(小房间)放一个小的。我妈妈比较封建，她觉得不能坐在我们的床上看电视，这一点她做得比较好。可见，无论是韩年富的母亲还是韩年富的妻子都有非常明确的家庭界限，而这一界限在韩年富看来是维持家庭和谐的一件好事。(个案26)

我一开始觉得这样的一户两家是一种很特殊的现象，但是当我询问50、60年代出生的上海人时，却得到了一家两户并不是很特殊的现象的答案，虽然也不是大部分的家庭都是一家两户，但是的确存在居住在9个平方米的房子中，两个代际的家庭经济也是各自独立的情况。如果有两室户，那么家务分工都可以完全分开。我也曾查阅文献，想看看过去有关家庭的研究是不是曾证实过这样的一家两户在上海的普遍性，也许是因为我的搜索还不够全面，有关这方面的研究我没有查阅到。而通过统计核心/主干/联合的统计来做有关家庭结构研究的，显然无法看到这样的现实。这也是我认为核心/主干/联合这样的家庭分类已经成为了僵尸类别的一个重要原因，这一框架局限了我们看到的中国家庭的伸缩性以及家和房之间的关系。也许主干和核心都不是因为家庭关系的变迁，而仅仅是由于居住条件的变迁①。

20 世纪 90 年代学者们通过回归分析发现：住房是影响中国家庭模式的重要因素，单个房子面积越大，子女婚后和父母同住的比例越高；单位如果向本人分配房子，那么子女与父母同住的比例下降；如果房子是老人的，两代夫妻同住率高，而如果房子是子女的，那么同住率大为下降。整体上，住房面积增加得越快，子女与父母同住的比例下降得越快(潘允康、约翰·罗根、边馥芹、边燕杰、关颖、卢汉龙，1997)。从我的研究来看，我觉得这一结论依然是成立的，只是因为分配房子的制度已经取消了，所以，就变为如果子女与父母都有能力拥有独立的房子，那么分开住的比例就会增大。上文所说的四个家庭他们都承认如果有条件，他们就分开居住了。徐安琪通过对上海家庭的定量研究，也发现了“分而不远”的核心家庭(徐安琪，2001)。

上海的住房政策和 1990 年代后的房价变化都非常快，这些都影响到了家庭结构，其影响力也许超过了家庭观念的改变。正如戴慧思研究 1980 年代上海家庭时指出：“持续的住房紧张和代际义务压倒了建立核心家庭的愿望，而一般的情况则是多代共同居住，家庭结构持续复杂”(Davis, 1993:57)。

在城市中，从居住模式上来看，从夫居是真的不存在了。怀特观察到 1980 年代开始，从夫居就受到了挑战(Whyte, 1989)。在我的访谈个案中，即使是子代和父代居住在一起，也是“从子居”而不是从夫居，即使房子是夫家买的。房子的购买和地点都不太影响小两口彼此之间的地位，也不会导致媳妇的地位低下。

从夫居不存在了，并不意味着每一个家庭都是所谓的核心家庭了，主干家庭在中国依然占到 1/4 左右的比例。② 虽然已经有学者关注到

---

① 这一点由于缺乏历史资料的佐证而无法进一步深入研究。

② 2005 年 1%人口抽查的结果。

了家长与子女同住的情况，但是并没有区分是传统的从父居，还是父母住到了孩子的家庭中。但是他们的研究证明，很大比例的 60 岁以上的老年人并没有按照他们认为最好的居住方式居住，而是根据实际情况来选择居住方式，甚至他们的居住喜好也取决于实际情况，包括面积、是否需要帮助、家庭规模和家庭关系等（约翰·罗根、边馥芹，2003）。学者们研究日本的扩大家庭时发现这样的扩大家庭居住方式是作为对现代化反应的"能运转的选择方式"：它帮助年轻夫妇解决不断上涨的住房及抚养孩子的花费，包括工作的母亲照料孩子的问题。这种方式与传统的价值观又是协调的（Morgan 和 Hirosima，1983）。

中国的情况同样如此。家庭结构如此多元和流动正体现了个体化进程中传统与现代的交融，个体选择的自由性。

第四章

从个体出发的家庭认同

“家庭”对社会来说，是一种客观存在；但是对个体来说，“家庭”更是存在于个体意识中的一种认同。上野千鹤子把使家庭成立的意识称作为家庭自我认同意识 Family Identity(简称 FI)，它是指把什么等同于家庭的一种“界定范围的定义”(上野千鹤子，2004:5)。她认为，在研究中人们把具有血缘关系或者居住在一起就看作是一个家庭，“但是只要当事人本人没有意识到，这个‘家庭’的实体是不存在的”(上野千鹤子，2004:4—5)。上野千鹤子在日本的研究发现，不同的家庭成员对居住在同一屋檐下的“家庭”认同是不同的。

费孝通讲的家庭的伸缩性实际上就是指家庭自我认同的不同。家庭自我认同意识不仅决定了家庭的边界，同时这种认同是家庭成员之间关系的基础，直接影响到人们在家庭内外的一系列行为。在我整理人们对于家庭成员的界定和家庭自我认同意识时，发现“房”的概念依然存在，只是有了新的外套，传统和现代并不是一个系谱的两端，而是人们身上的内衣外衣，人们穿上了现代的外衣，里面的内衣也许依然是传统式的；而有的时候人们也乐于内衣外穿。

本章就从具体的大家庭、小家庭概念出发，然后从谁是家里人、谁的家和家庭内部的日常经济安排的关系三个方面来展示个体对家庭的认同模式及其复杂情况。

第一节　谁是“家里人”

在父系体系中，谁是“家里人”相对来说是比较好归属的，父系和居住的确定性使得家人的概念比较清晰。但是在现代化的进程中，尤其是居住的流动性成为了常态，家庭成员的认同就没有那么清晰简单了。有学者研究认为社会资本等因素都影响了人们对于家庭成员的认定(Widmer，2006)。本研究发现居住在同一家户中的人，甚至是夫妻之间对“谁是家人”的回答也是不同的，似乎印证了贝纳德所说的，当夫妻双方在谈他们的婚姻时，他们其实谈的是两个婚姻：妻子的婚姻和丈夫的婚姻(Bernard，1982)。

大家庭、小家庭

当我在询问参与者谁是你的家里人时，参与者常常会反问我：你指的是大家庭还是小家庭？我发现几乎每一个人对家庭成员都有一个远近的划分，有意思的是，丈夫和妻子对家庭成员的认同很多时候是不同的。所以，在讨论家庭认同之前，先了解一下大家庭小家庭的划分是有必要的。

张小军在福建杨村的田野中，曾经设计了近百对同姓婚家庭的访问，也发现了他们的“大家庭”和“小家庭”的概念。他用分别写有25个“家庭”成员的卡片让受访者分别按照“大家庭”和“小家庭”归类。结果显示，小家庭的选择有两个明显的范围：一是自己的儿女；二是加上父母。小家庭人口规模(不包括夫妻)1—2人最多(对应儿女)，3—4人次多(加上父母)。大家庭的选择由近及远可以分为四个范围：儿女父母、兄弟姐妹及其子女(其中兄弟及其子女较近)；上辈亲属(舅姑叔姨)；祖辈(爷爷、奶奶等)和婚姻父母(公公、婆婆、丈人、丈母娘)。大家庭的人口规模比较明显的区段是6—15人，结合选择人次的次序，大家庭主要是从主干家庭到包括舅姑叔姨等近亲范围。十分明显，大家庭的选取意向并没有成为血缘宗族的倾向(张小军，1999：15)。

显然，小家庭的概念与“核心家庭”的概念是不同的，子女结婚或者分开居住并不一定会影响家庭认同。在我国城市社区中，即使已经独立成家的成年人仍然将自己并不生活在其中的父母家看作是自己的家；而老年人更是将已经独立成家、分开居住的子女看作是家里人(陈午晴,2004:28)。

大家庭、小家庭的概念相比较核心/主干/联合的分类,我认为更具有中国本土特色,更符合日常生活经验。我发现小家庭和大家庭的概念和过去的“房”有异曲同工之妙。

陈其南在论述“房”的概念时特别清晰地提出了“房”这种可大可小的系谱性特点:

> 一个男子(如E)可以称为一房,一群包括数十代深的父系群集也称为房。一对父子构成一个家族,数十代或世代更深的父系群集也可称为家族。在民间使用房或家族的用语时,所指涉的系谱范围可根据其出现的情景而定(陈其南,1990:135)。

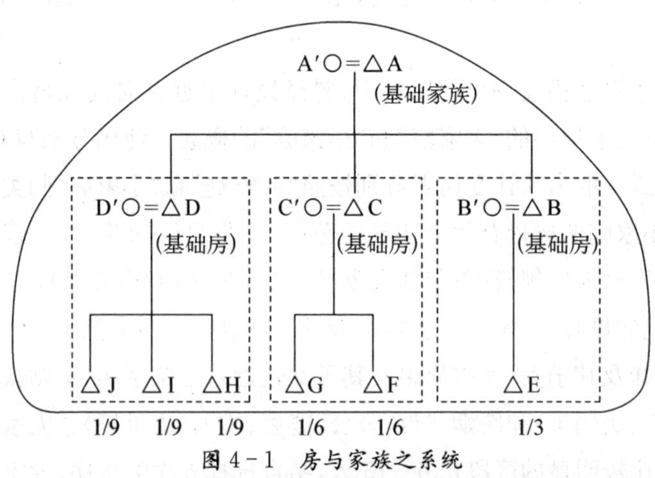

图4-1 房与家族之系统

在提到具体哪一房是取决于那一男子的位置,如果是A作为中心的话,那么A、A′及其后代都是同一房,而如果以B为中心的话,B房则只包括B、B′及其后代。基础家族实际上也是一房。

张小军的研究证明了有关小家庭的界定对不同的参与者而言是不同的,但依然把同一家庭成员看作是一个整体。我在研究中发现,立足

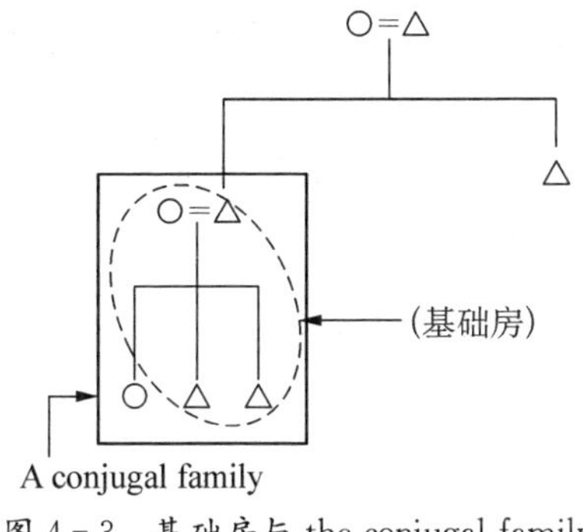

图 4-3　基础房与 the conjugal family

在家庭内不同个体角度分析家庭可能看到一幅完全不同以往的画面，就如拉雀乐(Martin Latreille)超越集体主义和文化主义，站在个体角度(atomistic perspective)分析婆媳关系时所看到的图景一样，发现了不同于父权制的画面(Latreille, 2007)。

今天，从个体角度出发的家庭认同也同样如此，根据个体在家庭中所处的位置不同而确定了不同的家庭认同，但是其中的关键在于是否和父母划分开来，这一点取决于个体的选择。在具体认同上的逻辑和"房"的概念是非常相似的，所不同的，在于女性也有自己的"房"，因此同一对夫妇可能处于两个平行的"房"中，或者各自有自己的"房"的系谱。

丈夫、妻子、年老的父母对小家庭、大家庭的不同界定，让我看到了家庭认同的多样性和复杂性，这对分析家庭关系和冲突大有裨益。

一个家庭中不同的家里人

在导论中，我一开始就描述了我和朋友们一起吃饭讨论谁是家里人的场景，发现对于这个问题竟然如此有争议。我在访谈中，也几乎询问了每一个家庭不同家庭成员：谁是你的家里人？即使是同时提问夫妻两个，他们的回答也是不同的，对于这一问题的回答竟然如此多元。

在访谈许立萍家庭时，我询问了他们居住在一起的五个人：许立萍的爸爸妈妈和许立萍、她的丈夫严昊云和女儿。许立萍的女儿还小，而许立萍的父亲耳背，没有参与讨论。

当我问到："谁是你的家庭成员？"

许立萍(妻子)马上问：那是小家还是大家？

我说：小家怎么说，大家怎么说？

许立萍：如果小家的话，就是我们夫妻带着孩子。大家的话，就是我们三口加上我的父母和哥哥弟弟。（许立萍没有把严昊云的母亲和兄弟算进去。）

严昊云（丈夫）：说到我们家的话，就是我们夫妻带着孩子加上父母亲。

沈：就是你的父母亲没有住过来，你认为也是这个家不可或缺的部分对吗？

严昊云：当然是。

沈：那如果这个家的定义再大一点呢？

昊云：那就是除了这些家庭成员，还有她的兄弟，加我的兄弟这样的。这样的家庭。

我们又把许立萍妈妈叫过来询问她的家庭概念。

许妈妈马上回答：我的家就是16个人的家（没有任何计算过程）。我的四个子女，14口人（其中两个子女生一个孩子，两个子女生了两个孩子）加上我们老两口一共16个人。这些人总是在脑海里，一直在的。

沈：那您的家在哪里呢？

许妈妈：我现在已经没有家了，到这里就为这个小家服务，到那里就为那个小家服务，现在我就是为一个个小家服务。（个案24）

这一家三个人的回答都非常具有代表性，首先，他们会很明确地区分大家庭小家庭的界限；其次，妻子、丈夫和父母对于谁是家人的回答是不同的，小家庭常常不包含配偶的父母；最后，小家庭的地位高于大家庭，所以，老人一旦没有自己的居住地或者没有实体的家庭，就认为自己没有家了，是为其他子女的小家服务。

在我其他的45个访谈个案中，这种回答比较普遍。个体家庭最大的一个特征就是以自己为中心，强调定位家庭和自己的源生家庭，而不把配偶的父母包含进来，这既和父系体系下的男性家庭认同不同，也和子宫家庭的概念不同（包含自己的父亲）。其次，男性的家庭概念，无论是小家庭还是大家庭通常都比女性大。再次，老人的家庭观念往往是往下涵盖所有子女、他们的配偶和孩子，非常接近“房”的涵义。有的老人还会把自己的兄弟姐妹包含进去。

老人:大伞下都是家里人

对老人而言,由于自己的源生家庭大部分都因为父母死亡而解散了,如果和兄弟姐妹关系很近,那么他们的家庭成员会包括兄弟姐妹。老人回答的共性是,自己的子女无论结婚与否都是自己的家人,这一点除了莉莉奶奶把女儿排除在外(个案 36),其他的老人基本上都是老两口加子女加第三第四代为家里人,因而,老人的家庭显得特别的大。比如许立萍的妈妈就算也不算直接告诉我他们家有 16 口人。对于父母来说,除非和媳妇或女婿的关系已经到了水火不容的地步,否则,在家庭成员中是不可能不包括子女配偶以及第三代的。对父母来说,尤其是对独生子女的父母来说,家里人是不可能把子女排除在外的,无论他们结婚与否。

我访谈的时候,正好是蔡青青对她母亲不满的时候,所以,她的家庭很清楚,就是三口之家的小家庭。而蔡青青父母对女儿也有抱怨,对女婿更是不满,但是,当我询问家里人时,蔡青青妈妈依然坚定地告诉我:他们三个,我们两个,五口人。

沈:你们有没有觉得两个人是一个小家庭?呵呵,把他们三个人排除?

蔡青青爸爸:不可能的。

蔡青青妈妈:那不会的

沈:中国的父母不管女儿嫁出去或者儿子成家都算一家人?

蔡青青妈妈:对的,独生子女啊。孩子总是一家人!不可能排除的。(个案 7)

我在访谈薇安一家的时候,因为没有遇到薇安的先生,所以,薇安妈妈主动让我看摆在客厅的照片,除了一张比较小的结婚照以外,主要是一些孩子的单人照,唯一一张大的他们说是“全家福”,是薇安夫妇、

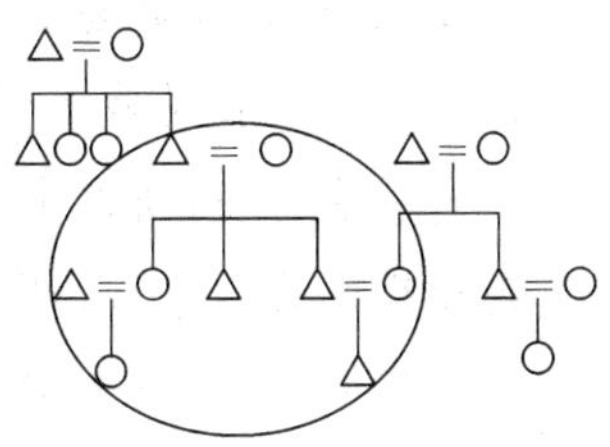

薇安的孩子和薇安的父母。在访谈中我也不断地听到他们很自然地说“我们家”就是指这五个人的家，大家都认定是一家人，虽然在薇安的计划中，以后薇安父母会重新回到自己的房子，但薇安父母说到自己的房子直接说“那边的房子”，而很少用家这个概念(个案5)。

老人的家庭认同就像一把大伞，把下面的子孙都涵盖在其中，这就是他们的小家庭。如果问他们大家庭的概念，那么他们可能会把丈夫的兄弟姐妹父母或者把自己的兄弟姐妹父母包含在里面。在我访谈的46户人家中，没有一位老人认为在子女成婚以后，他们的小家庭就老两口，即使老两口独立居住。就像“房”的概念，从任何世代的某男子为中心，该男子的妻子、后代都是同一房的，不可再划分，除非换另一个男子为中心。

年轻的妻子:清晰的小家庭概念

对年轻夫妇而言，是不是把自己的父母算作是家里人要看具体情况，比如关系亲密度、经济来往、居住远近等，比较多的参与者认为自己的父母肯定是家里人，而配偶的父母算不算是家里人就会有不同的界定。

女性的家庭认同很多时候和居住模式无关，血缘和亲密关系的影响更大，同时小家庭的概念也更突出。

我在询问刘凤的家里人时，发现刘凤把父母放在丈夫之前。

沈:那你觉得一个家庭应该包括哪些人呢?

刘凤:我爸爸妈妈、弟弟。

沈:哦，还有你老公?

刘凤:嗯。我婆婆那边还是感觉比较像外人，不太能像自己家里人一样。家里人就是我爸爸妈妈、弟弟、老公和女儿。就6个人，呵呵。因为吃饭吃得多，所以来往也比较频繁。如果以前我要出去吃，那肯定是我和我老公两个人，两人世界。现在要吃的，我会叫爸爸妈妈，就是一个大家庭一起。(个案41)

实际上，刘凤刚结婚的时候，住得离婆家很近，每天到婆家吃饭，与公婆的交往并不少。生育后，刘凤三口之家住在一起，每天去刘凤父母家吃饭，但是并没有与刘凤父母共同居住。

家庭的认同显然和居住不是同一个概念。独生女崔浠的个案也说明家庭认同与居住无关。崔浠的父母从来没有在崔浠家长住过，反倒是她婆婆在我访谈之前一直住在崔浠家，但是对崔浠来说，父母毫无疑问是家庭成员，婆婆当然不是。

我：你家人包含哪些人？

崔浠：我们家就我们三个，还要包含我的父母。一定要包含父母的。我们当时买房子的时候，就考虑给我父母一个常住的房间。因为我是独生女，我父母将来肯定是跟着我的。现在就是我儿子一个房间，我们两一个房间，然后还有我父母一个房间的。

我：那你现在婆婆过来怎么住？

崔浠：她就住我父母的房间，对她来说，那是客房，不是她的房间，是我父母的房间。

我：就是你买房子的时候也有考虑到父母的房间了？没有考虑你婆婆的住房？

崔浠：是的，我老公也是这样说的。（个案 14）

与配偶父母居住在一起，是不是更容易认同是一家人？我在访谈中发现，如果关系好，那么可能会被算作家庭成员，如果关系不好，那就完全不会算作家庭成员，甚至，公婆都可以被分开“计算”。

李芸的个案是关系不好的典型。我去访谈的两次都是李芸和公公吵架以后。在访谈中，感觉到李芸把公婆分开来看，把婆婆看作是家里的一分子，把公公看作是外人，每次说到公公，除了一开始访谈时，为了让我明白在讲谁，用了“我公公”，后期用的全部是“他”来指代公公，并且把公公和婆婆区分开来对待，比如公婆的房子就说成是“他的房子”，说到以后可能偶尔去老家住住，也用“他说他会经常住几天”。但有的时候，很明显她会把公婆都看作是外人，只是住的时间长了，不好意思让他们走了。（个案 12）曾莹的个案也是同样如此，因为和公婆的关系已经闹僵，说到每年暑假曾先生带孩子回爷爷奶奶家，曾莹说：就让他们一家人在一起，多一个我，大家都不舒服。

我问：怎么会他们是一家人呢？

曾莹：他们当然是一家人，而且他父母肯定不会把我算作家庭一分子，我觉得他们会很高兴我不在。我也从来不觉得和他们（公婆）是一家人.我觉得其实很少公婆会觉得媳妇是一家人，除非他们关系特别好。

曾莹的家庭成员非常清楚：丈夫、孩子、自己的父母（个案45）

但如果关系还可以，居住的时间又够长，那么可能会认可配偶父母为自己的家人。比如因为多年的共同居住以及公婆对朱安三口之家的照顾，让朱安提到家人的时候，已经自然的包括了丈夫的父母，无论是否住在一起。（个案十六）莎莉对这一问题讲得更透彻：（笑）我觉得哦，我本来概念觉得应该是这样子的（是三口之家的小家庭），但现在感觉我婆婆好像是“不能离开的人”，这已经是一个家庭里的人了。前两年我先生这么说，我总觉得很反感，怎么又多了一个人出来了，但是现在我感觉是缺少不了那样一个人。但是，公公就不见得是一家人，尤其是那种感情上的家人概念。（个案十）

在访谈中，我也经常听到年轻妻子强调小家庭概念，即使我进行了“诱导式”的询问，也常常得到格外肯定的只包括配偶和孩子的小家庭回答。

沈：那你觉得你现在一家人包括哪些人呢？

李怡晖：就三个。

沈：是不是父母是来帮忙的？你家是你家，我家是我家，姐姐家是姐姐家的……

李怡晖：我最怕搞在一起。

沈：如果从家庭角度讲你先生觉得都是一家人，那你觉得你父母是你家庭成员么？

李怡晖：我觉得是小圈和大圈，如果我算上我父母，他爸爸妈妈也要算进来，就是“3＋2＋2”这种。

沈：但是兄弟姐妹就不在里面？

李怡晖：还要远一点。

沈：你先生答案可能不一样，他要把父母包括进来吧？

李怡晖：我觉得我已经很公平了。（个案30）

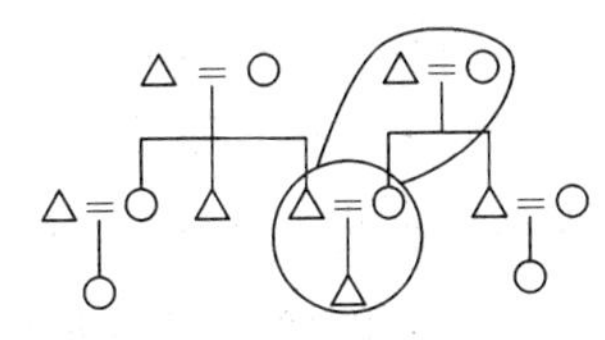

李怡晖一直和公婆住在一起，对于小家庭的强调，也许和关系不算太好、居住时间又不够长有关。但是，这种情况在婚姻的早期是非常普遍的。

年轻一代，尤其是女性，对小家庭的界定一般有两种：一种是只包含配偶和孩子；一种是包含自己的父母＋配偶＋孩子；而大家庭的概念相对灵活和广泛。

男性：更具包容性的家庭观

对男性来说，家庭的概念似乎要比女性大很多，无论是所谓的小家庭还是大家庭。我的一个突出的印象是，当我询问谁是你的家里人时，大部分女性会问我：小家庭还是大家庭？或者就直接按照小家庭的概念回答，在我进一步询问后，再阐述大家庭的观念。而当问男性参与者这个问题时，他们第一个念头跑出来的就是大家庭。比如周龙的家庭概念显然是一个大家庭的概念。

周龙：就像我前段时间我小侄女曾经住我们家，她和奶奶住一块。我觉得也无所谓。反正我觉得我弟弟以前住我们家，他要干吗就干吗，都是一家人。但是说实在的，我爱人呢倒无所谓，也许是因为我们都是外地来的嘛，可能感觉没有这种……但是呢，她姐姐，她毕竟是长期住在上海。她就觉得奇怪了，他弟弟的小孩，应该和他弟弟住一块，怎么住到你家来了？这种就是地域差距了。

周龙"家"的称呼也体现了这种大家庭概念：

周龙：我们家小侄女跑过来，第一在我们家她没有任何意见啊，甚至有时候叫妈妈啊她也很爽快地答应了。反正没有什么心理上的隔阂吧。

我：怎么会叫妈妈呢？叫错了？

周龙：怎么讲呢，家里比较亲切一点的就叫大爸爸大妈妈。我们那里就是我的孩子就叫我大哥、二哥大爸爸、二爸爸，叫他们老婆就叫大妈妈、二妈妈，有时候省略就直接叫妈妈了。但有些时候也分的，舅妈，就是相对来说长久不见了，来往不是很频繁的，那么我们偶尔会过去的话，那小孩子就叫她舅妈。（周龙来自江苏江北地区的一个农村）（个案 6）

韩心的概念也是如此，并且他自觉地承担大家庭的责任和义务。

我：如果你姐姐遇到困难的时候，你会？

韩心：她就是我的一家人，我会竭尽全力帮助她，她需要钱我就给她钱，她需要别的我就给她别的；包括我的外甥女，她以后读书啊，找工作啊什么的，我都会尽我所能帮助她。

我：我在做访谈的时候，发现男性的家庭概念要比女性的家庭概念大，女性结婚了，就是一个小家庭的概念，但是男性似乎原来的家庭还是自己的家庭，原来家庭的事情还是需要自己管的事情。你爱人会不会有这种感觉？

韩心：我爱人吧，总是觉得好像你什么事都掺乎。有这么个意思，但是我太太，我挺引以为豪的一点就是，当你给她讲我为什么这么做的时候，她还是非常体谅的。当然，反过来讲家庭经济还是很重要的，比如家（老家）里需要 3 万或 5 万买个东西，我们家也拿得出来，我老婆不会说和你大吵大闹，因为这笔钱不会影响到她去旅游，她去美容。应该就不会有什么问题。

我：那要是有亲戚来的话……来这里住，你爱人愿意么？

韩心：有过亲戚来上海我这里住过两天，不过那是还没有和我爱人认识的时候，结婚后，估计就不可能了。我爱人可能不太愿意。

韩心几次在访谈中谈到家人，他的家人的概念是非常广泛的。

韩心：“现在我首先要帮到我的家人，就是我的父母、我爱人的父母、我的姐姐，还有我的外婆等，都需要我帮助，希望以后能够帮到更多的人。”（个案 4）

家庭成员会在生活上彼此分离，但是他们仍然将自己视为一体。这种常见的现象近年来在许多国家中都引起了人们的关注（Quddus，

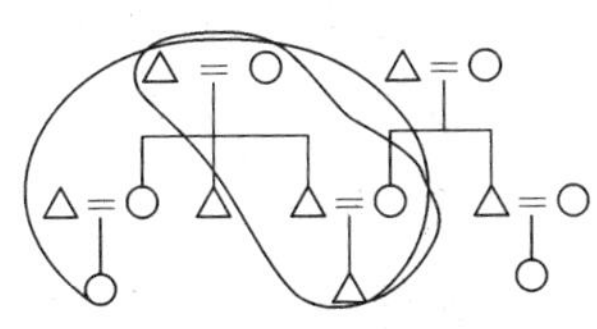

1992；Hoodfar，1997）。在当代社会学理论中，这种经历被分析为社会秩序的一个方面，安东尼·吉登斯将其称为“时—空延伸”。吉登斯所定义的时空延伸概念是指“实践和空间被组织起来的情况使得在场和缺席被连接在一起。”(Giddens，1990:14)在谁是家里人的回答中，是否居住在一起并不是一个决定因素。

我在询问男性小家庭概念的时候，明显感觉到了地域差异（周龙也提到了），一般上海的男性乐于承认小家庭概念，但是也会强调父母或兄弟姐妹（如果有的话）的重要性；而外地的男性常常没有小家庭概念，一谈家庭就是大家庭概念，把父母、兄弟姐妹算在里面。

两性之间对于家庭认同的差异在农村的研究中也得到证实，如李霞的研究发现，对于“家庭”一词，男性反映出来的是包括兄弟在内的大家庭，看重的是以父系关系连接的兄弟关系。……而女性首先反映出的是作为核心家庭的小家庭，也就是她们的生活家庭。这个生活不会延展到丈夫的兄弟和父母。妇女亲属关系的实践目标及其人生历程，并不是以父系继嗣意义的家族或家族集团（宗族）为指向，而是以她的小家庭为指向。（李霞，2010:124）这一点在城市更为明显。

夫妻两人对家庭的认同不同常常会导致冲突。

由于家庭认同不同而产生的夫妻冲突

在我的访谈中，我经常发现在同一对夫妻中，妻子和丈夫的家庭的认同不同的，大部分时候妻子的小家庭界定比丈夫小，大家庭界定也比丈夫小，因此产生了很多的矛盾和冲突[①]。崔浠的故事就很有代表性。

崔浠：他（指丈夫）的家庭范围就大了，他的兄弟、姨妈、舅舅都是家庭成员，他的责任感很强。就是姨妈、舅妈他都要管的，就是他们的亲

① 第八章将详细论述由于对配偶父母是否认为是一家人的差异，从而导致的代际矛盾、家庭冲突和孝顺的困境。

戚他都要管的，我感觉我和我们的舅舅啊，姨妈啊，都不是很近的，就是有事情了，我会帮忙。没什么事情，基本上不怎么联系。

我：为什么？

崔浠：他们家可能是这个原因，就是因为他的爸爸死得早，所以他从小是姨妈、舅舅带大的，什么什么的。（虽然很亲近，但是）我是这样想的，现在姨妈生病了，但是有他的女儿啊，我们可以出点钱，但是他不可以代替他女儿的作用来尽这个义务的，这是不可以的。我们可以养他母亲，帮助他姨妈，但不意味着他姨妈所有的责任都要我们尽，她有自己的女儿的。

同居是两个人的事情，一结婚，就是两个家族的事情，完了，全部完了！本来我和我老公没什么可以吵架的事，偶尔因为孩子的教育吵吵。现在，为了他们家的那些事，整天吵！吵的时候，他觉得我没有道理，但是吵完以后他还是会考虑我的想法的。我说我是为小家考虑，我不可能把我们的小家贡献给你们那个大家族的。每个人都有每个人应该承担的责任和义务，凭什么我们要（承担）别人的义务呢？我们要这样付出？我就有一点很疑惑的，就是我们女人有小家的概念，可是男人就没有小家的概念。

我：那你觉得你和你父母是一起的么？

崔浠：我父母总说，我是独生女，他们的一切将来都是我的。但是我总觉得，他们赚的是他们的，以后留给我的才是我的。

我一直在给我老公洗脑子，我们家就是我们四个人，包括马上要出世的老二。以后买房子，我们一间房间，两个儿子一间，我父母一间，还要一间客房。兄弟姐妹偶尔来，就住在我们家。但是，我不能承担更多的义务。

这次他姨妈带了 5000 元来看病，但是住院要交 10000。我老公就去划卡，拉了 10000。姨妈他们要把 5000 元还给他，他还不要！而且，人家还没有开口借钱呢，我老公就说他姨妈家没有钱，打电话给他的两个弟弟，叫他们一人带 5000 元上来。他小弟星期六上来，带了 5000 元来，他们的二弟说最近手头紧，看看再说。你说，哪有看大病只带 5000

元的？我觉得那天，我很失策的，因为我大着肚子没有跟过去(当时崔浠怀孕了)，所以，完全没有办法控制局势。

住了三个星期的医院，要出院了，又打电话给我老公，说是要他去听听医生怎么说，出院以后要注意些什么。我怕我老公去了又要掏钱，我说这个事情你去有什么用，应该让她的女儿去才对。以后照顾又不是你照顾的，应该是让她女儿去听着。他就火了，说你东想西想想得太多了。我说我就是要想的，我要为我的这个家考虑的，我们就吵了一架。第二天他告诉我，说是出院了，他们自己带钱来结账的。

终于他姨妈出院了，但是(丈夫的)外婆又在他们出院的前一天病倒了，说是喂鸡的时候摔倒了。然后我们一家人，还有他的兄弟们，大大小小都去了。

我：你大着肚子也去啊？

崔浠：我要去监督啊！

我：那你挺个大肚子去监督有效果吗？

崔浠：有效果的，然后他们三兄弟一人掏了 1000 块钱，然后我说，外婆吗，一千块钱就一千块钱吧，后面的住院费什么的都是他舅舅拿出来的。

我：那他外婆现在出院了没有？

崔浠：出院了，三兄弟又跑到江苏去接，然后那天我故意不去领钱，所以他身边没有多少钱，只有几百块，而且他们那边也不能刷卡。那天一共花掉大概要两万多块钱吧，是他舅舅拿钱出来的。

我：那他平时给他妈妈多少钱呢？

崔浠：他给他妈妈一年 3000 块吧。往年不是，往年比这个还要多得多，因为他的弟弟们给的少么，现在有新计划。像往年，我们中秋节给得多一点，还有就是过年了，给得多一点。就是我们在一起，中秋节 1000 多，过年 1000 多的，来看病啊什么，就要花掉两千多。这次呢，三兄弟讨论好了，每人给他妈 3000，我也觉得这样比较好。我就跟他妈妈说了：这 3000 块是给你的，你把它存起来，就是自己开销什么的要从这里面可以扣的,你自己花,如果用完了,可以告诉我,我们再给你拿,没有用完呢,我们过年再给你好了!就是说,专款专用这是给你的,而不是去资助别人的。

我:你婆婆的兄弟姐妹条件不好么?

崔浠:她经常资助她的弟弟妹妹的,我算了一下,这个月10000块都流到了她的妹妹家去了。从感恩的方面来说,我是帮他还债了。因为,当时他父亲死得早,所以,他的舅舅、姨妈什么的都帮助他很多,现在,他舅舅没有工作了,这次他们房子装修我们就送了5000。

我:你婆婆还要给他们钱啊?

崔浠:就是他妈妈比较倾向于她的弟弟和妹妹的,她不会帮她的三个儿子省钱,而是会算计我们的钱,给她的弟弟妹妹们。

我:那你给你妈妈钱么?

崔浠:我给的,就是这样子,每年的中秋节我给爸妈各1000,过年的时候也会的,爸妈各给1000,但是我爸妈给我们的回馈要多得多。比如这次我儿子过生日,我爸妈就给了他6000,我婆婆就给了200。而且,我婆婆有的时候想都想不到我儿子的生日。她一直带小的,就想不到我们家儿子。

我:那你老公怎么看?

崔浠:我老公也很清楚我爸爸妈妈实际上不需要我们的钱,他们给我们的比我们给他们的多,所以,我拿多少钱给我父母,他是不在乎的。(个案14)

崔浠非常坦诚地把最近发生的一些家庭事件、经济安排和她的想法都告诉了我,非常生动。崔浠本身是独生女,因此她的家庭概念仅认同父母,完全不会涉及兄弟姐妹,也不会涉及父母的兄弟姐妹;而崔浠的丈夫显然就不同了,他把姨妈等都看作是有"反哺"义务的家庭成员。崔浠丈夫常常讥笑我们:你们女人就是小心眼。所以,崔浠要大着肚子去监督,免得丈夫又多出钱,并且关照婆婆给你的钱专款专用,不能给你的亲戚。不同的家庭认同非常明确,对崔浠来讲,小家庭的利益是首先需要保障的,在力所能及的时候,在情理之内可以帮助其他亲戚，但是，绝对不是义务，而这一点很多男性并没有这么强的意识。在我访谈中，我觉得来自外地农村的男性对于大家庭的概念更加认可，一般都直接把大家庭作为自己的个体家庭，即使有的男性承认小家庭就是三个人，但是，一旦涉及兄弟姐妹的事情，他们觉得就是自己的事情。

不同的家庭认同常常是家庭冲突的缘由。除了大家庭、小家庭的概念不同以外，夫妻双方对于对方父母是否属于家庭成员同样也是会有完全不同的认同，而这同样会引起家庭冲突，后文还会详细论述由此引发的孝顺困境。

家庭认同模式：个体家庭

过去的研究把家庭看作是一个整体，把家庭某成员的认同视为整个家庭的认同，而上文通过妻子、丈夫以及老人的不同观点描述了同一家庭中不同成员的不同家庭认同，我把这种认同模式称之为个体家庭模式(iFamily)。个体家庭模式既不是从父系或者整体家庭出发，也不是从核心家庭出发，而是以自己——无论是妻子和丈夫以及老人——为中心来构建家庭概念。妻子和丈夫的不同在于妻子的家庭范围似乎比丈夫的小，而老人和年轻一代不同在于是否把兄弟姐妹算作自己的家里人。这些差异体现了传统已经不再是结构，而成为了一种可取可舍的资源，个体根据自己的需求和与他人的关系来确定家庭成员。同样，现代的核心家庭模式也并没有成为结构，也同样是一种可取舍的资源来利用。

但是在多元的认同中，我们还是可以看到个体家庭的一个重要趋势，即沿着自己的血缘展开的，同时包含了配偶，但是很可能排除配偶那边的家人，即血缘重于姻亲，正好形成了一个心形图案。

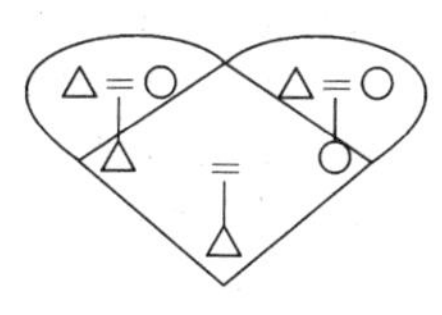

这一心形图案中，心形的左半部分是丈夫的源生家庭，右半部分是

妻子的源生家庭，而中间重合的菱形部分是夫妻双方的定位家庭①。帕森斯的家庭界定是从个体出发的，他认为定位家庭在人们的成年时期具有最高的优先权(1943)。英美文化倾向于强调夫妻关系〈这是指异性婚姻〉的长期价值胜过与父母、祖父母的血缘关系(切尔，2005)。但是个体家庭的模式意味着定位家庭不一定优先于源生家庭，在父母在世的时候，源生家庭的重要性一点都不比定位家庭弱，而这一点，又和费孝通的三角家庭模型有类似。

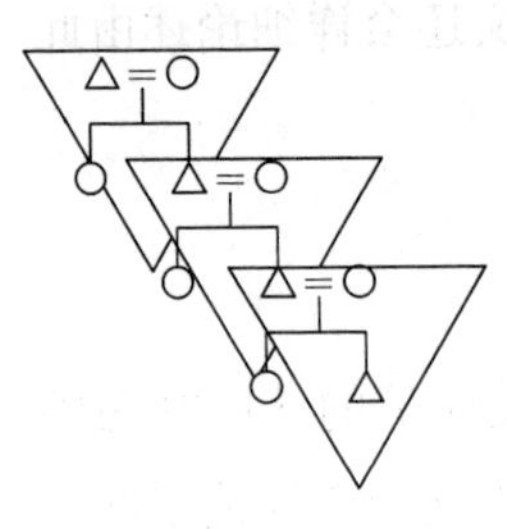

费孝通在论述中国传统社会中家庭结构时，也谈到了起源家庭和定位家庭，但是他不是从个体出发的，而是把家庭作为一个整体的基础上来论述的。费孝通用家庭的三角结构来表示家庭结构的特质及其演变。从一个核心家庭来看，一对配偶结婚后，三角形结构的两点已经具备，只有到孩子出生之后，三角形的第三点才形成。“这个完成了的三角在人类学和社会学的术语里称作家庭”；随着子女的增加，第三点越来越强，三角结构也逐渐扩大。等到子女结婚，就和另外两点结合成新的三角形。原来三角形的亲和力就随之减弱，于是原有的三角形也就无法保持其完整性了。“在一定的时间，子方不能安定在这三角形里，他不能永远成为只和父母联系的一点”，这样就使得家庭三角形不断分散，双亲去世，这个三角形结构就根本瓦解，为子女自己的三角形所取代。“这并不是原有三角形的意外结局，而是构成这三角形的最终

---

① 在功能主义社会学家塔克特·帕森斯(1943)看来，家庭关系就像一个洋葱一样，可以被看作是具有一系列的层。每一个层都是逐次地离位于中心位置的人越来越远的。不断增加的社会距离是以位于“洋葱”结构中心个体与外人之间的关系纽带逐渐弱化来表示的。例如，人们之间的接触越少，那么彼此之间的给予也就越少(Ched, 1996)。在“洋葱”以外是更大的社会，在这里既不允许也不鼓励私人关系。

根据帕森斯的理论，“洋葱”结构的中心是由两个家庭群体组成的。第一个是由个人加上他的父母以及兄弟姐妹组成的群体，也就是个人的源生家庭。第二个群体对于大部分人来说是占据了他们生命的某些阶段的，它是由个人加上其配偶或许还有他们的儿子和女儿所组成的，也就是个人的定位家庭。对于大部分美国人来说虽然这两个群体都是极为重要的，帕森斯认为定位家庭在人们的成年时期具有最高的优先权。

目的。这个三角形的破裂是它功能的完成。”(费孝通,1998:163、215—216)

比较洋葱结构和三角结构,我们可以发现,两者讨论家庭的逻辑起点是不同的。帕森斯的洋葱结构是以个体为出发点,认为定位家庭的出现并不影响到原来的起源家庭的存在,也就是说孩子结婚后可以也应该脱离起源家庭,起源家庭依然是个独立的家庭单位,它的消失是和起源家庭的夫妇生存与否相关的。而费孝通是把家族看作一个整体来看待了,个体并不能脱离源生家庭,家族是有延续性的,定位家庭与起源家庭之间的关系并不是并列的,而是替代性的。

这种三角形的概念我在访谈中也经常会感受到,第一个三角形并不随着第三点建立自己的三角形而破裂。这一三角形真正的破裂是在第一第二点的过世。无论是男性还是女性当父母过世后,除非出现有凝聚力的核心人物,否则,大三角很容易就消解了,关于这一点,阎林建讲得很清楚:

沈:说到家庭的话,你觉得家庭应该包括哪些人呢?

阎林建:现在要说的话就是我们三个,我们两口加一个小闺女。因为以前我妈还活着的时候,我妈去世三年,我爹已经去世,哟,91 年底的话,已经 15 年了。我妈去世之后,我才感觉到这个大家庭已经解体啦。以前我还觉得我妈下面有三个哥、一个姐,还有我,我妈走了之后,人就很奇怪的。这就是为什么那一年我妈走了以后我回去很快又出来了。我想我这一走就真的是走了,我妈在的时候我每年还要回去的,你看现在三年了我都没回去。

沈:就感觉家已经不一样了……

阎林建:我现在不想那边了,因为这才是我的家。以前我妈活着的时候,那就是我的家。所以说父母在和不在差别很大的。她要是活着的话大家都可以撒娇。你再老你也是她儿子,你五十岁还是她儿子对吧?等到她一死,就感觉那里不是你家了。我去就住在我大哥家,但是感觉不一样,那儿不是我家。以前回去我妈会说你住你大哥家吧,但是感觉就是不一样。所以说人还是比较微妙的,根一没了,大家就散了。

垂直的、纵向的关系没了，横向的就比较散了，大家就变得像亲戚一样了。（个案 25）

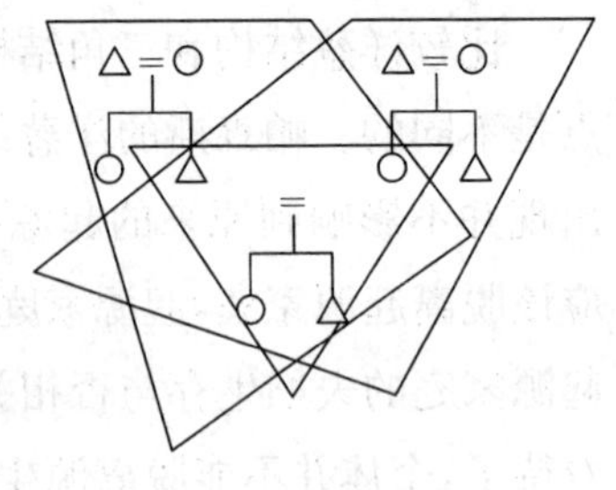

如果父母还健在，或者有一个替代性的核心人物[①]出现，那么这个三角形在主观认同中将继续存在。即使子女已经结婚，无论是父母还是子女在主观上都没有把自己从原有的三角形中分出去，因此，也就构成了新的大三角、小三角互相包容的情况，出现了大三角形，由三个互相联系的小三角形构成一个大三角形。这种情况在独生子女的家庭尤为明显。

如果我们简化此图，就是上面的心形图案。此心形的个体认同模式与三角结构或者“房”的概念最大的不同在于：无论是费孝通的三角结构，还是“房”的概念，都是以父系为基础来讨论的，而现在女性作为个体崛起了，成为了可以与男性相抗衡和相对平等的一个认同体系。

性别视野下的家庭认同

早在 20 世纪 70 年代，沃尔夫就对这种父系视野下的家庭结构和认同的研究提出了质疑。沃尔夫发现，对男人来说，大家庭似乎只包含他们的直系祖先（父亲、祖父等）和他们自己的后代。而对女性来说，这个大家庭并不是自然而然的，需要人为的努力和联结：女性只有通过产生自己的后代，才能把自己和一个父系体系联系起来，否则她在家庭中是没有重要位置的。所以，沃尔夫提出一个问题：“女性如何定义她的家庭呢？”（Wolf，1972：31）

当沃尔夫在田野中重点关注女性的家庭认同时，她发现了子宫家庭。在女性还是一个孩子的时候，她的家庭就是她的母亲，有时候扩展到她的祖母。她和自己出生的家庭的父系体系的关系是暂时的，一旦她出嫁，她和父亲的家族关系就中断了，所以对她来说，意义最重大的

① 第五章有具体阐述。

是子宫家庭：她的母亲和她母亲的孩子们，但是把父亲排斥在外。一旦女性自己结婚生育后，就开始建立以其自身为中心的子宫家庭。她从来没有完全把"家庭"界定为父亲的家庭或者丈夫的家庭。当她结婚后，对她嫁入的家庭来说，她是一个外来者，而对中国人来说，外来者总是被怀疑的对象。她的丈夫和她的公公并不把她看作是家庭成员，而是传宗接代的必要条件。所以，女性必须要生孩子来建立她自己的子宫家庭，并据此来紧密联系自己和夫家的关系(Wolf, 1972:34—35)。

沃尔夫总结道：从男性的视角来看中国家庭是一条家系脉络(a line of descent)，包含这个男性家户的所有成员并通过他的后代扩展开去；而从一个女性的视角来看，中国人的家庭并不是一个联系过去和未来的一个连续家系，而是一个当下的团体，是一个女性从其需要出发的团结体(Wolf, 1972:37)。

沃尔夫暗示要重新检视以前所有的关于中国家庭的文献，这些研究从男性视角来看是如此，但是如果从女性视角来看，则可能完全不同。子宫家庭的利益常常和男性主导的家庭体系的利益相冲突。但是，沃尔夫的这一"洞察"在后来的研究中却鲜有延续。大部分关于家庭的文章依然是把家庭作为一个整体来讨论，实际上是把男性的家庭观作为一个范本来讨论，对于女性的家庭观以及这种家庭观的变迁却很少有详细描述的。

个体化中的明显变化是女系和男系处于同等的重要地位。过去研究差序格局是把这个"自我"理解为男性，因此，在父权体系中，对男性来说，以自我为中心的往外的涟漪是比较清楚的，因为他日常生活接触和主观认同的体系和父系是相吻合的。但是对于女性来说，这个往外的涟漪中，自己家庭这边的亲属关系和丈夫那边的亲属关系究竟是如何排列的，这一点，我们非常的不清楚。除了沃尔夫仔细了解和询问过女性的家庭观，从而总结出了女性的"子宫家庭"概念外，我们对于传统中国中女性的家庭认同和亲属关系的认同情况知之甚少。但从仪式中，我们发现女系亲属关系很明显在生命周期的仪式中有特别的意义，女性亲属关系被希望在生日、婚姻和死亡的场合中提供额外的劳动和食物(Watson，1981)。

因为缺乏足够的资料，本文无法描述不同性别不同代际的家庭认同是如何变化的，这里仅能从一个静态的角度来描述今天在上海的年轻男女和年老父母们是如何来界定自己的家庭概念和确定家庭边界的。

从心形的家庭认同模式来看，正是由于女性强调自己的代际关系，尤其是对父母的认同，导致家庭认同的模式发生了全面的变化，从过去连绵的三角形变成了一个一般只包含三代的家庭认同体系，同时，与子宫家庭有关的小家庭的概念被凸显出来。

女性那一方的家庭如果在经济实力、地域上和男方处于同等层次上的话，那么女性这一方的家庭脉络格局完全可以和男性这一方平起平坐，处于势均力敌的地位，而不再像过去那样，被隐在身后，而这正是心形个体家庭模式特点之一。同时，女性对于家族的认同相对来讲缺乏家族或宗族的概念，因而仅仅强调直系之间的关系，这种特点也影响到男性的家庭认同和家庭行为。家庭认同的模式已经发生了和过去完全不同的变化。

第二节　谁的家?

对家庭的认同不仅仅是一个头脑中的概念，它会在家庭内部关系的处理时成为一种运行机制，尤其是当家庭认同的边界和实际上居住的模式不同时，就出现“谁的家”的问题。同样，不同的群体对于所居住的地方到底是谁的家，谁是主人的看法也存在差异，也可能因此而影响家庭关系，形成冲突的缘起。

购房确定的谁的家

我并没有直接询问“这是谁的家”，而是在访谈中以及后来反复阅读田野笔记而总结出来。一个家庭无论是核心家庭户，还是主干家庭户，只能有一个女主人、一个男主人，只能是一对夫妇的家。如果，家庭成员对于这是谁的家搞不清楚的话，那么矛盾就会产生，最终的结果往往就是通过分离来确定这是谁的家。

确定谁的家，在一开始购房的时候就开始要有个"说法"了。一般而言，为了年轻人结婚而买的房或者准备好的房，无论钱是谁出的，都是年轻夫妇的家，年轻夫妇是主人。小两口如果买房时，父母或兄弟姐妹也同样出了一部分钱，他们会用"借"字，来突显房子的所有权，但是还不还则因情况而定。

杨晴说：首付啊是他付的，我那时候刚工作一年啊，他还是有点积蓄，再加上我原来读研究生的时候也有一点点积蓄，把全部付进去大概还差个七八万吧，我爸妈给我一点。他们说借给我的，说是说借其实是不让我们还的，就当是给两个女儿的礼物吧，然后我们大概还差五万块钱，他问他朋友借的，第二年我们就还了(个案3)

同样用借，但是朋友的钱第二年就还了，而父母的钱借了确实不需要还的，即使"还"也不会是以还购房款的方式，而是以其他方式。

韩心和太太买的是浦东的一套两室一厅的二手房。小两口把自己的积蓄都拿出来，双方父母也都出了一部分钱，韩心的姐姐也借钱给了韩心。韩心："我们是付了一半多的首付，没有去借贷，我就向双方的父母都借了一笔钱。……现在我爱人那边基本还清了，现在就是我家里这边，我姐姐的，还有我爸爸妈妈的。现在我正在慢慢给他们还。姐姐的钱已经还清了。

我父母的钱我不会说一口气还给他们，因为还给他们他们也不要。我就陆陆续续地给千儿八百的，过春节给3000、5000的。当然，也不是说给了50000，以后就不给了，以后还要给。岳父岳母的钱是一口气还的。"(个案4)

韩心说父母的钱"慢慢还"。实际上，我的理解是韩心不会以还购房款的方式还钱，而是认为一直孝敬父母就是了。

曾莹和丈夫买房时，公婆给了5万，说是借的，但是到现在还没有还。由于曾莹和公婆关系不好，曾莹不承认这是公婆给的，一直强调是"借的"。但是，当我问起是否还清这个钱，以及准备如何还的时候，曾莹说:“这和我没有关系,反正他(指丈夫)愿意还就自己去还,他自己负责这个事情,和我没有关系。”实际上,夫妻双方的经济是放在一起的,所以,如果曾先生要用“外快”或者私房钱去还,显然可能性是很小的。基本上,这个钱应该算作是男方家支援小家庭的,但曾莹显然不愿意承认这一点。(个案 45)

除了用“借”,还有赞助、入股等说法。

费瑞把父母给的钱称为赞助。费瑞 2002 年买房,首付是婚礼上收的 20 万礼金,然后是他的贷款。费瑞:赞助啊,我装修的时候就赞助我了啊。他爸妈那边给了我们 30000,我爸妈那边给了我们 50000。(个案 40)

李强把丈人丈母娘给的钱称为“入股”。说起他们买的第一套房子时,李强说:“这套房子她父母有一半产权的,当时我们刚工作,也没什么钱。所以买房子的时候……就问她父母借的钱。就相当于入股一样。”后来他们又买了第二套房子,李强:现在这套就是我和我老婆两个人买的,他父母入股一套,那边还有一套三室两厅,这里又买了一套,所以(我们)是房产大户啊。(个案 9)李强太太是独生女,在李强和李强太太看来以后女方父母的房子自然就是他们的。但是,李强依然强调入股和借的概念来明确房屋目前的所有权。

很多的已婚独生子女把父母给的钱看作是不需要还的,并且父母的钱实际上以后就是他们的。但是,也有独生子女强调要和父母经济分开。姚华曾说到她丈夫姚先生父母出资的 16 万房子首付,姚先生一直想要还给父母。

沈:为什么啊?他是独生子啊。

姚华:我也不知道。反正他说,他父母的钱是他父母的钱,虽然以后可能是他的,但是现在,就是父母的钱,他不想要父母的钱。可能是他不想啃老。如果以后我们换房子,钱不够的话,我们就去借钱,或者抵押贷款,反正不想再问父母要钱或借钱。我说,你先把房子换成三房两厅再还你父母 16 万。反正他父母又不需要钱。

沈:就是啊。

姚华：我觉得这个主要是心理上的。就是说，现在还没有达到共产的时候，不能说就是我的，还是两家人，你的就是你的，我的就是我的，要分开来。还是有这种概念。（个案46）实际上，姚华夫妇一直没有还16万给父母，但是通过“应该还”的说法同样达到了明确这是谁的房子谁的家的效果。

一山不容二虎

明确了房子的所有权，基本上也就明确了家庭的主人。但是，同住的人并不一定达成共识，如果同住的人对于这是谁的家，谁是这家的主人没有搞清楚的话，冲突也就发生了。或者说即使知道这是谁的家，但是涉及代际关系的时候，究竟是“老一辈是家长”还是“谁的房子谁做主”这两种不同的逻辑碰到了一起，那么也可能产生冲突。这种冲突特别容易在刚刚开始居住在一起的时候发生，某些性格较为内向的参与者反映问题很早就出现了，会先选择忍，忍不下去了，冲突就爆发了。

莎莉讲到婆婆刚来的时候，他们发生的一系列矛盾都是生活琐事：

我们阳台上不有个橱么，我们是为了美观或者在那放点东西，但她（指婆婆）老喜欢在那个橱上面挂个毛巾，因为那个毛巾那个角度太阳光特别好，她要把所有的洗脚布都挂在那，说“这里可以晒太阳”，（笑）挂了一个一个，我跟她说了多少遍她都没改过，到现在还没改过来。（笑）就是这种小事上。然后我放洗衣粉，她总说我放的多，然后我说放的多有股香味不挺好的么；她说这个东西对人体有损害，不好的，她说要少放点，那就分开来，我洗我的，不管了。都是些小东西，但是有时候就是因为这些小东西，我会一整天心情都不好，然后心里就会有股无名火，以前都是我在发火，我婆婆不太发火，她脾气蛮好的。但是我有几次发火她就流眼泪，她就是挺委屈的啦，我觉得我是不太高兴的，我觉得这是我的家，我想怎么样就怎么样。我即使有点做错了，那是我的习惯，就是应该这样的。她觉得非要按照她的意思。但是现在好多了。后来也就是有一次，我先生说，去看那个于丹的《论语心得》，他说你发火说明你内心不平衡，他说就是于丹里面有句话就是“忍者无忧”啦，就是说你对别人宽容一点，能放下来就放下来，不要放在心上，其实是给自己得了一片海阔天空啦，那种事情就不要太计较，算了，你就把更多的精力放在你喜欢的事情上就可以了。所以我现在就是反正你要挂就挂吧，反正我觉得一切就认可了就是矛盾也没什么矛盾了。(个案10)

莎莉说到的小事的冲突体现的正是她所强调的“我觉得这是我的家，我想怎么样就怎么样。我即使有点做错了，那是我的习惯，就是应该这样的”。所以，每一个家庭只能有一个女主人，一个男主人，在一件事情上只能有一种态度一种决策，如果大家对于这是谁的家搞不清楚的话，那么很多小事因为彼此做法不同就会引起冲突，这个时候有的选择容忍，有的选择爆发，有的选择询问，然后说说清楚。当莎莉把挂毛巾、放洗衣粉多少的问题和谁是家庭主人的问题分离后，变成是心态问题，这些现象也就能够容忍了。当然这其中还有长时间婆媳之间的摩擦冲突和相互依赖，最后，彼此都明确了莎莉是女主人，很多小事就可以忽略了。欢欢奶奶强调自己和儿子媳妇住在一起“多干活，少说话”的总结，(个案37)说明的也是这个问题。

这个“谁的家”的问题不仅发生在和配偶父母的关系中，也同样会发生在和同住的自己父母之间，但是相对来说，因为是父母，彼此习惯、思维更加接近，因而冲突的概率下降。大部分的父母住到子女家后，还会保留自己原来居住的房子，对老人来说，那是他/她的家，即使他/她每年只住很短的时间。无论是年轻一代还是年老一代，对于这两个家谁是家的主人彼此是分得非常清楚的。父母住到子女的家庭中，做了所有的家务，但是依然是客人身份而不是主人；已婚子女回到父母家中，虽然那个也是家，但是他/她不需要做主，也无权做主。同住者之间的冲突看上去是因为做事习惯的不同，实际上，很有可能是因为对于“谁的家”的认同不同。第八章中提及的李芸和公公的冲突也在于到底是谁的家(个案12)。上文提到莎莉看不惯婆婆做事情的方式，对于婆婆提出来的建议也觉得没必要听取，因为这是我的家，要按照我的做法去做。但是当莎莉到婆婆家，婆婆同样的行为却不再引起莎莉的反感。婆婆可以随意进出她的房间；如果饭菜咸，她也不会提意见；婆婆说某

事应该怎么做，某人应该怎么交往，她也会遵照。莎莉：那是她做主，心里就是这么想的。（个案 10）

老人当家作主的特殊个案

在我的访谈中，并不是和父母住在一起的家庭都是年轻一代为主人的。如果是父母比较强势，比如经济情况、地位都比年轻一代高，那么家庭的主人是老一代。

贾妮是一名围棋老师，她的丈夫最近失业在家，而他们的公婆原来是军队的，目前住的房子也是公公单位的福利分房。到"她家"做访谈，整个访谈实际上是在她的房间内进行，从头至尾，我没有在客厅停留，贾妮也没有任何邀请我在客厅坐坐的想法，当她在画房型图遇到困难的时候，或者说到家庭重新改变格局装修的时候，我非常的不明白，觉得有很多矛盾的地方，她也没有让我直接参观她"家"的想法，虽然我们就在她"家"里。谈到家庭布置、居住安排等，对贾妮来说，只有自己的房间是她的"家"，其他都不是。而整个装修风格也是非常有意思，贾妮和丈夫的房间结婚后重新进行了布置，基本上是贾妮主持的，也是贾妮出钱的，因而一片粉红色，就像公主房，一如贾妮甜美的气质。其他的部分，如客厅，总体风格是沉闷的深棕色，白色的墙壁，深棕色的家具，棕色的沙发，整个风格明显是中老年的风格。无论是颜色还是家具的风格，贾妮的房间在整个家中似乎是独立的一块。

贾妮：如果全部靠我的话，其实我已经一点点在改善生活了，我们的房间原来不是这样的，这些家具全是我后来买的。因为我本来就是这么想的，这里是我自己的一个空间。……我在家里活动的范围比较小，我不像公公婆婆可以坐下来在厅里看电视，房间感觉上还是很小的，所以我还是想分开住。（显然贾妮的丈夫没有这个问题，因为在访谈的时候，他一直在客厅里看电视，偶尔被我们叫进来回答问题）（个案 21）

对老人来说，如果这个家是他们的，就意味着负责所有的经济开销、干所有的活，享有权利，也享有义务。与传统社会不同的是，婆婆不再觉得自己可以支配媳妇，也不会要求媳妇做家务，能够做的仅仅是劝说或暗示。这与年轻人当家作主也是不同的。如果老人住在子女的家里，那么只有义务，权力很少；而子女住在父母的家里，虽然可能权力不多，但是也不承担义务，大部分都不做家务。

局长爷爷奶奶和儿子媳妇住在一起，2001 年买了目前居住的四房三厅的 180 平米的复式大房子。一口气付掉 80 万，没有贷款，钱全部由局长爷爷奶奶承担。复式的房子有两个主卧，分别是局长爷爷奶奶和局长儿子媳妇住，外婆住在楼上北面的小房间，从房子的选择、装修风格和付款都是局长爷爷做主的。整个家庭的装修以红木为主，色调很暗，选择的家具风格也是很老式的，看上去就是老人做决定的家。我在询问装修风格的时候，得到了明确的肯定：这个家的风格和具体选择都是局长爷爷来决定的，而局长奶奶负责执行，小两口基本没有做什么决定。[①] 局长爷爷的儿子收入没有局长爷爷高（低很多），而局长爷爷的儿媳妇没有工作，因此家里的经济也基本上全部由局长奶奶掌管。

沈：现在家里开销谁来啊？

局长奶奶：我老头的工资加我的退休工资。

沈：儿子工资每个月给你们？

局长奶奶：儿子工资全部给我。我讲我代他们保存。媳妇么就负责炒股！（果然，访谈到一半的时候，局长爷爷打电话过来问媳妇的股票情况，用局长奶奶的话是，“遥控指挥”）。

2004 年，局长爷爷的儿媳妇怀孕了，局长亲家母来到了上海，主要负责带孩子。

局长奶奶：她（局长亲家母）带小孩。我来做家务。我总是和儿子媳妇说，现在有人挣钱，有人带小孩，有人买菜烧饭，你们不要太幸福哦。……爷爷赚大钱，爸爸嘛赚小钱。我媳妇呢，现在炒炒股票。

沈：你媳妇一直在家里的是伐？

---

① 这一点和其他的大部分家庭都不同，比如欢欢奶奶家，欢欢爷爷奶奶除了房子首付款，小两口按揭，房屋的主人毫无疑问就是小两口，房子的选择装修都是小两口决定的。其他上文谈到的向父母“借款”买房子的年轻夫妇也同样对房子有完全的决定权。

局长奶奶：现在不上班了。太辛苦了，太累，你讲讲，6点钟下班，总要拖到7点钟。加班费也没有，工资也不涨。我讲：不要做不要做，帮我带带小孩。就这么一个小孩。

整个家，局长奶奶是管家，里里外外都管，孩子则主要由局长亲家母也就是孩子外婆管。我去访谈的时候，对这一点有直接的感官认识：除了我专门询问外婆，外婆只在谈到孩子的时候插话，很多时候，我明明在问外婆，局长奶奶马上直接回答掉了，包括我询问外婆家里的情况。其次，我们访谈期间，奶奶负责给我倒水拿水果什么的，而外婆就在管孩子。他们家个人的角色也很清楚，局长亲家母明确自己是来暂住的，来帮忙的；而局长爷爷是一家之主，局长奶奶是具体执行者。在日常生活中，家里所有的采购几乎都是局长奶奶完成的，亲家母基本不参与。

局长爷爷奶奶在经济上的优越地位非常明显，主人翁意识强烈，希望儿媳妇不要工作了，带孩子，局长奶奶用的是"帮我带带孩子"，其实带的是儿媳妇自己的孩子。在整个访谈期间，我一共见了局长儿媳妇两次，一次是我们刚进门，她从书房出来和我们打了个招呼；一次是我走的时候，她出来和我说再见，还教孩子用上海话对我说：谢谢侬。

局长亲家母丈夫已经过世，自己又没有退休工资，因此投靠女儿的地位很清楚。因为双方实力悬殊，因此不会有一山二虎之争。（个案34）

这个家庭是典型的父母有经济实力，子女啃老的典型。老一辈收入比小一辈高，房子也是老一辈买，活儿也是老一辈做，主人也很清楚，就是局长爷爷、局长奶奶。

两个家的区别

虽然在家庭成员认同上，会把父母纳入自己的家庭成员，但是当说到家庭主人的时候，两个家的概念又出现了。杨晴对于两个家之间的区别说得更加清楚。

说到在上海的家，"我自己家当然是上海的家，是我一手经营一手操办的。”

沈：那你在这个家里做家务比较多的，对吧？

杨晴：是的是的，这个是很奇怪的，我在这边就是说一般一两个礼拜我就从头到尾弄一遍，擦啊拖啊，但是一到父母家里我就什么都不干，只管带孩子了。

我觉得这个感觉就是上海的这个家是自己的家，我可以做主，但回到老家还是这些人，但我觉得不该我做主了，就是说跟我没有关系了。……而且我妈也分得很清楚的，在老家我干个什么的话，她很挑剔地说这个地扫得不干净你别扫了，说这个什么没有按照她的意思要按照她的，但到这边（上海）她就会问我该放到哪里，即便是她看着不合适，她也会说算了，这是你的家，我也管不了那么多，是这样的。特别是我妈，我爸倒还好，他觉得到处都是他的家，他说他有好几个（家），他想干什么就干什么很自由的，我妈就怪他说，你怎么这样啊，这是女儿的家，你怎么当自己家一样啊？然后他说，我觉得就一样，女儿就自己人啊。然后就这样两个人有点分歧了。”（个案3）

李芸也有类似的阐述：李芸公婆大部分时间住在李芸家，公婆在上海郊区有房子，在那里有李芸他们的婚房，李芸放长假会去的，当作是旅游，一家人就一起回上海郊区的老家，然后婆婆会“整理被子啊什么东西，全部她搞定的，我就不管了（笑）。”

李芸：这人心态是蛮怪的，那边也有我们的婚房，但是就是说，因为我觉得我这个我不管的，什么东西乱了我都不管的，这个跟我婆婆想法在我家里一样的啦。我婆婆她自己房间她理得很干净的，厅里面灰都积满了，她不管的，她不擦的。（个案12）

崔浠对于这一问题的回答更为形象。

沈：你觉得你回到上海的家里和回到你父母的家里，有什么不同么？

崔浠：不一样，回到父母的家，我觉得是回到他们的家，然后我什么东西都不知道在哪里！我的状态就是，我又变小了，我又回到了他们的身边；但是，一旦他们过来（到上海），我觉得这里是我的，我是主人，是我的家，我长大了。这个角色不一样，虽然，我还是他们的女儿，但是他们要问我，东西放在哪里，怎么做。而回到父母家，我觉得更多的我像个客人了，我偶尔还会帮我父母做点事情；而如果他们到我这里，我就像没有手一样，我什么都不做。他们愿意做就做，不愿意就让保姆做。（个案 14）

无论是妈妈还是婆婆，虽然住在一起，同样的人，同样的事，但是在不同的区位，彼此的行为和想法是不同，这一点似乎在男性身上体现不明显。我在访谈中也询问男性，但是他们完全不理解这是个什么问题，有人会回答，两个家的不同在于一个在农村空气好，一个在城市交通好（个案 44）。听上去，答非所问。对于男性来说，由于本身就很少做家务，到哪里都是负责吃吃喝喝玩玩，因而谁是家庭的主人并不那么明显。但是，我在访谈中也发现了男性与男性对男主人这一身份的争夺。

欧莉结婚时，母亲提出换大房子住在一起，但是欧莉父亲不愿意换房子，因为已经居住习惯了，不想搬了。更加重要的原因是父亲不肯和女婿住在一起。欧莉：我觉得主要是性格的关系。我爸爸属于那种在家里一定要说了算的人，如果和强尼住在一起，而且是我和强尼的家，他觉得自己就没有办法说话算数。我结婚的时候，他就和强尼吵过架。有的时候，我和强尼吵架，我爸爸就觉得特别难受，他总觉得男人应该让着女人，男人就不能这样那样，可是他觉得他不能说什么，他就很难受。要是说什么了，这个架就吵得更大了。所以，我也觉得不能住在一起。（个案 45）

还是我的家吗？

和配偶的父母住在一起，对个体来说除了冲突，还常会产生游离在自己这个家庭之外的感觉。

叶玲玲一家和叶玲玲的父母住在一起，她丈夫方强每天晚上在单位吃好晚饭，然后 8 点回家。有一次方强随口说："等我回家太晚了，让他们一家门先吃好了，我么，一个人，在单位随便吃一点。"

"他们一家门"，这个词很有意思，似乎叶玲玲和她父母和孩子构成

了一个完整的家庭单位，而他把自己排除在这个单位之外。（个案15）

和女方父母住在一起的阎刚很直白地说到感觉自己的家不是自己的家。

沈：那你和她父母住在一起有什么不习惯的吗？

阎刚：生活上倒是没什么，但是家里就好像她们家一样的。（个案20）

住在自己的房子里却觉得像是住在别人的家里，这听上去很奇怪，但是如果我们考察一下日常生活的细节，这一感觉的出现就非常正常，很容易理解了，而且这种感觉不仅限于男性，女性如果和男方父母住，有同样的感觉。对于这一点朱安解释得特别形象。朱安和公婆刚住在一起，这种感觉非常强烈。

朱安：他们家特别兴奋，因为生了一个儿子，他们整个家庭像过节一样的，过了很长一段时间的那个节。我觉得他们都忘乎所以了，也包括我先生，他们一见面就是看这个孩子，说这个孩子，然后我觉得我公公，特别是我们刚刚结婚的时候，他有一种什么感觉就是：我们才是这个家庭，我们要维护这个家庭的延续性，然后你还是媳妇，是外人。

所以在饭桌上，他们开始其实是有点心态不大一样的，谈事情的时候，我不能插话的，就是我如果插一句话的话，就会引到其他的话题上，所以就变成什么呢，我先生一下班回来，然后开始在饭桌上跟他爸爸交流问题，全部是他们的话。

沈：他们会说普通话呢，还是别的什么话，上海话？

朱安：上海话。

沈：你那个时候上海话会说不？

朱安：其实是会的，会一点，包括现在都是这样，但是我跟他们一直说普通话。

沈：他们也不说普通话，就是当着你的面一直说上海话？

朱安：对对对。

沈：那可能蛮难受的。

朱安：然后我先生就是，你想他下班回来跟他那样，一会看电视了，然后逗逗孩子，一直是他们那样的一种交流，跟我的交流特别少，这个我当时觉得挺想不通的，当时我就有种感觉啊，就是他们家更完整了，又有孙子了，然后我仍然还是我，我仍然还是个局外人，就那种感觉，而且好像生了孩子也不是自己的那种。反正当时有一段时间吧，感觉不是很好，就是觉得自己失去控制，那个局面吧不是你能控制了的，其实就是生一个孩子这么简单的事情，因为有这么大一个家庭。

在一起共同居住 13 年后，朱安夫妇买了新房子，和男方父母分开住。

沈：那你们买楼为什么当初没有考虑继续和你的公公婆婆住在一起呢？

朱安：因为当时就是有一种很革命的想法，这个日子不能再过下去了，觉得还是要过自己的私人的时间。

沈：你觉得就是跟公公婆婆住在一起，有没有感觉这个家就是我的家？

朱安：没有，像是住到别人家了，特别是你吃饭穿衣什么东西都是要由别人来决定的时候。住在外头的那段时间，我公公婆婆也是经常都来的，也不是特别感觉隐秘的。

沈：你现在在这边住就有自己的家的感觉了？

朱安：对，对！（个案 16）

与配偶的父母居住在一起不一定就会形成权力关系上的弱势，但是这种家庭认同的疏离感却非常普遍，也就是说当定位家庭和源生家庭碰撞在一起的时候，那个“外人”的感觉常常是最容易出问题的。

保持和配偶家人的距离：潘玉的故事

大部分的家庭是因为和配偶家庭的亲戚没有太多见面来往的机会，而变得很生疏。潘玉的故事却告诉我，即使有很多机会和配偶家的家人见面交往，也不见得能够形成热络的亲属关系。

潘玉出生在南京，16 岁就离开南京到上海求学，然后一直在上海工作、结婚、生子，因此，和南京的那些亲戚已经很少来往了。潘玉有一个弟弟，假期的时候会来趟上海，潘玉说："我也挺自私的，我觉得弟弟在我们家我还挺高兴的（笑），但他们家的亲戚我还是有点距离的。"

潘玉的丈夫潘先生老家在浙江，有三个姐姐和一个弟弟。潘先生的父母因为是逃难到浙江的，因此，在浙江没有亲戚，所以从小他们就特别团结，关系特别亲，尤其是潘先生最小，经济条件也不算好，因此得到了哥哥姐姐们很多的照顾。潘先生和哥哥姐姐们的交往是非常频繁的。潘先生的一个哥哥在上海，两个小姐姐的孩子又都到上海来工作了，所以，常常哥哥姐姐们一起在上海碰头。

沈：是不是每个月或每周都聚？

潘玉：那大概没那么高，就是有事情的时候倒的确有这么高。比如说他们两个女儿刚到上海来工作的时候，来得还是挺频繁的，因为帮她们借房子啊什么的，嗯，或者有的时候要送点东西来么。现在好多了，我觉得少一点了。就是他那个小姐姐哦，电话打得特别多，因为她是做财务的，她守在电话旁边，好像她那个公司没什么事儿，而且那个电话可以让她免费打长途，所以就经常打过来。

沈：那是不是不在上海的哥哥姐姐相对来讲跟你们的交往会少一点呢？

潘玉：其实没有，他的大姐哦，在他们家就起了一个顶梁柱的作用，对于我老公来说，他那个大姐就像他那个妈似的（笑）。遇到什么困难啊，或什么事情都得跟他大姐商量，而且他大姐即使自己有家了、孩子也大了什么，对底下的弟弟妹妹都特别照顾，都是有难必帮的，所以我就觉得他们那个家庭来往得相当密切，哎哟，每天那个电话都通得挺多的。

沈：每天?!（笑）

潘玉：对，真的说可以说是每天哦，我觉得，我觉得他一两天打的电话比我和我父母一两个礼拜打的都多，我感觉。

但是，对潘玉来说，丈夫和哥哥姐姐的紧密关系并不能使得她和他们也能产生亲密的关系。潘玉解释，首先是因为语言不通，哥哥姐姐们聚在一起用家乡话聊天，她听不懂。

沈:那他们和你讲普通话?

潘:对的,他们自己讲家乡话,和我讲马上转过来普通话。

沈:哦。你跟他们联络多伐?

潘玉:我觉得我不大好,我好像跟他们还是比较少联络,我甚至有的时候看的是他们电话吧,我就不愿意接(笑),我就说,××你快点接电话,是你的……(笑)我就让他直接去接吧。因为我如果去接的话,他们又会跟我客套几句么,我觉得,哎呀就干脆别客套了,有什么事就直接让他们说去吧。

另外,有些时候,潘玉会就觉得潘先生的哥哥姐姐来比较麻烦,比如孩子两三岁的时候,潘先生的哥哥姐姐来常常待到很晚,小孩子不肯睡觉,潘玉就觉得很麻烦,希望他们去住宾馆。还有很多小事,让潘玉忍不住埋怨丈夫。

潘玉:他的那两个姐姐的女儿到上海来以后么,经常拜托我们,但那些事情都是很小的事情,然后我会埋怨他。哦,他那个小姐姐的女儿结婚的时候,基本上,衣服都是我老公去买的,然后那时候我就觉得很烦,因为他买衣服要花很多时间的,一到周末就得陪着那个女孩去买结婚的衣服。我就说你看,家里的事情你都帮不上忙,小孩你也不管什么。

沈:为什么要他去陪着买啊?

潘玉:因为他姐姐不太方便每个星期都过来带着自己的女儿去买么,但他姐姐又不放心她女儿自己买,觉得她女儿的眼光不好,我先生的眼光好。

沈:那你先生陪你逛街买衣服么?

潘玉:我不愿意跟他逛,因为他男的特别大意,看衣服,像我逛很慢很慢的,然后他就走马观花,一条街就走过去了,所以我不太喜欢跟他逛街。

显然,对潘先生来说,他的哥哥姐姐以及哥哥姐姐的孩子都是他最重要的家人,他可以不陪老婆逛街,但是一定要完成姐姐交代的任务。

潘玉对于和丈夫那边的亲戚交往是很不热衷的。除了她从不积极地加入和丈夫哥哥姐姐的交往,丈夫回老家,她一般也不愿意跟着去。潘玉直言不讳地说:他的家人就他负责,和我关系不大。

我去正式访谈的那一天,本来约在潘玉家,但是潘玉临时让我到她家附近的茶坊去,说她丈夫的哥哥姐姐在。我很好奇地问:今天是星期二呀,你先生也在家么?

潘玉:哦,他不在,但是他姐姐他哥哥在。

沈:哦,你们家现在没有主人在了?

潘玉:因为他哥哥姐姐都蛮亲的么,所以也无所谓了。

我把“蛮亲”理解为他们关系很亲密,更加觉得不好意思了,觉得我约得不是时候。

沈:那么我不好意思啦。

潘玉:没关系的,我其实跟他们也说不上什么话的,就让他们自己在客厅里面,他们可能在说事吧。

为了让我不要觉得那么抱歉,潘玉还开玩笑说:你来找我,正好我可以找机会逃出来……

潘玉也谈到了她的这种观点和行为与丈夫之间的冲突。潘玉:我觉得女人结了婚以后会把这个家当作自己最重要的家,但男人可能不完全是这样,他还是把他那个原来那个家看得很重的。包括我先生他有一些什么事情呢,他都是第一时间跟他哥哥姐姐说,然后等我知道的时候事情已经发展到一个后面的阶段了。我常常为了这个事情特别恼火。我是觉得他跟他那个家庭比我跟我父母的家庭要亲得多,至少要比我跟我弟弟这种关系要亲得多。我以前就老是讨论这个问题跟我老公生气。(个案 15)

潘玉整个论述都是很平淡的,透着无奈。后来潘玉自己也承认,其实丈夫的家人还是非常迁就她的,但是,她的确没有很积极地去交往。对潘玉来说,她一直到现在都觉得丈夫的哥哥姐姐虽然对丈夫来说是非常亲的,可是和她之间并不存在特别的关系,她从来没有觉得自己应该要去做些什么,只是很被动地应付。所以,她说:他的家人就他负责,和我关系不大。

我在访谈中经常听到这样的话语，包括逢年过节，夫妻双方可能各回各的家。马兰和丈夫那边的亲戚基本不来往，除了马兰丈夫的两个亲兄弟。过年也不回丈夫老家，丈夫也很少回去，因为太远了，所以"不去！"一般马兰一个人会回自己父母家，而马兰丈夫可能要值班，和婆婆一起在上海。（个案 15）

对年轻一代来说，你的亲属是你的事情，你来负责，和我无关是很多人的共识。虽然也有例外，如自己的工作和生活得到了对方家人的很多帮助，或者家族中出现了一个具有牺牲精神的核心人物，能把不同的家庭整合起来[①]，但是，个体家庭的特征越来越明显，对自己源生家庭的认同远高于对配偶家庭的认同，即使是在女性身上，这一点也表现得非常明显。

第三节　家庭认同与经济行为

家庭认同不仅仅是一种观念，它也会体现在家庭成员的行为上，有关家庭经济的处理方式就是一个最好的例子。

在家庭主义文化中，总是把整体的利益（也就是家庭利益）放在首位来组织的，在有关分配和消费中，经济上的集体主义是非常重要的，所有的成员都把自己的收入放入到一个池中（Cohen，1976：60）。由于农业生产的特点，家庭收入天生就是一个共有的水池，家庭的财产主要掌握在家长手中，其他成员从其他来源得到收入时，必须把钱交给家长，他们需要什么时，要求家长去买。这是一种非常集权的经济，但实际上，挣钱的人通常保留他或她全部或部分收入（费孝通，1997：54）。根据家系主义，这些财产并不属于家长，但是家长有分配和支配权（高永平，2006），而这一点，在个体家庭时代，已经发生了质的变化。

对城市人口来说，只要有工作或者有过工作就意味着有独立的收入来源，这一点和农村是很不相同的，从经济的一开始就能够看到个体

---

① 这一现象将在下一章具体阐述。

的贡献，是个体往家庭这个水池里灌水，然后再分开来，而不是原来就是一个蓄水池[①]。

一般来说，除了少数夫妻不知道对方的收入或者两人收入完全分开以外，大部分的夫妻知道对方的经济情况，并且对如何分配两人的收入有一个彼此认同的方式，夫妻双方的钱无论是放在一个共有账户还是放在几个账户中，都被看作是一家人的，但是在消费的具体过程中，又有谁挣的钱的概念。如果考虑代际之间的经济，我们在城市中就很难找到这样一个水池，我们看到的是另一种逻辑。王跃生的研究证明，无论是哪种居住模式，比较普遍的是在当代中国三代直系家庭中父母和子媳（或女儿女婿）两个夫妇单位各自支配主要收入，成员间利益冲突减少，其共同居住还对彼此生活产生互补作用，因而能够存在下来（王跃生，2006）。

在下文的描述中，我将描述在与父母同住的家庭中是如何处理三个定位家庭之间的经济来往，三个抽屉是如何存在的，中间有没有隔层，谁能打开哪个抽屉。

三个抽屉：费瑞家的经济安排

因为费瑞的丈夫是一个对金钱没有概念也不太在乎的人，因此，费瑞家的经济基本上是费瑞管。但由于费瑞父母实际上收入并不比费瑞夫妇低，所以费瑞父母也花费了很多。他们家“三个抽屉的金钱管理”很有意思：一个是放公共开支，是费瑞夫妇放在里面的钱，每个人要买菜什么的都从里面拿，这个抽屉在客厅；一个是费瑞父母放钱的抽屉，在费瑞父母的房间里，放的是费瑞父母自己的钱，但是费瑞没有钱了，也会去拿，费先生不会；还有一个是费瑞和费先生放钱的抽屉，在费瑞夫妇的卧室里，只有他们两个知道，也只有他们取用。

沈：像我们家是这样的嘛，因为老人买菜嘛，那我们会每个月给他们菜金……

---

① 孔迈隆对中国农村家庭经济是个蓄水池有精彩论述。（Cohen，1979）

费瑞:哦,我们家钱是,有一笔钱是放在公共抽屉里的,在客厅,每个人都可以去拿的。比如说我妈妈要买菜,或者我爸爸买菜,就可以去那边拿,那我先生要买菜也是到那里拿;剩下一个抽屉就只有我和我先生才知道的这里就是两个人的钱,因为这个不是公开开支的;我爸爸妈妈的开支他们也放在一个抽屉,在他们房间,我也有钥匙的,要是我没钱了,我也会去拿他们的钱。

沈:那你每个月公共抽屉里放多少钱?

费瑞:这个钱里面不仅包括菜费,还包括水电费什么的,我觉得我一个月起码放六千块钱在那里面……

沈:六千块钱啊?这么多啊?

费瑞:要付那个物业管理的钱,钟点工的钱,我女儿买奶粉的钱,我女儿需要尿布、需要一条裤子时候的钱……

沈:全都是你妈去买的啊?

费瑞:基本上是她去买的,超市的话都是我先生去买,因为他提得动。

沈:那你们会看到钱没有了再放进去还是说每个月定期给?

费瑞:我每个月就专门有张卡,就专门取好了以后,放在那个里头。

沈:哦,然后你妈妈会记账吗?这些钱用在哪里?

费瑞:不知道,她反正就算里面没用完,然后他们那个抽屉里的钱也先用完的。为什么?因为我妈喜欢买东西,特喜欢买东西,购物狂。

沈:你妈一般买什么东西用自己的钱哪?

费瑞:跟我女儿买东西,买很多,我就很有意见,就是买很多衣服。

沈:为什么这个钱要动用自己的钱那?

费瑞:我妈为了我们可以说,她就是一个牺牲主义,她就是我觉得女权主义要解放的人,知道伐。哦哟,我爸也是的,给我女儿买书买玩具。

沈:哦,都是他们自己掏钱的,那每个月要买些什么东西在公共抽屉里找?

费瑞:但是他也会把他们的钱拿来公共开支,反正他们也不太计

较，她还老把她的钱给她的兄弟姐妹……（个案 40）

费瑞家的三个抽屉很有意思，大部分和父母同住的家庭都把经济分为这三块：公共开支、小夫妻账户、老两口账户，彼此都会分清楚三个不同的账户各自有不同的用途，并且谁可以动哪个账户也是非常有默契的。一般来说，公共开支这一部分是由家庭中收入比较高的夫妻（大部分是年轻夫妻）来提供的，家庭成员中只要是用于公共开支的，均可取用；小夫妻抽屉中的钱只能是小夫妻来动用；而老夫妻抽屉中的钱除了老两口以外，他们的子/女也可以动用，但是女婿或媳妇是绝不可以动用的，否则就是偷了，除非老两口主动拿出来。当然有的家庭是放在卡上，没有三个抽屉那么形象。

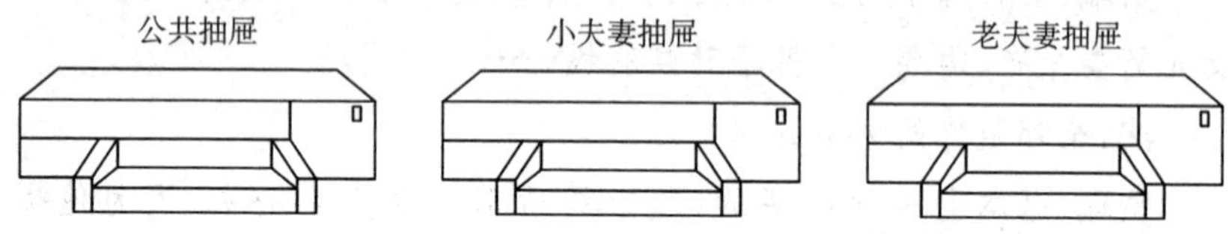

但是，收入分开并不意味着开支上也能分得清清楚楚哪些是花在公共开支，哪些是花在小两口还是老两口身上，所以，在开支方面，每家都会有不同的情况。

交错的开支，代际间的支持

如果父母收入比较高或者吃穿不愁，那么父母补贴已婚子女是非常普遍的情况。

曾馨仪和许强家周一到周五是曾馨仪的父母来帮忙，晚上，曾馨仪的父亲回自己的家，曾馨仪的母亲住下来；周末是许强的父母住过来帮忙。他们每个月给各自的父母 500 元，作为买菜的菜金，而 500 元在上海买 15 天—20 天的菜并不一定足够。

沈：老人会算好一个月差不多这点钱吗？

许强：不会。

曾馨仪：肯定不会算的，我觉得我爹妈有时候会贴我们的。有时候

我们就是，逢年过节，过生日了，给个红包什么的。（个案 32）

老两口给第三代买衣服、玩具、食品等是非常普遍的，而这些东西常常会动用老两口的账户，以显示对孙辈的爱。

而如果小一辈的已婚子女比老一辈的经济明显要好，那么已婚子女会想着给同住的父母一定数额的钱。

鹏鹏外婆：我每月退休工资刚好 1020 元吧。

沈：那你这些钱不够用吧？

鹏鹏外婆：我的工资不用的。我女儿每月给我 2800，800 元是钟点工费，1000 元买菜，1000 元算是给我。原来 1000 元买菜还有些紧张，那我也不和他们说，就从我的 1000 元里拿出来。反正我就一个女儿，我的就是她的，带也带不走的。现在钟点工做得少了，200、300 一个月，所以也差不多，女儿和女婿有时候还给我些便利卡，他们要用他们拿，我用我拿。我们不分的。这点挺好的，他们发过来的卡都给我的。（个案 35）

好几个个案都是采用给同住父母菜金的方式，除了菜金，还会给同住父母一点额外的钱，但是，很可能给不同住配偶的父母也差不多的钱，以示公平。比如莎莉每年过年的时候给同住的婆婆 8000 块钱，也给分开住的妈妈 8000 元。

莎莉：我妈给的，也给 8000 块钱。因为我姐给的嘛，我姐她说，每个月给她 800 块钱，然后我说我过年的时候给，他妈妈给多少，我说我妈妈也给多少，然后我先生想不通了，他说你妈妈有退休工资，还补课，收入这么高，还给她这么多干什么。然后我说你妈给了嘛我妈也要给，两个人平衡。否则，像上次，因为我婆婆有时候，她们俩聊天她会说出来的啦，说出来妈听见她不是又不高兴了嘛。所以都两边给，都一样嘛。（个案 10）

但是直接的金钱来往很多老一辈不喜欢，比如卫静每个月放在抽屉里一定数额的钱，让母亲开销，此外，她还提出给母亲开工资，但是母亲不同意。

卫静：我一般会，比如说一个月取了三千块钱，放在那边，用的时候用，出去的时候就不用刷卡了。没有了我就去拿嘛。然后我说给她开工资，她不愿意，她说我把她当外人，我说其实不是这个意思，我给你点钱，你也可以自己分配去啊，你也可以把这钱给我弟弟，随便你怎么分配都可以。然后她说不要，她说好像我把她当外人，其实真的不是这样，我也有同学，他们每月给爸爸妈妈五百块钱。（个案33）

为了避免父母感觉自己是外人，大部分的已婚子女选择的都是给父母买礼物，并承担所有家庭开销，让父母不必动用自己的退休金，实际上就是给了父母钱，这也是子女表达父母对自己帮助的一种表示。

瑞兰：我给她（同住的母亲）买东西，带她出去旅游啊什么的，但是她不要钱。

沈：买什么呢？

瑞兰：羊绒衫啊什么的。我去香港的时候给她买了个钻戒。总归也是种补偿咯，给多了她不要。给少了我也不好意思，比如说一个月给500我觉得太少了，给她1000她也不要，就是这样。所以，我跟她说，开销你宽裕点，不要再把你的钱和我的钱分开来。我给你这点钱，你就不要动你自己的钱了。她退休工资可以不用了。（个案11）

但是，在访谈中，我也发现，当年轻一代人强调自己承担了家庭的全部开销时，老人同样觉得自己的退休工资贴入到了日常开销中去。如欢欢爸爸妈妈认为自己基本上承担了家庭的全部开销，包括每个月给父母菜金和开销，每次去超市都主动付钱等，老一辈依然会动用自己的退休工资。欢欢爷爷奶奶的观点是：有些开销是自己的父母（欢欢奶奶的母亲）或老亲需要的，这个不应该由小一辈来承担；其次，家庭中有很多杂七杂八说不清楚，但是又聚少成多的开销，这部分就懒得和子女说明白，有钱就用了；再次，老一辈喜欢给孙辈买东西，用自己的钱才算是自己给孙辈的；最后，也许是最重要的，老人们觉得自己的钱以后反正都是子女的，现在用了和以后留给他们用是一样的。（个案37）

三个抽屉的现象不仅出现在三代人共同居住的家庭，也出现在与父母分开居住但是一同吃饭的家庭。如刘凤和父母分开居住，但是每天到父母家吃饭。

刘凤：我跟我爸爸妈妈算得不是很清楚，除了我每个月交1000元饭钱，其他算得不是很清楚。比如说有时候我买东西了，正好我妈要，那就拿过去好了。我妈买了，我要用也可以拿回来，就是不是算得很清楚。我觉得没有必要……比如说我们一起去超市，我妈买东西我也买东西，那有时候我一起算钱，有时候我妈一起算，不会特地分开了一起算。如果我单位发东西了，那我会分出一半拿过去。反正有什么好的我就拿点回去。（个案41）

抽屉中的隔层

在年轻夫妇共有的那个抽屉中，有的时候还会有隔层，那个隔层并不是以实体的方式存在，而是彼此都很清楚在这抽屉中哪部分是你挣的，哪部分是我挣的，即使结了婚，还会有我的钱。这主要是因为现在发工资大部分时候发到卡上，都有记录，因此每年汇总各自挣了多少钱是件非常容易的事情。同时，通过不同的银行账户也可以划分清楚各自的收入与开支。

如苏菲家，夫妻双方有一个共同的账户，平时主要用丈夫的钱，到了一定的时候，把各自剩下的钱存入这个共有账户。

苏菲：他（指丈夫）每个月给我一笔生活费什么的，1000元左右，主要是我自己吃饭，然后家里买菜什么。然后，他自己要用什么就从他自己的卡里拿，然后过一段时间他会剩下一些钱，他就会把钱存到我们的共有账户中，这个共有账户是我们共同管理的。可以电话银行管理，或者网上银行管理，很方便的，他也知道我有多少钱，我也知道他有多少钱，实际上也谈不上怎么管了。

沈：你的工资呢？

苏菲：我的钱没有他多嘛，所以一般就存着，有的时候会应应急。存到差不多一万块吧，也放到我们的共同账户上去了。

沈：那你们家的水电煤怎么付？

苏菲：银行转账。我们有一个专门的卡。就是银行转账，是定期的。

沈：那你们买衣服呢？是各自买各自的啊？

苏菲：是的。

苏菲的母亲在苏菲结婚的时候也曾给过苏菲一笔钱：现在存在我们的共有账户里。没有另外开一个账户，呵呵。

沈：能告诉具体数字吗？

苏菲：给了6万。

沈：那你妈妈给你很多了。

苏菲：我妈妈给我啊。主要是给我个人的。

沈：那存到你们的共同账户就是一起的了……

苏菲：对啊。但是当时是妈妈给我自己的一些钱啊。不是说要给家庭的。（个案39）

在有关三口之家的开销中，抽屉的隔层并不明显，但是涉及双方的父母，隔层就变得清晰起来。

但是有意思的是，在访谈中，我很少听到私房钱的概念，我唯一一次在访谈中听到私房钱，就是在叶玲玲提到丈夫给他父母钱的时候。

沈：那你们过年给他父母钱伐？

叶玲玲：过年不给。

沈：你老公会给伐？

叶玲玲：我怀疑他会偷偷给，但我装做不知道。他有私房钱，什么超市的卡给一点。家里的年货阿，拎点过去。（个案19）

实际上不仅是男方，女方也会有用自己挣的钱补贴娘家的行为。

毕佳玲：我丈夫很开明的，比如说我给家里多少钱，他不问的，但是我给的钱都是我自己挣的，比如说我一年挣20万，我给5万给我家人，他也无所谓的，因为不是拿他的钱，是拿我自己的钱，所以他也没说什么。

沈：那你实际上给过吗？

毕佳玲：给了好几万呢，我是觉得我是我妈妈的女儿，我有这个责任的，我有多少我都给她了。就是我觉得我可以帮上忙的，我会尽量的，就是这个样子的。（个案18）

无论是叶玲玲还是毕佳玲在一开始和我说起他们家的经济时，都说，夫妻双方是不分的，放在一起用的，你承担按揭，那我就负责家庭开销。但是在谈到对自己父母或配偶父母的经济来往方面，我的钱、你的钱的抽屉隔层就显现出来了。也就是说，当涉及源生家庭时，个体的定位就从定位家庭中跳出来了，开始强调各自的独立性。

研究家庭与个体之间关系时，私房钱概念的消失是一件非常值得重视的现象。在过去，私房钱被看作是女性的个人财产，正如费孝通的研究显示：嫁妆被认为是妇女的“私房”，但可和丈夫、儿女共享。它也是这个家的家产，遇到必要时，可以抵押出去来接济家的困难。但在这种情况下，必须征得妇女本人的同意（费孝通，1997：53）。如果一个媳妇不直接挣钱，她向家长要的钱往往超出实际的开支，把多余的节省下来。这样，她自己有少量储蓄，称为“私房”，她“私人的钱包”。这是媳妇秘密保存的，但总是受到婆婆严密的监视，最终往往成为冲突的缘由（费孝通，1997：54）。

妇女的私房钱有可能去投资，也可能用在“家长”不支持的各种需求上，也可能用在孩子身上，用在社会交往给朋友的礼物等方面，特殊情况下也可能拿出来支援大家庭。私房钱绝对是“个体的”，是完全独立于大家庭的（Cohen，1976：182—183）。孔迈隆通过很多的文献说明，在台湾的其他地方，在大陆的江苏、山东、湖南、湖北、广东等家庭研究都提到过女性的私房钱概念（Cohen，1976：188—189）。

私房钱对于家庭的结构变动来说是非常重要的。如果分家，那么妇女的私房钱就成为了小家庭的经济基础之一了。有的时候，在分家之前，丈夫也会想办法偷偷把自己的某些本来应该放到大家庭水池中的额外收入转移到妻子手中，成为私房钱的一部分，这种情况下，妇女会和丈夫分享私房钱的权利。这个时候，私房钱就成为了“房”独立与家的财产。这种情况下，“房”的独立性就显现出来了。

但是，我们也注意到叶玲玲在提到私房钱的时候，指的是丈夫不让妻子知道的那部分钱，这里有两点值得重视：第一，私房钱的主体变成了男性；第二，私房钱并不是针对大家庭而言的，而是针对配偶，主要是妻子而言的。在上海，从20世纪70年代开始[1]，私房钱就主要是指男性隐瞒女性的收入，很多时候这部分钱是用来做一些妻子不赞成的事情[2]，女性也会有部分私房钱，但是，由于在上海，家里管钱的更多的是妻子，因此，丈夫有私房钱的可能性更大。

在我的访谈中，年轻一代几乎不会有私房钱这个概念，也许说明了个体对自己收入的独立性有了新的认识。有关这一方面，还需要更多、更翔实的研究和分析。

无论谁是家庭成员，谁的家，还是家庭内的经济安排，我们都看到了不同于传统的家族主义也不同于现代核心家庭的模式，个体与源生家庭的紧密联系以及定位家庭的认同不同体现了个体与家庭之间的复杂而多元的关系。心形的家庭认同模式提醒我们这样一种家庭认同正在表现出一种新的家庭格局趋势。

---

① 可能更早，我没有查到相关资料，但是在访谈老人时，上海很多老人提到计划经济时代男性有私房钱的现象。

② 偶尔也有例外。比如我的娘舅攒了十几年的私房钱，最后在结婚40周年的时候，给老婆买了一条金项链。

第五章

家与家的关系：融合与对立

如果我们以夫妇家庭为单位来看心形的个体家庭模式，我们会看到其中有三个夫妇家庭，构成了左右两个体系。由于这是一个简化了的模型，因此看上去涉及的家庭成员和关系都相对简单，但是在现实生活中，每一个

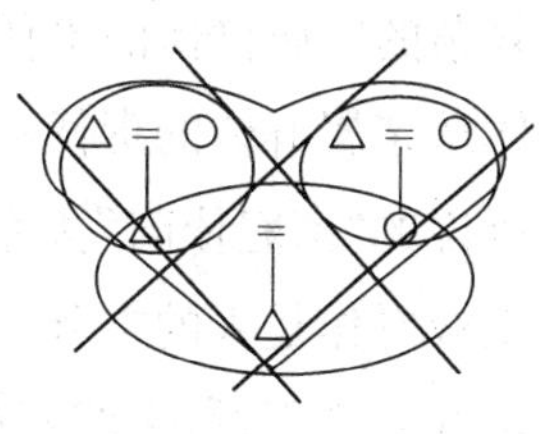

夫妇家庭都有自己的父母、兄弟姐妹和各种亲戚关系，而个体的现实生活是在那样一种呈现网络状的关系体系中发生的，因此现实的关系远比理论总结的要复杂。每一个夫妇家庭背后有一个亲属关系网络存在。

本章从家与家的关系作为分析的切入点，探讨亲属关系和父系母系之间的关系，描绘心形家庭内生的分裂张力和联合铆钉。

第一节　家与家的融合:单边亲属关系

划清家庭边界的亲属关系

与传统中国相比较，在个体化进程中确定亲属关系的原则主要有三方面:首先，是从亲属责任和义务中解放出来；其次是更加强调亲密关系；再次是女系的交往一点也不逊色于男系的交往，如果不是更为活跃的话[①]。

---

① 女系和男系并列成为并列的家族体系，可以用双系来归纳，这里我用单边亲属关系来总结是希望突出对个体来讲并不是双系，其实还是单系，以自己这边的体系为主，配偶的体系为辅。

由于我研究的主体是上海的“中产阶级”，因此在亲属关系中还是出现了很多的不同。很多研究表明，中产阶级相比较底层阶级或农民阶层，相对来说和亲属的联系要少，没有那么依赖亲属关系（Segalen，1986；Stack，1982；Schneider & Smith，1973）。傅高义对20世纪50年代东京郊区的中产阶级的研究显示，从中产阶级家庭的视角，城市社会的兴起、以商业为中心的职业重要性的增强、消费经济的发展和影响两性角色的社会变革都会使得主干家庭的重要性降低，核心家庭功能的重要性增强，缺乏角色结构的界定的引导，这样，也使得个体从许多复杂的亲属群体的责任和要求中解放出来（Vogel，1963）。在中国，个体从亲属群体的责任和要求中解放出来的一个重要体现是否定了古德所说的“家庭依附”关系[①]（古德，1986）。传统中国社会把重视和提携亲戚看作是人的本分。如果某人的生活地位提高了，他不能对自己的家庭弃之不顾，亲戚们都指望他尽其所能，提携更多的自家人。但是这一点，随着个体化，个体从亲属关系的义务中逐渐解脱出来，人们对亲属的义务更多地限制在直系这一块，超越直系的亲属关系中所含的义务对城市人来说，已经可以轻描淡写地，犹如拍去肩头的头屑一样，轻轻拂去。李强说：我一个本科同学他家里搞笑了，他家里亲戚的亲戚好像全部都要投靠他一样的，这个厉害了。（个案9）

个体化以后的年轻一代，已经把亲属关系按照自己的需求和亲密程度进行了排序，不会因为我们是某种亲属关系，所以，我必须要承担某种义务，如果你还这样认为，那就是“搞笑”了。而这一点，和《金翼》（林耀华，1989）中的亲属关系已经完全不同了。也就是说，亲属关系对个体而言已经不再是一种结构性的力量，虽然目前人们还重视亲属关系，但是更多地是作为一种需求的选择和对上一辈的交代。

个体不仅自己从对亲属的责任和义务中解脱出来，对亲属的帮助

① 通常是，一个人在城里获得成功以后，发现人们希望他尊重他对部落亲戚所承担的义务，这些亲戚到城里来和他同住，尽管他们并没有找到工作。这位有工作的人要以各种方式帮助亲戚，或是送一些人上学，因为来自家庭和世系的压力迫使他这样做，尽管有些靠他生活的人并未对家庭做过任何贡献。

也不再视为“应该的”。

笼统来讲,亲戚,一方面似乎是非常明确的,有联系的,但另一方面,确定谁是亲戚又是艰难的(Schneider, 1968:70)。在确定亲属关系时,地理距离的远近,来往中的冲突等都影响到了亲属关系的认同。邱志辉:是这个样子的,家要是近的话是天天来往,要是不在一起的,那就不怎么来往了,就是外甥还是来往的,就是我爸爸的舅舅的儿子,也就是老表,是随时来往的,就是到我这一代的时候,我们的来往就不多了。所以就在他们(父亲)那一代,我们就基本上没什么联系了。(个案 18)以前说“一代亲,二代表,三代了”,而现在一代之间没有亲兄弟姐妹,两代之间又距离很远,而三代之间基本上就没有关系了。

但是直系的关系还是非常紧密的,无论是在购房中还是居住,我们都看到了直系亲属之间的经济、情感等各方面的交融。直系之间的亲密关系主要是因为长时间地在一起,虽然可能仅仅是生命的某个阶段紧密在一起。兄弟姐妹关系中情感本身的质量也很重要。每天的生活实践体现了兄弟姐妹关系和他们的认同,同时也证明着这种关系和认同与社会的其他特征,如性别、代际、种族等有关。对女孩来说,一起说话构成了意义重大的姐妹实践;而对男孩来说一起做什么是联系兄弟关系的重要方面(Edwards, Hadfield, Lucey and Mauthner, 2006)。

但是,即使是关系非常紧密,在涉及除父母以外的亲属关系,如兄弟姐妹或者叔叔阿姨舅舅舅妈等,许多参与者都表现出了划清家庭边界的趋势,即使他们存在非常紧密和亲密的关系。

叶玲玲和母亲这边的亲戚关系非常好,当我问到:如果有事需要点钱,你们最先问谁借?

叶玲玲马上回答:肯定是问舅舅(实际上,结婚时,两个舅舅一个给了 5 万,一个给了 2 万)

但是当我问到:如果需要人手,那找谁帮忙?

叶玲玲:要看什么事情。因为有的时候,找家里人还不如去请个人。因为你请外面的人,你可以提各种各样的要求,如果请家里人,你要考虑到他跑得开哦,他家里的情况,然后有时有的话也不好说。能用

钱解决的就尽量用钱解决。(个案 19)

许强和哥哥关系非常紧密,但是在我问到会不会问大哥借钱的时候,许强和妻子曾馨仪的回答却有些让我吃惊:

我:你们如果急需钱的时候,会向谁借?

许强和曾馨仪一致的反应:爹妈!

沈:会问你大哥借钱吗?

许强:这要看数量多少了。比如说这个事情我认为他是可以的……但如果这事情我扛得下来,没问题的,我找朋友,也不需要使用亲情的,因为怎么说呢……

曾馨仪:国家有钱,你为什么不借国家的呢?还有另外一个渠道不是吗?(个案 32)

从以上言论我们可以清晰地看到兄弟姐妹和父母在家庭成员中的地位是不同的,即使非常亲密,也是外人,在麻烦他们的时候必须要考虑家庭边界的问题。而金钱似乎变成了亲密关系中划分家庭边界的一个分水岭。如果选择了亲属来帮忙,这个时候,年轻一代往往喜欢通过金钱来把这种关系简单化。如曾莹选择叔公来帮忙带孩子。她说:我付叔公工资的,每个月都给他钱。(个案 45)通过每个月给钱,清晰地划分出家庭边界,而这也许也是上一章提到的父母不愿意每个月接受子女金钱感谢的重要原因。

但是,也有一些例外,因为某些具有凝聚力的特殊家庭成员的存在,家庭的某些边界会被破除掉。

城市中的大家庭

庄志强和木雪蓉都是高中学历,毕业后就开始了打工生涯,因为庄志强有一个在上海开公司的二舅,他们的生活和其他的打工者就不同了。他们在上海买了房子,孩子进了私立幼儿园,而且每天晚上,到父母租的房子里,和其他的家人一共十几个人一起吃晚饭,然后各自回家。

庄志强的母亲一共有两个弟弟两个妹妹。庄志强的母亲排行老大,然后是老二,即大舅,然后是老三老四,即大孃孃小孃孃,老五是二舅。

第一个到上海的是二舅，做得还不错，然后开了自己的公司，接着小孃孃、大孃孃陆续到了上海，他们的小辈到了一定的年纪也跟着来到上海。庄志强的大哥和大姐都到了上海，1996 年，庄志强也到了上海。一开始到上海，他们都在二舅的公司工作，有了一定的积累，开始自立门户。庄志强现在就有自己的小公司，而二舅的公司已经是一个 100 多人的公司，还有几个分公司。庄志强母亲这边的成年第二代基本上都到了上海，大舅还留在老家，庄志强的外公外婆和大舅生活在一起。（庄志强的阿姨，就是庄志强母亲的妹妹，他们称呼为“孃孃”）

庄志强的母亲原来一直在老家，因为年纪大，并没有出来工作的想法，到上海来是因为大儿子在上海生孩子了，需要人照顾，就过来了。庄志强的父亲在庄志强的女儿出生后不久也过来了。

公公婆婆既不和大儿子住，也不和小儿子住，而是住在二舅公司的房子里（也就是他们说的租的房子里）。

现在在上海的有庄志强的父母、庄志强大哥一家三口、庄志强一家三口、庄志强的妹妹、大舅的女儿、大孃孃、小孃孃、二舅、大孃孃的女儿。

二舅的老婆孩子平时是在老家的，放假了来上海的。（原因是读书问题）

大孃孃的女儿是嫁到上海的（嫁了个上海人），用庄志强的话：“她上海有家的”，所以，她是在自己家里吃的，并不吃“大锅饭”。

木雪蓉和庄志强刚结婚的时候，就和大家庭一起吃饭，大家轮流做饭，庄志强的父母来了之后，就开始由庄志强的父母做饭了，吃饭的人口也增加到了十几口，寒暑假的时候更多了。

木雪蓉：对啊，一个大家庭，就是他舅舅，还有我们一家加我婆婆公公，加他还有两个妹妹，还有他舅舅家有两个小孩，大哥家三个人，加起来十几个人呢。

沈：你们这种家庭上海挺少的嘛……

木雪蓉：我觉得挺好的，我挺喜欢这种大家庭的，小家庭的话，你看，礼拜天家里就三个人，很没意思的。

沈：那你们费用怎么担啊？

木雪蓉：我们啊，就是我们每个月给婆婆一千元左右，其他的我就不知道了，要是她没有的话，就肯定会跟我们要了。（今年暑假）舅舅他们又来了三个，加上他外婆，加了四个人，就不够啦，就是上次我就给了她两千六，也不是什么刻意的，当然她从来没找过我们要什么钱，我想应该是够的。

沈：你们家这么多人吃饭真的挺有意思的，像这种大的家庭很少很少。

木雪蓉：嗯嗯嗯，夏天了孩子们都在这，不分的，买东西什么的都不分的。

沈：那你们家里关系特别好啊？

庄志强：比较传统吧。

除了热闹和传统，一起吃饭也有非常现实考虑：

木雪蓉：因为当时我觉得他舅舅把他们带出来，因为指导一个人，进一个方向，很重要的。偏差一点肯定是不好啦，我觉得他舅舅、嬢嬢肯定是有帮助的，一起吃饭挺好的，可以聊聊工作。

木雪蓉：我们公司里就是，小孩送回家爷爷奶奶带，他们在这边。

木雪蓉现在也在二舅的公司里工作，并且承担非常重要的财会主管工作。（个案31）

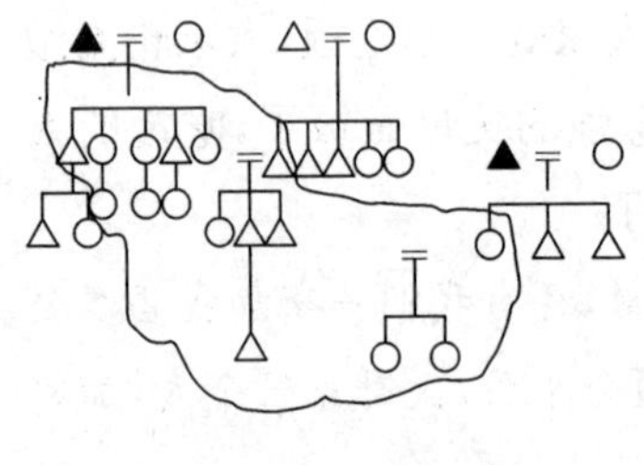

如果我们来分析庄志强和木雪蓉的家庭树，会看到非常有意思的现象：所有在上海的都是庄志强母亲这边的亲属体系，除了二舅的孩子因为上学问题还在老家，暑假到上海以外，其他的二舅的直系兄弟姐妹及他们的孩子都到了上海，关系紧密。

首先，二舅带出来的那些人都属于二舅的直系亲属线；其次，对木雪蓉而言，她把自己的关系完全融入到了丈夫家庭中去了。我和她讨论她的哥哥姐姐，发现他们很少来上海，偶尔暑假来一次，远低于丈夫家在老家的孩子来上海的频率；第三，现在庄志强和木雪蓉的孩子和庄志强的大哥的孩子一起玩，可以想象，以后孩子们也是和爸爸这一边的关系更加亲密。

庄志强和木雪蓉都提到传统，他们的关系让人联想到过去家庭作为一个经济合作单位，并且是在父系中，也许关系也是差不多的。与传统不同的是，女儿和姐妹的地位改变了，她们并没有被排挤出去，依然被包含在这个大家庭中，但是媳妇并不能把自己的那方家庭融合进来。即使是二舅的妻子那方，也没有被融入到其中。亲属关系中的单边性体现得非常明显。

庄志强和木雪蓉家的故事在上海并非常见，但是，家族中"能人"把亲戚一个个带出来的故事在媒体中也常常能看到，并且被认为是很自然的。这样的故事说明传统和现代是能非常好地结合在一起的，既满足人们的家族伦理想象也满足现代的个人利益需求。

大家庭中的奉献者

费孝通曾说过：中国传统结构中的差序格局具有这种伸缩能力。在乡下，家庭可以很小，而一到有钱的地主和官僚阶层，可以大到像个小国。中国人也特别对世态炎凉有感触，正因为这富于伸缩的社会圈子会因中心势力的变化而大小(费孝通，1998：27)。过去，这一中心势力的大小是由一个家庭的经济状况、权力地位等决定的。这一点在今天的中国同样适用，但是出现的新变化是，如果这一中心势力想要凝聚其他的家庭成员，那么它必须和其他的家庭成员发生直接的或可预期的联系。如果，中心势力自己富有了，却不帮助其他的家庭成员，那么它不仅不会被认可，反倒会受到其他家庭成员的指责和批评。[①] 当然，前文已经提到人们对于亲戚能够对自己提供的帮助也期望值变小。这

① 在和年长的访谈者聊天时，有访谈者提到，过去在传统社会，有钱的家庭必须要帮助穷苦的家庭。

种情况下，一个具有奉献精神，愿意主动为大家庭做出贡献，同时也具备奉献能力的人物对于凝聚亲属关系就变得特别重要，否则因为独立和流动，亲属关系的变弱几乎是一个不可逆的潮流。

在叶玲玲母亲和费瑞母亲的亲戚关系上我看到了类似的情况。叶玲玲和母亲这边的亲戚走得很近，尤其是两个舅舅。叶妈妈是知青，叶玲玲回到上海就是住在大舅舅家。大舅舅生病了，叶玲玲的妈妈到上海来照顾；大舅舅病好了以后，叶玲玲的妈妈又到小舅舅公司做财务，导致叶玲玲爸爸一个人在家生活很多年，退休了才到上海和老婆女儿住在一起。叶玲玲的妈妈是一个非常具有奉献精神的人，早年毅然选择替代妹妹下乡，虽然后来在当地过得不错，但是当自己的哥哥遇到问题时，她又回到上海来照顾哥哥，对于叶妈妈的做法，两个哥哥都是心里有数的，也给予了各方面的回报。

叶玲玲结婚的时候，两个舅舅都给了一个大红包，买房子装修则向经济条件好的小舅舅借钱。叶玲玲的外婆外公也在上海，叶玲玲坐月子的时候，外公隔几天就送一只50元的鸡过来。现在叶玲玲家住的地方离大舅舅、小舅舅家都很近(有意识地买在一起的)，小舅舅每天开车过来接孩子上学。大舅的女儿隔三差五就到叶玲玲家吃饭，商量事情。当然两个舅舅的情况也比较特殊，都是离婚的，因此叶玲玲的妈妈实际上做了三个家庭的女主人。现在，叶玲玲在同辈中，关系来往最密切的是大舅舅的女儿，也就是她的表妹，叶玲玲完全把这个表妹当亲妹妹看了。(个案19)

费瑞的妈妈也同样具有牺牲精神。

费瑞的父母由于经济条件好，又比较大方，因此和兄弟姐妹的关系都联系得很紧密，在家庭中也很有地位。

费瑞：但是他们会把他们的钱拿来公共开支，因为他们那边有两套房子嘛，他们租掉了一套，这个房租嘛，每一个月有一千块钱，一年有一万二，这个钱其实我们不拿的，就是存在那儿的，我妈就是会到年底的时候就会把钱给我小舅子，然后要求把钱要给谁谁谁，谁发生……反正不会分给我们三姊妹的，全都是分给她自己姊妹的小孩身上，还有我外公，但这个外公，不是我们的亲外公，是我外婆后来找的，我外婆去世后，她（指母亲）也会给他（外公）钱。

除了在经济方面的大方，费瑞妈妈还为整个家庭下一代的子女教育做出了贡献。

费瑞：我妈其实是一个蛮健康蛮积极的人，我们教育其实是我妈影响得多，就是学习管得特别严，然后就是，她非要集体式的学习，非要我表弟表妹凑在一起，然后彼此大家都在学习。我们家很大嘛，然后每个人都在学习……

沈：平时那些她的兄弟姐妹也都一起住过来吗？

费瑞：那个不是，就是小孩假期都到我们家来，然后全都考大学的那时候，我妹妹他们这些孩子全都派到我们家里面住，然后由我妈管，她就是管上瘾的那种，全都要管。我们家里面我们三姐妹是每年高考的文科状元，一个又一个考走，连我们家表弟也是在我们家考上大学的，你知道吗？

费瑞妈妈的性格、能力、经济状况都使得她成为了凝聚家庭的核心力量。

费瑞：因为我妈妈的存在像是大姐的角色，我妈妈虽然是老二，但我大姨妈的条件非常好，全家都是医生，而且自己还开药店，我觉得她真的是千万富翁，可是她自己就是说，就是那种，只顾自己的人，所以相对来说，大家就都不愿意去她那里团聚，所以我们家就成了一个大本营。然后，每年过年过节他们都是在我们家的，因为没有老人，我妈妈就像是大家长，反正她的号召能力很强，一回去的话就把家里人都叫齐，然后每家再轮流请客。

费瑞的两个妹妹都不在上海，但相互的联系还是非常多的。费瑞：每年我们这种互相走动都是很频繁的。比如说假期，我妹妹带孩子来了，我的孩子就跟着他们回去了，而且他们今年寒假他们还会去，五一节的时候我妹的孩子也带过来了。（个案40）

大家庭中如果具有这样一个既有能力又有奉献精神的核心人物，那么这个核心人物将超越其本身的位置，而成为亲属凝聚的中心和纽带。这里首先强调能力，包括权势金钱等，这一因素是被亲属认可为中心人物的第一要素。姚华在家乡为了妹妹，买了一套房子无偿地给妹妹住，并且以后基本上准备把这个房子就留给妹妹了。因此，姚华赢得了其他亲属的赞赏。姚华直截了当地说：我觉得地位是跟经济紧密相关的。你说我要是现在在家里是我妹妹这个地位，我还会有这么大的发言权吗？我家里什么七大姑八大姨统统来请我的，所有人都叫“姚华来了”，不叫小华来了，下面的小辈都叫我大姐姐来了，不敢动的。绝对是经济地位决定的呀。（个案46）

但是，仅仅有权势或金钱并不一定能树立在亲属体系中的地位，在个体化的进程中，这种权势或金钱必须要和个体发生或预期可能发生一定的关系。无论是叶玲玲妈妈还是费瑞的妈妈，他们身上的奉献精神是他们拥有密切的亲属关系的主要原因之一。叶玲玲妈妈虽然和其他兄弟比较并不具有权势或金钱，但是，她依然是连接亲属关系的纽带。

这里强调奉献精神是因为如果仅有能力，而没有奉献精神，那么这个亲属不仅不能成为中心，还有可能被谴责，并且影响到整体的亲属关系。费瑞：我爸爸那边的亲戚和我们关系不大，我觉得他们都比较自私，没有我们那么团结，因为我爸爸他的大姐哦，他那个大姐就是那种斤斤计较的，比如说我爷爷留下房产，留下很大的房产，他大姐就……反正就都她拿了，这就感觉斤斤计较了呀，谁愿意跟你在一起。那她也不可能请大家，免费请大家午餐，把一大家子人全搞到他们家去，对不对？

在其他的个案中，我也常常发现参与者对一个有钱或有权的亲属的评价和他们之间的关系有紧密的联系，这里透露出一种信息：一个亲戚有钱有能力并不一定德高望重，你还必须要和“我”发生关系，才能让我认可你。这和过去因为是族长所以德高望重或者因为发展得很好所以得到大家的尊敬有很大的不同。虽然，有权、有地位、有钱依然是个体认可某一亲属的重要因素，但是在这一因素之上，还添加了一个重要的条件：必须和我发生某种关系，或者个体认为其性格和作风在未来需要他/她帮助的时候，他/她不会拒绝。

这种核心人物变得重要一方面说明个体依然渴望有亲密的亲属关系，另一方面也说明亲属关系变得灵活机动，不再是必然的结果。而核心人物能力再强，凝聚的都是自己这一边的亲属关系。也就是说，对个体来说，只存在一个为主的体系，一个为辅的体系，并没有出现男方女方双系共重的情况。

第二节　两个原生家庭的关系：两亲家，不聚头

每个小家庭都有两个原生家庭。在三角形图中，妻子的父母和丈夫的父母是完全没有交集的，甚至在图示上，女方的父母是被省略的。俗话说"两亲家，不聚头"，说的是，男方父母和女方父母是非常客气的，只是偶尔见面，而不会有长期、频繁的交往。

但是在个体家庭的心形图案上，我们看到了两亲家同时出现在这一图案中，两个亲家各占据一方，通过孩子的婚姻，产生间接的联系，但是，两者同样不交集。在个体家庭中，两亲家的关系变得微妙起来，直接的原因是女方的父母出现在了小家庭中，并且占据了和男方父母同等的地位，这一对传统的挑战使得两亲家的关系在今天的城市家庭实践中成为了一个热门的话题。

除了月子期间，两亲家，主要是双方母亲可能同时住在年轻夫妇的家中外①，其他的情况下，"两亲家不聚头"，是大部分参与者认同的"经验之谈"。而且因为和一方父母共同居住，就意味着另一方父母就不能入住，这一点多位参与者提到。

马兰和婆婆住在一起，婆婆老家也有房子，但是因为身体不好，和另一个媳妇关系不好，所以长期和马兰住在一起。马兰希望自己的父

① 费孝通也提到过这样的风俗习惯：结婚后，女性和男方父母一起居住，在女性生育孩子以后，"母亲要在女儿房里陪住几天，一边照顾她。她的母亲也有责任洗涤污脏的衣服，并在产后，守在她身边。"（费孝通，1997：34）在月子期间，两位女性亲家的常常在一个空间里同时出现。

母也能够经常过来，但是婆婆在，就不可能，所以，马兰说："我倒是很希望我父母过来的，但是没有办法。只有婆婆不在的时候，我妈才过来。本来今年婆婆准备到新疆去带那个小孙子的，去一年的，所以我都想好让我爸妈来，我觉得我爸妈来蛮好的。结果我婆婆身体又不好了，没去成，我爸妈也就不能过来了。"

原因非常简单，马兰和一起访谈的朋友们都认为两亲家是不可能长期住在一起的，很容易产生矛盾，马兰说："我婆婆在我妈妈就不可能住在这里。她巴不得我婆婆不要在……"(个案 13)

在我的访谈中，只有两个家庭算是两亲家住在一起的，需要强调的是两家都是公婆和丈母娘住在一起，而且两家的情况有相似的地方：女方的父亲都已经过世。

上文提到的局长一家就是两亲家住在一起的家庭，除了上文提到的家庭主人明确，女方父母的投靠等，我认为他们之所以住在一起有一个原因：两亲家是老乡，而且还有亲上亲：

局长奶奶：我的妹夫就是她的小叔子。

沈：你们的联姻等于说亲上加亲。(个案 34)

原来就很熟悉，又从一个地方出来，因此减少了摩擦系数。

而薛蒂一直和婆婆住在一起(公公在外地)，从儿子出生到现在，用薛蒂的话说：我儿子生下来就跟我婆婆住，我们三个就睡一起，老公都不知道跑哪去了。实际上，薛蒂老公张斌因为经常出差，所以，常常是三个人在一起。因为长时间相互依赖，婆媳之间的关系挺和谐的。薛蒂爸爸过世后，薛蒂就一直希望妈妈过来，可以照顾，但是薛蒂妈妈一直不愿意到上海。2007 年，薛蒂以需要外婆来教孩子学习(外婆曾是小学校长)把母亲请到了上海。我去访谈的时候，感觉薛蒂妈妈像客人，和我一样坐在沙发上，当我问到孩子学习情况时，她会插话，其他时候，她就坐在一边。薛蒂的婆婆帮忙倒水、拿水果等，临走的时候，还和我一起出门去买菜。(个案 23)

在"两亲家，不聚头"的思想影响下，如果双方父母都需要孩子或者在双方父母同时出现时如何处理，就成了一个问题。春节的时候，中国人强调阖家欢庆，对双方父母来说，女儿女婿或儿子媳妇都是家里人，都希望一起过。除了部分农村还保留着女儿不能在娘家过年，而儿子必须回父母家过年（主要指大年夜的聚餐）的习俗，大部分的地方，尤其是独生子女家庭，这一观念已经被抛弃了。所以，参与者中出现了几种处理春节的方式：

1. 和某方父母长住在一起的小夫妻，过年时，到另一方父母家过年；

2. 小夫妻家庭轮流到双方父母家过年，今年去你家，明年到我家；

3. 年三十，小夫妻两个各回各家，各陪各的父母过年；

4. 都是上海的，选择一个餐厅，双方父母都到餐厅，一起吃顿年夜饭；

5. 把年二八作为小年，在一方父母家过；年三十再到另一方父母家过，逐渐形成了习惯；

6. 一方每年都陪自己的父母过，另一方轮流到自己父母和配偶父母家过年；

……

现在过年的形式越来越多样化，出现了小夫妻给双方父母报一个旅行团或者强调"年午饭"等新现象。无论是哪一种过年方式，都不再被看做是唯一的过年方式，在具体操作时，也会根据具体情况，如感情、经济、孩子的岁数、老人的健康等进行调节。比如曾莹夫妇原来采取轮流的方式到双方父母家过年，而当曾莹和婆婆的关系恶化后，曾莹每年回自己的家过年，而曾莹的丈夫依然采取轮流。（个案 45）还有几个家庭因为孩子岁数小，好几年不回距离远的那方父母家过年。

当和某方父母住在一起的家庭，另一方父母要来的时候，有多套房子的，会考虑让外来的父母住在另一套房子，没有多套房子的家庭只能住一起，矛盾发生后，选择以后再也不能让双方父母住在一起，或者某方父母就不会再来长住。

晓月家和可可家都是和女方父母住在一起，他们在上海都有多处房产,公婆来的时候,就住在另一套房子里。(个案1,个案2)晓月坦言,母亲是为了照顾自己而提前退休的。而公公婆婆来了,又不能住在一起,"两亲家不聚头",住在一起是不可能的。如果住到外面的话,儿子工作又忙碌,不可能天天去看父母,他也不放心的。所以,公公婆婆来长住的可能性很小。公婆以前来的时候,就住到浦东的儿子单位分配的房子,很不方便。(个案1)

韩心的岳父岳母在上海郊区,隔几个星期会来住一阵子。韩心家是两室一厅的房子,一个大房间,一个小房间,韩心和太太住大房间,父母来的话,住小房间。

当我问到:那你有没有这种情况,就是你的爸爸、妈妈和岳父、岳母一块来的情况?

韩心很干脆地回答:不会的。

沈:没地方住?

韩心:有地方住,可以住在厅里。……但是总归不方便的。包括风俗习惯。也包括这个做菜,这个风格都不一样的。(个案5)

对于两亲家住在一起,周龙显然也是不赞成的。说起岳母曾住在家里的时候,"带小孩子也有问题,小孩子有时候因为两个人体温不一样,不要外婆抱,要奶奶抱。抱呢也会产生一些矛盾,有的说你粗鲁了,有的说你抱得不细腻,小孩子哭了什么。反正不一定是说坏的事情,而是你抱小孩子的方式不对,或者说有的干净些,有的不爱干净些等等,或用力大一点小一点。蛮闹矛盾的。我就在想了,如果岳母长期和她(指母亲)一块带,也会分歧蛮大的。"(个案6)

竞争的两亲家

即使两亲家不住在一起,两亲家之间似乎也存在某种竞争关系。米菲的故事就非常有意思,米菲的父母和米菲家非常近,来往非常密切,平时孩子就由米菲父母接送和照顾;米菲的公婆每隔几个月来米菲家住一个月。

米菲：孩子是我妈带得多，她（指婆婆）一直觉得我妈妈带得不好[①]……反正很有趣的，我们小孩子在那边说外婆烧的菜很好吃的，她第二天就会叫爷爷烧这个菜，然后说外婆烧得好吃还是爷爷烧得好吃？这有什么比头啦，根本没什么好比的嘛。两个人烧菜各有各的风味，这有什么好比的啦。她就喜欢盯着孩子一直去问。

米菲：我不太习惯我婆婆这种做法，因为我单位发东西的嘛，我发东西了那么都是一家一半的，就是，我跟我父母分掉一半，然后还有一半留在家里或者他们拿回去。但是结了婚以后，每次他们都有情况。我婆婆把我分好的那一半她必定要去翻一翻、看一看，她就觉得我们好像多一点，然后我就跟我老公说她这样我心里真的很不舒服的。然后还有什么情况呢？你要翻也就算了，如果我在穿鞋子嘛，包就放在旁边，她就在翻。然后我穿好鞋子了，她一看，我看她在翻，马上就像没事一样走到房间了去了……

米菲：我婆婆呢只要我妈妈说了什么，她肯定要扭过来，观点完全都不一样的。

这些竞争还是米菲能够承受的，让米菲不能够承受的是，米菲婆婆希望米菲夫妇给他们买和米菲父母一样的房子。

米菲夫妇目前居住的是一套三室一厅的房子，是2001年年底买的期房。而米菲的父母有两套房子，一套是两室一厅，一套是一室一厅。2000年米菲出了大部分的钱买了一套三室两厅的房子，米菲父母、米菲妹妹还有米菲的奶奶住进了新房子，然后把两室一厅的房子留给了米菲的外公外婆，米菲的外公2006年过世了，米菲的外婆现在一个人住在两室一厅中。而另一套一室一厅就出租了。

对米菲来说，给父母买一套房子并不觉得有什么吃亏，因为房子产证上写的是米菲的名字，米菲认为这套房子就是自己的，“没什么好搞的。”但是米菲先生的父母显然不这么认为。米菲的婆婆认为既然米菲

---

① 米菲觉得实际上婆婆带孩子没有经验，不行，而且太过紧张，因此，米菲认为婆婆指责自己的母亲带孩子不好完全是一种“比较的心态在作怪”，而米菲丈夫就只好劝妻子不要理睬婆婆。

给父母买了房子，那么一室一厅的租金就应该由米菲收取。更重要的是，既然米菲给父母买了三室两厅，那么应该给自己也买一套三室两厅的大房子。对于这一观点，米菲完全不认可，在房价高涨的时候也没有经济实力再去买一套大的。因此，米菲决定搁置这一话题，保持原状。但是，矛盾已经潜伏进来了。

米菲：我是跟她说他们两个人买三室两厅没必要的，可以买两室的或者一室户的，大一点的就可以了对伐。我们去买或者他们去买，买在我们隔壁也都是可以的，我又不是说不买。但是她到后面就说那你妈也住的是三室两厅呀。她一开始没说这个话，后来是逼急了。她急了就说你妈住的三室两厅，我也要。这句话是被我逼急了说出来的。（个案 42）

这种竞争关系让米菲头痛不已，也让米菲对婆婆的好感被明显破坏。

有关两亲家的关系，因为在传统社会中，基本上没有太多的来往，除了在嫁妆和聘礼方面会有交涉以外（Watson，1981），其他的来往很少，对此的研究也很少。“两亲家，不聚头”的观念到今天为止，依然深入人心。在过去，由于女性嫁入到丈夫家就意味着放弃了自己的家族体系，无论关系如何，都只有融入丈夫家族的一条路，因此，女方父母在小家庭中的地位是完全被置于男方父母之下的，虽然女儿也会照顾自己的父母，但是，两亲家一旦发生冲突，那么小家庭必然是牺牲女性的利益和诉求，以一个整体的方式站在丈夫的家族体系这一边。

但是，在个体化的时代，妻子这一边的家庭体系显示出和丈夫这一边同等的重要性，妻子也具有了和丈夫抗衡的经济能力，这个时候，两亲家不聚头的观念和潜在的逻辑使得年轻一代的夫妇家庭时时刻刻处在两个体系往两边拉扯的张力中。两亲家变成了博弈的双方，通过各种资源交换来争取子代家庭的倾斜，从而有利于某一方的家庭体系。尤其是随着独生子女进入婚育期，

心形家庭中左右两个家庭体系横向的独立性和纵向的紧密性都增强了，因此两亲家的关系变得更加微妙起来。

近年来，媒体报道了很多因为双方父母不和而导致年轻小夫妻离婚的案例，我身边也有因为双方父母不能容忍亲家，导致小夫妻为了各自的父母而展开战争，最后伤了感情不得不离婚的案例。传统和现代的融合并非是容易的，其间充满了斗争，个体不得不为此而付出代价，对此的研究还有很大的空间可以扩展。

第三节　两个个体家庭的汇合点：嫁娶与第三代姓氏

如果说"两亲家，不聚头"使得心形家庭模式产生了分裂的张力的话，那么第三代的出生就是把左右两个家庭体系粘合在一起的铆钉，这颗铆钉是两个家庭体系黏合的关键所在，无论是冲突还是和谐，都与这个铆钉有关系。如果没有这颗铆钉，两个家庭体系的关系往往相对简单。在第四章讲到流动的家庭格局时，我们已经发现了流动的节点与孩子的出生和成长有密切的关系，因为孩子的出生，所以两亲家可能不得不住在同一屋檐下；因为孩子需要人照顾，所以三代人需要在同一屋檐下；因为育儿教育理念不同，年轻的父母和年老的父母冲突也会增加。

中国家庭有孩子的比率是相当高的，虽然近年来，出现了丁克一族，但是，到目前为止，我认为无法统计丁克一族的比率[①]，从我自己的日常生活实践来看，绝大部分的家庭都是希望有孩子的。在中国文化中，"不孝有三，无后为大"，孩子是一个家族的延续，今天，孩子是两个家庭体系的延续。

崔浠的故事：两头挂幡与孩子改姓

我和我先生是1998年在北京认识，实际上是通过在家里父母介绍

---

① 因为很难区别无法生育的夫妇和不愿生育的夫妇。

认识的,因为我们都是一个地方出来的,不过他是在农村,而我是在城镇。认识后,1999 年 3 月份我先生就去了日本,然后我是大学毕业后 8 月也去了日本。

1999 年 12 月我们回到中国办婚礼仪式,那个时候我已经怀孕 5 个月,在老家举办了一天的仪式。

我们结婚的仪式和一般的结婚不同,算是两头挂幡。因为我老公是长子,他们家不想上门做女婿,而我们家呢,又是独生女,才会说两头挂幡么。

其实,我根本就不在乎了,因为我觉得出嫁是很正常的一件事啊。但是,像我出嫁了肯定不要回到乡下去住的,肯定还是住在我妈妈那的么,我们家是别墅,空调什么都有,我怎么可能到乡下去住他们的房子呢,而且那个时候还考虑要出国去的啊!我觉得(仪式)没有什么可以计较的,在国外啊,女人们就是嫁人的啊!但是我妈坚持我不能出嫁,我就听我妈说的,结婚就这么一次,我听她的算了。但是他又不肯入赘的,才“两头挂幡”,听上去名义上很难听的。

所以,我们不是嫁也不是娶,他不算入赘,我也不算出嫁什么的,就是两个都可以算是出嫁吧,也可以说两个都是娶来的,就是双方都按迎娶的方式做的。

在我们那里,要是按照我出嫁的话,那么我是中午不过去吃饭的,是晚上到男家吃宴席的,然后过一夜,第二天再回娘家的。而且我发现我们当地还有一种习俗,就是把女的娶进门需要一把伞的,男的入赘,也要用一把伞把男的接进来。

而我们是这样做的:中午的时候我们是按男方娶女方的风俗过来接,用一把伞把我接到了他家,做一切娶媳妇的仪式。比如我要先绕着火堆走三圈,然后就跳过去啊!我也搞不清楚什么意思的。接着就是在地上画了个楼梯然后走过去,大概意思是要攀登楼梯,要步步高升嘛!反正他们叫我做什么,我都顺从了。

中午他们家摆了 5 桌还是几桌,我就不记得了啊。吃过中饭,我先回到自已家。然后到晚上就是按照入赘的方式再用一把伞把我老公

“娶”进来，一起吃晚宴。我们家在饭店摆了38桌吧。一般来说，直系的肯定都要来。我妈妈那边旁系来的也多，我妈妈的亲属离我家比较近嘛，就来的多么，我爸爸的亲属远么，就来的少了。除了那些，还有我的一桌朋友。其他的就是我爸爸的战友，因为我爸爸是当兵的嘛，所以他的战友就有一大群的。还有就是我爸爸妈妈的同学朋友什么的，都是些有来往的朋友，就是我们也吃过别人的婚宴，喜酒的。总之都是些有来往的。有些朋友呢，我都说不上的那种，那个时候我爸爸是在位么，当官么，管城建的么，所以接触些老板，排场特别大。

办完仪式后，我老公回日本了，那我就留下来了，到2000年的5月我生我儿子的么。我当然住在自己家，我不可能住到婆婆家的。我生了之后第2天婆婆来我们家的。

一开始，我们家的儿子姓“崔”。据说在我们办婚礼之前就决定的。当时我们都在国外么，我妈妈和他的妈妈商量的，两头挂幡、姓的问题就是他们两个决定的。所以我们那时候都不知道，我们在日本的时候，给孩子取名字都是张什么的(崔浠丈夫姓张)，从来没想过崔什么。而生了孩子后，我就顾着孩子，一直叫他小名，也没在意。然后，我妈妈(打电话)跟他说他妈妈已经同意了姓崔，问他意见怎么样。他那个时候姿态高来，说，姓崔就姓崔吧，反正我们在国外，还可以生几个呢。同意就同意了。后来我老公给我打电话啊，说，你妈妈这个人蛮精的啊，他们已经说好了，就通知一下我而已。我说，你不同意可以反对的，不要把这种事情以后怪罪到我身上来啊。所以，孩子就姓崔了。

后来寒假的时候，他回中国。向他的朋友们通报我们的孩子时，总是要解释为什么我们的孩子叫“崔××”。他的朋友们都想不通，觉得很奇怪啊，不知道为什么叫崔××呢？他的朋友中没有这样的情况的。那个时候他解释的时候是用非常高的姿态解释的，他说因为我是独生女么。我当时听了很别扭的，他也不舒服，还要表现得很高姿态，每次都要解释一遍，很烦。2000年9月，我们一起到了日本，日本人更不接受这种事情的，每个人都要问一遍了，每个人都觉得奇怪，有的人还叫他崔先生。

2001年3月,我们回到中国,我老公到了新的单位,也是每个人知道孩子的名字,要问一遍,要解释一遍,我老公觉得很不爽的。后来我火了,我说终归有人姓崔这个姓的,我无所谓的,你要觉得不舒服就改好了,不要老是这样别别扭扭的。说实话,当时我妈说我老公答应姓崔我就挺奇怪的。他自己要高姿态,现在又和我吵,真是烦死了,于是我就去改名字了。改名字是很复杂的,要有正当的申请理由。后来我们就说孩子要去国际学校的,那些小孩子都是姓爸爸的姓,我们不想让小孩觉得奇怪,怕小孩造成心理上的阴影,所以,要让他改成他爸爸的姓。后来就同意我们改名字了。

改了名字一个月吧,没有通知我爸爸妈妈,那个时候,孩子已经三岁了,已经叫崔××三年了,所以,我妈妈知道后特别生气,说我自作主张没有把他们放在眼里了,说我先斩后奏,胳膊肘朝外拐了,说的话特别伤人,我都忘了当时怎么吵了,反正吵得很凶。我老公本来让我好好说的,但是到后来他也听不下去了。爸爸就在那说了,算了别吵了,让我少说两句啊什么的,后来,爸爸让我们先回去。本来是第二天回的,但是当天连夜返回上海的。

过了几天呢,我爸爸对我妈妈说,生什么气啊,吵什么啊,又不是姓你的姓,我都不气,你气什么啊!我爸说,改都改了还能怎么样啊,就一个女儿,还能绝交了啊?

过了几天我爸爸打电话给我说,事情已经做错了,你就低低头给你妈妈道个歉好了呀。后来想想也是啊,骂两句就骂两句好了呀!呵呵……就回去了,后来我妈妈的意思就是这种事情没有和她提前打招呼。她说当时你要觉得不同意给我们说呀,省得这样了。当时我妈妈说我老公同意的时候,我也很奇怪的,干吗让他姓崔啊?但是,我妈说我老公都同意了,那我就算了,反正,我无所谓的。

2008年,崔浠生了第二个儿子,这次姓崔,不准备改了。(个案14)

崔浠的个案非常有意思,在嫁娶的时候采取的是两头挂幡的方式,而孩子的姓氏也经历了两个姓。费孝通也曾提到过这类婚姻,称为“两头挂花幡”,意思是在两个家的祖宗牌位上插两面花旗(费孝通,1997:

60)。这种婚姻模式主要是考虑女方家族没有男子可以生产子嗣的情况，但是，今天，在独生子女时代，每个家族只有一个后代，这个后代的孩子如果不继承姓氏，那就意味着这个家族没有后代。

在我访谈到所有关于子女姓氏的冲突案例中，年轻一代均表示无所谓，主要是因为父母的压力导致年轻一代不得不各自为自己的家族而争斗。

崔浠的个案中，之所以在结婚的时候就把嫁娶的概念提出来，一个很重要的原因是崔浠结婚时已经有5个多月的身孕，孩子的姓氏已经是一个摆在眼前的问题了。我在访谈中听到的更为常见的做法是，模糊嫁娶的界限，到孩子出生时再对姓氏进行讨论。而即使有的家庭男性是入赘的，也会随着男性收入、社会地位的提高改变入赘的目的：孩子的姓氏依然跟随男方姓。在崔浠的个案中，实际上这一点也是非常重要的。因为在结婚的时候，崔浠的丈夫还仅仅是个刚毕业的博士，虽然学历比崔浠高，但是女方家庭的经济条件远远好于男方。而在崔浠孩子改姓的时候，崔浠的丈夫已经是一家机构的主管，年薪非常高了。但需要指出的是，有关姓氏的争执并不是夫妻双方的权力争斗或者博弈，而更多的是两个原生家庭的争斗。在崔浠的个案中，崔浠本身对姓氏的态度一直是无所谓的，在乎的是崔浠的父母（尤其是崔浠的母亲，虽然崔浠是跟父亲的姓的）和崔浠丈夫。

婚礼：嫁娶的表演

在两个家庭的联结中，婚姻本身的意义远没有孩子大。对很多人来说，没有特殊的理由，嫁娶就按照"传统"的来，男性是娶媳妇，而女性是嫁为人妇，然后孩子跟着男方姓。在城市中，嫁娶本身已经很不重要的，尤其是彩礼和嫁妆的区分几乎变得很薄弱。

对大部分的年轻人来说，结婚，就是一场秀，主要是要"好看"，至于具体有什么规矩和讲究，就交给父母或者婚礼策划公司好了，自己要做的是"表演到位"（个案6，周龙语）。尤其是到老家去办婚礼，嫁妆、聘礼、嫁娶概念都变得很模糊，而且在实践上也无法操作，对新人来讲——

莎莉：“一般性都是父母管的，父母帮你办的，父母帮你想怎么样怎么样，然后我们也是的，都是父母办的，连参加的人都不认识，都是由妈妈——这边的妈妈那边的妈妈——叫过来、拍照，跟这个家庭那个家庭拍照，那时候都不认识的，都不知道自己和谁拍照。”不仅来的人不认识，莎莉对于照办的那些仪式是什么意思也不知道，反正“叫我抬腿跨过火盆我就抬腿；叫我给谁点烟就点。反正是要做的，就做呗。”(个案10)

李怡晖结婚的时候一共办了三场婚礼，一场在丈夫老家，一场在自己老家，一场在上海。除了在上海那一场，他们自己决定请那些人，到哪里吃饭以外，其他的两场，他们都只是出个场，碰个杯。

沈：那你们在你先生家办的时候(婚宴酒席)办了多少桌啊？

李怡晖：我不知道，反正他们是自己家里办的，周围的人家每家人都摆满了，门口都摆满了，就是隔壁邻居家里都有……我也不知道，可能一二十桌，没印象。

沈：反正也不归你管……

李怡晖：我们就回去，到时候露个面就好了。然后跟你介绍这是谁谁谁，干个杯就好。说实话，我到现在都搞不清楚和谁干杯了，因为本来就不认识，而且是在比较忙乱的状态下，大家就碰下杯。

沈：那后来到你家去办你们也不管？也是你父母做主？

李怡晖：他们会说一下，但是还是他们自己拿主意。因为那边的亲戚还是他们自己比较熟悉，我们出来那么多年，不太清楚这些人的关系。

沈：那你们有没有这种嫁娶的概念啊？比如说他是娶老婆？

李怡晖：我觉得他们(指丈夫家)已经没有了，他们也没给我们彩礼。双方家长都把钱花在我们买房上了。(个案30)

也有很确定的告诉我，确定是嫁或者娶的，比如可可的个案。虽然只在上海办的婚礼，但是可可很清楚，她是“嫁”。“因为那个时候新房还没有交房呢，所以在凉城租了两室一厅。那个时候他就把我从我们原来的老房子接出来,然后接到租的房子,然后再到饭店。很清楚是嫁。"当然,他们家孩子肯定姓可可丈夫的姓。

因为可可是独生子女,而且婚后一直和她的父母住在一起,所以我问可可:"为什么不考虑让他入赘呢?"可可反问:"为什么要入赘呢?没有这种想法啊。第一,我们不是上海本地人,大概只有浦东人或者本地人才有入赘的概念吧。我父母根本就没有这种概念。要是入赘的话,孩子就要姓我的姓了。我父母和我们住在一起是因为他们年龄大了。有些方面不能自理了,才和我们住在一起,而不是因为嫁娶的问题。……还有一种说法是在上海呢,如果是女方买的房子。那就属于入赘了。而像我们这样又是男方买的房子,那肯定算是嫁了。"(个案2)

房子由男方家庭提供从而维系娶媳妇的传统也是在上海被很多人所认可和实践的,但是这一点并非像原来从夫居那样具有决定性的影响,在我的田野研究中,我发现购房是不是一定男方来,实际上和男女双方家庭的经济实力紧密相关,如果男方有实力,会按照"传统"买房娶媳妇,如果没有实力,那么在购房方面就会有各种各样的"协商方式"。目前高居不下的房价已经使得一般普通老百姓想要买好房子再结婚变得不那么容易,能够凑齐一个首付已经是很有实力了,因而房子必然需要小夫妻婚后按揭,因此房子的意义究竟如何还需要等待房价稳定后做更深入的研究。

姓氏:嫁娶的本质

因为独生子女,父系继承根本无法实现。冯婉珊和 Francine Deutsh 的研究都表明独生子女政策大大削弱了"父系"体制的合理性。欢欢作为这个家庭唯一的后代,虽然是女性,但是一点也不影响她的继承权。甚至,在我访谈中,凡是独生子女的父母总是反复说:以后都是他/她的,并没有性别之分。但是如果我们放到个体家庭的体系中看,我们会发现虽然对年轻夫妇双方而言,继承已经不分男女,但是对于个体家庭这一体系来说,继承依然有条线的特征,其中最明显的标志就是人们对于孩子姓氏的争议日渐增多。

如果我们回到心形的家庭结构，我们就会发现两个个体家庭出于同样的位置，而孩子只有一个，孩子成为了连接两个家庭体系的重合点，因而有关姓氏的争议正在成为一种结构性的矛盾。

我在访谈中发现，姓氏并不一定和嫁娶的仪式相关，人们对于姓氏的执着远胜于对嫁娶概念的坚持。原来在传统社会中被看作是一件事情的两个步骤，现在成了两件事情。

杨晴丈夫的父母很早就去世了，因此，对于杨晴来说，嫁娶的问题显然少了来自男方家庭的压力。当我问到杨晴是嫁呢，还是他丈夫入赘的问题时，杨晴的回答非常有意思：这个挺有意思的，在我们那里，如果先在我们家办那就是我嫁了，如果先在他们家办，再到我们家办，就有点入赘的意思哦。妈妈就跟我先生商量，先在他们家办，但是他姑姑不高兴了，她挺在乎的，在农村自然应该是我嫁过去的。我先生是不置可否。因为涉及具体日子的问题，我希望在他那边年前办的，在我家过完年后办的。他姑姑开始不同意，但是拗不过我。我妈妈对这个安排相当满意，觉得有点入赘的意思了，呵呵。

沈：那你们的嫁妆和聘礼什么的有吗？

杨晴：没有嫁妆，他们那边送了点小东西，然后就把我接过去，算是娶了。彩礼什么的我也不要。他们给了我几千块钱吧，但是这个钱也是我先生给他们然后再给我。

因为没有清晰的嫁娶概念，使得孩子姓谁成了一个可以讨论的话题。

杨晴：孩子我们是这样的，当时商定好的，就是生女孩的话就姓我的，生男孩姓他的，都是说好的。实际上，就是男孩子也可以姓我的，他也没意见。但是我们家男的基本上都没有好结果，觉得不吉利，我们家女孩子比较争气吧，整个家族来说女孩子都比较好，所以就这样决定了。对他来说已经没有什么了，他只要对他父母有一个交待，有后代就可以了。

最后，杨晴生了个儿子，跟丈夫姓，虽然，他们算是有点“入赘”的意

思。（个案 3）

韩心的个案也非常有意思。韩心结婚的时候在女方家先办了一场隆重的婚礼，后来回老家办了一次简单的婚礼。在女方家办婚礼的时候，喝完酒席是回上海浦东的家，还是住在女方家，韩心的父母是有想法的，但是，最后还是听从了女方家的安排，住在女方家，这样也导致是娶媳妇还是入赘的概念不明确，因此双方家长在讨论孩子姓名的时候存在分歧。目前，他们还没有生育，计划几年之内会要孩子，于是就把这一问题先搁置了。

韩心说，丈人和丈母娘曾经谈起过这个问题，"但是不是很正式的谈过，我的态度是比较开明的，最好是两个小孩，就一边一个，先跟我家姓，再跟她家姓。反正都是我们家的孩子，从经济学的角度来讲他们都是我们的孩子"。

沈：那如果第一个是女儿，第二个生了一个儿子跟谁姓呢？

韩心："这个我是有想法的，我出生农村，我这一代还是有些传统想法的。现在，如果双方父母都到我家坐下来，就不要谈起这个问题，先生了再说！如果和我父母谈这个问题，我父母会说：这个问题我们还用谈么?! 如果第二个是儿子，那当然也要跟我姓，把第一个再改他们家的姓。"（个案 4）

马兰的个案是模糊了嫁娶，但是在姓氏上是由于丈夫坚持，因而还是姓丈夫的姓，但是，她把自己的姓也加进去了。

马兰："也没有什么嫁娶概念啊，就是在他家也办一次，在我家也办一次。那个时候和以前观念不一样了。我们那边就是，两边人都是一样的，都是平等的，我们家一直这个样子的，以后父母养老什么的，两边人都要挑担子的。"

因为马兰父母只有两个女儿，我问起马兰孩子的姓氏，马兰说他儿子姓跟着丈夫，但是第二个字是她的姓，儿子的名字总共是四个字。

我问：为什么不把你的姓放在前面呢？你先生反正是老二，而你是你家长女。

马兰：他不肯的，他们家都这个样子的，而且他们家那个时候没有

孙子的，就他那么一个孙子。（个案13）

近几年来，四个字的名字在增多，而四个字的名字往往把双方父母的姓都嵌入进去了。这是一种变通，也是一种对传统的继承。

即使嫁娶概念很明确，姓氏也可能改变，这种情况比较多地发生在入赘的家庭中。

方欣华的婚礼很仓促，因为要赶在父亲去世之前把婚礼办掉，一方面是可以让父亲看到女儿结婚，另一方面是当地的风俗是“白事”[①]后要三年以后才能办“红事”，所以，方欣华决定尽快成婚，当时唯一确定下来的就是，方欣华的丈夫胡先生是入赘。但是，随着胡先生在家庭中经济地位的提高（刚结婚的时候，胡先生的收入低于方欣华，从2003年开始，就开始比方欣华高很多），这种入赘就有名无实，孩子的姓最后还是姓胡。但是，入赘这一概念对于方欣华妈妈将来入住是有关系的。

沈：那你小孩子姓什么呢？

方欣华：跟我先生姓。

沈：你们当时就没有过争论跟你姓？

方欣华：有，我们家儿子的名字把我的姓也放进去，这个事情当时也很敏感，这可能我猜测也是我先生不愿意要孩子的原因。当时我先生去我们家呢说好是入赘的，他说没有什么要求，我父亲说要养老。但后来我父亲去世了。一开始他没什么感觉，但后来从交谈中他发现入赘是件很没面子的事情，然后他心里是特别苍凉的。所以他就非常不想要孩子，有了孩子后又非常不想给孩子取名字，那时我都怀孕好几个月了，我非常生气。我说你到底怎么回事？然后他终于把他心里的想法说出来了。他就说跟我姓太没面子了。他说的不多。他就说他有压力。我就没有想到。我一开始还在给他压力，我说我爸爸不在了，如果在的话还能商量。后来想想他压力也的确是大，想想还是要以我们家庭为重。然后我就说那就跟你姓吧。然后这个事情我一直没跟我妈说，后来在医院里这个孩子已经生下来了，是要报出生证了，然后，我妈

① 中国许多地方都把过世这一事件称之为“白事”，而把结婚称之为“红事”。

就问你们起好名字了吗？那个时候我才告诉她。怕她生气的，那个时候写名字是非常的仓促的。（个案17）[①]

崔浠丈夫和方欣华丈夫改姓的理由都是“没有面子”。有关面子的研究非常多，对面子的解释也不尽相同，我认为这里面子体现的是父系作为一种代表男性权利依然在发挥影响。有意思的是，在这样一种争斗中，事业成功的男性往往能够左右事情的发展。

从以上个案中，我们可以发现一些特殊情况的共性：

1. 嫁娶可以模糊，姓氏不会模糊；

2. 年轻人可能会不在乎嫁娶，父母会在乎；

3. 嫁娶和跟父姓还是跟母姓之间并不一定是必然的关系，可以协商的。

有关姓氏的争议现在越来越多，尤其在已婚独生子女家庭中，为子女姓氏而引发的争端增多。（夏桂根，2001）这些姓氏的争议一方面说明传统的变迁并非像人们想象的那样会随着个体化或现代化而消失，而是会以一种新的方式出现；另一方面，这种争议恰恰体现了双边个体家庭之间的问题。

孩子作为两个家庭体系的连接点，也常常是矛盾的焦点所在，两个个体家庭体系的博弈和重要的一环就在于在这一焦点上的处理，如果有一方觉得姓氏不重要，那问题就会小一点；如果双方都认为孩子的姓氏很重要，往往在结婚之前就会对此进行讨论，嫁娶时的安排以及两个家庭体系为小家庭的经济投入都与此有关。

孩子的重要性不仅体现在两个家庭体系中，在代际关系中也有对此的争夺，有关这一方面的论述我们将放到下一章去讨论。

---

① 改姓的问题也是后来丈母娘和女婿矛盾非常大的原因之一。

第六章

血浓于水:以已婚独生子女家庭为例

家庭现代化理论预测,随着一个社会现代化进程的深入,扩展的亲属关系纽带将被弱化、传统的家庭形式将变得更为松散,核心家庭将成为独立的亲属单位,这些变化必然导致代际(尤其是亲子)之间凝聚力的相应削弱(Goode, 1963)。但是,学者们对亚洲家庭的现代化变迁却得出了相反的结论,发现在中国大陆、日本、韩国、台湾地区,现代化的进程并没有导致家庭功能的衰落,代际之间在日常照料、经济支持、情感慰藉等方面依然存在密切的互动。从现实情况看,代际之间资源的互补性使现代化进程与家庭凝聚力相互兼容(杨菊华、李路路,2009)。

我在研究中也发现代际之间的紧密程度超过了我原来的预想,无论年轻一代还是年老一代,在提到自己的子女或父母的时候,那种血浓于水的感情一而再再而三地表达出来。除了杨菊华和李路路认为的"家庭凝聚力具有强大的抗逆力性和适应性,深厚的文化积淀超越了现代化的作用"(杨菊华、李路路,2009)以外,我认为独生子女政策也起了非常大的作用,尤其是在城市。即使是在生育二胎的家庭中,子女的数量也比传统社会要少,因此,父母投入到每个孩子身上的精力、时间和经济都要比过去更多,而子女对赡养父母的义务也往往没有兄弟姐妹可以推卸而变得非常明确。

这种代际之间的紧密关系不仅仅影响父母与子女的关系,实际上也会影响到夫妻之间的关系,因为很多人在权衡父母/子女与配偶之间的重要性或者可靠性的时候，常常倾向于前者，更信任父母/子女，更依赖父母/子女。21 世纪出现越来越多因为双方父母不和而年轻夫妇离婚的个案，也说明了这种影响。本章以已婚独生子女家庭为例，描绘和分析“血浓于水”的现象、逻辑和可能的影响。

中国在 20 世纪 70 年代末开始实行的独生子女政策，进入 21 世纪后，独生子女们也逐渐步入婚姻，形成了“单独夫妇”或“双独夫妇”，他们在和父母的代际互动中，明显更为紧密，这种紧密关系并不会随着独生子女结婚而完全改变。这一章以已婚独生子女家庭为例，体现了个体化与代际之间亲密关系的张力，通过已婚独生子女的居住安排、家庭内部关系和双独夫妇的个案展示了最有条件实现个体化的已婚独生子女家庭并不一定走向小型化、核心化，而是呈现出独立和依赖并存的双重性。

第一节　更可能和父母共同居住的已婚独生子女

中国从 20 世纪 70 年代中期开始宣传独生子女的思想，1980 年正式开始执行独生子女政策，鼓励每个家庭“只生一个好”。目前，第一代的独生子女纷纷走进婚姻的围城，但是我们目前对于他们进入围城后的状况很不清楚（风笑天，2005）。

刘鸿雁等根据第四次人口普查数据资料，依据独生子女率和结婚率推算[①]，2000 年，在上海双方都是独生子女的家庭比例是 0.09%，到 2030 年，上海双方都是独生子女组成的家庭将达到 67.31%。这就意味着，独生子女政策对家庭的影响在未来将会凸显出来（刘鸿雁、柳玉芝，1996）。

那么双独家庭对未来的影响究竟是什么呢？目前，对双独家庭本身的研究——比如双独家庭和非独家庭有何不同——并没有很多的研究，大部分关于独生子女婚姻的讨论常常落到了有关老龄问题的恐慌

① 之所以用推算，因为信息不全面导致。

中，比如，曾经很流行的说法"四二一"家庭模式（四个老人、一对夫妻、一个孩子）（管华，2006），研究的中心是一对独生父母需要同时赡养四个老人，因此是很沉重的负担等等。

无论是对高比例的推算还是对老龄的恐慌，我都是持非常怀疑的态度的。首先，我不认可刘鸿雁等对上海未来双独夫妇高比例的推算，因为这一推算仅仅考虑2000年时上海人口，没有考虑未来大量的迁移进入上海的人口。由于中国农村17个省份实行"一孩半"政策[①]，同时还存在超生现象，而上海又是一个移民城市，因此，这种推算在实际上一定会有很大的出入，到2030年比例应该是远远小于67.13%的。

其次，养老制度的完善、老年人健康年龄段的延长，养老观念的改变，都使得老龄问题处于一个动态的过程中，除了看到已婚独生子女比例的提高，而把其他因素都设定为静态的假设在现实中是不可能发生的。同时，不能把老年人简单地等同于负担。包蕾萍等2003年对上海市的"独生父母"研究指出，独生父母对自已父母经济上的依赖明显高于非独生父母（包蕾萍、陈建强，2005），在这种状况下，显然父母是个资源（至少在一段时间内），而不是负担。

研究已婚独生子女的婚姻、家庭、代际关系等对于澄清以上问题，并做更好的趋势推断是有必要的。但是，我在运用2005年1%人口抽查数据时，同样发现因为抽查所用的调查表中，每个家庭成员只注明了和户主的关系，并没有家庭成员的相互关系，因此，无法单独提取非户主而具有婚姻关系的家庭成员资料。这一局限也导致了我无法统计2005年双方或者一方是独生子女的家庭比例。

由于数据的局限，我换了一种思路来讨论独生子女未来家庭格局的模式。从抽查数据中，我把30岁以下的[②]，属于单人户、核心户和主

---

① 实行一孩半生育政策的17个省份农村地区，占中国总人口的53.6%。该数据来自中央党校妇女研究中心课题组：性别平等团队的计生政策研究与倡导行动，2009年7月18日在社会性别国际会议上的文章。

② 之所以定下30岁这一界限，是因为包蕾萍等的研究指出，在上海，早在1975年就开始独生子女的宣传，就开始出现了响应宣传的群体（包蕾萍、陈建强，2005）。1975年出生的人到2005年抽查时，正好30岁。

干户的人口抽了出来，然后看独生子女身份与其所在家庭户类型的关系。

在这一群体中独生子女有 1293 人，非独生子女有 3259 人，也就是说，非独生子女是独生子女的 2.52 倍，大概可以说，到目前为止，上海 30 岁以下群体还是非独生子女为主。

从独生子女与否的身份和家庭户类型来看：

家庭户类型	独生子女	非独生子女	独生子女	非独生子女
单人户	41	194	3.2%	6.0%
核心	569	2184	44.0%	67.0%
主干	683	881	52.8%	27.0%
总比	1293	3259	100.0%	100.0%

可以非常清晰地看到，30 岁以下的独生子女处于主干家庭的可能性比非独生子女要高近两倍。这一数据与包蕾萍等 2005 年的结论基本相符：有 0—6 岁孩子的父母中，50.5%的独生父母和 42.5%的非独生父母是三代同堂的家庭，独生父母的家庭规模明显大于非独生父母。通过“与祖辈同住与否”的逻辑分析中，可以看到，年轻父母的年龄和独生子女身份是决定他们是否与祖辈同住的最主要因素（包蕾萍、陈建强，2005）。在农村，独子婚后与父母共同生活的比例要明显高于多子家庭（王跃生，2006）[①]。

考虑性别的话，我们可以看到相比独生女，独生子更可能处于主干家庭中，而非独生女比非独生子更容易处于主干家庭中，我们对于出现这一状况的原因还不清楚，但是，这提示我们，不能简单判断哪个性别更易处于主干家庭中。

① 我运用抽查数据时，没有加入有没有孩子这一变量，同样得到了独生子女的身份对于是否和父母住在一起的影响更加明显的结论。王跃生曾经批评包蕾萍等对独生子女的调查因为局限于有 0—6 岁孩子这一要素，可能结论失真，因为 0—6 岁孩子情况的存在可能影响更大。

家户类型	男性独生	女性独生	男性非独	女性非独	男性独生	女性独生	男性非独	女性非独
单人户	22	19	110	84	4.1%	2.5%	8.2%	4.4%
核心家庭户	217	352	919	1265	40.8%	46.3%	68.7%	65.9%
主干家庭户	293	390	309	572	55.1%	51.2%	23.1%	29.8%
总	532	761	1338	1921	100%	100%	100%	100%

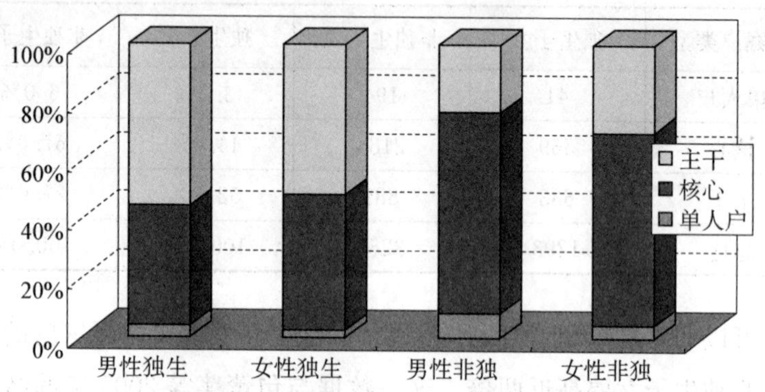

一般来讲，主干家庭户比例高，可以推断代际关系相对紧密。本研究的数据和已有的研究成果也吻合。如有学者指出，在20世纪90年代，小家庭的概念在上海就已经被普遍接受，但这个小家庭的概念与西方的核心家庭概念是不同的，因为一子的关系，两代人反而关系更加亲密了（郭康健，1994）。独生子女家庭除了在居住模式上更多主干家庭外，在育儿方式上，独生父母和非独生父母之间存在显著差异，其中，45.7%的独生父母选择隔代教育为主的托儿方式，而非独生父母只有28.1%（包蕾萍、陈建强，2005）。这种观点，我们在质性研究中，得到了进一步的证明。

第二节　两户一家

在我正式访谈的46户家庭中，双方都是独生子女的有2个家庭，男方是独生子、女方是非独生女的，有6个家庭，女方是独生女、男方为非独生子的，有 10 个家庭。也就是说，共有 18 个家庭为一方或双方都为独生子女家庭。但是如果从户口和居住关系上来调查，其中只有一半都不到的家庭算是主干家庭，也就是说大部分的家庭在统计中是属于两个家庭户的，但是在访谈中，除了极少数个案，大部分（独生子女及其父母）认为自己和父母是一个家庭的观念是非常明显的。因为如果有几个子女的话，父母要面临一个分配财产和个人劳力的问题，而子女也会觉得父母并非是自己一个人的父母，无论是父母的财产还是对父母的照顾也都有分配的问题。而在独生子女的代际关系中，没有分配的概念，也没有独生子女和父母分家的概念。

妻子 / 丈夫	独生女	非独生女
独生子	2	6
非独生子	10	28

首先，从居住模式来看，如果夫妻一方是独生子/女的话，那么独生子/女的父母和小夫妻住在一起，或住在相对较近的可能性更大，并且对于这种选择，独生子/女会觉得天经地义，合情合理。

在 16 个有一方为已婚独生子女的家庭中，有 7 个家庭（个案 2、5、19、20、34、35、37）完全是和独生子女一方的父母同住，并与独生子女父母的来往更为密切；有 3 个（个案 4、7、46）属于独立居住，但是和独生子女一方的父母住得更近或来往更加频繁。个案 32 中，妻子是独生子女，丈夫不是，女方父母星期一到星期五住到小夫妻家，帮忙带孩子；男方父母周末来替班；个案 42 男方是独子，父母每隔两个月来住两个月，而女方父母居住在附近。个案 45 丈夫是独子，但是因为婆媳矛盾，公婆没有来过上海。和非独生子女一方同住的是个案 9 和个案 11。个案 9 中，女方是独生女，她父母在他们小家庭居住的同一小区也购买了一套房子，但是，女方父母常年在国外；而个案 11 的妻子是非独生子女，但她是知青，父母原来在外地，等她回上海以后，父母也就跟着回上海和她住在一起。至于她丈夫家的情况她不愿意多说[1]。

个案 14 情况比较复杂，妻子崔浠是独生女，丈夫是长子，因而他们家关于嫁娶、孩子姓氏等都有一系列故事发生[2]。崔浠在生育期回老家和父母住在一起，后来到上海后，先是丈夫的姨妈作为阿姨来上海，后来，婆婆也曾到上海来住过两年，反倒是崔浠父母没有到上海长住过，因为老家离上海不远，一般是隔一段日子来住几天。

虽然崔浠的父母并没有来上海长住，但是当我问崔浠家人包含哪些人时，崔浠给了我一个很有意思的答案：

崔浠：我们家就我们三个，（停顿一下）还要包含我的父母！一定要包含父母的。我们当时买房子的时候，就考虑给我父母一个常住的房间。因为我是独生女，我父母将来肯定是跟着我的。现在就是我儿子一个房间，我们两一个房间，然后还有我父母一个房间的。

我：那你现在婆婆过来怎么住？

崔浠：她就住我父母的房间，对她来说，那是客房，不是她的房间，是我父母的房间。

我：就是你买房子的时候考虑到你父母的房间，没有考虑你婆婆的房间？

崔浠：是的，我老公也是这样说的。

从来没有到上海常住的崔浠父母在崔浠家拥有自己的房间，而在崔浠家常住过的婆婆却没有自己的房间，要住在属于亲家的房间里。这听上去有点奇怪，但是崔浠在讲述的时候，却丝毫没有觉得不妥，她经常会说：他（指崔浠丈夫）妈又不是他一个人的妈，是三个儿子共同的妈，没道理全让我们管啊，总归要大家轮轮的。崔浠婆婆也的确会经常到老二、老三家住住，也帮老三家（老二还没孩子）带大了孩子。崔浠婆婆在上海住了两年后，就离开上海，到老三家去住了。

对于父母肯定要和自己住，或者未来要和自己住，并不是只有崔浠

① 2009 年，再次遇到她时，她已经离婚了。

② 后文有具体描述。

有这样的想法，大部分其他的独生子女都有类似的想法，他们常说的是：我父母就我一个孩子，我不管他们，谁管？老了不和我住，和谁住？这也是一个非常现实的问题。

沈：你们当初为什么考虑让父母住进来呢？

谭敏（独生女）：我觉得这个蛮好理解的呀，我是独生子女对不对，然后那个时候我父母好像退休了，就算没退休也是快退休了。

对谭敏来说，因为自己是独生子女，所以和自己的父母住在一起几乎是不加考虑、天经地义的。我问她，如果她不是独生女的话会怎样，谭敏说：（我父母）就是不会长期地、稳定地住在这里。谭敏也提到和自己的父母住有一个非常明显的好处是减少矛盾。沈：你跟你妈妈住在一起有没有太多不习惯的地方？谭敏：我觉得没有什么不习惯的。我从小跟我妈住在一起，不住在一起的年份非常少啊，实在是谈不上不习惯。（个案 20）

对于独生女可可来说，也同样如此："总归是和我一起住的，要不然还能怎么办啊？"对于这一点，可可的丈夫也完全没有异议。（个案 2）

除了居住方式倾向于和独生子女一方的父母居住，在两代人的经济上面，独生子女和父母的关系也是更为紧密。包蕾萍等 2003 年对上海市的"独生父母"研究指出，独生父母对自己父母经济上的依赖明显高于非独生父母（包蕾萍、陈建强，2005），这一结论虽然受到批评（王跃生，2005），但是，在我的访谈中，我也同样产生了这种强烈的感受。无论是买房方面的支持，还是婚礼方面的全包以及日常生活中的补贴，对很多独生子女的父母来说，只有一个孩子，意味着自己所有的东西都是这个孩子的，这是完全没有争议的。叶玲玲（独生女）曾很肯定地告诉我：我爸说，他们的钱反正都是我的。而叶玲玲的妈妈在访谈时，向我强调不仅财产都是女儿的，她现在活着就是为了女儿能过得幸福（个案 19）。

欢欢爷爷奶奶只有欢欢爸爸一个儿子，他们从观念到行动，都体现了"我们的全是儿子的！"

欢欢家现在住的房子总价 43 万，首付 30%，13 万是欢欢的爷爷奶奶出的。除了首付款，装修的钱也是欢欢爷爷奶奶出的。虽然出了大部分的钱,但是,欢欢奶奶把决定权完全下放,我发现欢欢家装修得很年轻。欢欢奶奶说:"我们家装修都是儿子媳妇拿主意,我不管的。……这个房子是他们的,我不说话,付钱就好。……(装修)他们没钱我们来啊。他们买什么木头、地砖啊,他们自己去买。有种人要出主意的,我是不讲这种话的。你们觉得喜欢、好就可以,我不管的。"

2003 年 5 月份拿到房子,6 月份装修,10 月份欢欢的爸爸妈妈在上海的一家豪华酒店举办婚礼,亲戚朋友邻居一共办了 25 桌,整个婚礼是欢欢爷爷奶奶出钱,一共花了 5 万左右。

在日常生活方面,老两口也主动贴补小两口。

沈:"你儿子每个月会给你生活费么?"

欢欢奶奶:"有时候 2000 块,有时候 1500,你说够么?"

欢欢爷爷:"我现在在做,在上班,工资也贴进去。"

欢欢奶奶:"水电煤还有物业费,要多少啊?"

欢欢爷爷:"还有一些用的地方,根本不觉得的。"

欢欢奶奶:"我有时候带她去凉城公园,有时候是虹口公园,车钱有时候加起来也要百八十。"

欢欢爷爷:过年,钱也没多给,我自己的年终奖也贴进去了,他给我们多少就多少,我也不去说他。

欢欢奶奶:人家都说我想得开,其实就算我们两个人我们自己也要烧饭吃的,我们也要开销的。他们不用我们自己也要用的,一个礼拜大包小包买回来我还是要用钱的。(如果不住在一起)也要拎过来,小孩要吃的,要穿的,都要买过来的,想想就算了。大家求太平,开开心心就算了。我也说我们眼睛一闭以后钞票都是他们的,现在用光就用光吧。(个案 37)

欢欢奶奶的最后一句"眼睛一闭以后钞票都是他们的",我在日常生活中经常听到独生子女的父母这么说,这既是事实,也是老人们处理目前关系的一种心理调节。

高永平在分析家系主义体系下的独生子与父母关系时,认为独生子和父母没有分家和继承的概念(高永平,2006)。已婚独生子女和他们父母的关系完全符合家系主义，没有分家或者继承的概念，无论是父母还是子女，都理所当然地认为父母的财产就是孩子的，区别只在于是现在给，还是死后给。

但是，结合前文提到的个体家庭的认同，我们还需关注到对独生子女来说他们和父母的关系是紧密不可分的，但是，这并不意味着父母和已婚独生子女的小家庭是紧密不可分的。我在研究中发现，这种紧密关系只限于父母和子女之间，并不能延伸到子女的配偶身上，不能延伸到小家庭身上。无论是父母还是子女对此也都是有清醒的认识。下面鹏鹏一家的个案就展示了独生女在处理小家庭经济上的既区分个体又和母亲抱成一团的策略。

鹏鹏(3 岁小男孩)一家的个案也是非常有意思。鹏鹏的妈妈是独生女，鹏鹏爸爸不是。鹏鹏的外公很早就去世了，鹏鹏妈妈和鹏鹏外婆一直住在一起。鹏鹏妈妈结婚的时候，为了坚持和母亲住在一起，还发生了一些故事。

2002 年鹏鹏父母买了一套 55 万的房子，三室两厅。鹏鹏父母和孩子住主卧，鹏鹏外婆住客卧。

沈：当时是如何付钱的啊？

鹏鹏外婆：首付付了 25 万左右，贷了 30 万，10 年。那个时候，鹏鹏爷爷奶奶提出来，他们一口气付清，但是要写他们的名字，没有我女儿的名字，我女儿说，我不要。我自己买，写我们自己的名字。我女儿想得很清楚的，他们出钱不让他们住肯定是有矛盾的，那我女儿是要和我住在一起的，所以，她和他们说：你们挣钱也不容易，留着你们自己用，可以出去旅游旅游，那我爸爸很早没有了，我肯定要和我妈妈住的。很委婉的。

沈：那你买这套房子的时候拿钱出来么？

鹏鹏外婆：我不拿钱出来的，我女儿说不要拿钱出来。我女儿说，你从 12 岁开始把我培养大，让我考大学，不容易了。不让我出钱的。我房间里那套一万多块的柚木家具，那个时候，女儿还没有结婚，她和我说，妈妈我给你 1 万多块钱，这套家具就算是你自己买的，免得我婆婆有想法。那我说，我自己有钱的，我来付好了。我女儿说，不要你的钱，反正我现在挣得起，我每个月给你1000块零用，你自己存起来。万一，以后赚不到钱的时候，你要看看病什么的，就拿出来用。这个是我女儿和我女婿结婚之前说好的，所以，他也没有意见的。现在他们每个月给我2800元，800元是保姆费，1000元买菜，1000元算是给我。现在，除了买菜，买米买油什么的也都在里面了，我也不和他们说，就从1000元里拿出来。反正我就一个女儿，我的就是她的，带也带不走的。

沈：因为你女儿是独生子女。

鹏鹏外婆：是啊，我们就一个啊。（个案35）

拒绝公婆的资助，把自己的钱偷偷给母亲，让母亲再拿出这笔钱投入到小家庭，同时每月还常规性地给母亲一笔钱让她自己存起来……这一系列的做法说明，鹏鹏外婆虽然和鹏鹏一家住在一起，但是他们并非是一个经济共同体，依然有小家庭和大家庭的区分，尤其是鹏鹏外婆和鹏鹏爸爸，显然有清晰的个人财产概念。但是，鹏鹏外婆又说：我的就是她的，带也带不走，显示了鹏鹏外婆把自己的钱和鹏鹏妈妈看作是一个整体的，只是放在她那里，未来还是要还给鹏鹏妈妈的。这种看似多余的举动，实际上正是老百姓的生活智慧，通过钱的流转，向外界显示了女儿和母亲之间的独立关系，同时又通过“带不走”表明了母女之间紧密不可分的关系。这种做法并非是独生子女独有，但是，对独生子女来说，这种做法和说法是没有争议的。

非常有意思的是，有一次和几个与我同龄的女性朋友吃饭，席间我们谈到了目前社会上的一种现象：父母在嫁独生女儿时，要求男方付一大笔的彩礼，而且这笔彩礼不是返回给女儿的，而是直接给父母的，也因此造成很多的小夫妻矛盾[①]。我就问：如果说过去父母通过嫁女儿

---

① 网络上关于这方面的事情有很多的报道和讨论，如：河南一母亲嫁女论斤要彩礼25岁索2.5斤百元大钞：http://china.newssc.org/system/2012/03/01/013461434.shtml；

『天涯杂谈』求助：要结婚了，岳父母不但没有给嫁妆，还索要30万彩礼：http://www.tianya.cn/publicforum/content/free/1/1139738.shtml

彩礼不合父母意 小两口登记1月就“闪离”：http://news.bandao.cn/news_html/200910/20091022/news_20091022_872312.shtml

要彩礼来为自己儿子的结婚做准备，那么，既然独生子女的父母们都说我们的都是你的，为什么父母还要去要这个彩礼呢？大家开始了热烈的讨论，并且列举了很多身边的活生生的事例，最后，大家总结认为独生子女的父母要彩礼是非常理性的一种选择。首先，自己的孩子是独生女，但是女婿不一定是独生子，通过要彩礼，可以提前分配女婿父母家的财产，保证自己女儿的小家庭能提前得益；其次，如果对方也是独生子女，那么独生女的父母可能还有更深层次的考虑，彩礼保存在父母这里，意味着给女儿存了一笔个人的财产。因为人们普遍认为，婚后财产是夫妻双方共有的，一旦离婚需要进行分割，如果把彩礼还给女儿投入到他们的小家庭中去，就意味着这笔钱让女婿共享了；而如果保留在父母手中，那么，反正只有一个孩子，未来这个钱还是独生女的，只要小夫妻婚姻继续下去，那么这笔钱最终还会还到小夫妻的家庭中去；一旦小夫妻要离婚分割财产，那么这笔钱因为留在父母这里，不进入分割，那等于是给了自己女儿一个物质保障。因此，独生女父母要彩礼实际上是一个非常好的“可进可退”的策略，常常也能得到女儿的支持，因为独生女和父母的利益是一致的。虽然，也的确存在贪心的父母，想要通过彩礼来改善自己生活的，但是那毕竟是少数，大部分还是从长远来看，通过彩礼为自己的女儿争取一份保障。

这种“可进可退”的策略被越来越多的父母认识到其意义，很多父母在看到和听到身边小年轻“闪婚闪离”，看到两亲家之间的经济纠纷，开始意识到，自己的都是子女的，但是还是需要和女婿/媳妇有区分，并且应该更为积极地争取和保护子女的权益。这也是为什么现在越来越多的父母介入到年轻夫妇的婚姻中，很多恋人因为双方父母谈不拢而分手。

2011 年 7 月 4 日，最高人民法院审判委员会第 1525 次会议通过了《最高人民法院关于适用〈中华人民共和国婚姻法〉若干问题的解释(三)》，自 2011 年 8 月 13 日起施行。该司法解释中第七条规定一方父母为自己子女买的房子，属于该子女的个人财产，不属夫妻共同财产，引起很大的争议[①]。批评者认为该条约忽视了具体生活中非常复杂的家庭财产关系，无视家庭内部性别分工的特殊性，无视不动产的装修和维护等费用投入；而赞同者认为这一条约有助于解决目前离婚中越来越多的涉及父母投入财产的问题，可以保护老年人的权益。无论如何评价这一司法解释，其后果是非常明确的：法律确定了父母对子女的物质投入只惠及子女而与子女配偶无关，即使这种投入是以建设子女小家庭为目标的。我们从中也看出，今天当中国法律把因血缘而形成的经济共同体关系放在了因婚姻而形成的经济体共同之上。更有意思的是，随后在各大城市兴起了妻子或丈夫要求在房产证上加上自己名字的风潮；以至于政府不得不调整税收政策，宣布婚姻存续期间，夫妻在房产证上加名免税[②]；还有的女性网站提出了“爱我，就在房产证上加我的名字”[③]。这种博弈体现了独生子女结婚时三个家庭以及丈夫和妻子之间复杂的经济关系：谁和谁是一个经济共同体取决于血缘、婚姻、亲密关系、信任等的互动和妥协，而从目前的法律来看，在互动中显然血缘具优势。

再次，父母对于独生子或独生女的付出不仅仅是在经济上的，而是全方位。独生子女的父母有一个很普遍的观念，就是：我们的一切都是孩子的，包括物质和劳力。崔浠的父母是这样说的，可可的父母也是这么认为的。

叶玲玲的妈妈就是这样一位具有中国传统奉献精神的好母亲，而且因为是只有叶玲玲一个女儿，叶玲玲妈妈把自己的人生紧密地和叶玲玲联系起来。

叶玲玲在孩子一岁之前一直住在婆婆家，叶玲玲的妈妈住在她的

---

① 第七条：婚后由一方父母出资为子女购买的不动产，产权登记在出资人子女名下的，可按照婚姻法第十八条第（三）项的规定，视为只对自己子女一方的赠与，该不动产应认定为夫妻一方的个人财产。

由双方父母出资购买的不动产，产权登记在一方子女名下的，该不动产可认定为双方按照各自父母的出资份额按份共有，但当事人另有约定的除外。该条确认了父母的财产。

② http://news.hexun.com/2011-09-02/133059811.html

③ http://lady.qq.com/zt/2010/fcz/

弟弟家。那时候，叶玲玲的妈妈每天都到叶玲玲婆家，送吃的，照顾自己的女儿和外孙。

叶玲玲：天天跑，天天中午饭都是我妈妈送过来的。就我今天吃的菜，除了我婆婆做的，我妈妈都做好。还自己做点心，米仁汤啊，这些小吃，买的水果，洗好，送过来给我吃，然后抱抱宝宝。

叶玲玲在孩子出生后，买了一套靠近舅舅家（即原来叶玲玲妈妈住的那个弟弟家）的房子。搬入新家后，叶玲玲的妈妈就住到了新家。

沈：那你们有过讨论没有？你妈妈搬过来怎么样，要做个决定啊？

叶玲玲：没有啊，我就希望我妈妈过来照顾我。一般他（方强）这种都无所谓，你喜欢怎么样就怎么样。

叶玲玲觉得这个问题根本就不需要讨论，孩子还小，需要老人帮忙，那当然就是自己的妈妈一起住过来了，这是毫无疑问的，所以，在他们家对此都没有任何讨论，似乎自然而然的，搬入新家，叶玲玲的妈妈就一起住过来了。而叶玲玲的爸爸当时还在老家（浙江某县城）工作。

叶玲玲的妈妈对于把丈夫一个人留在家里的说法是：心挂两头，没有办法。因为要照顾女儿，全当又一次下放，插队入户，或者是到外面打工。现在下放的条件好多了，至少吃穿不愁。不过真的不放心，天天打电话。

叶玲玲妈妈从到上海和叶玲玲住在一起以后，就没有回去过。“走不开。想要把股票账户迁到上海都没有时间。我走了，谁管他（外孙）啊？”

当我感叹叶玲玲爸爸一个人在老家很孤单时，叶玲玲妈妈再三强调她到上海来的必要性，不是仅仅为了带外孙，主要是为了帮女儿：其实每个人带好自己的下一代就行了，不能带再下一代，太累了。我就跟玲玲说，以后不要再帮儿子带孩子了，太辛苦了。带孩子是世界上最辛苦的事情。

现在我们帮他们主要是为了让他们安心地工作，要是老人不帮他们，他们上班那么累，回来后还要做家务，肯定要吵架的。实际上，我帮，主要是帮女儿，因为家务活主要是女的做的嘛，所以，实际上是帮女儿。

我现在活着是为他们活着的,我一点也不怕死,但是我死了他们怎么办?所以,我说我现在完全是为他们活着。以前,我是为了丈夫女儿活着,现在是为了女儿外孙活着。所以,玲玲爸爸就说我,你对我怎么就没有好脸色?

对于究竟是留在上海还是回老家陪丈夫,叶玲玲妈妈的态度非常明确:需要我,我就留下来;不需要我,我就走!

叶玲玲爸爸退休后,就到了上海,和叶玲玲一家住在了一起。叶玲玲妈妈说:现在一家人都在一起了,心满意足了。(个案 19)

叶玲玲的妈妈代表了很多疼爱自己的女儿,不愿意女儿受苦的母亲。我在访谈薇安时,薇安妈妈自己检讨没有严格教育女儿,结果导致薇安到现在都不会做家务,担心以后自己走了怎么办?(个案 5)这种检讨与其说是一种反思,不如说依然是一种宠爱。

最后,还需要指出的是,如果说,在多子女的时代,父母是一种稀缺资源的话,那么到了独生子女时代,子女成了一种稀缺资源,小夫妻双方的父母也存在竞争关系,比如和哪方父母一起吃年夜饭?孩子姓谁的姓?平时和哪方父母有更多的来往?因为只有一个孩子,这个孩子不去吃年夜饭,就意味着老夫妻只能两个人过年,没有亲人团聚的概念了;孩子只能跟一方姓,对另一方来说就意味着没人传承姓氏了,因为没有兄弟姐妹可以来完成这个任务。因此,已婚独生子女因为姓氏问题而搞得三个小家庭都不开心的事情是经常发生的,前文对此已有论述。

这里以过年为例,探讨因为少子而导致的老年人和谁过年的问题[①],尤其是中国有两亲家不聚头的习俗,处理这个问题就更加棘手。

曾馨仪是独生女,她的丈夫许强还有一个哥哥。

沈:我还有个问题比较好奇,你们家怎么过年,你们父母都在上海,

---

① 虽然中国的春节有7天的假期,但是,对中国人来说,年夜饭只有一顿:年卅晚上的那一顿才是正宗年夜饭。

年三十怎么过呢?

许强:这两年,有一年年三十是两边父母都来了。

曾馨仪:刚结婚那年,其他的时候好像都是和我父母一起过年三十的。

许强:我们是不是很那个(在乎过年)……对我来说,过年就是吃顿饭。

曾馨仪:我们都觉得它是个长假,没有什么特别。

许强:这几年都是,我爸妈这两年陪我外公外婆吃年夜饭。

曾馨仪:我觉得最多的,最多的,我很多同学就是外面吃嘛,在外面饭店吃。然后都在一起,就是以某一个中心点。然后全部过来。

有一年的过年到外面去吃,找了家饭店,除了许强、曾馨仪三口小家庭,还有曾馨仪的父母、许强的父母、许强的哥哥嫂子一家以及嫂子家的父母,因为嫂子也是独生子女。这样两个小家庭所涉及的老人都在一起了。

沈:那如果大嫂那边还有兄弟姐妹呢?

曾馨仪:噢噢,这就比较复杂。但我们同事里有人这样的,前一阵子,她们组了一个有核心的老人团旅游。我那同事有一个哥哥,他老婆有一个姐姐,于是我同事的老爹老妈、他的岳父岳母,他哥哥那头的岳父母,然后他老婆姐姐的公婆,还有谁的外公外婆爷爷奶奶什么的,将近10个老人,过年的时候一起去玩的。就这样做的。(个案32)

淡化过年的意义,到外面几家一起吃一顿,或者轮流到父母家过年,或者索性组织旅游都可能是解决方案,但是,这些方案也都说明了因为代际之间关系的紧密,所以,出现了两亲家对子女的争夺,日常生活中,常有因此事而导致矛盾的例子。

当然,在日常生活中也会遇到一些“想得开”或者“看得穿”的独生子女父母,希望自己旅游,把钱花在自己身上的,不强调一定要和子女在一起。但是,我在正式访谈中,没有遇到父母和我强调他们的钱是他们的,和子女无关这样的论调。无论是居住在一起,还是分开一定的距离,无论是对年轻一辈还是老年一辈来说,已婚独生子女与父母是一家人的观点是非常普及的,谁都不愿意否认独生子女与父母之间的紧密关系。

第三节　欧莉的故事:双独夫妇

如果独生子女都和自己的父母保持很密切的关系,那么,夫妻双方都是独生子女,就必然会产生一定的矛盾,因为很难做到对两方父母的平衡。当双独夫妻增多后,情况会怎样呢? 由于抽查数据库中缺乏相关的变量,我们无法做统计上的分析。

在我访谈中只有 2 个双方都是独生子女的家庭,也许不具有代表性,但是,我觉得他们的故事体现出来的问题和困惑,却是非常有启发意义的。

欧莉的故事:双独夫妇

欧莉和强尼都是独生子女,都是上海人。强尼的父母住在上海郊区,所以,欧莉和强尼从来没有想过要住回郊区,而因为强尼母亲身体不好(欧莉再三强调),欧莉也从没想过强尼的父母到市区来和他们一起住。

但是和欧莉父母住在一起,倒是在结婚之前,欧莉和欧莉的母亲就有过考虑,是不是两家并一家,把现有的房子卖掉,然后换一个大房子,这样欧莉结婚后,两代人就可以住在一起。可是欧莉的父亲坚决反对,欧莉父亲的理由是:强尼的户口不能落在女方家里。后来在进一步的访谈中,欧莉说到他的父亲不愿意换房子,因为已经居住习惯了,不想搬了。更加重要的原因是父亲不肯和女婿住在一起。

欧莉:我觉得主要是性格的关系。我爸爸属于那种在家里一定要说了算的人,如果和强尼住在一起,而且是我和强尼的家,他觉得自己就没有办法说话算数。我结婚的时候,他就和强尼吵过架。有的时候,我和强尼吵架,我爸爸就觉得特别难受,他总觉得男人应该让着女人,男人就不能这样那样,可是他觉得他不能说什么,他就很难受。要是说什么了,这个架就吵得更大了。所以,我也觉得不能住在一起。

当时买房子的时候,已经考虑到了未来孩子的问题,因此房子买的离欧莉父母家的两室两厅非常近,只有两站路的距离。因为强尼的父母身体不太好,而且又在郊区,显然是不可能让他们带孩子的,因此,主要考虑还是欧莉的父母帮忙的可能性更大。

2003 年 10 月欧莉和强尼结婚,结婚后,因为强尼的工作单位离新家非常远,所以强尼婚后继续住单位,周末回来。欧莉和强尼住在自己的新家中仅一个月,欧莉发现自己怀孕了,欧莉就住回了父母家,欧莉住的房间就是她结婚前的房间。孩子 2004 年出生后基本上白天是欧莉的父母带,晚上和欧莉睡,周末强尼回来,有时候在欧莉父母家吃饭,有时候到外面吃饭,然后晚上小夫妻两个回自己家睡。孩子大一点后,有时也会带着孩子一起回自己家睡。欧莉笑称他们是"周末夫妻"。

强尼坚持星期日到星期五住在单位里,理由是,可以睡个懒觉,每天早上 8 点半去打卡,然后就可以回房间继续睡了。我质疑他,认为可以请人帮忙打卡。他认为他是经理,不能带头做这种事情,被大老板知道就麻烦了。

我问欧莉:为什么当时不考虑买房子离强尼的单位近一点呢?如果买在莘庄,强尼就可以每天回来了。

欧莉:当时主要考虑还是对孩子的照顾。强尼经常要出差、应酬的,那我怀孕生孩子总归需要人照顾,我觉得很难完全依靠强尼,还是离我父母近一点比较好。显然,欧莉认为,父母相比丈夫更加能够依靠,而事实也证明了,的确如此。

欧莉和强尼的房子买了以后,几乎就没有在"新家""开过伙仓",也就是没有在新家做过饭,吃过饭。因为虽然结婚后在家里住了一个月,但是那一个月里一半的时间在蜜月旅行,旅行结束后,强尼就上班了。平时欧莉虽然住在新家,吃饭还是回娘家去吃,周末到外面吃。一个月后,欧莉怀孕了,为了得到更好的照顾,欧莉索性就搬回娘家住了,只有周末才和强尼碰头回新家住。所以,欧莉说:我们那个"新家"从来没有家的感觉,我觉得它就像一个宾馆,周末的时候睡一睡。

我问:那你丈夫觉得哪里是他的家?

欧莉:他肯定不会觉得我家是他的家。实际上,我们家也不把他当自己人。因为我们全家都是吃素的,但是我老公一定要吃肉,因此每次他回来我们就做一桌子的菜,好像宴请客人一样。我爸妈对他也像对待客人一样,很客气的,他也很客气的。每次去超市买东西,或者旅游,我爸爸都会把单子分开来算,我们要出多少,他们出多少。都分开的。

欧莉每个月交给父母1100元作家用。后来在访谈中提到欧莉的父亲把经济和强尼分得非常清楚,每次去超市,会把强尼的东西单独挑出来,让强尼自己付钱。

虽然强尼的父母就是在上海的郊区,直线距离上并不远,但是,强尼一年仅回家三四次,欧莉更少。强尼自己并不喜欢回父母的家,因为要过江坐轮渡很不方便。在欧莉的生活中,公公婆婆对她来说是个交集并不多的"亲戚",也没有什么事情需要欧莉去操心公婆的生活,所以,在访谈中,除了我询问,欧莉很少主动提到过公婆。欧莉对于公婆的情况实际上并不熟悉,比如说不知道公公的岁数,婆婆的岁数也是通过属相来推算的,还有学历、以前的工作情况等,她几乎都不太清楚。

但是公婆实际上非常喜欢和挂念强尼和孙女,常常托人或者邮寄草鸡蛋、玉米、草鸭等过来。强尼的母亲还给孙女编织了很多的毛衣过来。

在崇明,强尼和欧莉有自己的婚房,而且是唯一一间有空调的房间,由于他们不经常回家,现在这间婚房基本上是强尼的父母住,只有他们回去的时候,才是他们的房间。对于这一点欧莉完全不介意,因为对她来说,她并没有觉得那间婚房是"他们的",因为有空调所以平时让公婆住也非常地合情理,她完全不介意。

对欧莉来说,父母、孩子、丈夫都是一家人,都是最亲的,强尼的父母她完全没有提到。对强尼来说,欧莉和孩子是一家人,也包括自己的父母,因为只有他一个,但是欧莉的父母并不一定是,"除非是大家庭概念"。没有访谈欧莉的父母,但是欧莉开玩笑说,欧莉的父母一定会把欧莉和孩子算在一家人里面,但是可能不会包括她的丈夫。

欧莉常常和我说她觉得等孩子大一点一定要住出来,否则没有一家人的感觉。有一次,她和自己父亲吵架,更是坚定地告诉我,她一定要和孩子搬出去,和强尼在一起生活,还设想了把房子换到离强尼单位更近的莘庄,但是从我两年前第一次访谈到现在[①],这句话还没有落到实处,孩子已经五岁多了。

对于长大的独生子女而言,离开父母并不是一件容易的事情。欧莉其实从来没有离开过自己的父母,也没有和丈夫的父母发生很深刻的交往。对欧莉来说,结婚并不等于独立,在选择依靠对象的时候,欧莉更相信自己的父母,而不是丈夫。即使将来从居住上离开了父母,对欧莉来说,父母还是很亲很亲的一家人,无论是居住、经济还是情感,他们都是一个共同体。但是对强尼来说,关系完全不同,强尼和欧莉的父母无论是居住、经济还是情感都分得非常清楚。所以,欧莉的小家庭和欧莉父母的家庭并非是一个家庭,但是,对欧莉来说,就是一个家庭,虽然在有些时候她也会为了丈夫而作一些区分。这也再次证明了前文说到的个体家庭同样存在于独生子女家庭中。

另一个双独家庭,苏菲一家故事不太一样,逻辑却是一样的:苏菲和丈夫苏先生都是上海人,结婚的时候苏菲住到了离公婆家很近的公婆给儿子准备的婚房里,有空自己做饭,没空到公婆家蹭饭,周末回娘家蹭饭。没有孩子之前,一切都很和谐,苏菲觉得自己很幸运,遇到了非常好的公婆。

有了孩子后,苏菲妈妈和婆婆都到她家来照顾她,因为婆婆和母亲之间发生矛盾,苏菲坚定地站在母亲一方,开始疏远和怨恨婆婆,学会和公婆少说话,废话不说,有事说事。后来,干脆搬回到母亲家居住,每周末,丈夫到苏菲娘家和苏菲团聚,成了另一对周末夫妻。我对苏菲第三次访谈时,这种周末夫妻状况已经持续了四个多月了。在我的建议和分析下,苏菲决定结束周末夫妻状态。但是她并没有搬回原来的家,而是和丈夫重新买了一套房子,搬离离公婆很近的那套房子,并且准备

① 2010 年。

以后让自己的母亲住过来照顾自己。

在矛盾还没有开始的时候，苏菲总是向我强调公婆帮了他们很多，但是，一旦发生矛盾，苏菲的态度和描述全变了，她说：我真的没有想到他们是这样的人……很轻易地否定了一切，然后重新开始了一种居住方式。对独生子女来说，自己的父母和配偶的父母有矛盾时，无论是理性还是感性，他们都能轻易地说服自己紧密团结在父母身边。

对于这一点，虽然没有任何统计资料或者严谨的理论文献能够给出信服的理由，但是我觉得非常容易理解，因为我也是一个独生子女，当我承受了父母对我几十年的全心全意的关爱，当我意识到我的父母穷尽他们一生在为我奉献和牺牲的时候，说一句“分”或有任何的疏离都意味着背叛，都要受到道德和良心的谴责。从亲密关系上而言，我也找不到其他人可以替代几十年的朝夕相处。同时，也正是因为我是父母唯一的孩子，因此在照顾父母、给父母养老这样的义务上也是责无旁贷的，没有兄弟姐妹可以推卸。代际之间的这种唯一性一定会改变代际关系的某些方面，中国很难出现像西方那样的核心家庭与此也是有紧密关系的。

正如冯文说的，中国的独生子女政策创造了有雄心、教育良好的一代，他们将带领他们的国家进入第一世界，这种战略是成功的，但是也是有代价的。为了让孩子获得第一世界的生活水准和教育机会，家庭对此付出的代价是沉重的(Fong，2004)。每一个家庭几乎都为培养一个素质高的孩子而投入了一切，因为只有一个，无论是感情还是物质，都投注到了独生子女身上，把独生子女称为中国的“小皇帝”“小公主”，正是这一现象的最好总结。

1988年风笑天做的城市独生子女家庭[①]的调查中，他这样描述当代中国城市独生子女家庭的社会特征：“中国城市的独生子女家庭，80％左右都是仅有父母子女两代人组成的三口之家。这种结构完整、规模最小的核心家庭，是目前中国城市中独生子女家庭的典型模式。

① 其独生子女家庭指的就是一对夫妇生育了一个孩子的家庭。

在家庭成员间的关系上，这种模式具有'点''线'相等的特征。即独生子女家庭成员间既具有最基本、最简单、无重复的性质，又具有对象集中、互动频繁、关系度强大的特点。在子代家庭与祖辈家庭关系上，独生子女家庭既比多子女家庭具有更有利的客观条件，又比多子女家庭表现得更为积极，小家与大家间的关系更为密切。"（风笑天，1997）

在我的访谈中，大部分的独生子女，如叶玲玲、曾馨仪、谭敏、欢欢爸爸、鹏鹏妈妈、苏菲、薇安等等，除了大学住校离开父母以外，几乎就一直和父母生活在一起，从来没有独立过，他们不能想象没有父母在身边，生活会是怎样的。当他们结婚的时候，他们也是自然而然地把父母带入到自己的小家庭中，而不会有任何疏离或独立的想法，一直到发生各种各样的矛盾，主要是配偶和自己父母的矛盾，才不得不处理和解决因过于紧密的代际关系而形成的家庭问题。

大部分的独生子女父母理所当然地认为自己对孩子的生活是有很大的发言权的，从孩子找对象开始，到结婚、到生育到工作，他们觉得子女的这些变化和他们自身紧密相关。因为如果子女工作不好、对象不好那么一定会影响到他们未来的生活。所以，我们看到了，在上海的人民广场出现了父母相亲团，在子女知情或不知情的情况下，带着子女的资料去帮她/他找对象；在电视台也出现了"婆婆来了"的相亲节目，即儿子和母亲一起来参加相亲节目，母亲可以替儿子决定要不要选择某女孩①；我们在做浪漫之爱的调查时，问大学生们如果父母反对你和某人交往你怎么办时，大部分的学生回答：放弃恋人，甚至有人说找对象的时候其实就是按照父母的要求去找的②；在谈婚论嫁的时候，常常发

---

① 上海电视台的相亲节目，其他电视台也有类似的节目，不仅是男性带着母亲上电视相亲，也有女性带着母亲上电视相亲，而且母亲都有发言权。这样的节目是2010年后才出现的。

② 我在课堂上询问过这个问题，让学生举手表态，超过一半以上的学生认为如果实在不能说服父母，那么会放弃恋人。有意思的是，有个男生回答说：在我身上，这种事情不会发生……因为我会按照父母的要求去找女朋友，让他们先挑出他们喜欢的，然后我再选择。虽然这种询问不具有统计的意义，但是体现出来的一种与过去不同的趋势确实值得引起关注的。

生两亲家谈不拢，小夫妻就分手的事情；结婚后因为父母的问题而离婚的也不在少数。

在这样一种独特的中国语境下，我们看到了独生子女个体化中两个似乎截然矛盾的地方：一方面，他们更为个体化，更加强调自我，比如，在育儿方面，在年轻夫妇中，个人取向取代功利取向，很多人把育儿看作是人生必要的一环，是人生的乐趣，而不是为了养老或传宗接代。在事业和家庭的抉择中，独生子女的身份影响显著，独生父母比非独生父母更易选择事业，放弃孩子（包蕾萍、陈建强，2005）。

但是另一方面，他们与父母的联系反倒更紧密了，独生子女父母全方位地介入孩子的生活，依赖孩子，而子女对父母的依赖也一点不逊色。

这一矛盾再次提醒我们，用西方的个体化标准来衡量中国的“个体”表现是有问题的，我们只有换种角度，才可以更好的理解这种现象。

对中国的独生子女一代来说，个体化并不是指 18 岁独立自主、立足自我来建立身份认同，而是通过与父母的捆绑来确认自己在婚姻和家庭中的位置，独生子女的个体和父母变成了一个紧密不可分的共同体，只有这个共同体才是可以和其他独立开来的单位。

随着越来越多的独生子女到了结婚的年龄，未来的“单独”“双独”夫妇一定会越来越多，其家庭结构、家庭内部关系对社会的影响也会越来越显著。本章的研究也许让我们可以看到未来中国城市家庭发展的趋势。

第七章

水难溶于血：对配偶父母的孝道困境

上一章描述了血浓于水的直系代际关系，虽然也有矛盾，但由于过去建立的深厚情感基础，绝大部分的年轻一代与自己父母的关系都依然保持紧密的状态。涉及孝顺问题时，如果问他们觉得自己对父母是否孝顺，大部分人都认为自己是孝顺的；问父母孩子是否孝顺，父母也觉得孩子孝顺。

但同时，无论是从媒体、政府机构还是学术的层面，"孝道的衰弱"几乎是一个共识，人们普遍认为今天的年轻人不再像过去一样尊重老人、服从老人、照顾老人。我在访谈中发现，当谈到代际关系的时候一定要区别和自己父母的关系还是和配偶父母的关系。在讨论孝顺的时候，指的是对自己父母的态度还是对配偶父母的态度，两者的回答可能是完全不同的。同样，很多父母认为孩子不孝顺主要是受孩子配偶的影响，或者就是孩子配偶不好。如果把与自己父母和配偶父母的关系看作是一种代际关系来讨论，将会得出混乱而又相互矛盾的观点。在上一章详细讲述了与自己父母的关系后，本章从"孝顺"这一话语体系作为切入口，讨论与配偶父母的关系。

之所以以"孝顺"作为代际关系的一个分析切入点，是因为这个词汇对今天的中国来说异常重要。因为孝顺是过去中国处理代际关系、实现对老人赡养的观念支柱，是社会秩序的重要一环，而这个词汇在近几年来遭受的诟病也是出奇得多。

中国正在变成一个老龄化的社会，老年人的数量越来越多，寿命越来越长，2010 年数据显示，在上海 22%的人口是超过 60 岁的老人。在大部分亚洲国家，当老人还不是那么多的时候，家庭是最主要的，甚至可能是唯一承担养老责任的单位，现在，家庭被要求提供更长时间的养老服务(Ikels, 2004:9)。

上海目前正在努力构建“90－7－3”养老模式，即 90%的老人是居家养老，7%的老人是社区养老，3%的老人机构养老。这就意味着养老问题的解决主要还是要依赖于家庭，因而，政府开始重新提倡“孝顺”的话语体系。但是，实践孝顺却并没有那么容易。

第一节 孝顺的逻辑

2007 年 4 月，网络上出现了一封媳妇写给婆婆的信，虽然不知道这一媳妇的真实身份，她生活在哪个城市，到底发生了什么样的冲突，有什么故事，这封信在很短的时间内，被各个网站、论坛以及纸媒转载，引起了非常热闹的讨论，这位媳妇也被称为“最牛的媳妇”。

这封信非常典型地表达了年轻媳妇对婆婆的想法，我把它全文摘录于此：

媳妇给婆婆的一封信[①]

1. 你只不过是我丈夫的母亲，在结婚之前，你在我的生命中根本没有任何意义。我的生命来自我的父母，今天的学历、能力、教养、待人处世之道理，都是来自我父母的承传，没有任何一分一毫是由你来贡献。

2. 所以我不懂，为何一结婚之后，我活了二十多年的岁月全部必须归零，然后变成所谓“你家”的人，又变成你家“最小”的人。

① 具体情况可用 google 或百度搜索“媳妇给婆婆的一封信”以及相关的评论。本文的版本来自：http://comment5.qq.com/comment.htm? site=book&id=8049637，该信也被《现代家庭》等纸媒采用，来探讨婆媳关系。

说“最小”是因为我在“你家”的地位始终比我今年才 2 岁的儿子小。

3. 说真的，我心理很不平衡。

4. 我的父母养育了我二十多年，而你是捡他们辛苦二十多年的结晶，根本来说你是不劳而获、捡现成的。所以我在帮你做事情时，你得感谢我的父母以及我的劳力付出。如果你不感激那就算，你不应该还对我有极大的意见，对我做的事情总是拿着放大镜来挑剔——鸡蛋里面挑骨头。这简直是得了便宜还卖乖。

5. 我白天有自己的工作，经济一向独立，所以我根本不必依靠你的儿子，也还没有靠过你儿子的薪水过活过。而且我今天有谋生的能力，是仰赖我父母给我的教育，以及我自己的不断学习成长的能力。所以我不能忍受我赚的钱好像理所当然必须贡献给“你家”，然后我花我自己赚的钱，都还要看看你的脸色，岂有此理！

6. 我又没欠你，也不需要你养，更没拿过你一毛钱，我可以尊重你的意见，但是不能让你做主。所以我现在要跟你开诚布公的讲清楚说明白：电费是我在支付，所以酷暑的炎夏我开冷气睡觉你不准有意见，隔天要上班的是我，睡眠品质对我而言很重要。还有“佛要金装、人要衣装”，我要买几套衣服、鞋子都是我的事情，请你一定要记住，这些都是我自己赚的钱。花钱的准则上面我自己有分寸，你要管就去管你儿子的钱，我用我能力劳力赚来的钱，实在不想还要看你的脸色。而且，你不要老是以为你的儿子多棒，如果没有我也出去工作，你以为你去年可以去台湾旅游两星期吗？哪来的钱？

7. 我常常在想，你对我其实真的没有任何意义，如果你对我有任何形式上的意义，你只不过是我丈夫的母亲，你所有的恩情功劳都在他身上，要回报你的也是他，相同的能叫我回报的也只有我的父母亲，如果今天我的父母也这样挑剔你的儿子，你心理又会舒服吗？而你的儿子又能达到他们多少的要求？所以以后你想吃水果，请叫你儿子切给你吃，因为这才是他应该做的。衣服也请你儿子洗，毕竟你也帮他洗了二十几年的衣服(我连一双袜子都没有麻烦过你)。要去看医生，请他提早下班带你去……我不想老是被扣全勤的费用，而且我感冒时你还会对我冷言冷语笑我身体差，因此你生病时我没有办法提起太多的同情心。

8. 言而总之，他孝顺你是应该的，而我，要把我的孝心回馈给生我育我的父母亲。

9. 如果要我帮你做，那么你至少得闭上那张挑剔的嘴巴，然后心存感激，因为我没有欠你，帮你做，是因为看在你是我丈夫的母亲份上，仅仅是这样而已。要不是他是我丈夫，你以为你会有这个荣幸吗？而且，你也得多看看新闻，现在都已经是“家务劳给”的年代，你既然没有支付我薪水，我帮你做你就要偷笑了！最后，我写这封信给你，你一定会觉得我大逆不道，但是人与人之间是互相尊重的，我对你便是以这样的基础去相处，如果你不能够同样尊重我的感受，就算我会看在你的长辈的份上退让几分，但是我还是要把底限说清楚。

10. 你会说“做人的媳妇要知道理”，但是我要在这边反驳你：我从来就不是你养大的，我更没有欠你，而对你我已经发挥最大的容忍与尊重，其他需要学习的地方是在你这边。

11. 婆婆，尊重别人也尊重你自己！

这封信有四层意思：1—4 段是告诉婆婆：我的成长与你无关，我今天的一切得益于我的父母；5—6 段说的是：我经济独立，不依靠丈夫也不依靠你；7—8 段是整封信的中心意思：你儿子应该孝顺你，而我应该孝顺我的父母；9—11 段进一步阐述媳妇和婆婆的关系应该是个体之间平等和尊重的关系。这封信之所以“牛”的地方就在于她用个体之间的平等“有力地”反驳了过去媳妇要听从婆婆的道理。

这位媳妇在描述与婆婆的关系时，运用的是典型的市场经济时代的个体化逻辑：婆媳关系是一种需要平等和相互尊重的个体与个体之间的关系，而个体与个体之间如果要形成这种关系取决于“投入与产出”，你对我没有投入，没有帮助，就不要指望我对你的回报。网络上很多的年轻媳妇对此都表示赞赏和支持，认为“就是这个理”！

这样一种言论，在讲究孝道的传统社会中是不可想象的，“没有这个理”，媳妇的理由完全站不住脚。在当代社会中，年轻人的这种逻辑对年老一代来说，同样是不能理解和接受的，于是网上又出现了一封以婆婆名义的回信：

> 媳妇：
>
> 你来我家之前，你在我的生命里也是没有任何意义的。你的生命是你的父母给予，可是你老公的生命却是我给予的，他有今天的学历、教养、风度等都是因我30年来的含辛茹苦的抚养，你没有一丝一毫的功劳。所以，我也不懂，为何一结婚后，我教了30来年的儿子的衣食住行要你来操心，而且什么都听你的，我几十年的心血也因你化为乌有。你这个所谓的“我家”的人，在家里横行霸道，对这个大你快40年的婆婆喝来唤去！真不知道你的父母是怎么教育自己的子女的，尊老爱幼的优良美德在你身上荡然无存。
>
> ……
>
> 今天之所以写这封信，并不是刻意的针对，俗话说得好，宁拆十座庙，也不拆一桩婚。但我还是要警告你，如果你还不改掉你娘家的臭毛病，这个社会，离了再娶可不是什么新鲜事。这个世上的人，谁也不欠谁，你不是我养的，所以你也不欠我什么，可是我儿子是我养的，他欠我的，不顺眼的事，我管到底了！反正你一天吃了睡睡了吃，有时间想想这其中的利害关系吧。
>
> 婆婆[①]

真可谓针芒对剑锋，水火不相容，彼此都咄咄逼人，誓不让步。婆

---

① 同样可用google或百度搜索到“婆婆给媳妇的一封信”以及相关的评论。本文的版本来自：http://bbs.qinbei.com/thread-4974310-1-1.html。

婆的反驳主要是由两个层面的意思：1.强调“尊老爱幼”；2.强调我（婆婆）虽管不了你，但是我可以管我的儿子，因为他是我养大的。虽然这是一封回信，但是却并没有回应媳妇的指责，婆婆为自己辩护的逻辑和媳妇完全不同，是一种强调等级和社会秩序的传统逻辑：尊老爱幼，我是你婆婆，因为我这种身份，你就应该尊重我，顺从我，这才是“做人媳妇的理”。

这种婆媳关系的逻辑不再是平等的个体与个体的关系，而是把个体置于家庭的某个角色中与其他同样处于某个角色的个体之间的关系，个体的关系受制于角色之间的身份等级和社会秩序。当然，婆婆也意识到了这种传统逻辑可能过时了，因而转过来强调自己对儿子的投入与贡献，可以通过影响或命令儿子来影响媳妇。

网络上对这两封信叫好的有之，劝解的有之，鄙视批评的有之，总体上来看，赞成媳妇的更多，媳妇的那封信转载率也更高①。媳妇的信其实是对自己不听从婆婆的要求，不按照传统的孝顺模式给出了一个理由，一个说服别人也说服她自己的“解释”：你对我没有投入，所以我不需要回报你，这种解释在年轻一代中被认为是“合情合理的”，所以，媳妇的不“孝顺”也就得到了合法性。

我之所以用那么长的篇幅来全文引用媳妇的那封信，是因为这一位媳妇说的话，在我对年轻一代访谈的时候，频频听到，非常熟悉，她几乎可以代表年轻一代媳妇的心声，虽然他们各自的故事和强调的重点可能不同。同时，这两封信也清楚地表现了“孝顺”这一话语在今天中国的困境：年轻一代和年老一代对孝顺的理解是完全不同的，彼此所运用的合理性逻辑也是不同的，年轻一代的逻辑是个体化的逻辑，而年老一代的逻辑是家庭主义的逻辑。

什么是孝顺？

孝由“老”和“子”组成，孝的字形就是“老”在“子”上面，一方面可以

① 这可能是由于两个方面的原因：1.上网者以年轻一代居多；2.婆婆的反驳理由相对较弱，尤其是没有拿出比较有力的照顾媳妇的事实。

理解为“子”支持“老”，另一方面也可理解为“老”成为了“子”的负担，甚至是对“子”的压迫(Ikels, 2004:3)。孝顺的原则是在传统社会中处理代际关系的基本原则。

在儒教文化中，对孝顺有非常详细的论述。《论语》中的孝：2·5 孟懿子问孝，子曰：“无违”。2·6 孟武伯问孝，子曰：“父母唯其疾之忧。”2·7 子游问孝，子曰：“今之孝者，是谓能养。至于犬马，皆能有养，不敬，何以别乎?”2·8 子夏问孝，子曰：“色难。有事，弟子服其劳；有酒食，先生馔，曾是以为孝乎?”总结起来有四个方面：1)不能违背父母意志，要顺从父母；2)关注父母的身体健康；3)不仅要赡养老人，还不能给老人脸色看，要尊敬老人；4)还要取悦于父母，让父母高兴。

孝顺，除了强调经济上的赡养以外，更强调尊重和顺从。中国古代社会敬养老人，尊重年长者的文化传统与风俗习尚，究其历史原因，除了统治阶级有意识地倡导，儒家传统思想中尊卑长幼观念的影响之外，最重要的原因是与中国古代社会的生产方式、政治形态与经济结构密切相关(肖忠群，2000)。按照这些要求，显然上封信中的媳妇绝对是属于不孝的。

当然，古人对什么是不孝，也有详细的说法。孟子认为：世俗所谓不孝者五，惰其四支，不顾父母之养，一不孝也；博弈好饮酒，不顾父母之养，二不孝也；好货财，私妻子，不顾父母之养，三不孝也；从耳目之欲，以为父母戮，四不孝也；好勇斗狠，以危父母，五不孝也。孟子又说“不孝有三”：第一，阿意曲从，陷亲不义；第二，家穷亲老，不为禄仕；第三，不娶无子，绝先祖祀。(《孟子·离娄上》)

从这不孝的要求来看，孝顺不仅仅是和父母的关系有关，和个人的品性也有紧密的关系。就像有学者指出的，在社区成员的眼中，一个孝顺的人也是一个可靠的，值得信赖，应该尊敬的人。……换句话说，孝顺的实践是每个人的重要事情(Ikels,2004:5)。

对传统中国来说，孝顺不仅是子女对父母的责任，还是一种宏观的社会结构，涉及社会秩序和社会伦理。传统文化中的孝道有三层含义：一为“仁爱”孝亲思想，即要求后代对长辈的养育之恩进行“反哺”；二为孝顺思想。不仅尽心奉养父母，还要顺从父母的意志。三为立身思想，与“忠”的概念联结在一起(董之鹰，2008)。孝顺处理的不仅仅是代际关系，还是整个一套社会秩序。不孝不仅仅是说明代际关系不好，还说明子代品性不好，不是一个值得尊敬和信赖的人。在这样的话语体系下，孝顺的动力是非常强大的。

孝顺的内涵变化

但是个体化的进程强调个体之间的平等，尊重与顺从的逻辑都发生了变化，人们不再因为个体处于某一个位置或角色就认为必须要尊重或顺从她/他，每个个体都应该得到尊重，但是不同的个体有自己的标准去衡量和决定是否需要顺从其他个体。有学者敏锐地看到了，今天在中国“孝”的概念所面对的现代化语境，民主与平等、权利与义务等也进入到代际关系中来(廖小平，2005)。

孝顺概念的变化与整个社会环境的变化紧密相关。在过去的三十年中父母的权威下降得非常快速。文化大革命时代打破了子女服从父母的逻辑，子女甚至被鼓励揭发父母；计划经济时代，单位领导部分地代替了家庭行使某些权力，比如单位有权处理单位成员的家事；市场经济时代，年轻一代在见识和对社会的适应性上都可能比老一代要强，父母那些过来人的经验可能对子女来说意义是不大的。后喻文化是目前的潮流，而中国快速进入了文化反哺的时代，老年人过去所拥有的权威不再有了(周晓虹，2000)。这一点深刻地改变了孝顺作为一种社会结构的意义。

孝顺不再是一种社会结构，不再是一种人人都必须要遵守的行为规范，而是成为了一种选择，并且孝顺的概念也变化了。我在访谈中，发现大部分人都强调自己是孝顺的，但是对孝顺的定义却发生了很大的改变，很多时候孝顺的精神层面的要求被完全忽视了，而简化为“赡养老人”的概念。

有学者发现在农村，赡养是代际关系中最重要的议题，也是问题最大的一个议题(贺雪峰，2008)。这主要是由于农村对老人的养老保障几乎没有,主要或完全依赖于子女。而在中国大城市,老人们普遍是有自己的养老金的,但是,部分父母还是需要子女的经济帮助,尤其是在生病的时候。从我的访谈中,我发现年老一代自觉地把孝顺的要求降到了经济支持和照顾;而年轻一代则认为孝顺就是经济方面的支持,是否要照顾老人取决于感情和老人对小家庭的贡献。

在谈到孝顺的时候,很多位被访者仅仅提及经济上的支持。

李芸:这大家现在怎么讲呢,以后我婆婆没有劳保的,我公公有劳保,但谁知道以后谁先(过世)谁后(过世),对吧。我想只要你(公公婆婆)不比我奢侈的话——毕竟大家经济条件也都有限——一般来说,我吃什么你吃什么这一点一般我还是可以保证的。(个案 12)

马兰觉得丈夫三兄弟还挺孝顺的:"我婆婆好像有什么不舒服,马上叫她儿子寄钱过来。上次她骨折了,她大儿子寄了 5000 块钱过来。我婆婆的三个儿子(经济)都还可以的。"(个案 13)

在具体到如何孝敬自己的父母和配偶的父母时,参与者的回答是非常有意思的,崔浠的回答很有代表性:

沈:以后,你会让你妈妈住养老院么?

崔浠:不会。我觉得吧,一般养老院是什么子女不孝才把老人送那里的。或者是小辈在国外啊,才可以接受一点的。其实我老了倒无所谓的,我觉得住进去还好,那地方还不错的。

沈:那你婆婆将来会不会去养老院?

崔浠:我当然愿意付这部分的钱啦。但是他(指老公)是个非常孝顺的儿子,他可能不会接受的。

沈:那怎么办?

崔浠:反正现在还说不定的。他弟媳妇说有一个很好的老年公寓,条件很好的。但是你要和他的三个儿讲是说不通的,是没有用的,他们听妈妈的。如果是他妈妈愿意住那个地方,其实我们掏钱是无所谓的,就是一个月 300 块了。现在就是轮着住吧,反正三个儿子都买了别墅,都是 200 多个平方的房子。(个案 14)

崔浠认为让自己的父母住敬老院是不孝的子女才做的事情,而她却很乐意让婆婆住敬老院，她的理由也是很简单的：我连我妈妈都照顾不好，怎么可能照顾婆婆？但是，她也担心丈夫不愿意。

中国的老年人普遍不愿意住敬老院，虽然在上海我经常听到老年人很洒脱地说，老了以后不要麻烦子女，还是住敬老院比较好。但是无论是年轻一代还是老年一代，在说到某人不孝的时候，常常用此人把父母或配偶父母送到敬老院去为例。

上一章，我们看到子女对自己的父母由于长期感情的积累，还会照顾到老人的情感，甚至，在独生子女家庭中，我们看到子女与父母之间的亲密关系更近了，也就是说，原来父母与子女之间那种威严的尊敬关系被较为平等的亲密关系所取代，大部分的年轻一代都认为自己对父母是非常“孝顺”的，而父母也总是表扬自己的孩子“孝顺”。

建立情感联系的前提是相互了解，有时间沟通。但是，我在访谈中发现，配偶父母常常是一个不熟悉的亲人。

不熟悉的亲人

我在第一次访谈的时候，要求每个参与者都要填写自己、配偶、双方父母共六个人的情况，包括年龄、教育程度、退休前的工作、收入等。当时，这一设计是为了后期分析的方便，但是在观察参与者填写表格的过程中，我却有一个意外但仔细想想又非常合理的发现：参与者在填写自己父母情况时往往比较胸有成竹，而填写配偶父母的情况时，他们常常表现出非常不了解的表情和言行，不知道配偶父母的基本情况，或者出现前后矛盾的情况。

比如可可，对公婆的情况几乎可以说一问三不知，年龄不知道：“大概 60 几岁或 50 几岁吧”；学历不清楚：“应该是初中或者小学吧”；年收入“基本没有收入，算 100 元一个月吧。”婆婆的学历在表格上填的是小学，后来说起她婆婆是基督教徒，喜欢看圣经，但是不认字的，又说：“她是文盲！”可可是上海人，第一次到丈夫老家去，发现丈夫家处于“解放前”，生活条件极其差，她没过几天，就跑回了上海，从此以后，几乎就没回过丈夫的老家。每次都是丈夫带着孩子回老家。所以，对可可来说，

除了到上海来工作或请求帮助的几个亲属还认识外，其他的丈夫那边的亲属都像不存在一样。（个案 2）

周龙在填写丈人学历的时候，问太太，“你爸爸是小学学历？”他太太说：“你开什么玩笑？我爸爸是高工，至少是高中学历以上！”周龙是真的不知道，呵呵笑过之后，表格上关于丈人丈母娘的每一个信息都需要询问太太才能填写（个案 6）。这种情况在我的访谈中经常发生，从观察来看，并没有性别差异，无论是女性还是男性，在填写配偶父母的基本信息时都不太熟悉。

为了填写表格，很多人都用推算、估计或者猜测。方欣华对公婆的情况都是大致推算的，用词都是“可能”“好像”“应该”。方欣华对于丈夫那边的亲戚情况更加不清楚，连丈夫的外婆是否过世也不确定。

沈：你先生那边呢？

方欣华：先生那边好像外婆也去世了吧，好像也没有了。（非常不肯定的语气）除非就有个外婆，其他的都没有了。

沈：你不清楚？

方欣华：我不清楚，我从来不涉及他们家里的事情，我估计可能去世了。

沈：你婆婆这边有什么亲戚，你知道吗？

方欣华：不知道，我公公这边有个弟弟。

沈：其他的亲戚不知道？

方欣华：不知道，因为回他们家就过年回去一次，比较短。

沈：亲戚到家里来，你会知道谁是谁吗？

方欣华：基本上我都搞不清。他们那边男的客人来就是男的招呼，女的又不上桌也不用去招呼的，（所以，我都不太熟）特别是过年的时候会有重男轻女的现象，女的是待在家里，只有男的在场。

孩子出生之前，方欣华每年春节都跟丈夫回山东丈夫的老家；小孩出生后，第一年没回去，因为小孩比较小，后来 2 岁去了，三岁没去，四岁又去了。基本两年去一次，因此能够与婆家交往的时间是非常有限的。（个案 17）

这种不清楚不熟悉配偶父母和亲戚的情况更多地发生在不和配偶父母住在一起的家庭中，但也有发生在同住一个屋檐下的情况。如乔希（个案 8）、莎莉（个案 10）都和配偶父母同住一个屋檐下好几年，但是依然不清楚公婆的情况。而韩心一直强调和丈人丈母娘的关系很好，他和太太经常会回丈人家，而丈母娘也会定期到小家庭住上一阵子。从他描述他们的交流情况来讲，应该关系还是很亲密的。但是他对丈人丈母娘的情况同样不熟悉，不知道他们具体的出生年份，虽然知道他们都还没有退休，猜测年收入丈人大概是一年 2 万，丈母娘大概是一年 1.2 万，可是在我询问他丈人丈母娘的教育背景和具体工作时，韩心完全不知道。（个案 4）

对于这种和配偶父母相对疏离的情况，瑞兰有一个特别好的总结："婆媳之交，淡如水"。瑞兰在提到丈夫家时，总是用"他家""他爸爸""他妈妈"这样的词汇。（个案 11）这样的生疏游离为孝顺的实践埋下了障碍。

一方面现代化的进程削弱了父母的权威，另一方面，in-laws 之间又没有建立起亲密关系，从而使得 in-laws 之间的孝顺变得很难实践。如果没有亲密关系，那么在父母缺乏权威的时候，孝顺就只剩下经济上的支持了，甚至，连这部分支持可能都很微弱。

孝顺：谁的责任和义务？

尽管我们在解释"孝"这个字的时候，强调父与子的关系，但实际上两性在孝顺中的作用是不同的。男性主要是通过维持家庭的完整性，主要是提供经济支持来现实孝顺，而日常生活中每一天的孝顺义务是女性作为媳妇来承担的（Wang，2004：20）。也就是说，具体照顾老人的责任是落在女性身上的。费孝通讲到婆媳问题时，认为主要是丈夫和公公白天不在家，而婆媳两人无论白天黑夜都共处在一个家庭空间内，"儿媳对婆婆本来毫无感情基础，来到这个家之后，感到自己被婆婆看管着，且经常受到批评和责骂。但她必须服从婆婆，否则，丈夫会替婆婆来打她。婆婆就代表权力。"（费孝通，1997：44）同时，换句话说，实际上承担具体日常生活中的孝顺一直以来都是由女性，主要是媳妇来承担的，因此，儿子的孝顺与否与媳妇能否照顾好公婆是紧密相关的。在传统社会的父系制度设计中，年轻媳妇在家庭和家族中的地位是边缘的，并被置于艰难适应的处境和服从附属的地位；而对妇女的社会回馈机制是她们在老年时所拥有的地位和权威，即以“孝”的名义所拥有的儿子儿媳对自己的尊敬和服从。这就是所谓的“多年媳妇熬成婆”。这一上升通道使得女性自愿地成为这个体系运作的遵守者和维护者。(李霞，2010：184)

但是，现在时代不同了，公婆失去了原有的权威，人与人之间强调平等的关系，媳妇和公婆之间并不因为这种家庭身份就决定了媳妇必须要承担这些照顾的义务，这个时候，媳妇对公婆的孝顺成为了一个问题。在二十四孝的故事中，那些因为孝顺而得到事业发展机会的人大部分都是男性，但现在，男性不再站在孝顺实践的前列。相反，在官方话语体系中孝顺的女性特点被频频放大(Wang，2004：25)。目前，大部分关于孝顺的讨论都是有关媳妇是否孝顺的故事。

学者们注意到了在父系家庭制度中，作为父亲家庭的非正式成员，不承担赡养父母和家计责任的女儿，现在越来越多地在娘家的经济和家庭福利等方面扮演重要角色，这几乎成了农村家庭和社会的新风俗。女儿的赡养行为折射出农村家庭在社会变迁中，兼容传统和现代两种结构，彼此既有冲突又有混合和互补的现状(唐灿、马春华、石金群等，2009)。

女性除了孝顺自己的父母，依然需要面对公婆，而面对公婆又容易产生冲突，不仅是婆媳之间，丈人或丈母娘与女婿之间，或者媳妇与公公之间的冲突也非常常见，因而，在我的田野调查中，我发现很多的年轻夫妇实行“各自管各自父母”的情况。

当我询问如果许强夫妇和父母意见不统一或者觉得老人做得不对的时候，会怎么办，曾馨仪指指他丈夫说：他有时候看不惯就说了。

许强：我觉得男人说没什么问题。

曾馨仪：我认为，还是，如果是对我父母还是通过我来说，如果是对他父母还是通过他比较好。

许强：我也尽量这样做……这个都是经济地位衍生的，都平等了。

沈：如果有些事情，你父母一定正确的，你一定要听的呢？

曾馨仪：我觉得凡事，父母出发点总是好的。他可能建议你，但最终决定权还是你自己。

许强：因为你，你要做决定，你承担责任，主要责任和权利义务对等。(个案32)

家务劳动也会出现谁的父母谁管的情况。如韩年富家的衣服一般都是韩太太清洗的，但是唯独韩年富母亲的衣服是儿子韩年富洗的。韩年富是这样解释的：我母亲的衣服一般都是我洗。我一般是用手洗，大件的用洗衣机洗。我母亲一般她不让媳妇洗自己的衣服，有时候内衣也不让我洗，我说你那么大年纪，不要那么封建思想。你就放着。按照年龄来推算，韩先生的母亲已经85岁了，的确很大了。(个案26)

同样，韩心家也执行“谁家父母谁来管”的政策。如果是韩心的父母，韩心则负责沟通，而如果是女方父母来干家务，韩心就什么都不管。韩心谈到自己的父母从农村到城市，很多的现代化家电不会用，他说：热水器也是的，老是蓬蓬蓬的点火，我就和他们说。如果是丈母娘他们，我就不说了。(个案4)

很多的家庭执行“谁的父母谁管，谁家亲戚谁负责”的家庭问题处理模式，但在实际生活中，家庭事务是很难清晰地划分开来的，比如公婆身体不好虽然可以由丈夫负责，但由于男性一般比较忙碌，而且社会期望把照顾的责任放在女性身上，因此很多照顾的任务还是不得不由媳妇来承担。简单的各人负责各家事并非是如此容易执行的。

个体家庭的孝顺模型

综上所说，与孝顺紧密相关的代际模式发生了很大的改变。中国传统的代际关系曾被概括为“反馈模式”，一些学者还用“互惠原则”和“代际交换”来进一步说明这种“双向反馈”的代际联系(费孝通，1985；郭于华，2001；潘允康等，1997)。

郭于华认为代际交换的内容与形式主要有五种：经济和物质性的交换、仪式性的交换、情感性的交换、文化资本的交换、象征性的交换。代际交换的特点：其一，相对于双方由契约规定的交换而言，代际交换是由情感联系和道德制约的；其二，相对于可精确计算的交换，代际交换是良心估算和社会评价的；其三，相对于一次性清算完结的交换，代际交换的回报是延迟性的；其四，相对于平等的个体之间的交换，代际交换是伦理等级性和情境中心主义的（郭于华 2011：277－278）。我们从上文可以清晰地看到老人们非常明确地看到“交换”的意义。

大部分学者在讨论这种代际关系的交换时候，都是把夫妻双方看作是一个整体来讨论的，因此并不区分是对自己的父母还是对配偶的父母。在传统的反哺模式中也是无需区分的，因为媳妇就是夫家的一分子，对自己娘家没有反哺的义务和责任，至少不是必须的。

传统的反哺模式有三个特征：

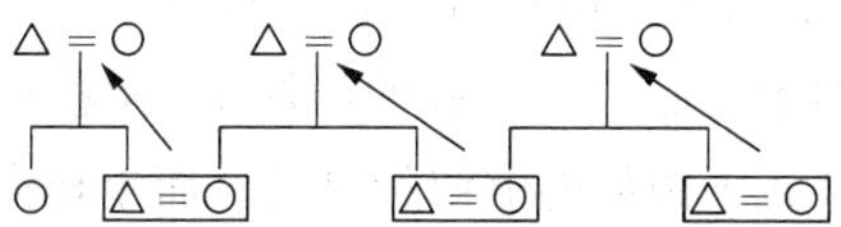

1. 年轻夫妇作为一个整体或单位，孝顺男方的父母。

2. 兄弟之间赡养父母的责任和义务是平等，女儿虽然也会经常照顾父母，在经济上支持，但是并不是结构性的，不是必须的。

3. 孝顺是一种社会结构，无论年老一辈是否对年轻一代有帮助，有贡献，都必须要赡养父母，尊敬老人。

在进入现代化的过程中，受个体化进程的影响，代际关系以及孝顺的逻辑都发生了变化，我把这种模式称之为“个体家庭”的模式，它的特点在于：

个体家庭的模式

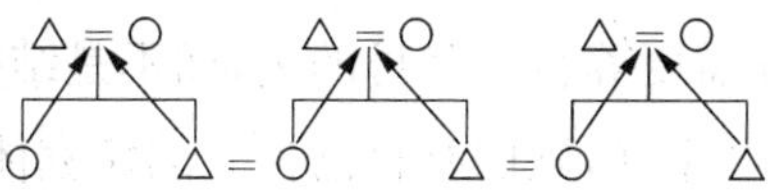

1. 年轻夫妇不再是一个孝顺的整体或单位，而是各自孝顺自己的父母；

2. 不仅兄弟之间的孝顺义务和责任是平等，夫妻之间也是平等，妻子不再从属于丈夫的家庭；

3. 孝顺成为了一种话语(discourse)，是否需要对配偶父母孝顺，取决于个体间的关系，尤其是老一代对年轻一代的直接帮助。

这种模式的背后有两个重要的逻辑，首先是代际之间的交换从过去的养儿防老的间接交换模式变成了“养孙防老”的直接交换模式，尤其是对配偶父母的关系上。

“养儿防老”是古训，但是在今天，由于前文所谈到的家庭内部的个体化，老人与媳妇或女婿的关系并不是通过子女的成婚就自然建立的，而是老人如果希望在年老生病时得到媳妇或女婿的经济支持或照顾，那么就必须为小家庭的服务才能换取，也就是必须通过直接劳动才能获得回报，想要依靠对子女的养育之恩来获得子女配偶的认可和照顾常常成为小家庭的矛盾起源。在我的访谈中，有老人直接告诉我现在带孙子是为了将来儿子媳妇能够照顾自己。而年轻夫妇在控诉对方父母的“过分之处”时，不帮忙带孩子是很重要的罪证之一。从“养儿防老”到“养孙防老”的转变说明家庭内部强调直接交换，而不再是代际传承的问题，这也与代际关系中的公平逻辑的变化有关(郭于华，2001)。1994年，笑东在无锡某村庄问到妇女“为什么要把自己的辛苦积蓄给儿子盖房子”时，她们选择了最实际和最实质性的回答：“为儿子成家立业做了贡献，才能指望儿子养老”和“不盖房子娶不来媳妇”。这两个选择占了60.32%(35.48%加24.84%)(笑东，2002)。这说明20世纪90年代，农村老年妇女就很清楚地意识到养儿并不一定能防老，还需要在儿子成年后通过物质支持和照顾第三代的支持来建构和儿子家庭(包括和媳妇)的直接关系。

其次，女性同样需要养自己父母的老，而不是结婚以后就自然而然地并入了男方的父系家庭，她们有自己独立的家庭体系。

个体家庭的模式是顺应现代化的发展而产生的，也与中国的独生子女政策有关。由于每个家庭都只有一个子女，如果女性孝顺的对象只能是公婆而不能是自己父母的话，将会有一半的老年人得不到照顾。因此，女性承担自己父母的养老责任是必然的。

在今天的上海，个体和自己的家庭和亲属来往更密切已经成为了一种普遍现象。在访谈中，我还常常听到参与者认为在上海，人们和女方的亲戚更亲密。也许这和女性在处理亲密关系上的优势有关。吉登斯认为女性有较强烈的性别认同，但自治和个性感却较弱；男孩有能力从事独立活动，尽管为此而付出的情感代价是昂贵的。男人易于压抑的不是爱的能力，而是情感的自治性，这对保持亲密关系极为重要。女孩有更多的机会获得这种自治性，这与其说取决于表达情感的秉性，毋宁说取决于交流。这种交流能力应该视作与男性易于发展的那种“工具性能力”一样重要（吉登斯，2001：164）。

我在访谈中也发现，大家都比较认可女性比男性更擅长于处理亲密关系方面的问题，而男性常常无法胜任处理亲密关系的任务。吉登斯认为这并不是说“妇女以不同于男人的方式表达情感。亲密关系归根结底是情感交流的问题，在人际间平等的语境中与别人、与自己交流情感。妇女在革新现代情感交流这一方面已经奠定了扩大亲密关系领域的基础”。在心理层面，男性在亲密关系方面的困难主要由于两件事：一是对妇女采取分裂式观点，这可以溯至对母亲的潜意识敬仰；另一件是被淹没的自我的情感叙述。当然，吉登斯并不认同男人不能爱这种观点，他认为，“在亲密状态下，许多男人不能把别人作为同等人来爱，但却能够为能力低下的人（妇女、儿童）或与他们享有某种未言明的关系的人（朋友、兄弟或成员）提供爱和关怀。”（吉登斯，2001：170）当亲密关系变成亲属关系最重要的基础后，由于女性更擅长处理情感，女性和自己一方的亲属走得更近就毫不奇怪了。

中国的现代化进程发展得特别快，而人的思想却无法跟随物质文明的变化大踏步往前发展，因而不同代际之间的冲突也就变得不可避免了。表面上看来，个体家庭的模式中，照顾父母的人中同样有男有女，甚至人数上也是差不多，但如果我们考虑到大部分孝顺的日常生活实践是由女性来承担的话，那么我们可以想象只有儿子的家庭在孝顺的实践上问题会更大。同时，虽然在理念上可以各自照顾自己的父母，但是家庭生活与其他社会生活的一个重大不同就在于很难分清你的、我的，尤其是在中国的文化体系中，经济上AA制被看作是没有夫妻情谊的一种模式，因此，想要真正做到你照顾你的父母我照顾我的父母是非常困难的。而小家庭不再作为孝顺的单位，但是却实实在在是和老人生活在一起互相产生影响的单位，这就使得今天的代际冲突不仅仅表现在婆媳之间，也表现在其他家庭成员之间。即使是一个好婆婆和一个好媳妇，也很难避免孝顺的困境。

第二节　与配偶父母的矛盾

无论是丈夫还是妻子，在家庭刚开始的时候，面对配偶父母总是有疏离感，即使没有什么矛盾，也常常因为语言不通、生活习惯不同、价值观不同等差异，需要一个相互适应的过程。差异不一定导致矛盾和冲突，如果距离足够远的话，还可能成为美的来源。但是，生活在同一空间中，尤其是在家庭领域，差异却一定会导致冲突，因为距离越近，对共性的要求就越高。家庭需要经营的道理也正在于此，个人如何保持个体的特性，同时又能与其他个体共存，就是"磨合"的过程。

薇安的婆婆一直在上海郊区崇明生活，薇安月子的时候为了照顾薇安来薇安家住过一个月。语言、饮食、住宿等不习惯都出现了。语言：在外地人听来，崇明话应该就是上海话的一种分支，但是薇安说："崇明话和江苏那边的海门话比较像，我听她说话蛮累的。"于是大家一起说普通话，但是"这样感觉很客气"。饮食："我婆婆来的时候基本上不做饭的，还是我爸爸妈妈来做饭。因为我婆婆家吃得很咸的，而我们家吃得很清淡，所以，我爸爸妈妈做的菜她总是觉得好像没有放盐，不放盐就觉得吃了没有力气一样的，然后自己吃点咸鸭蛋，吃点咸菜什么的，觉得我们家的菜没有味道。我们觉得多吃盐也没有好处。"住宿："她就觉得我们家楼高，不习惯；还有他们农村的喜欢出门聊聊天什么的，而我们这里像是关在笼子里，反正我看她是一天到晚不舒服。”（个案5）仅仅住了一个月，很多的差异都能克服，但是如果是准备长住的话，一天到晚讲不太顺溜的普通话，吃咸鸭蛋腌菜，不出门，显然是很难的。

这些不同都能成为冲突的起源。比如语言，蔡青青就讲了一个有关语言的冲突细节：

蔡青青：那天我们俩是矛盾蛮大。那天其实是很热的，大概到了20度，我儿子穿了两三件毛衣嘛，然后她就一直说我儿子冷，因为我一直听到她说“冷冷冷冷冷”，就让她给我儿子穿衣服，然后，她还是说我儿子“冷冷冷”，那时我火也大了嘛，我就说她了，但是她可能觉得是我让她穿的衣服，反倒说她。后来我才知道，其实是语言上的问题，因为他们那边，说“热”听起来像冷一样的；然后他们真的冷呢，是说“冻”，这是我到很后面很后面，在那边待的时间长了才慢慢搞清楚，我想可能那天其实真的出问题出在那边，是方言沟通不畅的问题嘛。

语言真是个问题。全部不懂也没有问题，我们彼此大概能听懂60%左右，这就有问题了，听又听得懂，但是又不全懂，他们听不懂就瞎猜。我和我爸两个在一起聊，她又听不懂。后来我妈来了，他妈就以为我妈一直在骂她，他妈走的时候很不开心的。（个案7）

中国的方言差异很大，比如我的家乡在苏州吴江市，吴江市最西面的人讲的话对于我这个住在吴江市最东面的人来说，已经是“外语”了，基本上要靠猜才能听得明白。而这种语言的差异放在本来沟通就有问题的家庭成员之间，就更容易引起冲突。

过去有关家庭冲突的矛盾主要是关注婆媳和妯娌之间的矛盾。而在个体家庭的体系中，妯娌变得很客气，因为交往的频率和密度都大为下降。很多独生子女的家庭已经没有妯娌了。即使有妯娌，在城市中，居住在一起的可能很小，因此，冲突的概率也下降了，有关妯娌的矛盾更多的是经济矛盾。

但婆婆与媳妇的冲突在今天依然是司空见惯的。即使是不在一个空间内生活，也会有矛盾。我在访谈可可时，问道：那你和婆婆吵过架吗？

可可：暗斗、暗斗！我和我婆婆一年也见不了几次的，一年加起来也超不过十天的，最多也就是一周，人家说难得相见，好聚好散，再见不难！（笑）

但好聚好散并不是那么容易做到的，婆婆在孙子刚出生时，每年来上海一个月看孙子，即使很短的时间也同样有冲突，尤其是当婆媳俩还有城乡差距的时候。

可可的婆婆是河南农村的，而可可是出生于上海的上海人①。某次可可婆婆带着女儿来上海，住在可可家（对可可婆婆来说是住儿子家），而那个时候可可正好出差，等她回来发现婆婆和小姑子竟然是睡自己的床，就觉得特别不能接受：我的床，我爸爸妈妈都不坐的，她就睡了。即使是我爸爸妈妈，在我不在的时候从来不进我的房间的，也决不会碰我的床，也从来不会翻我任何东西。

沈：但婆婆不同……

可可：他们觉得你的就是我的。我累了，你的床又那么大，我睡睡有什么关系呢？我爸爸妈妈要是知道我们在会敲敲门。然后就这样看你们睡了没什么的，才进来的，我和我父母再怎么相处，对我，都不会很随意的。

沈：那你老公怎么办？

可可：他会开会。大家聊聊，城市和农村的生活方式是不同的，城市是城市，农村是农村，习惯是不同。

最后的解决方案当然尊重城市的习惯，在客厅里搭一个沙发床给母亲。可可对城乡差异也有明确认识：“我们家亲戚很少了，即使来也不会住我们家。这就是城市和农村的不同，城市的人不会觉得要住在别人家里，而农村的人觉得一定要住在家里，觉得家里温馨。”（个案 2）

有关婆媳矛盾基本上是因为生活习惯、语言、价值观不同等引起

① 虽然可可认为自己不算是上海本地人，因为在她的概念中，上海本地人应该是来自宁波的。

的，比较严重的是在搞混了这是谁的家，谁是女主人方面的冲突，严重的时候，会老死不相往来。（个案 45）

普遍存在的婆媳矛盾之根源，已有不少论述。其中较普遍的一种分析是将婆媳矛盾归结为两位女性对同一个男人（婆婆的儿子，儿媳妇的丈夫）的争夺。沃尔芙认为一个女人一旦结婚，无论婆婆如何和善，她总要面对婚姻的麻烦，因为她"偷走"了她的儿子（Wolf，1972）。另外，沃尔芙让读者产生错觉，觉得"女人总是为难女人"，媳妇之所以难做是因为婆婆的压迫，而没有追究更深刻的社会文化原因，以及家庭其他男性成员以及外部因素的压力。

但也有学者指出，从生活家庭的角度来理解婆媳之间的这种争夺……建立和维护一个属于自己的生活家庭，是婚后女性亲属实践的核心目标。而这同一个男人（母亲的儿子、妻子的丈夫）的情感忠诚，既涉及两代女性的安全感、情感满足，又会影响到她们对家庭事务的支配权。男人的情感忠诚对于两代女性的生活家庭而言，都是极其关键的要素（李霞，2010：120）。①

今天，在上海除了婆媳矛盾，媳妇与公公、女婿和岳父母之间的矛盾也在频频发生，并且矛盾原因和表现形式与婆媳矛盾都很相像，这就让人怀疑所谓"偷走儿子"的说法是不是真的是代际矛盾最主要的原因？

在我的访谈中，我发现年轻女性和公公、年轻的男性和岳父母之间的冲突也变得很激烈。除了父母与儿子冲突比较少见以外②，父女（个案 2）、母女（个案 33）、媳妇和公公（个案 12）、女婿和岳母（个案 7、17、25、43、）女婿和岳父（个案 43、44）的冲突都有。和自己父母的冲突即使再激烈都有挽回的可能，而和配偶父母的矛盾一旦发生，就非常难以解决。这和个体家庭的认同及其特征紧密相关。

---

① 第五章家庭认同中，我们对此已有阐述。

② 在 46 个个案中，没有有关母子矛盾的故事。我也曾和参与者们讨论这个问题，参与者认为母子矛盾常常首先表现为婆媳矛盾，所以被掩盖了。这一点我认为是有道理的，但是，因为没有个案（曾去寻找，没有找到）所以无法做任何评述。

下文就详细描述媳妇与公公、女婿与岳父母之间的矛盾。

媳妇与公公的矛盾

李芸的故事是媳妇和公公矛盾的典型。虽然李芸对婆婆并不满意，觉得她喜欢搓麻将，家务活干得不好，但是李芸的家庭矛盾主要是李芸和他公公之间的。在对李芸的两次访谈中，她提到了多次吵架事故，而且每次说到公公，除了一开始访谈时，为了让我明白在讲谁，用了“我公公”，后期用的全部是“他”来指代公公，并且把公公和婆婆区分开来对待，比如公婆的房子就说成是“他的房子”，说到以后可能偶尔去老家住住，也用“他说他会经常住几天”。

李芸列举了她不满公公的几条：

> 1. 叫他做事自己不做，喜欢指派别人：“我最讨厌他说什么：你为什么不把菜一起买好？叫他做事又喜欢指派别人，说这么小的事情你就帮我做做么好来。”
>
> 2. 喝酒后摆领导作风，用普通话训人：“他用普通话来跟你说。真烦死了，在家里对吗？我们家因为都在家里说上海话么，他跟我们说普通话。他有时候就是那种兴奋，喝酒以后，说起普通话，以官腔的方式去谈事情，像个以前的家长或者领导。”
>
> 3. 生活习惯受不了：“老是在客厅里看电视抽烟，而且有时候我吃饭他非要站在我旁边跟我说话，唾液什么的，真受不了。”“上厕所么门也不关……他可能(把我)当作自己女儿一样的，完全是家里人，上厕所么门也不关。”

有一天晚上，婆婆带着孩子在客厅看电视，李芸回家吃饭，公公站在旁边说话，李芸嫌他说话口水飘下来，就叫他公公不要站在她身边说话，结果公公就火了，觉得自己在家里“一点空间也没有了！”而且，李芸公公还提到以前李芸父亲来的时候，还流口水，李芸也没有嫌弃，到底“不是亲生的”。李芸对于公公提到已经过世的父亲，非常生气，因为当时父亲是有病在身，而公公如此说法，李芸大为不满，于是言语冲突变成家庭战争。

> 反正最后就是越吵越厉害嘛，他们两个（婆婆和丈夫）就说，不要吵了，反正没什么事情……其实是他的语言刺痛我了，否则我也不会有那么大的火气的，我说我就是要说，我老公叫我什么都别讲，什么都要忍，我忍无可忍了，我说哪有人家公公这样子的，（上厕所）门都不关上的啊，全部把它说出来了。

关于李芸和公公的吵架，李芸丈夫后来不提，李芸也不提。

李芸：我不知道他怎么想的……我真的不知道他是怎么想的……再说他上班也是挺忙的，他昨天晚上就没有回家，他去那个无锡了，星期天以后，周末以后回来。我觉得他和他妈妈最多也就稍微讨论一下，但也不会很多，毕竟上班很忙，他上班时候忙得很的，没时间说那么多废话。

虽然矛盾很多，但是似乎老人还是坚持和他们住。李芸：有时候我们因为都有一点小小的不愉快，发火起来的话他就会说什么，我们以后不要住在这里，（笑）但是过了两天他又不说了，又在规划自己那个（儿子新买的大房子里的）房间了。

李芸自己也觉得虽然住在一起很不方便，但是没办法。

李芸：但是有很多事情很难讲啊，如果他也喜欢跟我们住在一起，那也没办法，只能双方学会适应啊，我不可能叫他走的，如果真的叫人家走也觉得于心不忍。

沈：那你们为什么不把现在的房子留给他们，你们住新房子呢？

李芸：他们不愿意啊，我也要租金啊我要出租啊，我也不愿意给他住的。（个案 12）

李芸的个案中很多冲突的细节都是在关于这是谁的家的分歧。对李芸的公公来说，这就是他的家，他就是男主人，他可以指派他人做事，可以发表高见，可以想站在哪里说话就站在那里，可以随便抽烟，可以上厕所不关门……而对李芸来说，这是她的家，她是女主人，她丈夫是男主人,所以公公没有权力指挥别人做事,所以公公发表"高见"的时候,她予以嘲笑讥讽,所以,她规定公公不可以抽烟,上厕所要关门,并且要求他不要站在她身边讲话。这种认知上对家的差异,导致了矛盾变成了冲突进而演化为战争。第二次访谈时,李芸的公公已经"离家出走",到自己的房子里去居住,而李芸的婆婆还和李芸住在一起,李芸说:"随他去,有他没他一个样!"

女婿与丈母娘的矛盾

阎林建的故事是女婿和岳母冲突的类型。阎林建的岳母在女儿怀孕生孩子之前到了上海,来照顾女儿。女儿生育后,就和女儿一起住在大房间,一直到离开,都是和女儿睡在一起,而阎林建被迫一个人睡在小房间。对于这一点,阎林建非常有意见:她就是说你对我不好,我就不让女儿跟你睡觉。有的时候,我老婆到我的房间来待的时间长一点,她就在外面喊她女儿,你说这个……变态吗!当我老婆面说这个事情,也比较伤她心啦。这也比较搞笑啊……我们还出去开了几次房呢。你说这不是变态吗!她二嫂子说,可能是更年期吧,我说更年期也不能那么更法。

实际上,阎林建和岳母的冲突从阎林建太太生产的时候,就爆发了。阎林建的太太在医院的时候,阎林建要求丈母娘到超市去买鱼,因为他认为超市的鱼比较安全。可是丈母娘却觉得一样是鱼,何必一定要到超市去买贵的呢?两个人就不开心了。丈母娘嚷着要走,阎林建也不拦着,结果丈母娘去了车站以后,阎林建太太正好要生了,她又只好回到医院。第二次冲突爆发在阎林建太太出院后,阎林建做好饭叫太太一起吃饭,太太无法下床,而丈母娘也躺在床上,阎林建就说了,"人家生孩子不能下床,你又没有生孩子,为什么不下床?"这样的话,岳母听了自然非常不高兴,而阎林建认为自己说的是事实,只是自己性格太直了而已,结果当然又是大吵一次。之后,第三次、第四次……冲突不断。2006年国庆节,丈母娘回家(一共在上海呆了7个月),太太的大哥打电话来说,如果还需要丈母娘带孩子,那他们就会劝劝老太太,

结果阎林建一口回绝,说:她给我的麻烦比给我的方便多。后来阎林建就从老家找了一个保姆过来。(个案25)

阎林建的个案非常有意思,因为阎林建实际上是一个负责家庭日常事务的人,我去他家访谈的时候,发现如何给孩子喂奶、买什么样的菜、怎么打扫卫生他都在手把手的教小保姆,他自己也说,我们家这些事都我负责。而一般的男性很少去管买什么鱼,什么时候吃饭。这也提醒了我,也许阎林建和岳母的矛盾和传统上婆媳矛盾的本质是一样的,两个"主家"的人在一起,就会有矛盾。因为大家都是做同样的家务事,所以,矛盾就会产生。传统上,男性都在外面工作,回到家里很少做家务,因此产生矛盾的可能性就减少了。而婆婆和媳妇都在做家务,怎么扫地、怎么做饭、买什么东西……都是在一个领域里工作,而不同的个体在做相同事情的时候,方式方法总是不尽相同的,因而矛盾也就更加容易产生。

方欣华家的矛盾表现得和阎林建家的矛盾不同,但是本质是相类似的。方欣华和丈夫结婚之前,方欣华的母亲不喜欢这位准女婿,曾经明确表示过拒绝,但是在方欣华坚持和丈夫结婚后,方欣华的母亲也就接受了女婿,并且开始改善和女婿的关系。但是女婿对于岳母曾经不接受自己一直心存芥蒂。当方欣华母亲住到方欣华小两口的家里时,女婿和岳母的冲突就频频发生。

方欣华:都是些小事情,比如说,水放的太满,漕出来了,他就会说,你妈没脑子啊。跟她说过多少遍啦,水要放得少一点,就是这种事情,他就会说,没脑子,笨得要死这种话,很糊涂的这种话,这种话他也不会在我面前说,但有的时候也会故意说得很响。也没有大事情,就是这种鸡毛蒜皮的小事,就是这个碗洗得不干净,这个东西又放在哪,然后偶尔就说下,然后就搞得……他经常(对岳母)说你这个事情不要这么做!他就从来没有意识到这个口气会有什么问题,他这句话是没有什么问题的,但他的口气会让人非常不舒服。我曾经说过我先生,但他是没有什么意识的。他从来不知道他的口吻是硬邦邦的。

沈:他像对下级,不像对……

方欣华：对。说对了，就是那种毫无尊重的感觉，我妈其实也不是因为哪句话，是他透露出来的那种信息让她非常不舒服。我妈觉得我毕竟在帮你照顾……

沈：我毕竟在付出，而你不感谢……

方欣华：对。我先生说话就是一直这样硬硬的。然后我就劝劝我妈，我妈对我没有太大的不满意。然后如果我先生这边如果有一些转变的话也还好。（个案17）

表现的形式不同，但是本质上同样是男性干预家务领域，同时，角色又是一个主人的角色，这两点足够引起冲突。

这两个个案也让我反思，婆媳矛盾从本质上来看，也许同样是谁是家庭主人的矛盾，因为如何做家务同样和谁是这个家庭的主人是相关的，按照谁的想法做，就意味着谁是“主家”的。当男性成为这样一个负责家庭日常事务的人时，冲突一样发生了。因此，婆媳矛盾并非是女性之间的矛盾，也不是因为两个女人抢夺一个男人的爱，而是由于家务分工产生的矛盾。在很多的个案中，年轻一代基本不做家务，因而和老人的矛盾也就小了。但是，传统上，媳妇是要做家务的，但是又要听从婆婆的指挥，如果媳妇有自己的习惯和想法，矛盾就变得不可避免。我们前文讲到的老年人扮演的完美“妻子”角色，实际上就是过去完美媳妇的表现，按照“主家的”——过去是婆婆，现在是媳妇——要求来做家务，所以，做饭的口味都按照媳妇的要求来做，这样就避免了家庭矛盾。而在阎林建和方欣华丈夫身上，他们既干涉了岳母的家务领域，同时，也没有给予足够的尊重，这样，这种矛盾比婆媳关系更难处理，因为其中还有一个角色错位的问题，他们不仅是有自己想法和习惯的媳妇，还是认为自己是一家之主的媳妇。

婆媳矛盾与女婿岳父母矛盾的混合

还有一种最难处理的矛盾是双方父母出现了问题，而这一问题经常会和婆媳矛盾、女婿和岳父母之间的矛盾混杂在一起。蔡青青家就存在这样的问题。

蔡青青坐月子的时候，婆婆来上海照顾她，因为当时新房刚装好，怕甲醛对孩子不好，所以，蔡青青一家三口都住到了蔡青青父母家。

蔡青青：我妈那房子就是很怪的那种老房子，八几年的，一间小房间，一间大房间，大房间大概 13 个平方，那个时候是这样的，大床放小房间里面，我们三个人睡。大房间作厅，然后他妈妈（婆婆）睡厅上，我父母晚上住到我们新家去。我妈家关键的问题是，太小，人又多，实在是矛盾太剧烈。

他妈妈觉得自己带孩子经验丰富，因为已经带大了 5 个孙子孙女了。但是我父母觉得自己熟悉上海，也是经验丰富。当时他妈妈不准通风，不准开窗，不给小孩子洗澡。然后吃的东西又不一样，他们那边坐月子是吃酒酿的，但是，我妈妈觉得月子里不能吃这种东西。后来我好像吃了，我妈妈一百个不开心，为了这个东西。那时候我妈找个机会就和我说，他们烦死人啊。还有他们带了很多火腿，那时候吃的方面矛盾很大。我婆婆家是很穷的，做菜都不放肉的，而且很咸的，我都不吃的。我妈来做菜，她妈觉得我妈烧的菜太甜了，没有味道，但是，她又不讲，就是不吃，我妈又觉得不给面子。

后来嘛，他妈可能觉得她帮不了什么忙，待了三天就吵着要走，可能她一开始的出发点是避免矛盾，但是我妈心里就不是这么想的嘛，我妈就觉得，你说来帮忙的，帮了三天就要走了，我妈就觉得不是为了帮忙来的，初衷就不是的，初衷就是为了来看孙子的。后来待了一个多星期吧，然后他妈就走了。

当时因为语言不通嘛，我妈一直说上海话，她上海话能听一点，估计能听懂百分之六七十嘛，还有一些连猜带蒙的，所以有的时候可能在有一些话上产生了一些误解，也有可能的。比如说我妈在说其他的亲戚啊，就是在说别人不好的时候，她觉得在说她。反正就这个样子，到最后走的时候，是有一些小矛盾在里面，但不是大矛盾。

大矛盾是她第二次来。

我儿子刚出满月就生病了，我妈妈也生病住院，我就搬回自己家了，然后就我一个人，我爸是不会弄的，我爸就每天过来最多就是帮帮忙，帮帮忙就是说，用他的话说就是能够让我吃个饭，我吃饭的时候他帮忙把我儿子弄一下。

过了大概也没几天，两三天，我就累，身体不行了，我就开始发烧啊什么的。这个时候我老公他要出国，他第一次要出国。出国之后然后我说怎么办，我说你去请一个人，请一个阿姨。他那个时候小器，不肯请。不舍得钱，不肯请。再说呢短期也不一定请得到，后来他就说，再让他妈来吧。其实那个时候我是很不想很不想他妈再来的，但那个时候没办法了嘛，然后又把他妈叫过来了。真正矛盾激化其实是那一次。

他大概去了一个多星期吧，其实就一个星期的时间，就我和他妈两个人，说实话，我和他妈交流很少的，在那一段时间里。因为本来我就有点不开心嘛，她妈可能一开始没什么，但是，我那个时候因为对老公其实是有点意见的，然后再说弄孩子也是很累的。

我老公回来的当天，他是半夜里到上海的，白天我出去了，唯一一次出去，我说我要买点东西，我去买点花啊什么的。我爸知道了，我爸是天天来的，他就和我妈说了，说我要出去下。我妈的初衷就觉得，我婆婆一个人可能不行，多一个人帮忙总是会好一点的。因为那时候大家的感觉都是小孩子一个人不行的，总需要有至少两个人，那这样才能够轻松一些。所以我出去后，我妈就来了。来了之后呢，然后可能就是说两个人真正矛盾爆发是在那天。我妈确实有点看不起他妈的意思，就是有那么一点点。然后可能就是话语间吧，老是说我们家这个亲戚怎么了，那个亲戚怎么样了，有些话就是我自己听着也觉得不舒服。比如说，她老说我们有个亲戚，这些亲戚有点钱的，老公嘛也是外地的，但是可能家境比较好一点啊什么什么，反正就老是说这种话。所以她妈就觉得听着不舒服。最后嘛就爆发了。我老公回来之后嘛，她可能和我老公说了好多好多话，反正就是告了一大状，然后第二天她就说她要回去了。回去的时候嘛，还哭哭啼啼的啊，还怎么都不爽啊。然后她回去的时候还说以后不会再来了。结果就待了一个多礼拜就走了。

然后我老公他就是觉得他妈再也不会来了，他就再也没机会尽孝了。所以从那个时候他就对我妈有些生气，他觉得是我妈气走他妈的，所以之后很长一段时间，他看到我妈就没有话说，也没有笑过。他就觉得，我妈对他妈太不好了，他跟我说知道我妈对他好，但他就说不出什么原因，就是叫我妈叫不出口。

我和我老公说，你们两个闹得不可开交的话，就逼我做一个选择，在你和我妈两个人中间选一个，这是我最不愿意做的选择。（个案 7）

蔡青青丈夫和蔡青青母亲的矛盾一直延续到现在，即使过去六年了，蔡青青丈夫和岳母还是非常生疏。原来蔡青青母亲对女婿挺好的，给他买了很多好的羊绒衫，但是因为女婿遇到双方父母的问题完全站在自己母亲一边，把平日对他的好都忘了，非常的恼怒，也因此对女婿很不满。这对夹芯板蔡青青来说，的确非常难做，本身蔡青青和婆婆的关系也不好。

当双方父母发生矛盾时，个体家庭的特点就显露无遗，每个人都是站在自己的立场上捍卫自己的个体家庭，希望对自己的父母孝顺，而彼此在认知上又存在差异。蔡青青父母的家人中包含女婿，而蔡青青丈夫的家人中却并不包含岳父母。因此，冲突也就很难解决。

对夹芯板而言，双方都是他/她的家庭成员，很难取舍。韩心说了他们家一个很现实的问题："我们家不是很大，就一个电视，我还是比较自由的，他们喜欢看什么看什么，我随意啊。但是如果你说让我妈妈看，还是让我爱人看，我也不知道怎么选。"（个案 4）

莎莉在正式访谈之后，给我打印了一首歌，说是她丈夫送给她的，表达了她丈夫对于她和婆婆之间矛盾的想法。

《两个对我恩重如山的人》　演　唱：潘长江　词曲、编曲：王玉聪

两个对我恩重如山的人　你们不要再争我对谁的感情最深

你们越是追问我越是心急如焚

两个对我恩重如山的人　两个带给我生命无时无刻不精彩的女人

疼你们一生是我的责任

…………

第三节　从陌生人到亲人的历程

朱安1992年刚结婚的时候，属于从夫居，住进了丈夫家，和公婆一起住在一套小房子里，睡一张单人床加一条木板的床，条件非常艰苦。这样的生活一直从1992年到1994年。1994年，朱安怀孕了，就租了个房子，怀孕有点日子了，搬到租的房子去了。租的房子离公婆家很近，两站路的距离。

沈：那阵子你在家里做家务吗？在他们家？

朱安：嗯，我婆婆那个时候好像还上班呢，她就是说，我回来之前你把那些饭烧上就可以了，反正我做很少很少的事，几乎不做。煲汤什么我也不会做。总的来说婆婆挺好的，会想到做很多事情。

沈：你怀孕了就搬出去了？

朱安：对，特别是我弟那年夏天来上海玩嘛，我怀孕的那年夏天来，后来我想我弟再挤在一起，实在是不方便。其实租房子是老早就租了，等于是没过去嘛，后来就趁这个机会就过去了。因为，我弟弟来的话就没人可以跟他挤一张床了，但是你又不能让一个客人睡在凳子上，那种小方凳拼起来的，后来让我弟弟睡在床上，然后躺椅上睡一个，方凳上睡一个，实在是没法睡了，最后我们还是走了。

刚搬过去，小孩还没出世的时候家务活主要是朱安自己做。孩子出世后，找了个钟点工，但主要由公婆帮忙，公婆天天来。天天都坚持过来。

朱安：（公婆）一般是快中午吃饭的时候过来，然后吃完晚饭走。过来看看孩子，帮你指导一下，在这个带孩子的过程当中有没有犯什么错误，帮你改正一下。

沈：那个时候你妈妈过来帮你带孩子吗？

朱安：我妈也在上班，那个时候其实我的婆婆也是在上班的。我妈是不可能过来的，我妈就是在暑假的时候过来一段时间，一个月都不到，住在租的房子，我妈就说我要回去了。她有点住不惯吧。一个是吃的吧，吃得不是特别的那个。那个时候我跟我婆婆学的一天到晚吃泡饭，然后我妈妈说泡饭都要把我胃吃坏了，不行。还有可能我妈妈觉得，女婿家住不是特别的方便，因为我们家和公公婆婆总是在一起的嘛，她总觉得不是很方便，要是像我姐家，就无所谓了，不顾忌了，因为我姐家跟公公婆婆不住在一起。而且我姐姐在家里面是说了算的，我在家是说了不算的。（笑）

虽然公婆照顾得很周到，但是朱安依然过得很压抑。

朱安：婆婆和妈妈是不同的，婆婆你就要忍着。你跟妈妈说话不需要（注意）什么，你说什么就是什么，交流很有默契的。

我以后要给别人提建议的时候也会说你坐月子让妈妈过来，要不就随便请月嫂。沟通不是正常，因为你想，我那个时候很小，我生孩子的时候 24 周岁不到，当时就是有什么想法，要是公公婆婆不同意的话，经常的是忍着。但是忍的太多了，特别是月子里头。

沈：比如说，能具体一点吗？

朱安：比如说啊，不说挺多的。我们是租的房子，就是想暂时住，不是特别好，有个窗帘。然后，我那个窗特别大，两个窗弄那种挺薄的窗帘，但是月子里面小孩一般都睡觉，眼睛受不了那种强光，包括我自己也受不了那种强光。其实是很薄的两个窗帘。其实这个光已经够朦胧了，我觉得是可以的，然后我公公对这个窗帘一直有意见，他觉得这个白天应该要让大太阳照进来，他一来总归是要帮我拉开。然后有一次就是说他可能都是带着愤怒帮我拉的，把我那个窗帘整个连着那个架子都给我拉下来了。全部都揪下来了。

沈：他可能觉得，我跟你讲过很多遍了，拉开窗帘，你还不拉……

朱安：对对对，但是我的眼睛是很受刺激的，而且我可能是生好小孩儿月子里面也哭的嘛，其实眼睛很长一段时间都疼。

沈：为什么要在月子里哭呢？

朱安：记不清了，反正就是大概有点什么事情了，可能要不就是我儿子肚脐流脓啊。这是一个原因，还有一个可能是有很多的担心，我当时的那种，是多方面的那种……我婆婆虽然也是特别热心地过来帮我做了很多事，但是我当时就不大好意思说，比如说哄我儿子睡觉的时候，那么小的一个人，她那么大的一个手，她一直是这样这样拍，砰砰砰的。就是包括睡着的时候，她自己睡着了，小孩儿还没睡着，那个很重的手就压在胸口，其实我们自己都会觉得睡觉的时候这样压着不舒服，但是那么小的孩子她就那样。压在他身上那样睡觉。又不好意思跟她说，对我来说都是一个一个的压力，其实我是不想让她来帮我带的，但是她帮我立了规矩，一三五你带，二四六我带，就这样的。但是她一带吧，小孩儿吃得也少，然后哭得也多，反正都不一样。

沈：一三五她带是什么概念呢，就是晚上也跟她一起睡？

朱安：对，她主要是负责晚上，白天因为都是我带的嘛！

沈：白天都是你？

朱安：对，因为白天她上班嘛，后来我就特别坚持，就是在小孩儿一出那个月子，然后我就说，妈你不用过来了。我那个意思其实是你白天也不用过来了，因为也请了小保姆的对吧，她在这我就觉得特别不方便，然后我就说我自己带吧，然后他们，就是这样说他们还有点那种误解，他们可能觉得是不是不想要他们来了，然后就嫌弃他们什么的，他们也是好心吧，后来反正是再也没来了。但是后来平常晚上都是我自己带，我宁可累一点，没有了那种担心什么的，一夜睡不好觉，晚上想那个儿子会不会给压死。（笑）

沈：呵呵，你公公把窗帘拉掉了，你不跟他吵，我会跟我公公婆婆吵的……

朱安：我不会吵的，但是我就是很难受，所以我可能有一点产后抑郁症。

沈：那你发脾气吗？

朱安：我是脾气不发，但是我就是对自己生气不好。这个不爽，就会一件一件一件压在那边，就这样的。因为那个时候你想，我在那边喂孩子，其实我本来也没有什么，然后你想我儿子又不怎么睡觉，我睡眠又特别少。人家小孩儿是刚出生23个小时睡觉，他是23小时醒着，你想想我那一个月里面有多疲劳，他可能是三个月后才开始有觉了。我儿子很怪，他小时候简直我觉得是个怪人，好不容易睡觉了，他一般睡觉就是十几分钟那样，像是睡着了，然后我公公闯进来以后，他就会说，这孩子昏迷了给他弄醒，给他弄醒。我当时就可心疼了，孩子好不容易能睡一小会儿，他就跑过来去吵他。或者你想我在那边喂孩子，好歹是个女的吧，儿子辈的，他会跑到旁边来看，最后我都不知道往哪里去藏那种感觉。

从1994年到1996年，朱安一直住在租来的房子里，而公公婆婆住在他们原来的家里面。

朱安：他们就是坚持几乎每天到我们这边来帮我们照顾孩子，克服种种困难，那一年特别热，大概我儿子刚出生那一年，我婆婆晒得特别黑，她其实挺白的一个人，大太阳底下走来走去的。帮你带了挺多东西过来，然后天冷的时候把那个浴罩都带过来，我觉得很不容易，我觉得我如果自己做婆婆的时候，我自己做不到，那么辛苦，那么为难的事情。

我其实跟我婆婆，跟我公公从来不吵，因为大家毕竟没有那种血缘关系嘛，不是我的亲爸亲妈，要亲爸亲妈你对他生气一次的话，下次能好。我总觉得一旦吵的话以后都难弄，所以我尽量不要跟他们吵。但是有一次我就是跟我公公比较顶真的，不是吵架。他在我儿子面前，他那个可能就两三岁嘛，然后我公公就在饭桌上跟我儿子说：哎，你知道吧，你这条命是我给你保下来的，那个时候你妈妈不要你呀，不让你生出来，怎么着怎么着的，说这个话。我当时很生气，我就跟他说，哪有这事呀，这个小孩儿出生完全是由我自己做决定的。他那个意思是，我想打胎打掉什么的，其实是我这之前做过一次手术，前面的那个小孩是打掉的，但是没有隔多少时间，后来又怀孕怀了我儿子嘛，但是和那个其实是隔开一段时间的，我当时就跟我先生说这个孩子无论如何都得要，我也不管他了，因为当时其实是24岁之前不算晚婚晚育的。学校各方面什么的，对学校的文明单位都有影响的。但是当时我说我不管了，这个孩子不能拿掉，但是就算有这种事情，我觉得我公公这样和孩子讲是不对的。我觉得我还是存在的，我不是不存在的，拿我当透明人的这样去讲，我就挺坚持这样说的，后来他再也没有说过这样的话。

1996 年,朱安的先生单位里分房了,一室一厅,朱安终于可以一家三口过独立的小家庭生活了,但是这种生活仅仅持续了半年,朱安公婆就把他们隔壁的一室一厅买下来,然后打掉了墙壁,两套并一套了,这样半年后朱安又不得不再次和公婆住在了一起。从 1996 年一直到 2005 年,就一直这么住在一起。

沈:那个时候住在一起有矛盾吗?那个时候你公公婆婆都退休了吧?

朱安:对,这个时候都退休了,然后家务事还是他们做。衣服我也洗一点,但是我洗得不多,因为我的大的衣服都是洗衣机洗,洗衣机是在他们那边的,然后他们洗,但是内衣我自己洗。而且我烧菜肯定烧得不怎么好,我偶尔做做,做得很少。有一次我妈妈来,哦,是我婆婆给我妈妈打电话,好像我们搬到那个家,我妈妈整个没来过,就是我刚才跟你说的那个十年期间,给我妈打电话的时候就说,朱安很舒服的,我们帮她带孩子,我们烧饭,我们洗衣服,(笑)我仔细想想是这么回事,就是这样的。

沈:那个时候你感觉跟你住在你婆婆家里的时候,有什么差异吗?

朱安:嗯,有差异的。以前住在她那个小房子里面的时候吧,就是那个门板背后的那段时间吧,小孩儿还没生出来;然后,而且还是新媳妇吧,对我还是蛮好的,这个时候已经是全部都当自己家人了,而且他们都是对儿子和孙子特别好;然后那个时候我是排在所有人的最后,因为你想其实我也不是说不爱烧菜的人,他们的确有比较多的时间,也烧得比我好,烧菜都是他们烧的,那他们就会规定的这个菜是谁谁谁的,所以我们坐在一起,菜会那样的,烧出来会分的;其实这个对小孩儿教育特别不好,我少吃点或者不吃都不要紧……比如说烧个水饺,“湾仔码头”是比较贵,比较好的,然后还有一个“三全”不大好的,或者是外面那种散装的,他们会先把那个“湾仔码头”的烧好让我儿子吃,我儿子和我先生吃,然后我坐在旁边对吧。我这个时候我应该换位置,就是离开那个饭桌比较好,然后我儿子第一反应,妈妈吃呀,然后我婆婆会从那个厨房冲出来说,不给你妈妈不给你妈妈,你妈妈还有,我一会儿还有给你妈妈的。对这个孩子其实他是一种本能的一种对大人的那种反哺的一种爱吧，就会被一点点刮杀掉，或者小孩会变得心蛮狠的。有些事情他就看得下去了，其实倒不是很严重的那种家庭不公，但是我总觉得对小孩儿的教育特别不利，家里面的声音也会很多，一件事情有各种各样的声音。教育也没办法教育。

沈：你这样的话肯定你婆婆和你公公全做主了。

朱安：他们愿意做主，是的，包括今天也是，包括一直到现在。

沈：他们现在不跟你们住在一起了。

朱安：不住在一起，但是对小孩儿的教育还是有一点影响的，有好的影响也有坏的影响。我也不是说没吃，我俩的工资也不低对吧，也不至于没得吃，但是你住在一起的话，还要人分个三六九等，那种感觉不是特别好。

早在零几年的时候，朱安家把公房，就是他们居住的单位分的房子买了下来，然后，2005 年的时候买了新的房子，再把原来住的公房卖了，给公公婆婆在原来的社区买了一套新房子，“买在孩子学校的对面，对孩子上学挺方便的，然后离开他们以前生活的社区也很近嘛，效仿他们以前的那种社会生活。”

沈：那你们买楼为什么当初没有考虑继续和你的公公婆婆住在一起呢？

朱安：因为当时就是有一种很革命的想法，这个日子不能再过下去了，觉得还是要过自己的私人的过一段时间。

沈：你觉得就是跟公公婆婆住在一起，有没有感觉这个家就是我的家？

朱安：没有，像是住到别人家了，特别是你吃饭穿衣什么东西都是要由别人来决定的时候。住在外头的那段时间，我公公婆婆也是经常都来的，也不是特别感觉隐秘的。

沈：你现在在这边住就有自己的家的感觉了？

朱安：对，对！

沈：那你先生想法呢？他应该是孝顺父母住在一起好呀。

朱安:他也不想和父母住在一起。他是不是也感觉到不是特别方便?或者而且还有一条原因,就是我们以前那个小房子实在太小了,实在也需要改善一下。而她父母亲呢,让他们频繁地换地方也不是特别的合适。所以老人,我经常有一种想法:老人像金鱼一样的,你换一个地方他很痛苦地适应那个地方。以前,就是我公公从他的地方,后来买房子买到我们家旁边嘛,他修一个自行车,他还会骑一个自行车大老远地跑到以前的地方去修。他接触的人都不一样,他日常生活完全被打乱了,所以我婆婆刚刚搬过来,有一年时间人就像傻了一样。她本来是有人可以跟她交流的,上下楼看到人都能打招呼。她有一段时间很封闭自己,然后她的姐妹蛮多的嘛,就打电话给我们说,你们要小心你妈妈,她可能状态不大好,她就有点像痴呆症那样的那种。她过了很长一段时间,她就有了自己的那个社交圈了,然后她就一起去打拳啊什么的,所以她后来买的那个房子,实际就过一条马路,就把老房子卖了再去买新房嘛,所以她的社交圈没有改变,我们现在的房子对他们来说我觉得也不合适。他那个真的是水土不服。哪怕都是上海的,也是这样的,他的生活的范围是很不一样的。

朱安新买的房子离公婆住的房子也不太远。这样,从 2005 年开始,朱安终于可以和公婆分开居住了,但是完全的独立还是没有做到。

沈:那么你现在孩子是经常住在公公婆婆这边呢,还是说……?

朱安:他前一段时间一直住在他们那边,住在那边比较多,因为我自己的工作比较忙嘛,然后又读书,也都不成功,反正是有一段时间是住在他们那里。现在,我发现对他的影响不是特别好,就是一定要把他抓回来,然后学习习惯呀,然后做人方面要好好教训教训他,就是下了很大的决心,我们再往后就这么带,基本上把他揪回来了,偶尔还会过去。

后来我问道:(你公婆)还经常过来吗?

朱安:他们不大到我这来。我们到他们那边还是蹭吃蹭喝的比较多。一个星期一次吧,我一个星期一次,可能我儿子多一点。像今天的话,我学校这边有活动,我想他晚上住那边。

虽然有很多的矛盾，但是在一起的时间长了，也是有感情的。逢年过节的时候，朱安会记得给婆婆买东西。

朱安：所以我觉得蛮真心的，虽然跟我公公婆婆，其实我觉得跟自己的父母也有摩擦的，公公婆婆没有公开的摩擦，有时候会觉得心里有点别扭。但是我总是换一个角度去想，我自己做到父母做到公婆的话，我不一定能做到这么好，我觉得他们特别地不考虑自己的，去帮助子女，我觉得他们其实还是蛮伟大的，所以就是说每次去给他们钱也好还是帮他们买东西也好都是蛮真心的，就是特别像我婆婆哦，我会特别诚心。我公公我有时候想不起来，我婆婆比如说她过生日呀或过节呀，经常会到哪去仔细帮她挑点东西。

沈：会不会以后再和老人住在一起呢？

朱安：我其实蛮想跟他们再住在一起的，我觉得他们老了，特别需要照顾。我公公今年冬天，医院吊针大概一个多月，我婆婆也是高血压，突然发起来。我就特别特别担心两个人。所以明年回来（出国回来）之后呢，就是打算和他们住在一起。不住在一套房子里，而是住得很近的话，我觉得好一点，最好能走得到。……我想尽量比较近，他也不要烧了，或者想烧的时候烧烧，少做一点事情。反正我觉得我想通了就是了，就不想计较那些了，怎么说呢，蛮小器的，如果总是纠缠在这种事情上面……

多年的共同居住，让朱安提到家人的时候，已经自然地包括了丈夫的父母，无论是否住在一起。（个案16）

朱安长相文静，性格偏内向，说起话来徐徐道来，不快但是也很少有迟疑的时候，她自己也说，她很真实地把她的感受和想法告诉我，这是第一次她这么完整地说自己和公婆之间的故事。朱安的故事是我文章中引用最长的一个故事，我删减多次，最后还是保留了很多的细节，因为绝大部分的家庭矛盾都是因为“细节”产生的，矛盾的解决也是依靠细节来实现的。朱安的故事展示了一个是多年的家庭历程，代际关系起起落落，最后终于从陌生人变成了真正的亲人。

朱安的公婆无论从哪个角度来看，都是好公婆：他们在经济上不吝啬，在体力上愿意付出，在精神上极具奉献精神。为了照顾媳妇，白白的婆婆都晒成黑黑的，这么多年来，一直让儿子、孙子、媳妇过着几乎衣来伸手饭来张口的日子，他们身上有中国传统父母大部分的美。而朱安这个媳妇也是个好媳妇，懂得隐忍，知道公婆的好，并且也愿意承担自己该承担的责任，比如照顾孩子。相比较现代的很多不愿妥协的女性，朱安同样是一个具有传统美德的媳妇。但是好媳妇和好公婆之间依然有矛盾，依然想要分开住，而中间的矛盾全部是细节方面的差异。

朱安家发生的矛盾并不激烈，甚至没有过公开的争吵，但是他们的矛盾却具有典型性：1. 对于谁是主人的分歧；2. 生活习惯和理念上的差异；3. 老一辈和年轻一辈在第三代教育方面的矛盾。

我之所以详细地描述朱安的故事，一方面我想要强调，虽然利益的冲突的确会导致家庭的矛盾，但是家庭中发生的大部分矛盾却并不一定是与利益有关，尤其并不是一定和经济利益相关。在过去有关分家的阐述中，注重的矛盾绝大部分是有关小家和大家、小家和小家之间的经济冲突，因而要分家。而在朱安的故事里，我们看到大部分的矛盾都是由点点滴滴的生活细节累计而成的。这一点也是我在其他的访谈中感受到的深刻印象。虽然，的确有很多矛盾背后有部分的经济因素，但是，随着城市家庭作为一个经济合作单位时代的远逝，家庭强调情感的功能，因而与生活细节相关的矛盾在凸显出来。尤其是在个体化的进程中，每个人都在强调自己的个体性，追求“过自己的生活”，而支持自己生活方式的重点都是一些细节，有关生活细节的把握和分析，对于研究个体化进程中的家庭是非常有帮助的。

另一方面，朱安的故事中，朱安依然处于传统媳妇的角色中，她嫁入夫家，与公婆一起居住，虽然后来分开住然后再一起住，但是这一角色已经固定下来，因而她有一个适应婆家生活习惯的过程，并且有这个家不是自己的家的感觉。这一点和下文谈到的父母离开自己的家庭住到年轻夫妇的家庭中，有非常相似的情况，所不同的是，这一次，是公婆处在了传统“媳妇”的位置上。所以，整个孝顺的变化对年轻一代来说是乐于见证的，而对老一代来说更希望能够维持孝顺的基础（Wang，

2004：26）。

尤其是那些离开自己的原生地，从上海郊区或者外地到上海来的父母，他们的这种“媳妇感”更强，而且他们还面对现代化的挑战和城乡差异的鸿沟。现代化的挑战并不是抽象的，而是实在的：如何使用家电；城乡差距也是实在的：什么叫“科学育儿”。今天的婆婆们可能需要走过去媳妇走过的路，才能赢得媳妇的认可，才能真正“老有所依”。

也许只有时间，才是让水溶于血，并成为血的一部分的唯一方法。

第八章

后父权制时代：性别与代际交叉视角下的个体家庭

中国曾经被看作是一个经典父权制的典型，现在普遍认为中国的父权制已经瓦解，但同时我们可以看到性别不平等依然在私人领域和公共领域广泛存在。这听上去颇为矛盾的结论是在于我们对于父权制/性别平等的界定与衡量是使用不同的标准的。由于在西方的家庭研究中，谈到性别平等常常只关注夫妻之间的权力关系，似乎一个家庭中权力的博弈方只有简单的男女两性；而父权制的概念不仅有性别还有代际，现代家庭的关系中，代际同样有重大影响。

本章从父权制的变迁切入讨论，分析了个体家庭中的夫妻关系、代际关系，并指出今天年轻女性获得的权利和地位并非来自男性而是来自老人，因此，依然存在性别不平等，父权制依然存在，只是进入了后父权制时代，受压迫和剥削的，更多的是老年人，尤其是在经济上处于弱势地位的老年人，但同时女性依然没有获得真正的平等。

第一节　中国的父权制

父权制理论

父权制是女性主义用得最多最广泛的一个词，同时也是含义最不清楚的一个词。韦伯 1947 年用父权制概念的时候是用来指代男性通过其在家庭内的家长地位来统治社会的管理体系。这种控制既包括男性对女性的支配，也包括年长的男性对年轻男性的支配。追寻韦伯的思想逻辑，后来的很多研究都把父权制看作是两个维度交叉在一起的不平等机制：性别和代际。

女性主义在发展父权制概念的时候，主要是激进女性主义抛弃了代际的关系，而只强调男女，甚至把父权制泛化到一个涵盖不同历史时期和文化的女性从属的现象，使这个概念成为一个过度独立的概念（Acker，1989）。

虽然20世纪七八十年代在女性主义中关于父权制的理论争论非常多，但是，把父权制看作是男性对于女性的压迫依然是一种主流看法，这种看法把代际的因素忽略了，强调性别的因素。如沃尔比（Sylvia Walby）虽然提出我们需要一个更加灵活的父权制概念来涵盖女性经验的多样化和各种形式的性别不平等。但是，她依然不断强调作为一种社会结构，父权制是男性支配、压迫和剥削女性的一种实践（Walby，1989）。

到了1980年代末，父权制似乎已经不是一个有效的分析概念，因为其太过抽象和模糊，所以，很多学者开始细化父权制概念，也反思父权制这个概念本身的问题，甚至更极端的观点认为父权制的概念已经不能提供更多的新知识。用女性主义历史唯物主义分析实践的话，必须拒绝父权制这个概念，如果要理解每日杂乱的生活，就要关注具体的性别化的身体、性别化的场所和性别化的经验（Gottfried 1998）。

黑人女性主义者、少数族裔女性主义者对于女性主义的一个突出贡献就在于把性别身份和其他的维度，如种族、民族、性取向等结合起来。如亚裔学者提出用父权制概念将会使女权思想囿于西方男权的范畴，把性别平等禁锢于一种对立思想的框框，即性别的不平等是建立在性对立的框架下：男人和女人不同。这就很难表明妇女之中的差异，很难将一个个的妇女和普遍意义上的女人（Woman）区分开来，表现出妇女内部的差别。事实上，妇女间的差异其实不是差异，所有的妇女都只不过是将某种妇女的原型本质具体化，或者程度不同地体现某种形而上的女性特征(柏隶,1995)。

这一点在进入21世纪被进一步地反思。辛哈(Sinha)反对性别研究中的欧洲中心主义,强调“将欧洲地方化”(provincializing Europe)的历史研究。她认为在欧洲经验中,女性身份是在和男性的关系中建构起来的,这种男女的二元对立是欧洲社会性别概念的核心,而非洲等其他地方的经验显示:“处于不同时空语境中的女人和男人,是在与一系列不同身份的关系中——而不是女人和男人这两者之间的关系中——建构起来的。”辛哈自己在关于晚期殖民地印度的研究中发现:“妇女的社会性别身份,不在于男人的关系中,而在与社群的集体身份的关联中形成,而这些集体身份又由宗教、种姓、族裔等决定。”(Sinha,2009)

这一真知灼见对于中国的性别研究是非常重要的,也许族裔、种族、宗教等身份对中国人影响不大,但是年龄以及与年龄相关的辈分对于中国人的地位来说是非常重要的。因此,突破“男性—女性”这样的二元论来重新解读中国的父权制就必须回到韦伯提出的父权制的两个维度:性别和年龄/辈分。

女性的社会性别身份不是在与男性的关系中产生的,而是和不同年龄段、不同辈分的男性、女性的关联度中产生的。本文讨论的父权制和性别平等都是从这两个维度出发的。①

经典父权制:中国个案

有学者描述了中国父权制家庭的方方面面的情况,发现中国父权制的一个特征就是女性常常成为压迫另一女性的主体(Maria, 1994)。因此,考虑到年龄/辈分和性别,我认为坎缔约提(Kandiyoti)对于中国父权制的总结是比较合理的。坎缔约提根据亲属关系,把父权制划分为经典父权制和一夫多妻的非洲模式。中国是典型的经典父权制,其特点是从夫居,父系继承和男性家长掌权(Kandiyoti, 1988)。经典父

① 当然,其他的身份,如阶级也会影响到女性的性别身份,但是由于阶级概念本身太过复杂,尤其是在家庭领域中的阶级,因此,这里不作讨论。另一个原因是,阶级本身就是一种带有结果性的等级分层,不是本质身份,我认为也不适合放入父权制中讨论。

权制的基础在于从夫居，因为从夫居，年长的男性支配家庭中的每一个人，包括妇女和年轻的男性。而女性不仅从属于男性，而且从属于年长的女性，并且女性没有继承父亲财产的权利（Kandiyoti，1988）。本文下面讨论父权制的变化正是在这样一种概念体系上推导的。

当然，父权制的变化在全世界发生，如穆加达姆（Valentine M. Moghadam）注意到同样是被看作经典父权制典型的中东伊斯兰国家，这几年来，由于社会经济的发展，妇女教育和职业的提高，女性的意识和家庭的规模和结构都已经发生了改变，原来的"经典父权制"概念已经不适用伊斯兰国家（Moghadam，2003）。

那么，经典父权制是不是也不适用于今天的中国呢？尤其是共产主义在中国的发展是不是瓦解了父权制呢？这曾是一个热门的议题。

1949 年中华人民共和国成立，开始了土地改革和婚姻改革，但是婚姻改革很不彻底，由于没有完成婚姻改革，妇女土地的处置、劳动分配和产出依然控制在家庭的男性家长手里，因此，可以说，农村家庭结构还是维持了父系（Johnson，1983）。虽然，土地革命某种程度上支持了父权制家庭的存在，但是也的确给了女性部分的解放。大跃进的时候，女性获得了很多和男性相同的工作机会，进入到劳动大军中。大跃进失败后，中国转向了一种父权社会主义的修正模式：家庭和传统亲属体系是它的核心。家庭训练下一代工人。婚姻依然保持父权的形式，嫁妆和彩礼并存，男孩偏好依然存在，女孩更少受到教育，性别分工明显（Stacey，1983）。所以，斯黛丝的结论是，中国出现了民主的父权制和父权社会主义（democratic patriarchy & patriarchal socialism），共产主义并没有彻底瓦解父权制。

安多斯（Andors）的观点有所不同，她把家庭外的工作机会看作是妇女解放的关键，认为大跃进使得女性进入到各种工业领域中，学到了很多新的技能，参与到正式的政治参与中，但是，同时这个变化遗留下很多原来的性别分工，并创造了新的性别分工。家务劳动仍然是妇女的责任，公社女性工分挣的比男性少，城市的女性继续被挤入不需技能又钱少的部门。"文化大革命"强调阶级斗争而并没有直接讨论妇女议题,但是给了社会批判父权制的机会,作者认为强调阶级斗争的毛泽东主义发展战略比单纯依赖经济发展给了妇女更多的希望(Andors,1983)。

虽然毛泽东时代性别平等的实践并没有改变妇女的家庭角色,但妇女加入到劳动力市场和收入的提高历史性地改变了家庭中的婚姻资源交换理论关系。从妻子在经济上依赖丈夫转向了双职工夫妻相互经济依赖(Zuo,Bian)。

另一个重要变化是在改革开放后,市场经济的发展让每个人似乎都能够凭能力生活,而中国女性高达85%以上就业率,让很多西方学者产生错觉,觉得中国的性别平等正在实现。斯黛丝在复旦的一次讲课中就问中国学员:中国在父权制之后的性别状况究竟如何呢?[①] 这一问题很有意思,一方面她假设父权制已经不存在了,但是另一方面她又不相信性别平等已经实现。这一问题的背后是进入20世纪90年代以后,关于中国父权制的讨论不再能够吸引很多学者,社会学领域直面父权制问题的专著比较少[②],在社会上这一话题也没有过去的显性。

考虑年龄/辈分和性别来分析父权制,那么家庭领域自然是最好的分析场域。纵观对于家庭内的权力关系,主要有两种解释性理论:一是资源理论,强调夫妻双方因为拥有不同的资源而拥有不同的权力;二是文化决定论,强调传统性别分工的影响(左际平,2002;郑丹丹等,2005;徐安琪,2003,2005)。无论哪个角度,类似的研究都存在两个问题:第一,家庭的权力关系常常落实到夫妻两方上,而忽略了家庭的其他成员,正如有学者指出,在国内研究中,女性主义视角更多地运用在对夫妻权力关系的讨论方面(唐灿,2007)。实际上,家庭的权力关系并不仅仅发生在夫妻之间,家庭的其他成员(无论是否住在一起)都会有影响。第二,是对权力这一概念在家庭领域的运用缺乏反思。这一方面,徐安琪先后发表了一系列在实证研究基础上形成的发现和观点,对家庭内

---

① 2007年,复旦大学社会性别博士生班讲课中,Judy Stacey在课堂上提出这一问题,当时无人回答。

② 当然与社会性别或者性别平等有关的书籍还是很多的。

权力的概念和测量指标提出质疑和“西方理论本土化”的修正（徐安琪，2003），她发现重大事务决定权与女性的家庭地位满意度评价并无显著相关，但是她发现，个人自主权对女性的家庭地位满意度有较大的积极影响，等等（徐安琪，2003，2005）。

本文下文的论述把父权制的讨论放入到所有成年家庭成员中去衡量，并且在对“权”考量的时候，放弃家庭决策权等操作概念，而是通过展示具体的画面，通过对“权力的动态过程”（郑丹丹，2005）的展示，强调个体的自主性来描绘权力和地位的等级，力图“看到表面的平等背后隐藏的不平等结构”（王金玲，2002）。同时不仅仅局限在权力层面的讨论，而是从父权制的三个核心要素：从夫居、父系继承和家庭内部权力体系。

第二节　夫妻关系：平衡还是平等

权力与决策：走向平等的年轻一代

麦肯唐纳德（McDonald）在回顾了家庭权力文献后，开始质疑家庭权力的概念，他认为尽管研究者们认为人人都知道家庭权力是什么，并热衷于测量它，而实际上，与其说家庭权力是一个经验事实，不如说它是一个理论概念（1977）。这一观点是一个真知灼见，所以，在访谈时，我几乎不用权力概念，而是通过一些具体事情的处理来分析家庭内部的关系。在访谈中，我常常听到男性们说：大事我管，小事她管。可是什么是小事呢？什么是大事呢？我决定从买房子的大事开始分析。

2002 年，在可可还在和丈夫恋爱的时候，就买下了现在居住的这套两室两厅的房子，丈夫一个人付首付两个人按揭。在询问谁挑的房子时，可可说：“他付的钱买的房子，总归是他挑的。我嘛，最多就是建议哪个地段更好。他本来是想把房子买在浦东的，因为他原来租房子就在浦东。但是那个时候我父母住在虹口区，想着万一他们生病，总要去照顾的，还是买得离他们近一点。当时没考虑到这边要动迁的。所以就买在了虹口区的。要是知道要动迁，就不买那么小了。本来我爸爸建议过买三房两厅，但是我没有同意，因为那个时候他丈夫的弟弟已经在上海了，我想，买了三房两厅，他弟弟住进来，麻烦吗？所以，还是买两房好。因为那个时候年纪比较年轻，想法还没有那么成熟，没有考虑到孩子那一块，考虑得没那么周全。"（个案2）

从可可的个案上我们可以清楚地看到，如果询问谁做主，谁挑的房子，可可会理所当然地回答是丈夫，但是，实际上，无论是房子的地段还是房型最后都是可可决定的，是可可想要的。我在这个过程中，都没有发现可可丈夫到底是有什么具体的想法，挑了些什么，我问："那你老公没有意见啊？"可可："他无所谓的，他真的无所谓的。"我曾经在非常随意聊天的时候，问过可可丈夫关于房子购买的地段房型等的想法，可可丈夫的回答是："无所谓的，就听她的好了。"对可可丈夫来说，减少争吵和麻烦比做决定更加重要，尤其是在上海，怕老婆、听老婆不是一种弱势，而是爱妻子，有家庭责任感的表现。但如果就此认为，买房子完全是可可决策的，又错了。可可很清楚的，因为房子是丈夫付钱的，所以，她不会去买丈夫坚决反对的房子，但是，会通过建议来保证自己的想法能够落实。

即使房子大部分的钱都是可可丈夫付的，并且还是婚前财产，但是，房产证上的却只写了可可一个人的名字。可可是这么解释的："因为当时想两个的名字办起来麻烦么。当时想，再买一套房子就写他的名字。而且我老公在原单位工作蛮忙的。抽不出时间跑这个。蹬、蹬、蹬敲章也很麻烦的。所以我一个人跑房子还是比较方便的。那个时候，他工作时间长，他公司还有公积金，所以，他付所有的首付，但是为了办手续方便，就写我的名字。"从我的日常观察来看，两个人感情好，相互信任是一个非常重要原因。但是，后来，可可提到了老公家乡的房子，又说：我们是分工很明确。基本上是一人一套啊。上海的房子是我的名字，河南的房子写他的名字。主要是方便嘛。将来卖掉什么，一个人办就行了。在这里，我们又看到除了亲密关系的原因，也有经济平衡的考虑。

杨晴的个案与可可内容不同，但在大事处理上也是很难区分是谁做主的，也是强调男性确定一个大的框架，然后再执行过程中夫妻各自需求和理想的平衡。

谈到具体买房子的过程，杨晴说：他有一个前提就是不能买高层，他不喜欢高层，他觉得高层公用面积太大，然后使用电梯挺麻烦，电梯万一坏掉啊什么的，比较麻烦。这个我是完全按照他的，我觉得挺有道理的。其实，就我个人的喜好而言我喜欢高层，我觉得越高越好，但是他觉得不好呀，他说第一套听他的，以后买第二套听我的，所以我就听他的。后来我就根据他的要求，骑车找了一个礼拜就选了一套，然后我去看，看了就定下来了，后来叫他看了一下，然后家里边也过来看了一下。杨晴家的房子地理位置有点偏，杨晴这样解释：房子有点偏，但是交通方便，那个地方直接到我的学校，他以后的工作在哪里都不知道，所以先以我为标准。（个案 3）

从买房子来看，普遍采取的原则是一方定一个基调，另一方按照该基调在可选择的范围内推荐，然后共同决定，而定基调者，往往是男性，具体挑选则由妻子决定。在这个过程中，夫妻双方都在寻找一个满足双方要求的平衡点。

除了购房，我也直接询问有关决策的问题，得出来的结论与买房很相似，也是男性会有一个基调，女性执行。

我：你觉得在财权方面，你们两个哪个最大？

崔浠：我觉得还是我老公最大了。

我：为什么？

崔浠：在重大决策方面，比如说是买房子，还是他说了算。

我：买车子？

崔浠：车子的话，因为我坚持要这一款式，车子还是按照我的喜好买的。

我：表面上看起来，财权在你手里啊。

崔浠：表面上看起来，的确是我跳上跳下的，比如别人借钱，都是我决定的，实际上，我还是……我还是很看他的眼色的，尤其是当他坚持的时候，还是要听他的。不过，他也知道我不会乱花的，就是那些奢侈品啊什么的，我都不会怎么去买的。我觉得这个生活习性是从小养成的，是改不掉的，不是他会心疼，是我自己会心疼，我知道我的钱么。

我：家里的大事还是听男人的，呵呵。

崔浠：是啊。比如，如果按照我的想法，好几套房子我们都换掉了，但是他坚决不肯，有什么办法？他不愿意搬，又不能弄僵，就算了。

我：即使是我们来决定，实际上也要看男人的眼色啊。

崔浠：总归要听他的想法。就是前一阵子装修，他要出差，他就说全权委托我，然后，我就去挑材料了，装修了。最后他回来又开始挑了，说这个颜色挺花的，这个其实弄的时候他也觉得可以的，完了以后又开始这个不好，那个不好的……（个案14）

在崔浠的家庭中，崔浠是全职太太，在经济上几乎对家庭没有贡献，但是这并不影响她在家庭中的决策地位。用崔浠的话：家里最重要的工作是搞定老公。虽然崔浠不断强调要看丈夫"眼色"，但是在第五章中提到崔浠大着肚子监督丈夫花钱的时候，显然丈夫的眼色就不那么重要了。

也有女性认为男性天生在决策方面更有优势。

沈：那你们家一般都是你做主吗？

毕佳玲：我们家呀，也不全是我做主，因为有的方面我会主动听取他的意见的。其实我自己的缺点在什么地方呢，大的那种战略方面的东西，我肯定不如他的，就是我愿意听他的东西，而且大的方面我也不去那个，我最多自己给他说点什么参考。我知道我在那方面优势不行，然后在其他方面具体的事情的处理的方面，我觉得我可能比他做得更利索，更主观，这一方面我会自己做的。

我觉得在家庭生活里，其实大的方向我还是愿意听男的，他这种人际观哪，还有全局观，我觉得他们强一点，但是我做主的事，基本上都是一些比较琐碎的事，其实这些对我们女人不好，反而我们辛苦呀。这些琐事，我都不想管，但是他们男人更不愿意管，你只好自己去管了，但是大的方向我觉得我自己这个决定可能没有他的那个决策做得好，所以我还愿意听他的。

说到财政,毕佳玲的丈夫邱志辉说:各管各的呗,就是谈不上谁该管,谁又是不该管的,我是大概管管,她是具体管。

毕佳玲:投资是我来管的,因为我喜欢管,而且他是没有那个环境,我觉得我身边的人这种意识很强的,我有这种环境的,做这个事儿。

沈:对对对,这也很重要的,我就不要管钱。

毕佳玲:我心里也不愿意管钱,但是投资这样的重大决策,基本上都是我来管,因为我觉得他身边没有那个环境,有可能那个决策不一定,信息量够了嘛,那就我来弄,但是我会参考他的意见,因为我觉得重大的时候他还是能出很多主意的,他的思想比我的技术含量高,我只不过是信息多而已。(个案 18)

在访谈中,女性参与者一般会强调男性"掌管大局",尤其是丈夫在场的时候,但是在实际决策的过程中,我也看到个人的性格、专业优势、经济地位等都会影响到具体的决策,决策的过程无论是所谓重大决策还是日常生活决策都很难判断夫妻之间的地位高低。比较明显的是,年轻女性在家庭中的地位的确在明显提升,尤其是在决策权和家庭经济方面的掌控;但另一方面,我们也看到了性别文化对于家庭决策的影响,无论女性还是男性在家庭重大决策上还是认为应该男性更多的决策。不过,也有男性抱怨一辈子也没碰到几个重大决策,所以所谓的重大决策由男性决定不过是哄哄男性的。

虽然有关两性的平等的争议还很大,但是在上海的家庭内部,我的确看到了一幅走向平等的性别图景,但是这幅图景必须局限在几个因素下面:两性在婚前经济和教育阶层鸿沟不能很大;亲密关系在其中起很大作用;没有极端性格的家庭成员。

在走向平等的过程中,原有的刻板的性别文化:男性更适合做重大决策依然在影响人们的话语和行动,但是在日常生活的决策互动中,女性越来越占据主动。但是,这种主动与女性更多地承担家庭义务有关,也就是说因为女性具体参与决策的操作,因此有机会把自己的想法糅合到决策中去。这一点我们在家务劳动的分工中可以看得更清楚。

家务劳动分工:刻板的性别分工或者大家都不做的平等

我到某个家庭做访谈的时候,说明了希望找全家人一起坐下来聊聊,但是一般都是年轻夫妇坐下来聊,父母端茶倒水。有一次,我早上9点45分到薇安家,一直访谈到中午11点半。一开始,薇安妈妈抱着孩子,薇安爸爸在厨房里忙碌,过了一会儿,薇安爸爸端出来一盆切好的橙子,薇安妈妈热情地要我吃。访谈中间,宝宝睡觉了,于是薇安妈妈哄宝宝睡觉,然后在阳台上收衣服、一边叠衣服一边陪我们说话,而薇安爸爸出去买东西了,回来继续在厨房里忙碌。后来孩子醒了,薇安爸爸接过来抱着。整个访谈过程中,薇安除了一开始问我要喝什么,根据我的选择给了我一杯白水以外,她一直陪我说着话,既不抱孩子,也不管其他任何事情,衣服也不帮忙叠。

薇安妈妈当着女儿的面说女儿“什么都不会做”,但是神情丝毫没有责备,而是觉得挺正常,颇有“现在的年轻人都是这个样子”的意味。(个案5)

这一点和上文提到的“谁的家”,有矛盾的地方。一般来说,如果这是年轻夫妇的家,那么应该他们是主人来招待客人;而如果我到年轻夫妇的父母家访谈,访谈他们的父母,我发现还是老年人端茶倒水!总而言之,年轻人和父母在一起就是不干家务活的,无论是在谁的家里。用薛蒂的话:其实我们家里是老人都比年轻人年轻,这是实话。(个案23)所以,都是老人干的活。除非是看不惯老人,一般是媳妇看不惯公婆做事情,那么就会自己做一些家务。

询问一个家庭有关家务活是怎么分工的,常常能够得到非常有意思和出乎意料的答案,尤其是询问年轻一代的丈夫在家庭主要做什么,吃瓜子、看电视、做规矩、看报纸、打电话、做车夫……五花八门都有。在我访谈中,有一个比较普遍的现象是,与父母(无论是哪方父母)同住的年轻男性偶尔会参与家务,但是几乎没有哪个男性会固定承担哪一项家务;而小夫妻独立居住的情况中,年轻男性更有可能承担家务。同样的,与父母同住的女性承担的家务也很少,与男性不同的是,女性会更多承担育儿的责任。

对女性来说,和公婆住与和自己的父母住在家务分工上是不同的。如果和父母住,那么除教育孩子以外基本上一切的家务劳动都可以交给父母去做,包括内衣裤的清洗、卧室的整理等,都可以妈妈来做;而如果和公婆住,那么大部分会选择自己洗内衣裤、自己整理房间。这一点,贾妮家最明显。

沈:那就是说你这个房间是你自己打扫的?

贾妮:因为他们不大动我们房间的,他们觉得这样不大好,东西放得乱七八糟不知道在哪里,他们对我们房间不管的,就是对这个以外的地方就是厅啊或者他们房间,全是他们自己打扫的。

沈:那现在你在家里,你做什么家务?

贾妮:我待在家里的话,带带小孩,内衣裤总归要自己洗的。

沈:那你先生的呢?

贾妮:公公婆婆洗。(个案 21)

当然,总有特例。有的年轻女性和年老女性都觉得洗内裤和洗外面的裤子没有差别。如果建立了这样的认知,那么婆婆也可以做妈妈能做的事情。在家务分工中,存在的唯一禁忌是公公与媳妇之间的性别禁忌,没有一个个案会是公公帮媳妇洗衣服的,无论是外面的,还是里面的。公公洗衣服也只负责把衣服放入到洗衣机中去。但是,爸爸可以负责晾衣服、收衣服、折叠好成年女儿的衣服。

对男性来说,无论是和自己的父母住在一起还是和女方父母住在一起,家务分工没什么区别,都是什么都不做。

曾馨仪和许强家星期一到星期五女方父母来住,周末男方父母来住。

沈:有什么家务活是你(许强)做的?

许强(丈夫):我难得倒倒垃圾,有的时候洗洗碗。

曾馨仪(妻子):难得!

许强:难得(笑)。

曾馨仪:千年难得烧回菜。

许强：我回来六点多钟，开始烧，到七点多钟大家才可能吃得上对吧？所以，一般都不太可能我烧啊。

沈：那家务活都是你们父母做的？

曾馨仪：对，基本上是。

许强：我们办点大事，买房子。

沈：那有什么活肯定是你（妻子）做的呢？

曾馨仪：什么是我做的？反正我回来之后和我儿子有关的都是我做的，喂给他吃、给他洗澡、陪他玩、陪他睡觉、陪他讲故事。

沈：那你（转向丈夫）……

许强：我陪着他（孩子）玩玩。总的来说，男的也应该带带孩子，我也知道，有时候她不带，我也带带孩子到楼下去，他那时怕黑，我就带他晚上出去，男孩子，爸爸就看看什么……

许强认为自己还有一件重大的工作，就是给儿子做规矩。

许强：我儿子我喂他还蛮好的，因为我比较凶，我觉得这里就体现出大人对孩子的规矩。老一辈的怎么说呢，吃饭的时候，小孩说我要个什么东西，就拿下来，吃个饭，玩这个，玩那个……我是不许的，规矩都我做，否则就没有人治得住他了。（个案32）

谭敏和阎刚与女方父母住在一起。他们谈起了男方父母来的一次，在老家从来不做家务的阎刚爸爸也开始学着擦地板了，然后开始讨论阎刚做什么家务。

谭敏：那你（转向丈夫）呢？

阎刚：我也是可以做的呀，并不是不可以做啊。

沈：他现在在家里干活伐？家里有什么活肯定是你做的？

阎刚：也没有什么活肯定是我做的，只是我参与一些家务，不是说肯定是我做的。

沈：参与什么呢？

阎刚：参与吃瓜子……哈哈。

沈：换灯泡你们家谁做的？

阎刚：那是我做的！（很自豪）

谭敏：他呢是这样的，你要不喊他呢，他很少做的。你喊他呢，比如叫他过来洗个碗，虽然他不太乐意，但是大部分时候还是会做的。

阎刚：刚开始那时候我也烧过，有些事情我是懒得做。

谭敏：他很多时候只是懒得做，所以懒到一定程度就养成习惯不做了。

沈：那你现在在家里干活吗？

谭敏：我在家里其实干得也挺少的。我下班一般就是陪女儿，我爸妈去看连续剧了嘛。我也挺怕陪她的，小孩老是让大人陪着这也不是好习惯。我就陪一下，然后自己也去看电视了。就是用这样的方式去关注她，基本上是我管，每天给她洗澡啊什么。（个案 20）

对年轻夫妇来说，并不是不会做家务，而是懒得做，或者有父母在不需要做[①]。但是，在家务活中，有一项家务被特别地拎出来了：教育孩子。几乎每一对年轻的夫妇都向我强调教育孩子是他们做的。这一点，老人们也有共识：有关孩子生活的，由老人负责；有关孩子学习教育的，由年轻夫妇负责。这一点，我们无需再引用更多参与者的表述，我们回到刚刚提到的每一位参与者，都表达了类似的观点。对于为什么教育在家务分工中会被单独拎出来，成为独立的一块需要强调的家务，我认为这与构建子宫家庭有关。有关这一方面，我们放到下一节具体展开。

回到一个家庭的家务分工，我们发现，男人的角色很有意思。上海男人会干家务是全国有名的，龙应台的《上海男人》一文几乎让整个华语世界都把上海男人看作是一个奇怪的物种。我在访谈中，却发现做家务的男性，尤其是年轻男性很少。

我：张先生回到家里做什么家务吗？

崔浠：他有什么家务可以做啊？回来就是吃饭，他现在最积极的就是 6 点多回来吃饭，一般我们家的家务都是有保姆来做的。我老公对

---

① 如果父母离开，年轻夫妇还是可以很快自己来处理家务事情，只是夫妻一方，主要是妻子可能会影响到职业的发展，甚至需要放弃职业。这种情况一直要到孩子上了中学才能改变。

我的要求也是教会保姆做就行了。我在家里吃吃零食、水果。可能做得比较多的家务就是浇浇花。最主要的是教育孩子，回来做功课什么的，就是我的任务，就是把他的功课全部弄完。(个案14)

叶玲玲的老公基本不做家务，不管家里的事。

叶玲玲：他能做什么家务？我告诉你我家松了个螺丝什么的，不是我妈拧就是我拧；换灯泡，不是我爸换就是我换。我宝宝看到我经常说，妈妈修灯，妈妈，你好聪明啊，你好厉害，很崇拜我的，元宵节什么小猪灯笼坏了，电线都被他拉出来了，我……又修好了，妈妈你好厉害，妈妈最厉害，很崇拜的样子。

沈：我原来不是听说上海男人干家务活吗？怎么，结果我访谈到现在没有一家男人干家务活的？

叶玲玲：我公公干的。

沈：他(叶玲玲丈夫)不是说喜欢做菜吗？

叶玲玲：他经常说，哪天买好菜我来做，哪天我烧一顿给你们吃吃。然后哪天如果他兴致来了，不过一年365天有一次已经蛮好了。然后，烧好以后要你来帮他打扫，锅盖什么乱扔。他烧就是把菜烧熟了，盛出来端在桌上，其他都不管，洗菜也不管，就是把生的变熟的，然后其他都不管。

沈：那么衣服什么都是你帮他买吗？

叶玲玲：我帮他买，然后再是我爸帮他买，我妈帮他买。

沈：那在家里有什么事情肯定是他做的呢？

叶玲玲：90%以上是他做的——换水，其他的就没有了呀，看报纸，打电话。

沈：那你爸爸在家里干吗呢？

叶玲玲：他在家里，带宝宝出去玩玩，带宝宝出去摇啊摇……

沈：你爸爸做家务吗？

叶玲玲：不做，一点不做的。每天主要的工作是看书，看报纸，上上网，走象棋。

沈：我觉得我老公有时在家里就像客人一样的，回到家里像宾馆。

叶玲玲：像旅馆，饭店。旅馆加饭店。他什么都不管。（个案 19）

李芸的先生很忙，经常出差，所以基本不干家务活。李芸：我先生基本上一件事情都不做的，呵呵，一样事情都不做，瓶子什么倒在地上他跨过去的。（个案 12）

对此，丈夫们也是有解释的。朱安的丈夫从来不做家务，连自己袜子都不洗，皮鞋也不擦，没有什么家里的活一定是他做的。工作忙碌、家务劳动价值低、需要挣钱养家比较辛苦等都是非常“充足”的理由。

朱安：他就做车夫嘛，把我们开到东开到西这个，如果要是因为家务的事情跟他争的时候，第一他的辩解的理由就是，我给你们做车夫难道这不是工作吗。然后第二他说了你看男人都是做外面的事情嘛，就是赚钱养家的。然后第三他就是说我不是天天做，但始终就这个事情是我来做的吧，那段时期我集中地做了很多事情。当我如果因为家务事跟他吵的时候，他最后退一步，他说，那你也不要做，我们就找一个什么什么人来做，钟点工来做，他说你看我在外面都已经忙成这样了，我还要再帮你做这些低级的一种劳动，换句话来说那是负担的话，那我觉得其实也是有道理的，我上一天课回家我也什么都不想干。

沈：对的，那你先生在家的话，他是经常出差呢，还是每天都按时回来的？

朱安：他不经常出差，但每天像出差一样，他每天都很晚回来，11 点以后，有时候一两点。（个案 16）

相比较年轻男性，年长的上海男性的确是做家务的。比如薇安家，基本上家务活薇安父亲做了。薇安妈妈说：“好像北方的男人不会干活，上海的男人很会干活。现在他退了以后，买菜、烧饭都是他做了，做得挺好。我现在一直不做，也就不想做了。”而薇安的丈夫“很忙的，总是出差，难得在家，回家也就不要让他做什么”。“他经常出差嘛，一般也就周末回来住两天，你看他今天也不在，也没有特别要他做的事情。”（个案 5）

此外我们上文提到的一户两家中的上海男性，基本上 60 年代出生的男性也是做家务的。我在访谈中常常听到参与者说他们父母的分工，似乎更加平等，男性分担了很多的家务。

我认为之所以年轻男性不做家务主要是四个方面的原因。

第一，我主要访谈的是中产阶级的男性，这些男性往往工作比较忙碌，就像上文提到的，不出差也类似出差的情况，工作已经很忙碌了，回到家再要做家务吃不消，而这一点也是中产阶级的家庭更需要“妻子”的原因。

第二，上海是个移民城市，很多的上海男性实际上成长于外地，比如在我的46个访谈个案中，丈夫来自外地的有20个个案，这就意味着有近一半的男性并非是典型的“上海男人”①。

第三，技术的发展，家用电器的普及，家政服务的细化导致家里真正需要用体力来解决的家务很少了，非要男性来做的家务几乎没有了。

第四，最后，也是最重要的是原来的家庭性别分工还在影响人们的观念和行为，绝大多数的男性认为挣钱养家就是对家庭的贡献，而家务劳动不是一个丈夫必须要承担的义务。

但上海男性也的确在家庭事务上更具有性别平等的理念，虽然他们也不做家务。比较上海男性和外地男性，我发现主要的差异在于两个方面：

1. 父母辈中，上海男性比外地男性更多地做家务；

2. 在年轻辈中，上海男性在思想上没有男人不能做家务的观念。常常提出，我可以不做家务你也可以不做家务。而外地年轻男性常常向我描述他们老家，男人不干活是天经地义的。韩心：你要到我老家那就不得了了，就是觉得女生做菜做饭天经地义的事情，男人吃饭，女人还要把菜端到男人手上呢。……站在我个人的角度上，我觉得家就是彼此要分担一些工作什么的，你在家什么都不做，就没有家的感觉了。现在不能像以前一样，男人挣钱多，就可以在家什么都不做，像大老爷们一样。不过，的确我的工作忙一些，加班多一些，我爱人家务活做得

① 虽然，谁也说不清上海男人究竟是怎样的，就像周立波常常批评北方人对上海男人的成见。

更多。(个案 4)

由于我的个案并不是抽样得来的,因此没有统计上的意义,我不能判断这种差异是普遍存在,还是因为我个案集中在中产阶级群体上而导致的偏差。但是,在访谈中,我常常和参与者聊这样的话题,这两方面的差异得到了参与者在经验上的认同。但是也有参与者提出不同意见的,认为上海男人做家务是种偏见,主要是不同代际的问题,也就是第一个发现更起作用。

沈:我觉得很奇怪,我自己在做这个研究的时候,都做了快二十多家的访谈了,那不是都说上海男人是干家务活的嘛,可是我做到现在,没有碰到多少上海年轻男人做家务的个案呢。

朱安:我也是,我奇怪极了。我怀疑那种做家务的上海男人,可能是宁波人,或者是苏州人。我倒是觉得不是上海本地人,其实我倒是发现上海本地人那种观念非常传统,非常封建甚至可以说,对儿子呀特别地宠,就和北方人完全一样的,就本地人,我指的是本地人。

沈:也有男性做家务的,但是兴趣性的,觉得做饭挺好玩的,他就做做,但是如果今天他没空他就不做了,这个活就是老婆的,我没有碰到一个说这个活就是他的。

朱安:我父母亲啊,我为什么特别喜欢他们一种态度,就是因为他们,他们俩家务什么都是分担的,就是因为他们都做,他们就会彼此蛮理解蛮心疼的,就是觉得,哎呀,我看见我妈妈手裂口了,我爸爸就会把那些碰水的事情全部都做了。

沈:可能我们上一代的确两性共同分担家务,我们这一代又开始回到传统了,父母那个时候,他们工资都一样嘛,然后每天按时上下班,自己带孩子,所以他们家务活也平分呀。

朱安:有可能,有可能,我公公婆婆其实他们俩也是。(个案 16)

虽然我个人并没有做相关家务劳动的统计,但是徐安琪近几十年来对上海家务劳动的分工也得出了类似的结论,男性在家务方面远没有达到和女性相对平等的地步(徐安琪,2003)。

从决策和分工来看,简单地说在上海两性在家庭事务中走向平等还为时过早，尤其是年轻一代在市场经济下，有重回“男主外，女主内”的趋势，但是，两性在寻求平衡是一个非常显著的特征。

由于绝大部分关于家庭权力的西方文献都只考虑夫妻两方，而不考虑父母的加入和影响，因此，这些理论在分析中国家庭事务时，常常力所不能及，因为父母对于小家庭的介入是全方位的，很明显地影响到了家庭格局和权力关系。因此，下一节加入代际和年轻的分析维度，力图描绘一幅更加全面和真实的家庭权力关系，反思父权制在中国的变化。

第三节　第二个“妻子”：父母对小家庭的服务

欢欢一家的日常生活

欢欢是一个四岁的小女孩，是一家人的宝贝。

欢欢奶奶今年 55 岁，五年前就已经退休，退休后在一家私营企业上班。欢欢出生后，欢欢奶奶就辞去工作，一心照顾孩子。欢欢爷爷今年 57 岁，还没有退休，还在工作，但是工作比较轻松，每天很早下班。

因为只有欢欢爸爸这么一个儿子，欢欢爸爸工作又比较忙，因此，儿媳怀孕后，欢欢爷爷奶奶就搬到了儿子的新家里，和儿子媳妇住在一起，自己的家空着。儿子买新房子的时候，老两口把自己的积蓄拿出来付了首付，儿子媳妇的收入付按揭。

儿子媳妇都是大学学历，原来都在外资公司上班。媳妇因为生育，在家赋闲了两年，现在又出去工作，不过目前的工作轻松简单，但是收入不高。媳妇的收入就是她的零花钱，家用一般都是由儿子负担，儿子的收入还不错，但老两口的收入也常常贴补家用。

家里的家务基本上都是欢欢奶奶做的，欢欢爷爷一般负责陪孩子玩玩，偶尔接送孩子。媳妇在家的时候也是什么家务都不干的，孩子大了，小两口更多地负责孩子的教育问题。

虽然彼此有不同的想法，但是一家人的关系还是非常和谐的，很少有红脸的时候。

欢欢家的日常一天

老年人的生物钟比机械表还准时,早上六点半,欢欢奶奶醒过来了,开始窸窸窣窣穿衣起床,虽然声音很轻,但是,欢欢爷爷还是被吵醒了。

“几点了?”欢欢爷爷问。

“六点半。”欢欢奶奶轻声说,生怕吵醒了睡在旁边的欢欢。

刷牙洗脸搞好以后,欢欢奶奶开始准备早饭。上海人喜欢喝粥,如果有剩饭,就饭泡粥,如果没有,就米烧粥。除了做早饭,有时还要帮媳妇准备中饭,所以,早上的时间很紧张。

欢欢爷爷刷牙洗脸好了以后,就按照欢欢奶奶的指示出门买早点,因为单单喝粥不抵饱,欢欢爸爸妈妈和欢欢爷爷都喜欢早上还要加一点“干货”,如烧卖、鸡蛋饼、油条等。

早饭准备好了,欢欢奶奶开始哄欢欢起床,因为她八点半之前必须进幼儿园。欢欢才四岁,但是已经喜欢赖床了,一般要连哄带骗再加威吓才能在半个小时之内让她起床,然后还要给她穿衣、刷牙、洗脸。欢欢起床后可不愿意乖乖地听奶奶的话吃饭,她要先找玩具玩一会儿,有时还要看看电视,欢欢奶奶已经很急了,只好一边追着欢欢跑一边喂她吃饭。

这个时候已经快8点多了,欢欢爸爸妈妈也起床了,开始坐在餐桌前吃早饭,看到欢欢太不像话了,欢欢爸爸或欢欢妈妈会呵斥几句,但是基本不起作用。

八点多一点,欢欢奶奶终于成功地完成了一系列早上的任务,带欢欢下楼,到小区的出口和住在同一小区的妞妞外婆碰头,一起送两个小孩子到幼儿园去。

这个时候,欢欢奶奶自己还没有吃早饭,一方面是因为早上的时间的确很紧张,另一方面是因为已经快20公斤的欢欢在路上常常要奶奶抱,欢欢奶奶觉得如果吃饱了,就抱不动孩子了,还是不吃饱更能抱孩子。

8点半，终于把孩子送进了离家一公里远的幼儿园。欢欢奶奶和妞妞外婆一起去幼儿园附近的小菜场买菜。欢欢奶奶和妞妞外婆总是挑儿子媳妇或者女儿女婿喜欢吃的东西买。

“昨天你买的虾仁怎么样？好吃吗？”妞妞外婆问。

“不知道味道怎么样，我和欢欢爷爷都没有吃。因为欢欢妈妈很喜欢吃，就让他们小两口吃了，除了欢欢吃了一点，剩下的我今天早上也让欢欢妈妈带过去做中饭了。所以，不知道味道怎么样。不过，应该味道不错吧。”

“那我今天也买一点，我估计我女儿女婿也喜欢的。”妞妞外婆听了并不觉得奇怪，在她家里，老两口也常常看到女儿女婿喜欢吃哪个菜，就不吃那个菜了。

买好了菜，回到家已经九点半了。家里已经一个人也没有了。欢欢爸爸妈妈去上班了，欢欢爷爷因为年龄没有到，还不能退休，也还在工作，不过下午可以早点回来，一般四点多就能回家了。

整个家就像被炸弹炸过一样：门口是换下来乱七八糟的拖鞋，地上是欢欢早上拖开来的玩具，桌上是一家人吃过早饭以后的碗筷和菜，两个卧室里的被子都没有叠，凌乱地堆在那里，北阳台还有一堆待洗的衣服。

欢欢奶奶把菜放进厨房后，开始吃早饭。吃完早饭，欢欢奶奶手脚麻利地整理买来的菜，收拾房间，打扫卫生，洗衣服。一个上午像打仗一样，一转眼就过了12点。欢欢奶奶随便吃了一点昨天的剩菜剩饭，就算把中饭打发了。

下午一点钟的时候，欢欢奶奶终于有时间稍微休息一下，可以眯半个小时。这个时候电话响了，是欢欢奶奶的妹妹打电话过来，主要有两件事情，一件事情是欢欢奶奶的妈妈最近身体不好，要给她去全面检查一下，问欢欢奶奶有没有时间陪同；另一件事情是欢欢奶奶的妹妹搬进了新房，要请客吃饭。欢欢奶奶自然答应抽时间去，就让欢欢爷爷去接欢欢好了。这个星期太忙了，都没有去看看自己的老母亲，下个星期一定要多去几趟。搬新房请吃饭在上海叫“进屋酒”，喝“进屋酒”是要给红包的。欢欢奶奶拿出自己的一本小本子，上面记载了各种人情来往，她看了四年前，他们搬进新房子的时候妹妹给了多少钱，然后根据物价上涨的情况、目前的行情以及自己的经济实力加了几百块钱，决定了红包的厚度。这笔“进屋酒”钱自然是要从老两口的收入里出了。

2 点多，欢欢奶奶开始准备晚饭，把能做好的菜都做好了，把需要热吃的菜准备好，等晚饭时候炒一炒就行了。

3 点 50 分，欢欢奶奶又来到小区门口和妞妞外婆碰头，一起去接孩子。

从幼儿园到家里，没有大人催促，欢欢和妞妞两个小朋友一路走一路玩，要走半个多小时。回到家，已经 5 点一刻了，欢欢爷爷已经回来了，正在看电视。

欢欢奶奶把欢欢交给欢欢爷爷，让欢欢爷爷陪欢欢玩，自己进了厨房，把剩下的菜做好。

这个时候，欢欢妈妈已经回家了，正坐在卧室的电脑前上网，欢欢有时候会跑到妈妈那里炫耀一下自己画的画什么的，欢欢妈妈会表扬几句，然后让欢欢继续和爷爷玩。

饭菜做好以后，欢欢奶奶开始喂欢欢吃饭，欢欢总是不肯好好吃饭，从小到大为了让她吃掉一日三餐，不知道花了多少心思。欢欢一边看电视，一边和欢欢爷爷玩，一边吃饭。欢欢妈妈正好从房间里走出来，看到女儿又不好好吃饭，上来就一顿训话，欢欢马上就委屈得大哭起来。欢欢奶奶心里心疼得很，觉得媳妇太严厉了，孩子不都是这样的吗？但是，她清楚地知道绝不能把这种感受在这种时候说出来，反而帮着媳妇一起训欢欢，以显示自己和媳妇是站在同一条战线上的。欢欢爷爷扮演白脸的角色，接过饭碗连哄带骗，把饭菜喂给孙女吃。

7 点多，欢欢爸爸也到家了，于是一家人开始吃饭。欢欢坐在客厅看电视。欢欢爸爸一边吃饭，一边说起想要买一辆车。欢欢爷爷说：“我觉得桑塔纳挺好的，省油……”欢欢爸爸打断欢欢爷爷，说：“如果为了省油，那就不要买车了！现在的年轻人谁会去买桑塔纳啊？这么老土。”欢欢爷爷不说话了，反正这种事情自己也没有发言权，还是不要说了为好。

欢欢奶奶坚定认为这种事情和自己“不搭界”，所以绝不参加意见。她很清醒地认识到家里的事情全部自己来做，但意见是不能参与，还是让小两口自己决定，这样才能保持和谐。记得儿子刚结婚的时候，老板要派他到外地工作，给他更好的发展机会，于是和父母商量，欢欢奶奶很清楚地回答儿子：“我现在也不能说话，到底你是去好还是不去好，去问你自己老婆，关键还是问你老婆。你老婆同意，我没有意见。”结果儿子结婚半个月以后，就到外地去工作了。也因为媳妇怀孕后，就变成一个人在家，欢欢奶奶辞掉工作和媳妇住到了一起。

吃好饭，欢欢奶奶和欢欢爷爷一起收拾饭桌，进厨房洗刷，而欢欢爸爸妈妈开始负起教育之职，询问欢欢在幼儿园的情况，陪欢欢看电视、画画、学写字。欢欢奶奶看到母女两个玩得很开心，很亲，心里常常会感叹，孩子总是和母亲亲的，奶奶再好也抵不过爸爸妈妈。

8点半，欢欢奶奶开始给欢欢洗澡，有时候，欢欢爸爸早回家也会给欢欢洗澡，而欢欢妈妈很少做家事，欢欢奶奶也并不介意，反正，现在的年轻人都不干什么活的，只要干得动，那就都自己干好了。

9点钟，欢欢爷爷到小房间，拖开沙发床，铺好床铺，让欢欢上床睡觉。欢欢奶奶陪在一边讲故事，哄孙女睡觉。欢欢终于睡着了，欢欢奶奶也觉得累趴下了，于是在地上又铺了张床，在地上睡觉，因为沙发床的另一半要让给欢欢爷爷睡的。

房子虽然是2002年才买，但是，两室两厅终究是小了一点，而现在的房价涨得离谱，根本买不起大房子了。欢欢奶奶想，还是将就一下吧，等欢欢大了，他们就可以回到自己的老房子去住了。老房子也在虹口区，不过略有一点距离，虽然房龄长一点，但是房子还是很舒服的。欢欢奶奶觉得那才是自己的家，儿子的家是自己的暂居地，是为了帮助儿子一家而不得已住在这里，如果自己不帮助小两口，小两口都要工作，这日子真不知道他们会怎么过？欢欢没有人照顾也是不行的。等欢欢长大了，他们就能重新回到自己的家，可以每天下午搓搓麻将，日子过得轻松一点，虽然，不知道什么时候欢欢才算长大，但是总是要有

这么一天的,只需要耐心等待。(个案37)

欢欢的爷爷奶奶堪称最完美的"妻子",欢欢奶奶认为自己"就是钟点工,老保姆",而且还是一个带薪的保姆。欢欢奶奶做掉了所有的家务,并且对于家庭分工有清楚的认识:"她(媳妇)就是看看电视、电脑呀,睡睡懒觉,外头出去逛逛,蛮舒服的。当然,孩子读书是他们管,吃饭啦,生活上的我们来。"

不仅做掉所有家务,还下放几乎所有权利,虽然房子的首付、装修款都是欢欢爷爷奶奶出的,但是房子买在哪里、什么样的装修风格完全不管。更加难能可贵的是,欢欢奶奶能够做到不向儿子告状。在某次聊天的时候,欢欢奶奶说起欢欢妈妈花了1000多元烫了头发,然后嫌不好看,又要去拉直。欢欢奶奶说:真是会折腾钱啊。我反正是不说的,我一个字都不说,贵了便宜了浪费了,你一说,就要矛盾的。而且我在我儿子面前都不说的,在儿子面前说了么,儿子总是要讲讲她的,这么就有矛盾了,所以,不说,什么都不说,只要儿子和媳妇他们两个好就行了。

除了放弃权力,欢欢爷爷奶奶还主动向媳妇的需求靠拢,而这一点和传统的媳妇是完全一致的。古诗云:未谙姑食性,先遣小姑尝。说的是新媳妇不知道公公婆婆和丈夫的口味,让小姑子先来尝一尝,体现了一个传统好媳妇的特点:以婆家人的需求为重。这其中具有权力的概念(许圣伦、夏铸久、翁注重,2009)。而欢欢奶奶在买菜的时候充分考虑媳妇的口味,并且如果媳妇儿子爱吃,自己就不吃了。这再一次体现了传统好妻子的风格。叶玲玲妈妈也有类似的总结:以前把饭钱交给公公婆婆,公公婆婆做什么吃什么;现在是女儿女婿给饭钱,但是他们会提出来吃什么,根据他们的口味来做饭菜。(个案19)

选择欢欢一家,并不是因为这一家有什么特殊的地方,恰恰是它的普通吸引了我。虽然每家的情况不尽相同,但是,不同的家庭有很多的相同之处,比如媳妇和公婆关系好的家庭往往公婆做了大部分的家务,而且没有怨言。"多做事,少说话"是很多和已婚子女住在一起的老人的信条。他们也相信"人心往下长",所以,疼爱小一辈是自然的,孝顺老人就难得多,他们希望自己老了以后子女能够照顾他们,但是从经济上而言,他们觉得自己还是能够自立的,而且如果可以不麻烦子女那还是不要麻烦的好。

我们从欢欢一家的情况来检验父权制,会有很有意思的发现。

首先,从夫居在城市是真的不普遍了,Martin Whyte 观察到 20 世纪 80 年代开始,从夫居就受到了挑战(Whyte, 1989),而在欢欢一家的个案中,即使是子代和父代居住在一起,也是“从子居”而不是从夫居,即使房子是欢欢爷爷奶奶出钱买的,大家对这个家的认定依然是欢欢爸爸妈妈为主的家。

其次,年长的男性显然已经无法支配家庭中的每一个人。欢欢的爷爷在家庭的重大决策方面并没有太大的发言权,比如买车这样的重大决策,欢欢爷爷的意见并没有被听取,他也是很自觉地放弃发言权。父母权力的衰弱已经有很多的文献证明(金一虹, 2000; Yan Yunxiang, 2006)。

最后,因为独生子女,父系继承根本无法实现。冯婉珊和 Francine Deutsh 的研究都表明独生子女政策大大削弱了“父系”体制的合理性(Fong, 2002; Deutsh, 2006)。欢欢作为这个家庭唯一的后代,虽然是女性,但是一点也不影响她的继承权。甚至,在我访谈中,凡是独生子女的父母总是反复说:以后都是他/她的,并没有性别之分。

从 Kandiyoti 的父权制定义来检验,中国的父权制在家庭内部衰弱了吗?的确衰弱了!

但是如果追问,女性在家庭中已经和男性平权了吗?又显然没有。下面,从居住情况、家务分工、家庭决策和家庭经济四个方面来看看日常生活中,不同性别不同年龄的群体权力关系。

首先,在居住模式中,欢欢一家既不是从父居,也不是新居制;而是一种目前在中国城市挺流行的父母离开自己的家,住到已婚子女的家中。因为这个家是年轻夫妇的,因此,在这个家庭中的主人是年轻夫妇,这就使得家庭的权力关系与父权制有了完全不同的基础。欢欢家的主卧,也就是朝南的大房间是欢欢的爸爸妈妈居住的;次卧,即朝北的小房间,是欢欢的爷爷奶奶住的。从居住格局上来看,显然体现了这个家年轻夫妇为主的特点,欢欢爷爷奶奶也多次说到以后老了还是要回到自己的家中。但是,我们具体到两性之间,我们又可以看到一个高下,在只有一张床的情况下,欢欢和欢欢的爷爷睡到了床上,而欢欢奶奶睡在了地上,用欢欢奶奶的话说:"总归让老头子睡床上的,让他睡地上,像话吗?"由于欢欢是个女孩子,因此,这样的安排无疑说明欢欢爷爷在家庭中的地位要高于欢欢奶奶,至少在欢欢奶奶看来,欢欢爷爷比她应该更有地位,这一点在后面的家务分工中也能看到。因此,从居住来看,代际之间的关系出现了倒置,年轻夫妇的权力地位在父母之上;夫妻之间的关系依然遵从男高女低,并没有质的变化。

其次,从家务分工来看,在欢欢家,家务活基本上都是由欢欢奶奶做的,欢欢爷爷"从结婚后就再没有做过。不做的!"即使到今天,欢欢奶奶还是承担基本上所有的家务,欢欢爷爷负责偶尔接送孩子,以及和孩子一起玩。这种关系与原来的父权制中的夫妻关系相差不大。欢欢奶奶和欢欢爷爷在欢欢没有出生之前,都喜欢搓搓小麻将,有了欢欢以后,忙碌了,欢欢奶奶就不再搓麻将了,而欢欢爷爷在周末还会去搓一场"小麻将"。而欢欢的爸爸妈妈基本上不做家务,包括欢欢妈妈自己的衣服都是由欢欢奶奶洗的。所以,很多研究认为今天的女性在家庭中地位已经很高了正是看到了欢欢妈妈这样的群体。

但是,欢欢妈妈在访谈中,却不断向我强调她对欢欢爸爸有多好。比如每天早上先送老公上班再自己上班,帮老公做面膜,给老公买衣服等等,她直言不讳地说:"现在做黄脸婆是一件很可怕的事,所以,女人要对自己好一点,让老公看自己顺眼一点。只有你自己很美好,老公喜欢你,才是女人要做的。"在这样的话语中,我们不难体会出男性对于女性的重要性。欢欢奶奶在访谈中也多次强调,虽然媳妇什么都不做,虽然她也有对媳妇的不满,但是她不说的,说了也没有用。因为媳妇是儿子欢喜的,儿子宠媳妇宠得不行,所以,只有忍让了。从这些细节中,我们又能体会出女性背后的那个男性对女性在家庭中的地位是至关重要的。

再次，在家庭决策中，小事的决策大家都不是很在乎，基本上谁做谁决定。甚至，男性还会强调女性决策优先，欢欢爸爸常常说，"就让女人去做主好了，男人总是要让着女人的。"但是在一些重大的决策中，比如买房子和买车子这些非常规决策中，欢欢爸爸有主要决定权。欢欢家的房子虽然首付和装修费都是由欢欢爷爷奶奶出的，但是买什么样的房子，买在哪里，什么样的装修风格主要是由欢欢爸爸妈妈决定的，尤其是欢欢爸爸。我们从上文中有关买车的讨论也可以清楚地看到两代人之间的权力从父亲转移到了儿子手上，但是夫妻之间的权力关系并没有质的变化。左际平 1998 年的研究也证明了常规决策更多由女性做出，而非常规决策更多由男性做出（ZUO，2002）。年轻一代的两性正在向着平权前进，但是似乎离真正的平权还有一段距离。

最后，从家庭经济来看，欢欢家的模式是大家中有小家，小家中分男女。在欢欢爸爸妈妈刚结婚的时候，欢欢爷爷奶奶相对有钱，房子的首付、装修、婚礼的费用等都是由欢欢爷爷奶奶支出的；到了欢欢两三岁的时候，欢欢爸爸的收入直线上升，而欢欢妈妈因为生孩子，做了三年的全职太太。无论父母和子女谁更有钱，这两个家庭经济都是相对独立的，并没有像父权制的家庭，经济放入同一个水池。即使住在一起，也有谁家出多少钱来共同开销的概念，同时各自保留自己的一部分收入。掌管小家庭的经济主要是由男性来承担，欢欢爷爷和奶奶两个人不分彼此，把收入放在一起，一起商量着用。而欢欢爸爸则主控小家庭收入，每个月给妻子一定的零花钱或者承担妻子信用卡的还贷责任，这种方式又和过去的男主女从的模式相类似。

从上面四个方面来看，很难简单地说，女性的地位是提高了还是下降了。

从欢欢妈妈（年轻一代）的生活来看，比起父权制时代来说，肯定是上升了，没有繁重的家务压力，有自己的娱乐空间，有支配经济的权力，有和老公讨价还价的能力，种种的迹象都说明了女性地位的上升。但是，从欢欢奶奶的生活来看，不仅没有地位上升，而且还下降了。以前的婆婆虽然也要干家务活，但是，至少有发言权，而今天的婆婆是"多做事,少说话”,做一样的家务事,却失去了发言权。以前的婆婆以丈夫和儿子的喜好为自己的喜好,而今天的婆婆买菜的时候要考虑媳妇的口味。

如果我们把这两个人的生活联系在一起来看的话,可以更加明显地看到,欢欢妈妈获得地位上升实际上是以欢欢奶奶的权力丧失为基础的。正是因为欢欢奶奶承担了大部分的责任,并且出让了很多常规决策权,如:如何教育孩子、吃什么样的食物、睡小房间等,才使得欢欢妈妈既能够摆脱枯燥繁重的家务,又能获得话语权。在其他个案中,如果老人不帮助小两口,那么对女性来说家庭事务的压力还是相当大,远没有欢欢妈妈那么潇洒。

虽然普遍认为上海男人会做家务,但是在我的访谈和观察中,我发现在中产阶级的家庭中,年轻男性的生活和以前父权制时代差别不大,他们做家务更多时候是一种炫耀和表态,而不是常规;以前他们听妈妈的话,现在他们听老婆的话;以前他们忙于主外,现在他们依然忙于挣钱。相比较欢欢爷爷在家庭中的地位直线下降,欢欢爸爸的地位如果没有上升,那至少也不会下降。

通过四个成人之间的两两关系分析,我们可以得出这样的结论:在当代中国城市家庭中,父亲的权力衰弱了,男性的权力并没有质的改变;媳妇的权力上升了,整体女性的权力没有质的改变;年轻女性获得权力来自于年老女性的权力让渡而并非男性。所以说,我们看到的性别平等是因为我们看到是年轻女性的权力上升,“性别平等”的实质是代际不平等的倒置,一旦进入“老年”意味着权力的减弱,无论在家庭还是在社会(除个别等级以外)。

当然,如果加入阶级的因素,情况就更加复杂,当我询问在家庭中处于弱势的贾妮关于决策问题时,贾妮给我的回答是:家里没什么可以决策的。实际上贾妮住在公婆家,公婆承担了几乎所有的家用开销和家务,但是因为公婆在经济和社会地位上都优势明显,因而,贾妮在家庭中是没有什么发言权的。她的空间就是她的房间,对她来说,的确没什么是需要决策的,因为她没有权力去决策(个案 21)。我们在局长爷爷奶奶家也看到了类似的情况，局长奶奶把儿子挣的钱都放在她这里“保管”，媳妇仅能负责炒股账户上的钱，局长爷爷还会每天询问账户情况(个案 34)。在这种上辈占有绝对经济优势地位的家庭中，老年人的权力并没有下降。

但是除了决策，在家务劳动分工方面，贾妮和局长媳妇都不做任何家务(除了清洗自己的部分衣服)，也不会把自己的收入放入到“大家庭”中去，这一点又和传统的父权制不同。

即使是老年人经济地位高，家务依然是老人的活。比如局长爷爷家，小两口无论是经济还是家务劳动方面几乎全部由父母做掉了。即使年轻的媳妇是个全职太太，也基本不做家务。所以，局长奶奶说：她(局长亲家母)带小孩，我来做家务。我总是和儿子媳妇说，现在有人挣钱，有人带小孩，有人买菜烧饭，你们不要太幸福哦。……爷爷赚大钱，爸爸嘛赚小钱。我媳妇呢，现在炒炒股票。(个案 34)

贾妮家也是同样的情况。

贾妮：我嫁到这里公公婆婆都蛮好的，平时买菜、洗衣服、烧饭都是他们来的，然后也不要我们补贴，那时候我们说过想额外补贴一下他们，给过他们但是他们就是不要，所以吃用开销基本上全部都是他们来的，这点是蛮好的。

沈：那现在也是公公婆婆做的？

贾妮：对，买菜都是公公。因为公公他是当军人的，每天早上都习惯蛮早起来的，他们喜欢买新鲜的蔬菜，所以菜全是公公买的。然后烧饭么我婆婆也会一起烧一下，平时拖地啊扫灰啊平常都是我公公来的，他喜欢亲自做。(个案 21)

总之，无论父母是什么情况，只要和父母住，基本上家务都由父母包掉了。因而，“父亲”的权力虽然可以通过经济上的绝对优势来维持一部分，但总体上处于下降趋势；而两性之间的关系则更为复杂。

通过上述的分析，我们已经发现了在今天仅仅想要以父亲的身份获得在家庭中的支配权已经是一件不可能的事了，一个父亲有权力一定要有其他因素的支持，比如有钱或有权。也就是说，根据年龄或辈分来确定身份等级已经不复存在了,父亲这样的身份已经不能成为支配权的基础。从这个意义上,原来的父权制已经瓦解了。但是性别之间的关系却并没有发生质的变化。性别内部的关系与个体处于具体的语境紧密相关。

为了结合全球语境和中国的地方化来更好地描述父权制的特征,我觉得有必要把观察的范围再扩大,扩大到各个年龄段的不同性别的群体在整个社会中的等级。

由于种种原因,老年人丧失权力已经是一个不争的事实。有学者研究 20 世纪 70—90 年代的中国,讨论共产主义和儒教思想对老年人生活的影响,发现两者之间有紧张关系,共产主义政府把年轻人放在前面而儒教思想把老年人放在前面(Davis-Friedmann, 1991)。无论是何种原因,老年人到了退休年纪,失去了公领域的身份,地位下降成为了自然而然的结局。所以,我把达到退休年龄的老人归入一类:老年人,不分性别,他们的权力和地位都是随着年龄的增长而递减的。从成人到退休前人群,两性的社会地位出现截然不同的趋势:在男性内部 18—60 岁的权力等级:年龄越大,等级越高;女性内部 18—60 岁的权力等级:年龄越大,等级越低。

如果我们把女性分为姑娘、媳妇、婆婆三个家庭角色阶段,我们发现对同一个个体来说,针对于她同年龄的异性群体而言,她的权力是逐步降低的。在姑娘时代,权力最大,这一点阎云翔有精彩的论述(Yan, 2006)。本人在婚礼的研究中也发现,女性在婚礼中的发言权是相当大的,普遍比未婚夫大。而结了婚,年轻媳妇和年轻男性相对平权,婚姻越久,年龄越大,女性的地位有下降的趋势,到了婆婆时代,权力降到低谷。而男性恰恰相反,年龄越大,就越有发言权,无论是在家庭还是在公领域,但一旦退休,情况就会发生变化。

对于后父权制时代的研究还刚刚开始,很多的研究推论还有待于资料进一步的证实,但重要的是,在后父权制时代,女性的身份认同是在性别和年龄的双重维度中建构的,而不再仅仅是男女的比较。家庭的性别和年龄的权力图景不仅展示了家庭内部的权力关系变迁,实际上也反映了整个社会的性别与年龄的关系变迁。

第四节　后父权制家庭中的弱势方:老年父母

传统的家族等级制度主要由三个原则构成:性别、辈分和年龄。这三个原则的分量并不等同,其中性别最为重要。正是性别这个原则确立了父系制。……家族等级制的三大原则对妇女在家庭中的角色和地位做了明确的规定。性别原则决定了妇女的从属地位;辈分和年龄的原则使得妇女能够在不同的程度上受到晚辈的尊敬和抚养(笑东,2002)。长期以来,媳妇一直处在父权制体系的最底层,是最弱势的一方。

随着父权制的改变,女性,尤其是年轻女性开始改变自己的地位,笑东的研究发现在 20 世纪 90 年代无锡某村庄中就出现了新的模式——媳妇控制婆婆赖以养老的资源——也使得媳妇的解放受到了限制。两代妇女之间冲突的实质是竞争和控制养老资源,而且这种竞争和控制方式是由男性占统治地位的家族体制所默认和被普遍化的(笑东,2002)。在这种模式中,婆婆开始处于媳妇的下风,最后一代婆婆不仅要为子女准备彩礼和嫁妆,而且还要照看第三代。

在城市,代际关系的模式转变和农村有相同之处,也有不同之处。相同之处在于父母同样要为子女准备彩礼和嫁妆,尤其是有儿子的家庭一般需要为儿子结婚准备房子;也需要照看第三代。不同之处在于由于对育儿的重视,年轻父母常常把教育孩子的权力掌握在自己的手中,而让父母主要承担家务劳动;老人的地位也在下降,而男性老人地位下降得尤其明显。

子宫家庭的争斗

父母入住大部分的原因是为了照顾第三代,但是实际上,对于第三代的教育权却被牢牢地控制在年轻夫妇手中,有关孩子的活动被分成两个部分:吃喝拉撒和教育。前者一般是老一辈做的,后者是年轻夫妇做的。有关这一方面，瑞兰家的分工很典型：瑞兰家基本上妈妈带孩子、烧饭，钟点工做家务；瑞兰基本不做家务，负责教育孩子，包括洗澡什么的，瑞兰都是亲自做的，睡觉也是让孩子跟着自己睡；瑞兰丈夫基本不做家务，但是会给孩子洗洗澡，周末带孩子出去玩。

沈：你那时候没有设想过一个人带孩子啊？

瑞兰：想过的，那个时候人家跟我说这个你自己来带，但是，别人给我的建议是，你比如生活所需，比较忙的时候叫老人来带一带，但是教育还是要自己来教育，所以像我这个情况，我也可以把他送回我妈那里去，那这样对读书什么的都没有影响，但是说实话，不是不放心啦，是舍不得，还是想能够自己亲力亲为的事嘛就自己亲力亲为。

对于教育孩子，瑞兰觉得完全可以做到自己做主，而生活则母亲可以做主：

瑞兰："这个，我跟她说好，反正教育的话，还是我说了算，生活她能做主，包括有的时候我会跟她说，这个你不要去教她，因为他有的时候，比如说他做一个不是很好的举动，就像骂人什么的，他们就开始笑，在边上鼓励他什么的，我就跟他们说不要笑，要骂他，或者说不可以让他怎样怎样，我妈基本上是听我的。你想呀，不一致肯定有的，但基本上还是以我为主的。"

沈：但是，我有个朋友跟我讲的，交出抚养权就是交出教育权嘛。我们都比较忙，有的我纠正都纠正不过来，比如吃饭，我妈就是喂，我也没有办法啊，这就不能培养孩子的独立性了……

瑞兰：哦，那这个，就是因为我和我妈基本上是沟通好的，所以基本上问题不大，而我有空的时候就尽量陪她嘛。

瑞兰认为自己是"有限让渡教育权和抚养权。"比如买衣服，"我会跟我妈说衣服这种事情你不用去管，我会都买好的，那我觉得像我妈还是很尊重我的，因为其实每一次她带孩子去给他买衣服，我都是不喜欢的，她现在就知道了，她索性不买，就是买衣服什么的这种东西，都是我来决定，她其实能够选择的范围也就是在我买衣服的范围里。"(个案11)

对于教育孩子这一点，大部分的老人也很清楚，是父母的事，不是爷爷奶奶的事。如上章提到的欢欢奶奶一家，同样是年轻夫妇负责孩子的教育，爷爷奶奶负责孩子的生活事宜。

一直照顾孙女的莉莉外婆，即使儿子在外地长期出差，她也不认为自己可以教育孩子：

沈：那教育孩子你管吗？学画画什么的？

莉莉奶奶：我不管的。她妈妈管，我只管烧给她吃，我没什么文化的，不行的。她妈妈晚上来管。（个案 36）

如果我们观察孩子幼儿园的接送，超过一半是由爷爷奶奶外公外婆来承担的，但是周末的兴趣班大部分是年轻父母来接送的。如果祖父母对于这一点认识不清，那么就会有矛盾，如果做得好就会被肯定。

刘凤：像我女儿在我妈那里她会不肯吃饭，在自己家里她肯定不会的。在我妈那里因为她有个外婆帮她撑腰，所以她有的时候就会肆无忌惮。比如说她有一次不肯吃饭，我说我来喂，她还是不肯吃，我就说妈你走开，你走开她就会吃了，否则她就像要拖住我妈一样的。后来我就把我妈赶出去了，我把她拉到小房间去教育，我说你再不吃我就揍你，我以后说到 3 你就一定要做到，不然……但是如果在家里的话，她绝对不敢的，给她吃她就吃，但是在我妈那儿，她就叫外婆，哭得来……所以你不能心软，不然她每次这个情况都叫外婆外婆。其实我妈这点还是蛮好的，她叫我妈我妈不睬的，我妈就走了，她说不要找我，你妈在这。我觉得我妈这点很好，有些外婆、奶奶就说你不要打孩子啊、不要怎么样啊，她要包庇的，对小孩子说你到奶奶这里来或者说到外婆这里来，这就不好了。（个案 41）

当然，我在其他个案中也遇到媳妇批评公婆只知道给孩子吃，什么都不教她/他的抱怨。对老人来说，确定责任的边界是很困难的，这一边界和信任、感情都紧密相关。

很长一段时间，我对于为什么教育第三代成为今天最普遍的矛盾百思不得其解，很多原来关于家庭冲突的理论都很难解释清楚。而且，实际上教育孩子是融在生活细节中的，所有有关吃饭、把尿、穿衣、睡觉都带有教育的意义在其中，但是，似乎每个家庭都能够清楚地告诉我他们家对于孩子的教育是指什么，然后谁来负责，虽然，不同家庭的界定是不同的。我对于参与者的这种肯定觉得非常疑惑。刘凤访谈中，表扬她母亲的一句话让我豁然开朗：不要找我，你妈在这！这句话让我马上想到了沃尔夫的子宫家庭概念。

沃尔夫认为，在女性还是一个孩子的时候，她的家庭就是她的母亲，有时候扩展到她的祖母。她和自己出生的家庭的父系体系的关系是暂时的，一旦她出嫁，她和父亲的家族关系就中断了，所以对她来说，意义最重大的是子宫家庭：她的母亲和她母亲的孩子们。（所以，母亲健在，女儿回娘家的次数就多，同样也能解释为什么舅舅很重要）当她结婚后，对她嫁入的家庭来说，她是一个外来者，而对中国人来说，外来者总是被怀疑的对象。她的丈夫和她的公公并不把她看作是家庭成员，而是传宗接代的必要条件。所以，女性必须要生孩子来建立她自己的子宫家庭，并据此来紧密联系自己和夫家的关系。而孙子或孙女的出生常常使得婆媳关系更为复杂，因为婆婆把新生儿看作是自己的子宫家庭的新成员，而媳妇把新生儿看作是她自己的小的安全循环的新成员（Wolf，1972：34—36）。子宫家庭可以解释为什么中国妇女依赖儿子甚于丈夫，而婆媳为什么总是有矛盾。

由于个体家庭的出现，原来存在于婆婆和媳妇之间对于第三代的竞争已经扩大到母女之间和两亲家之间，而这又能够解释我们前文讲到的崔浠的故事中，崔浠把儿子的姓从自己的姓改成丈夫的姓时，最愤怒的不是崔浠的爸爸而是崔浠的妈妈，因为对崔浠的妈妈来说，这个孩子是她的子宫家庭成员而不是崔浠婆婆的。同样，在母女之间也开始存在类似的竞争，只是程度要比婆媳之间轻很多。

沃尔夫的子宫家庭理论是一个非常重大的发现，但是，这一概念不曾得到重大意义的发展（朱爱岚，2004）。如果我们用子宫家庭的概念来解释代际对于第三代的普遍分歧就变得非常容易理解，因为祖辈和父母辈都在争取孙辈的亲密关系。由于年轻夫妇非常的忙碌，这就给予了祖辈构建与孙辈亲密关系的机会。朱爱岚（Ellen Judd）对 20 世纪

80年代后期中国北方村落中的代际关系研究中也发现了这一点：

> 年轻的母亲已较从前获得了作为户外创收者的更重要的角色。在这个方面，她们甚至获得了比基本子宫家庭[①]模型所囊括的更重要得多的角色。在这个过程中，他们失去了同其小孩的某些接触，但人们对母子联系是深信不疑的。这里有趣因素是从子宫家庭策略转向奶奶——孙儿女关系所提供的条件。儿媳在家外工作，使婆婆同其孙儿女，并通过他们同其父母建立了密切的联系。(2004:150)

之所以如此强调教育的重要性，就是因为年轻母亲不希望削弱自己的子宫家庭的纽带，而祖辈之所以乐意来带第三代，也是为了加强子宫家庭的纽带。并且对祖辈来说，这是有好处的，对于未来年老的时候，不仅能够获得孙辈的看望和亲密关系，并且也加强了和自己子女的关系。[②]

运用子宫家庭的概念，还能够解释原来我一直觉得奇怪的地方：比如局长奶奶说起她媳妇辞职的事情：现在不上班了。太辛苦了，太累，你讲讲，6点钟下班，总要搞到7点钟。加班费也没有，工资也不涨。我讲：不要做不要做，帮我带带小孩。就这么一个小孩。(个案34)明明是媳妇的孩子，局长奶奶却说，帮我带孩子。从子宫家庭的概念来看，就一点也不奇怪了，的确是她的孩子，是她的子宫家庭的成员。薇安的爸爸妈妈也有类似的说法。

薇安妈妈：带孩子辛苦一点倒是没什么，只要孩子不生病。所以，他们现在说，这个孩子是我们生的，不是他们生的。

薇安爸爸：我们的第二个女儿。(个案5)

---

① 中译本把uterine family翻译成母亲中心家庭，这里，我还是译成子宫家庭。

② 西方也有类似的研究结论：妇女一生的照顾工作会产生经济和心理上的消极后果，但是也会使妇女在老年时获得一些有利因素，如关注与“牺牲者”会被回避，获得连同的感情，尤其是他们照顾长大的孙子孙女提供的更大的支持体系(Calasanti,2001:178)。

子宫家庭也能够解释为什么在城市中产阶级家庭中,老人希望能够把孩子带到老家去带,但是年轻的夫妇一般不同意。

李怡晖的公婆实际上希望把孩子带到老家去带,但是李怡晖不同意。

李怡晖:因为现在小孩很容易生病,然后……上次断奶之后,我去北京出差,小孩就放在常州。小孩第一次发烧,那边的医院就是小孩一生病就是打吊针。等我开完会,直接从飞机场到常州,她打针的时候要动来动去,脸都变形了,真是惨痛的经历,只是放在家里 20 天,就这个样子。本来在上海小孩发个烧,物理降温也可以。他们都不懂,那边的医院就会打吊针,也不管你是什么原因引起的,我说这个小孩这么小连打三天吊针太过分了,然后那个医院里说有小孩打了十几天了。……不管怎么样,上海这方面总要好一点。他们(指公婆)喜欢在乡下,但是自从那件事之后,我坚决不肯。

李怡晖的父母也想要把孩子留在他们的老家一段时间,但是李怡晖也不同意。

李怡晖:我爸妈年纪比较大,我爸 70 多了,他们带的话年纪大了,万一有些什么问题的话,交通不方便,飞机也不能直达。小孩不舒服的话肯定要吃药的,然后就乱吃抗生素。(个案 30)

理由是不同的,甚至是有些矛盾的,但是表达的意思是非常明确的,无论是父母还是公婆都只能到上海在李怡晖身边来带孩子,而不能带回老家去带,因为如果带回老家去带,就意味着子宫家庭的纽带在母女之间的紧密程度有可能要被祖孙之间的紧密程度所超越。

从子宫家庭的角度我理解了为什么那么能够隐忍的朱安的公公对孙子说:你妈妈本来是不要你的……时候,终于发了脾气,因为这是一个最基本的利益所在,不容挑战。

有意思的是,我发现这种子宫家庭的概念不仅存在于女性中,在男性中也有崛起的苗头,虽然在正式访谈中,没有男性提到这个问题,但是在非正式的访谈中,常有年轻男性向我询问如果孩子太依赖爷爷奶奶怎么办?和自己不亲怎么办?

在日常生活中，由于独生子女政策，子宫家庭的争夺战的目标变得非常集中，两代人都有讨好第三代的取向。从两代人都在构建自己的子宫家庭角度来看，这种讨好孩子的竞争就变得非常能够理解了。而讨好孩子几乎是我在访谈中，在每一个家庭中都能够看到的现象，把中国的孩子称作小皇帝、小公主也正体现了这样一个现实。

第三代是如此重要，而教育的权力基本上被年轻父母，尤其是年轻的母亲掌握，奶奶或外婆被排除在“教育”之外，这既有科学育儿的推动（沈奕斐，2008 年），也体现了两代人之间的权力关系：年轻一代已经占据了未来的上风。

麻烦而无用的男老人

由于年轻夫妇需要的是“第二个妻子”而非“第二个丈夫”，因此无论是男老人还是女老人，入住到年轻夫妇的家庭所扮演的角色都只有一种，而对男性来说，退休以后学习做一个“妻子”是一堂必修课，也是一个非常痛苦的过程。因为大部分的男性不会做家务，不得不从头学起。

阎刚和谭敏夫妇原来一直和女方父母住在一起，中间有一段时间公公婆婆住到上海的时候，基本上家务是婆婆做的，阎刚父亲基本没事可干。

谭敏：他爸爸原本在家里从来不做家务的。男的都是不做的。

阎刚：然后到这里就找事情做，就是扫地呀。

谭敏：有一次还跪在那里，用洗衣粉擦那个卫生间的……因为卫生间的地板不容易擦嘛，好像擦来擦去擦不干净，他就拿洗衣粉啊什么的在那边擦。我当时就觉得好像有点太过分了，搞成这样有必要吗？

阎刚：每天擦一遍。住在这里半年我们家的地是每天擦一遍的。（个案 20）

很多男老人在妻子到子女家帮忙以后，自己又不能照顾自己，只能跟到上海，处境就很艰难。

谈到家务活，艾尔很干脆：我妈，全部！做饭、洗衣服、打扫卫生、照

顾孩子……(笑)

沈:那你爸主要做什么呢?

艾尔:我爸就是在我妈需要的时候帮个忙,我爸不会做家务。

沈:那你们有没有考虑过把你爸留在家里照顾你奶奶,然后把你妈叫到上海来,因为只要你妈一个人就可以了么。

艾尔:没有啦,我爸留在那边他自己也照顾不了,还要我奶奶去照顾他,他又不会洗衣服,又不会做饭,更麻烦,是不是啊(笑)。我爸属于这方面大男子主义比较重一点,以前就是他在外面也做,我妈也在外面做,然后他回来了以后,我爸是啥事不干,要么就睡觉,要么就去看电视。我妈把饭啊什么全部给他做好,衣服全部给他弄好。所以,我妈到这边来,只好把我爸给带过来了,在那边自己都不会弄,反倒还要麻烦我奶奶呢。如果是衣服放在那里,那我奶奶看不过就肯定要洗的。

沈:有什么事情在你家里,肯定是你爸爸做的?

艾尔:我爸做"主",当然在他自己家里。现在我家好像是也没碰到什么事情啊,应该是我们两个(年轻夫妇)做主的为主吧。

沈:呵呵,我的意思是有什么事情一定是你爸爸去做的?比如说,照顾孩子啊,比如他接送……

艾尔:以后可能会的,现在还没有。我爸对小孩子最大的一个功劳就是,只要天气好不下雨就把小孩子往外带,一天到晚在外面。哦,看电视肯定是他做的。

沈:哦,看电视肯定是他做的(笑)。我访谈到现在,一个很有意思的就是,男人老了以后怎么办,因为你会发现他毫无用处,你觉得是这样吗?你觉得你爸爸来这里有什么比较重要的作用吗?

艾尔:他要干活啊什么的,肯定是没有,对不对?你说他可能偶尔帮帮你,比如洗个碗,偶尔有时候我们不在,他可能看不过去了,我妈说一下,他可能会去洗一下,大部分时候就是这个,全是我妈做的。

沈:那你觉得你爸爸来,有什么特别的意义吗?

艾尔:我觉得还比较完整吧,家庭概念就比较完整,没有这种四分五裂的。而且如果我妈,如果我爸不在,她可能还会牵挂啊,我爸怎么

怎么样啊。虽然她老是说你爸这么懒，不会动啊，但是我说，这不是你惯的吗，你什么事情不是都帮他做掉了？（个案 22）

当然，如果老人住进年轻夫妇的家庭中是因为老人已经老到不能很好地照顾自己，需要小辈的照顾，那么即使不是资源，也能被容忍，但前提是老人自己也要把自己放在被照顾的角色中，而不能有当家做主的想法。比如马兰家，马兰婆婆在马兰的描述中是一个稀里糊涂不太会干家务但是也是个很听话、没有主见的老人，所以，即使帮不了什么忙，但是马兰觉得住在一起好歹还能帮忙买个菜，洗个碗（但是需要安排才做），也完全能够容忍。（个案 13）也就是说，老人可以做不能干的“妻子”，但是绝不能做想做主的“丈夫”。

一个老年男性不会干家务，还要摆出家长作风或者脾气不好，那么将会被所有的小辈批评和嫌弃，因为没有一个年轻夫妇的家庭需要一个“家长”。莎莉的公公就是一个很好的个案。

莎莉的公公从来没有长住过上海，只是偶尔来几天。莎莉说：他啊，他一直在工作，然后他去年他说我不工作了，我到你们这来了。然后我婆婆说，谁要你来啊？你这里住得下的啊？（笑）然后他很不高兴，他又去做了一年。反正合同一年一签的吧。……我婆婆说了不让他过来，因为这个人不会干活的，只会喝酒。而且她说，他来，你们这里要鸡犬不宁了唉。说他来，我要回去了哦。

莎莉的公公看来是个人人不喜欢的人，和妻子、儿子、媳妇都相处困难。

莎莉：我公公？不行，他跟我先生都要吵架的，两个人。他们俩……他就是什么事情都不干的，然后电视机，啪，一开，然后这样子腿一跷，看电视，每顿饭还喝酒。我先生跟我讲，他们上次过年的时候，因为他老是觉得，都在这边，没有人管他，我先生的弟弟也不管他，他就觉得一个人好孤单，然后就把火发在两个儿子身上了。然后还老是去喝酒，喝了酒么就给我们打电话：喂，你们怎么样？一听就知道喝了酒再打电话。我们特别生气。然后（他）还觉得特别郁闷特别生气，然后我们么也觉得他不好，两个儿子都说他。

沈:你公公来过上海吗?

莎莉:来过。第一天他就说,我来了哦,很开心的,第二天说,我走了哦。他一方面本来也没打算常住,他也要工作的,另一方面他好像觉得我来过了么就好了。这边么他就觉得太小了,因为他住的话就跟我婆婆住在一起,睡一张床上。因为他们的房间也不是很大,那个床么又是挺小的,比双人床么还小一点点,然后他说,哎呀,挤死了,回家一个人睡这么大的床。就回去了。

沈:他经常来么?

莎莉:不经常来的。他每次来,他说,我要来了哦!我说,好。然后我婆婆马上打电话:谁要你来啊?路费还花了这么多钱,在那待着吧!他们两个经常吵架的啦。我觉得是这样的,我公公来了,我是害怕的,不过他也不会来,也不用我们拦着,我婆婆会帮我们拦着的。而且他来了什么都不会干。所以,我婆婆说,最好我爸妈来帮忙,她说马上有盼头了:我爸要退休了么,退休了么,可以让我爸妈来了;我爸妈来么她就可以回去了;她回去了,老头就不会想着到这来了(笑)。反正我觉得这点我婆婆挺好,她就是从我们的角度考虑问题,所以我们能跟她相处。

沈:但是你觉得你婆婆将来有可能走吗?

莎莉:我觉得,如果我公公不上班的话她可能会回去。

沈:哦,要回去的,也不是在你们家常住的?

莎莉:嗯,就是说,如果她,因为他一个人在那,肯定会有事情的,然后还跑过来,那怎么行啊,赶紧回去了。我宁愿一个人(笑)。两个人不行,一个人还行。

沈:我现在在访谈里面,我另外一个朋友也是这样子的,现在呢,我们要妈妈不要爸爸……

莎莉:嗯,对的。

沈:尤其是农村的爸爸,我们都不要,因为不知道这个老头要来干嘛,他又不能帮你干活,还觉得他是老大……

莎莉:我觉得是的呀,如果他会下棋,或者他能教小孩,他能教小孩下棋啊什么的,他这个也不会,什么都不会,又不会讲故事,还不会做家务。我们现在，每次打电话来要和孙子讲话，孙子说了“爷爷好”就跑掉了，然后每次回去不要爷爷抱，因为蛮生疏的，毕竟带的时间少。（个案10）

到上海来和子女生活在一起，对男性老人来说是一个巨大的挑战，不仅要习惯不做一家之主，而且要学习干家务，因为老人们也意识到了这个小家庭需要的是一个“妻子”，而不是一个“丈夫”。因此，男老人们的不习惯可以想象得出来，这也是为什么很多的家庭是女老人过来，而男老人依然留在老家的缘故[①]。

很多的研究都证明，年长的男性显然已经无法支配家庭中的每一个人。欢欢的爷爷在家庭的重大决策方面并没有太大的发言权，即使是他对媳妇只顾上网不照顾孩子有怨言，他也选择沉默而不是命令。父母权力的衰弱已经有很多的文献证明（金一虹，2000；Yan Yunxiang，2006；郭于华，2001），这里不再赘述。我想要强调的是，家长权力的衰落不能简单归结为性别之间的权力变迁，实际上，这与老年人地位的下降是有紧密关系的。

传统农业社会，社区中所有的人常有来往，互相认识，彼此有共同祖先，一致的规范、价值和传统习俗，代代传承。因为少有地理上的迁移及社会经济地位的变动，人们的生活方式及种种认知相当一致。年长者通常有较多的经济与非经济的资源，因此拥有较多的权威及受敬重的特质。传统家庭成员的互动显示以父权为主轴的长幼尊卑的互动模式。父亲有其权威及训诫指示的权力，同时也负担保护家庭成员以及提供生活安全之责，子女言行须遵从父母的训示或指示，不得违抗。妇女在家中从事日常生活的感情对话，却少有规划经济活动或社会活动的权力（林松龄，2000：299）。家庭的主权，操于家长之手，家产归他

① 我在美国和某些学者聊起这一现象的时候，美国学者常常不理解为什么中国的老年夫妻会因为需要照顾孩子而愿意两地分居，常常追问我是否是年轻夫妇非常强势地逼迫老年人做出让步。从我的访谈和观察来看，我认为虽然有被迫的无奈，但是，从主体性来看，也是两代人共同的选择：年轻一代觉得男老人来帮不了忙，可能还会添乱；而老年一代，男老人不愿意受拘束，不愿放弃做主的权利，而女老人也并没有非要丈夫在身边的需求。这一点和西方的核心家庭理念同样是非常不同的。

管辖，弟侄等只有遵从家长之命，分配职务，所有利润，纳于家长（林耀华，2000：76）。

老人的这种主导权一直到20世纪80年代还维持着一定的余威。研究证明，80年代老人在家中还有相当高的地位。在家庭经济开支方面，老年人有决定权、起决定作用的，占50.3%；有发言权的占28.5%；不起作用的占20.2%；不详的占0.9%。在处理家庭大事方面，老人起决定作用的占38.3%；有发言权的占41.1%；不起作用的占19.7%；不详占0.9%（刘炳福，1996：113）。而我们回到前文所讲的"妻子"角色，老人在家庭中的权威已经大大下降了。高科技的发展使子代以自己的优势获得对父母进行"文化反哺"的话语权，继而掀起亲子关系的深刻革命（徐安琪，2000）。

对此，周晓虹用米德的"后喻文化"崛起来解释：仅仅十年之后，当中国社会从封闭走向开放之时，在急速的社会文化变迁中，很快同样出现了传统的教育者和被教育者的位置变得模糊甚至颠倒的现象。并且，由于中国社会是在长期的封闭、停滞以后，进入开放，面对一个如此现代化的外部世界的。这种强烈的反差使得年长一代从"至尊"到"落伍"的过程几乎是瞬时性的，这也使得在中国，传统的亲子关系的"颠覆"比任何国家都来得突然（周晓虹，2000）。在"后喻文化"取代"前喻文化"的过程中，老年人的家庭地位也下降了，代际关系出现了倒置（唐灿，2005）。

金鱼缸中的老人

老人离开自己的家，到已婚子女家庭中居住，不仅吃穿住行都不习惯，老年人跟随年轻人的步伐也常常力不从心。对大部分老人来说，如果不是为了照顾子女和第三代，是不愿意离开自己的家的。

朱安：我经常觉得有一种想法，老人像金鱼一样的，你换一个地方他很痛苦地适应那个地方。像我公公就是。他后来买房子买到我们家旁边嘛，他修一个自行车，他还会骑个自行车大老远地跑到以前的地方去修。他接触的人都不一样，他日常生活完全被打乱了。所以我婆婆刚刚搬过来，有一年时间人就像傻了一样，她本来是有人可以跟她交流的，上下楼看到人都能打招呼，她有一段时间很封闭自己。然而她的姐妹不也是蛮多的嘛，就打电话给我们说，你们要小心你妈妈，她可能状态不大好，她就有点像痴呆症那样的那种。她过了很长一段时间，她就有了自己的那个社交圈了，然后她就一起去打拳啊什么的，所以她后来买的那个房子，实际就过一条马路，就把老房子卖了再去买新房嘛，所以她的社交圈没有改变，她那个真的是水土不服。哪怕都是上海的，也是这样的，她的生活的范围是很不一样的。（个案16）

老人喜欢"唠嗑"，尤其是农村来的老人，到了上海就非常不习惯邻居之间的冷漠，即使邻居都很热情也很难"唠嗑"起来。即使是上海本地人换一个社区，也同样有这样的问题。就像金鱼缸中的金鱼，换种水都非常难适应。

后喻时代需要适应的不仅仅是新的文化，对老人来说，适应和应用现代化的家电也是压力很大。

虽然，周龙再三强调家庭很和谐，但是他也说到了他母亲一开始来的时候，很多不适应的地方："我妈妈就是很明显的（电器化的东西不会用）。比如说我家以前洗衣机，我们有设预约等功能，然后她就不会用了。其二呢，比如我们的电饭煲，我们都是电子化的，都是用开关的，里面有煮饭、保温，然后有二次加热等这种乱七八糟的。我母亲不识字，一个都不认识，她根本就不敢弄，怕弄坏掉了。……所以有时候对老人家来说压力很大的。对我来说，我压力也很大的。为什么呢？我怕不安全。比如说煤气灶，我宁可叫她不要弄的。万一打不着了，你就赶快关掉，这种我是最担心的。我就是出于安全的考虑担心，她是怕东西弄坏了。"

为了让母亲能开门和关门（防盗门），周龙："出门的时候，门带上就带上了，从来不会再反锁，这个也是我们这边的一个问题。防盗门要反锁的，反锁两圈。他们不知道防盗门其实有几个环节，一个仅仅是锁扣搭住，还有一个就是侧面的插销转进来，再转一圈就是上下的插销，其实对我们来说理解起来其实很简单，对他们来说，就好像是他们平时的

挂锁一样，一下下来了（就好了）。”（个案 6）

韩心也谈到父母面对现代化电器的困惑：我父母因为年纪大了，再加上上海的一些家用电器比较先进，他们没怎么用过。热水器是肯定不会用的。还有一件小事。我们家有消毒柜。我父母有一次早上五点多来，我接了他们，就和他们说随便吃点面包，晚上一起出去吃个饭。但是他们第一天就想做饭，但是就是没有找到碗。于是到超市里去买了一些碗，我回来的时候，和我说，你看你们家连碗也没有。我说，不对啊，我们家锅碗瓢盆都有的啊，我就打开消毒柜。我爸妈说，我们看了很长时间，想你们家怎么有两个洗衣机啊？所以出去买了一人一个碗。热水器也是的，老是蓬蓬蓬地点火。（个案 2）

除了需要学会和应用现代化的家电，老人们还需要学习现代化的理念、价值观等。比如“节约”的概念：许强：比如说，我觉得这空调，这么热天开好勒，否则，这空调买回来干吗呢？他们就觉得没有必要。

曾馨仪：省电，省电，关掉，关掉。

许强：比如我请个钟点工。请钟点工我拿钱换他的劳动对吧。又促进就业，于公于私，有什么不好，但是他们就是反对。

曾馨仪：因为他们总的想法是，能省就省一点，这可能是一个方面。

费孝通曾论述过 1940 年代之前的人们生活理念：安于简朴的生活是人们早年教育的一部分。浪费要用惩罚来防止。孩子们饮食、穿衣挑肥拣瘦就会挨骂或挨打。在饭桌上，孩子不应拒绝长辈夹到他碗里的食物。母亲如果允许孩子任意挑食，人们就会批评她溺爱孩子。即使是富裕的家长也不让孩穿着好的、昂贵的衣服，因为这样做会使孩子娇生惯养，造成麻烦（费孝通，1997：92）。

节俭是受到鼓励的。人们认为随意扔掉未用尽的任何东西会触犯天老爷，他的代表是灶神。例如，不许浪费米粒。甚至米饭变质发酸时，全家人还要尽量把饭吃完；衣物可由数代人穿用，到穿坏为止。穿坏的衣服不扔掉，用来做鞋底、换糖果或陶瓷器皿（费孝通，1997：93）。

很难在价值上做一个判断是节约好，还是促进消费好；老一辈曾经生活在一个要求“勒紧裤腰带生活”的时代，在物产还不丰富的时候，节约是被大家一致认同的美德；而年轻一代生活在一个“促进需求，鼓励消费”的时代，在物产丰富的今天，让金钱流动起来是目的，因此，节约对于社会发展而言就不见得是被赞美的了。中国的快速发展，使得两种截然不同的价值观在同一时空中共存下来，并且都是主流。

老人们因为“思想观念落后”，开始失去了话语权。有一次我到可可家去玩，说起股票，可可父亲正好坐在旁边，想要积极地向我传授经验，结果可可对他父亲很不客气地说：“你懂什么啊？”就把她父亲顶回去了。她父亲在一边很不服气，嘟嘟囔囔的，但是后来就不再插话。（个案 2）同样，在教育子女方面，很多年轻夫妇都认为“要先教育父母，再教育子女”，因为父母的习惯观念不改变，那么就无法执行年轻一代的教育理念①。老人们过去累积的那些人生经验被“落后”两字打成了“废话”，失去了原有的权威。

虽然，和子女在一起能享受天伦之乐，但是，很多老人也感觉到很苦闷。

比如莎莉的婆婆和莎莉一家住在一起好几年了，2009 年准备离开上海。我妈妈在莎莉婆婆临走之前，被莎莉婆婆拉住，聊了很久的天。

我妈回来向我汇报具体的聊天内容，由于没有录音，自然无法记全，不过总的来说，莎莉的婆婆主要谈了四点感受。

第一，莎莉婆婆觉得在上海非常寂寞，她觉得语言不通，找个人说话很吃力。因为儿子工作很忙，而莎莉又不和她说话，所以，她连个聊天的人都没有，天天待在家里干活。（这一点我完全相信，莎莉在访谈中从未提及到她和婆婆的正面聊天，有问题，总是通过丈夫去沟通）

第二，莎莉婆婆说她只知道干活，从来不说媳妇什么的，从来不会指责媳妇，因为她很清楚，她的功能就是干家务活。所以，她也很少到小区绿地走走，一般都呆在家里。

第三，莎莉婆婆觉得儿子挣钱非常辛苦，每一分钱都是“趴在电脑”

① 如个案 3、个案 8、个案 11、个案 18、个案 32，年轻夫妇都提到了如何教育父母用正确的方式来对待第三代，包括买什么样的衣服，如何喂饭，什么时候放弃用尿不湿，如何批评孩子等等各方面，都有比较详细的阐述。

前干出来的。可是媳妇什么工作也不做,钱也不挣,但是花钱却大手大脚,尤其是给孩子买东西,从来不算计。这一点她很看不惯,但是也不说。

第四,莎莉因为想要学习,所以在丈夫出国期间也选择出国,去的还不是同一个国家,留下孩子不照顾。这一点也是莎莉婆婆实在想不通的。一个女人不好好在家带孩子,把孩子留下来,自己出去,算什么?但是莎莉婆婆依然什么都不说。(个案 10)

从莎莉婆婆的话来看,正体现了这一代老人的苦闷:只能做牺牲,不能有自己的话语权。而且由于没有良好的沟通模式,导致代际之间互不理解的情况加剧。

综上所述,后父权制时代的家庭权力关系并不是简单的女性权力上升的过程,而是性别、代际、年龄交错影响,远比我们想象的复杂。年轻女性所获得的权力并非来自年轻男性权力的让渡,很大一部分是来自老人的权力让渡,因此,年轻女性获得权力并不意味着性别平等的实现,而是父权制出现了新的特征,形成了新的不平等模式,在这种模式中,老年女性替代了媳妇的角色处于性别分层的底层。对此的研究还刚刚开始,需要更多的实证研究探索背后的逻辑和未来的趋势。

第九章

结论：个体家庭的时代

2011年10月我和丈夫去参加一个朋友的婚礼。这场婚礼与我们参加过的大部分的婚礼一样，放在了一个豪华的酒店，办得隆重而热闹，其中的一个环节引起了我的关注：

酒席过半，大厅灯光突然变暗，司仪邀请大家重新关注红地毯。随着音乐，大厅的门再次打开，换了服装的新娘挽着自己的父母缓缓走出来，而身后是挽着自己父母的新郎，六个人在灯光的追逐中走上红地毯，走上大厅前方的舞台，宾客们鼓起掌来。随后，新郎新娘站在舞台中间，他们的父母站两边，在司仪的主持下，完成了子女向各自父母献花，父母发表感言的步骤。

当两束大光照向舞台时，我突然在台上清晰地看到了个体家庭的心形模型：一束光照着新娘和她的父母，另一束光照着新郎和他的父母，两束圆形的光在中间重合，正好形成了一个心形。[①]

在这个环节结束时，新郎挽着自己的父母走在前面，后面是新娘挽着自己的父母，父母一边向宾客挥手致意一边沿着红毯走下舞台。

之所以这场婚礼给我留下了深刻的印象，除了我在台上真真切切地看到了心形个体家庭模式以外，它有三点和以往我看到的婚礼不同：

1. 在这次婚礼的舞台上，父母的位置被突出出来。以往也有父母致词或发表感言的环节，有的也有鲜花的仪式，甚至有的还会有父母给

---

① 当场我就让我丈夫拍下了一组照片，但是，考虑到该新人不是本研究的参与者，我也没有事先告诉他们我会拍一些用作研究的照片，因此，本书没有用那些照片。

新人送红包的仪式,但是,一般都是在某一环节中间。这是我第一次看到父母和新人一起走红毯,并且婚礼一共有三大环节,这一部分足足占了一个环节。这和西方常见的父亲把新娘交给新郎的走红毯方式意义是不同的,在整场婚礼中,父母成为了舞台上的主角①,体现了父母对这个小家庭的重要意义。

2. 新人与配偶父母没有互动。以往我看到的婚礼,常常是新郎向新娘的父母献花,表达对他们培养了一个好女孩的感谢;同理,新娘向新郎父母献花。在这场婚礼上,无论是献花,还是拥抱父母,都是新娘对自己的父母,新郎对自己的父母,没有交错。甚至无论是走上台,还是走下台,新郎新娘都一直挽着自己的父母,没有交换。

3. 新娘与新郎的平等。在挽着父母出场的时候,是新娘和父母走在前面,而走下台的时候,是新郎和父母走在前面;以往的婚礼一般一位父母代表发言,这次婚礼每方一个代表发言,当然,还都是爸爸发言。

这些特点同样满足心形个体家庭的特点:直系代际关系紧密,父母介入小家庭深入,年轻一辈趋于平等,情感表达加强等。

随着越来越多的独生子女进入婚姻,我认为这样一种心形的个体家庭模式将会成为主流。在这最后一章,让我们再回到导论,总结一下个体家庭的特征,回答一开始提出的三个家庭现代化转型的问题,探讨中国社会转型中的传统和现代的关系。

个体家庭的特征

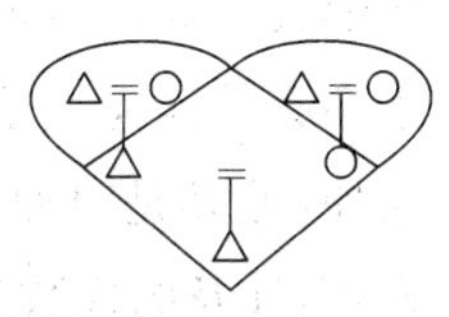

导论已经指出,个体家庭是 iFamily 的翻译,是对个体化(individualization)进程中,以"我"(I)作为核心词汇的文化中家庭新模式的总结。我研究的一个重点就是在于深描个体化进程中这一时节的横剖面,把这历史的"一瞬间"像照相一样,选择一个角度,"咔嚓"一声,记录下来,而这个角度就是"家庭"。目前这个阶段,个体家庭的

① 在舞台下,中国父母其实一直是主角,见前文。

模型是心形的。

在这个心形的个体家庭模型中，有四个特点是非常清晰的：

1. 个体成为了家庭的中心，个体形塑了家庭的面貌，而不是家庭决定个体的生活。历史学家认为，个人和家庭利益的结合永远是个问题，只是在不同的历史环境中有不同的变化而已：在家族主义时代，个人利益让位于家庭利益，而在现代，个人利益和家庭利益不总是一致的，实际上，当两者背道而驰的时候，总是处于竞争状态的家庭的意义被迅速压缩（Allan & Crow，2001：12）。

无论是家庭的结构变动还是认同，个体都处于中心地位。正如阎云翔指出：家庭规模和结构变化本身并不能揭示这个转型的最重要的部分。当代家庭的现代性一方面在于个体欲望、情感和能动性在家庭生活中的重要性上升，另一方面则是家庭关系中个体成为中心的趋势。换言之，现代社会的个体不再愿意为了集体的利益和扩展家庭的绵延不绝而牺牲自己；相反，他们都通过家庭的运作来寻求自己的利益和快乐（2012：11）。

也许从表面上看起来还是修身齐家治国平天下，但是其逻辑已经变成了平天下—治国—齐家—修身，修身成为了最终的目的。对个体来说，家庭就是为个体服务的，而不是反之。

2. 代际关系依然紧密，但是涉及的代际数目范围变小。有多项研究（例如 Mitchell 1969；Rosen 1976；Lau 1982）曾显示出大多数夫妇与核心家庭以外的亲戚仍然保持紧密的联系。值得注意的变化是，新居形式与双边亲属关系（bilateralism）愈来愈普遍（李沛良，1991）。由于家庭功能无法依靠国家福利或社会公共产品，个体对家庭的依赖度增加，尤其是对原生家庭的依赖度增加，导致直系代际之间的关系紧密，但涉及的代数急剧下降。

以个体为中心来建构家庭的模式并不意味着个体家庭必然是抗拒大家庭模式或者与亲属关系相对疏远的，两者之间没有相关性。个体根据需求来建构自己的家庭，当独立的核心家庭更符合个体理想和利益的时候，个体家庭就是核心家庭的模式；当个体觉得大家庭更好时，就可能选择与父母亲属保持紧密的联系。由于目前家庭需要承担很多的功能，代际之间相互需要，因此，目前大部分的个体家庭代际关系紧密。

3. 女系和男系处于同等地位。个体家庭模式一个非常重要的特征就是妻子一方的家庭成为了与丈夫的家庭体系同等重要的一个部分。孔迈隆认为在传统中国的语境中，后代的男性体系被高度地个体化，因为男性最大的责任就是确保家庭最大化的扩大……（Cohen，1976：27）而个体化的过程，强迫女性也许要成为个体，用贝克的话来说，女性是"从为他人而活"到"自己的生活"（Beck & Beck-Gernsheim，2001）。由于女性过去在家庭中受到压迫最深，因而反抗的弹力也更足。正是因为女性在家庭中的崛起，导致原来父系的家庭结构变成了 V 字形的个体家庭系统。

这种心形的个体家庭体系中的权力关系不仅与夫妻双方相对的地位相关，也和两个家庭体系之间的博弈相关，同时和代际之间相对的地位有关。由于老年人的权威急剧下降，男性的地位没有本质的改变，因此，如果不考虑经济地位的悬殊差距，那么很多个体家庭都处于"后父权制"时代，年轻女性的权力来自老年人而非年轻男性，这样，从表面上看来年轻夫妻双方的权力关系趋于平衡。

4. 个体家庭是一种随时可以变动的形态，具有不确定性。在不同的层次上，个体家庭的内涵和外延是不同的，当冲突是在代际之间发生时，个体会强调三口之家的个体家庭；当个体与配偶有矛盾时，包含自己父母的个体家庭就会占据上风；而当面对其他亲属的时候，包含双方父母的家庭会成为一种认同。这样的情况也同样发生在需求中。因此，讨论个体家庭模式的认同就像讨论一盆水的形状，器具决定了它的形状，而这个器具就是家庭内的个体，以及个体之间的力量博弈。

个体家庭居住模式的多元和流动就是这种不确定性对家庭结构的影响，也是在风险社会中个体应对现代的"不确定性"而采取的一种降低风险的手段，家庭成为个体抵抗风险的最后堡垒。在中国的风险社会中，家庭的重要性将会越来越突出。

总之,个体家庭是形容从传统到现代的各种模式的系谱总称,它强调的是不同个体对家庭认同的差异,强调家庭模式本身是可以被选择的,强调不同家庭选择差异。把自己放在中心的选择必然和强调集体利益、家族利益的大一统模式不同,差异是其本质属性,个体的选择形塑了家庭的框架。

家庭结构:多元和流动

核心家庭的概念强调的不仅仅是居住模式,更重要的是代际之间、夫妻之间、家庭和社会之间的关系。如果考虑这四点,那么用核心/主干/联合这样的类型化来归纳家庭的变迁已经失去了活力,家庭的变化与过去相比,并不是在于家庭户的变化,因为家庭户的变化更多地受到了住房等条件的制约,不能反映人们的家庭观念和内部关系真正在发生的变化。20 世纪 80 年代的统计显示,年龄、文化等与上海城市家庭结构都没有明显的关系,最重要的制约因素是住房。住房面积较大或较小,都可能形成主干家庭。如果在住房建设中,一室户造得多,核心家庭比重就高,反之核心家庭则减少(刘炳福,1996:72)。

当经济的发展使得人们有条件改善居住情况的时候,在紧密的代际关系和强调“小家庭”独立性的两种力量下,出现了多元而流动的家庭结构。有的学者把这样一种状况称之为“灵活的家庭”(Vincent,2000),而我更喜欢把灵活表述为多元和流动两个特征,把这种结构称之为个体家庭。

个体可以选择组建一个核心家庭,但是,在目前的社会文化、经济、政治等语境下,核心家庭更像是西方投射到中国的一幅海市蜃楼,看上去很美,但是却并不能真正生活在其中,因为核心家庭所要求的个体之间的独立、代际之间的独立、社会为个体服务的文化都还没有很好地建立起来。

个体家庭的结构是灵活的,可以分了再合、合了再分,形成了整体上多元而流动的格局。核心家庭是人们可以选择的一种模式,但在社会福利和保障不能完全到位的情况下,它并不是理想的模式。

家庭功能:经济与情感并重

在多元而流动的家庭结构背后有一个非常重要的变化,就是人们构建家庭结构的逻辑变化了,这一点从家庭主观认同中可以非常清晰地看到。孔迈隆指出,中国家庭包含了三个组织性要素:财产、经济和父系社群,在不同的情况下,这三个因素组成的家庭结构可能千变万化(Cohen, 1976)。我认为孔迈隆的结论仅限家庭主义时代,随着集体主义和市场经济的相继到来,家庭主义逐步让位于个人主义,这三个组织要素也让位于对个体而言直接相关的利益和情感,但是,很多时候我们分不清家庭中亲密关系与经济之间的区隔。泽利泽提出了"相互联系的生活(connected lives)观",她认为"世界并不会分为亲密与经济相互隔离的两个领域或层面。我们所有人习惯上都会把我们最亲密的关系与经济活动混合在一起(泽利泽,2009:3)"。这一点我非常认同,经济与亲密关系常常以一个硬币的两面出现,如前文提到的一个家庭中的抽屉经济显然就和家庭成员之间的关系紧密相关。

在家庭内部关系中,金钱的重要性和情感的重要性都在上升,家庭可能是一个"经济合作体",也可能夫妻之间都会有经济上的冲突和博弈;但同时,夫妻对彼此的亲密关系要求也越来越高,亲密关系被认为是结婚的合法理由。金钱与亲密关系在伦理上可能是对立的,但在实践中,两者很多时候是相互影响的,简单地认为亲密关系取代过去的经济关系是没有事实依据的。

孔迈隆在研究 1980 年代的中国家庭时,认为当中国进入了一个非集体化时代(decollectivization),家庭拥有的领域明显扩大,并产生了新的自由,比如可以外出工作、建立私营企业、开小店等,这些经济体都是以家庭为单位发展起来的,说明在新的经济形势下,家庭从来没有失去过它作为财产和经济实体的传统定位(Cohen, 1992)。但是,即使没有分家,在一个家里的居住模式是多样化的,在分家之前就已经有"小家经济"(房)(Tang, 1978)。孔迈隆在 1980 年代末 1990 年代初对中国家庭的研究中提到上海的一个个案:一家人一起开饭店,吃住在一起，父亲给儿子发工资，同时还承担提供食物，另一个儿子在外打工，工资自己支配(Cohen, 1992)。孔迈隆把这一个案看作是家庭还是个经济共同体，家长要照顾年轻一代的利益。但是，我们也可以这样来分析，实际上，从1990年代开始，在上海人中，父辈与子辈的经济已经分开了，无论是否居住在一起，他们实际上已经是两个经济单位。无论哪种情况更接近事实，都证明了金钱对家庭的重要性，家庭成员之间有非常丰富的经济交往活动。

同时，无论是在媒体还是法律上，都在宣扬爱情或者感情对家庭的重要性。电视剧总是告诉人们相爱的夫妻才可能拥有一个幸福的家庭，而法律认为感情破裂是离婚的充分理由。按照吉登斯的研究，亲密关系对人们会越来越重要，而且，这种亲密关系会走向“纯粹关系”(吉登斯，2001)。

经济和情感并重实际上也是个体脱嵌的一种表现，无论是为了家族还是为了革命都不再是结婚的合法理由，婚姻越来越成为个体选择的一种生活方式。家庭建构的逻辑真正的变化在于人们从经济和亲密关系两个视角确定了自己的家庭成员，并且在不同的语境中会选取适当的概念来解释，而这一切都是从个体的需求而不是家庭的需求出发的，在这一意义上，中国家庭的真正变化是从家庭主义转向个体家庭。

家庭内部关系：亲子主轴的倒置

亲密关系越来越重要并不等于亲子主轴被夫妻主轴所替代。费孝通认为，在美国的家庭中，“夫妇成为主轴，两性之间的感情是凝合的力量。两性感情的发展，使他们的家庭成了获取生活上安慰的中心。”而这一点和乡土社会中的中国家庭有着显著的区别：“我们的家既是个绵延性的事业社群，它的主轴是在父子之间，在婆媳之间，是纵的，不是横的。夫妇成了配轴。配轴虽和主轴一样不是临时性的，但是这两轴却都被事业的需要而排斥了普通感情。”(费孝通，1998：40—41)随着亲密关系的变革(吉登斯，2001)，感情逐渐占据事业在家庭中的地位，因而，夫妻主轴的重要性在上升。但是,这并不意味着夫妻主轴替代了亲子主轴,到目前为止,我们看到的是夫妻主轴和亲子主轴在家庭中都很重要,依据个体的背景、经历和现状,取舍或平衡两者,这一点在已婚独生子女家庭中看得更为清晰。

独生子女与父母之间的亲密关系力量非常强大,这种亲密关系无论是在深度还是广度上并不逊色于夫妻感情。再加上传统反哺的模式不可能在短时间内被接力模式取代,父母的个体化程度又远低于年轻一代,因而愿意为孩子做出奉献,在这样互补的情况下,我们看到了已婚独生子女把父母看作是比配偶更值得依赖的资源,两者的关系并不会因为子女结婚而有重大的改变。

至于从集体主义时代到市场经济时代,这一变化是如何发生的,更为确切的答案还有待于进一步的研究①,我们能够确实地看到的是个体家庭的出现,无论是在代际关系处理上还是两性关系协调中,我们都看到了同一家庭内的两个个体家庭之间的冲突、协商和妥协。

与此同时,孩子的重要性不仅没有削弱,甚至更为突出。年轻夫妇与老一辈对第三代教育问题上的广泛矛盾,孩子姓氏的争论和家庭资源向第三代的倾斜等都体现了亲子主轴的下端——父母与孩子关系的重要性,与传统不同的是,这一次男性也加入到这一竞争中。与其说亲子主轴在家庭中被夫妻主轴所取代,不如说亲子主轴的重点从上落到了下,亲子主轴出现了倒置②,孩子成为了家庭的中心。

家庭权力关系:年轻女性从老人处获取权力

在个体家庭的视野下,我们分析家庭的内部关系时,看到的就不仅是丈夫和妻子之间的权力斗争,而是个体家庭和个体家庭之间的争斗,

① 虽然有单位制度和家庭变迁的著作(陈午晴,2004),但是,文中每一章都总结改革之前和改革之后家庭截然不同的表现,似乎改革是一把利刃,可以把任何混沌一分为二,然后两边就变得黑白分明。对于这样一种二元叙事方式我比较的不认同。因而,我不能说服自己以其提供的资料作为我的论证。

② 人们常常用“眼泪往下流”形象地形容在父母与孩子之间更容易偏向孩子的情况。

因此，丈夫与妻子之间的平权并不能说明家庭的平权，在背后有更为复杂的运作体系。

20 世纪 40 年代到 70 年代，家庭社会学者普遍认为家庭结构有一个从传统的父权制向民主平等转型的过程。传统的家庭（traditional family）逐渐减少，而伙伴式家庭（companionate family）出现。麦克唐纳在回顾了家庭权力文献后，开始质疑家庭权力的概念，他认为尽管研究者认为人人都知道家庭权力是什么，并热衷于测量它，而实际上，与其说家庭权力是一个经验事实，不如说它是一个理论概念。麦克唐纳也批评了以前研究中缺乏对“家庭权力”和“夫妇权力”之间区别的敏感性，似乎只有三种模式：丈夫主导、妻子主导或者是平等。他认为实际上孩子在家庭权力结构中的影响也是非常大的，尤其是随着孩子的不断成长，父亲的权力是一个曲线图，代际关系不断变化，所以，研究家庭权力就必须考虑孩子的因素（McDonald, 1977）。把这一结论如果放到中国，显然不仅要考虑孩子，还必须要考虑父母，才能完整地展现一个家庭的内部关系。

从决策、家务劳动和经济安排中，年轻的妻子开始拥有了一定的权力，但这种权力并非来自男性的让渡，而是来自老年人权力的式微，在没有老人让渡权力的情况下，依然是女性承担更多的家务劳动，年轻男性很少做家务，依然是一种刻板的性别分工。因此，个体家庭并非是一种权力平等的模式，而是一种博弈的结果。

之所以年轻女性拥有越来越多的权力，而老年人越来越处于弱势，这和个体化进程是相关的。在高度个体化的社会中，人们越来越认为成败、进退都取决于个人，而不是由于个人无法控制的结构和处境所造成的结果。在一个以风险经历为特征的现代化社会中，个人的主观能动性成为了一种重要力量（贺美德、庞翠明，2011：65），但是不同性别和不同代际的个体的主观能动性和客观可能性都是不同的。

从性别角度而言，女性相比男性有更强的个体化动力。在传统社会中，等级依靠“角色轮流”来维持稳定，而男女尊卑却一直是存在冲突的，因此，随着西方思想的进入，这一方面首先得到了冲击（刘创楚、杨庆堃,1989:51),被压迫的一方总是比压迫一方更有斗争的动力。

米切尔(Mitchell, 1966)指出妇女从事的是"最漫长的革命"时,发出的是一个悲观的预言。实际上女性革命并不是单独发生的,它是和其他社会变革融合在一起的,在中国,个体化的进程对于女性地位的提高来说,是非常有用的。格洛塞尔通过对1915—1953年中国的家庭变化,向我们展示了性别的建构是被整合在一个国家对其自身的理解之中的,而性别身份实际上是在家庭内被建构出来的(Glosser, 2003)。

个体家庭的出现实际上是女性个体意识觉醒的结果,女性把自身的血缘和婚姻脉络加入到了家庭中,从而形成了一个家庭内两条家系的状况,这两条家系在一个家庭内的表现就是家庭成员不同的家庭认同,两条家系的斗争和妥协形成了多元而流动的家庭结构。

女性的个体化从计划经济时代就开始了。在集体化的建构过程中,女性的集体认同较之男性更为突出。这里一个非常关键的因素是,对妇女而言,从单干到集体的转变同时意味着自身的"解放"的过程:与男人一同下地劳动,与男人一样参加政治活动,"一搭里红火",一起唱歌、识字。"大食堂"、幼儿园、缝纫组等等的试验都是以"解放妇女劳动力",让女人"走出家庭"为目的建立的。在此意义上,集体化对于婆姨们就有了一种不同于对男人们的意义(郭于华 2011:150)。

骥村的女性生活史告诉我们,集体化的个体经历是痛苦的。但集体化过程同时也是女性走出传统性别角色(给女性带来痛苦和压抑的角色)的途径,因而这一过程在她们经历痛苦的同时也能够带来新鲜,乃至快乐的感受和记忆。农业合作化中女性的走出家庭参加集体劳动并非真正的从所谓"私领域"进入"公领域",这一过程其实是从一种文化支配状态进入另一种被支配的状态,是从家庭与宗族的附属品成为集体与国家的工具过程。但是,这种转变却具有一种"妇女解放"的幻想。这种没有"解放"的实现却有解放的感觉在于她们所接受的"革命=解放"的支配性意识形态,她们在工具化的过程中却得到"解放"的感觉,而外人常常难以理解的精神振奋和欢娱正是来自这种幻象和感觉。(郭于华 2011:151)

在市场经济时代，中国女性作为劳动力的个体性被进一步激发出来，同时，随着教育程度的提高，女性的自主意识和独立性进一步加强，因此，女性追求成为一个独立个体的主动能动性和客观可能性都有了条件，即使在性别不平等的文化中，依靠个体化的进程，获得了一定程度的权力和利益，年轻女性在家庭内的地位随之提高。

从代际角度来看，老年人个体化的程度明显要低于年轻人。研究证明，农村的青年“在很多方面经历了从家庭中‘脱嵌’的过程，这也正是个体化社会的特征之一；但是与此同时，他们也通过把家庭作为个人最主要、并且往往也是唯一具有直接重要意义的集体单位的话语表达，对伴随着个体化进程而出现的社会和个人的不确定性与风险做出回应（贺美德、庞翠明，2011）。而老年人在个体化进程中充满了无奈：随着国家政策的改变，中国农村老年人失去了集体的保障，随着市场经济发展，他们又一定程度上失去了传统大家庭的庇护。此外，他们仍然无法享受国家专为城市居民提供的社会服务，他们可以说是首当其冲地承受着改革后中国现代生活中的全部不确定性（曹诗弟、泥安儒，2011：74）。正是这种不确定性超过了老人个体可以承受的范围，导致老人相比较年轻人更依赖于家庭，主要是子女。依赖是不平等的源头之一，老人的权力在此基础上逐步丧失，让渡给了年轻一代。

值得注意的是，参与者强调平衡远多于平等，对家庭研究来说，平衡可能是与平等同等重要的一个分析维度。平等强调客观的一面，而平衡强调主观感受，如果希望家庭研究能造福于个体幸福的话，平衡将是非常重要的一个维度。而哈瑞斯走得更远，他不仅否定权力概念在家庭研究中的适用性，并且提出平等/不平等的二元划分本身就是文化建构的，对不同的个体而言，平等的意义是不同的，其关键在于人们对婚姻的追求是不同的（Harris，2006），婚姻对于个体而言具有不同的意义。人们在婚姻中也许根本就不是追求平等，而是追求幸福，平等并不等于幸福，付出同样可以是一种幸福。在这样的理念下，个体家庭概念的提出意义就更为重大，如果代际关系对中国人来说如此重要，那么家庭内部的关系显然不仅仅是横向的平等那么简单，它还涵盖纵向与横向之间的协调,而这正是今天已婚“80后”们的家庭矛盾所体现出来的特征。

在个体崛起后,父权制变迁后,上海的家庭并未走和西方的相同道路,而是开辟了一条具有中国特色的个体家庭道路,这一个体家庭的特征是纵向和横向同等的重要,在不同的语境和不同的群体中,根据需求和资源的条件,在选择中形成个体家庭具体的形态。

中国的个体化:传统与现代的博弈

个体化理论本身是和现代性理论紧密联系在一起的,贝克认为制度性的个体化是第二现代性的特征。在第一波现代性时,人们从农业社会的结构和意识形态中脱嵌出来,再嵌入到了另一个系统,即工业社会;在第二波现代性时,没有一个结构性的、大家都认可的系统可以再嵌入,每个个体必须通过自己的决定,“过自己的生活”(Beck & Beck-Gernsheim, 2001)。这种每个个体选择某一种“自己的生活”并不是完全自愿的,而是存在某些制度性的变迁在强迫个体做出这样的选择。在这样一个过程中,每个个体的要比别人“先进”一点,才能证明“自己的生活”是一种更好的生活方式,通过控制来塑造“个人自己的生活”,也就是说对选择、自由和个性的推崇,并不一定会使得每个人具有个体独特性,相反的,因为决定的作出是有赖于社会机制的,因此当代人并不能自由地成为你想成为的那种人,甚至有可能失去个性。在这一过程中“选择”“自由”成了个体化过程中的关键词,但是,本来设定为自给自足的个体却在这一过程中,“自我”开始变得不确定,出现了西方学者争论正盛的“空虚时代”(利波维茨基,2007)、“公共人的衰弱”(桑内特,2008)等。

贝克谈到的制度性个体化是建立在个体已经从社会中独立出来,成为原子化的个体,并且成为社会的最高价值的基础上发生的。也就是说,完成了第一现代性,进入到第二现代性:国家福利开始不能承受从而要求个体更多地承担责任的时候发生的。而在中国,第一现代性和第二现代性是同时在发生,同时我们的文化和条件与西方也是不同的，因而我们的个体化与西方的个体化必然是不同的。

在中国的个体化进程中，需要同时处理第一现代性和第二现代性的所有问题，因此，中国的个体化是传统上处于差序格局中的个人还没有变成独立的、原子化的个体，就不得不面对个体责任的过程；是还没有完全建立个体权利意识就不得不行使个人权利的过程；是个体同时从传统和现代性中脱嵌，进入到一个以不确定性为特征的风险社会中。

这一过程同时也是从传统社会直接进入后现代社会的过程，而这一过程充满了悖论。传统上，中国人依赖家族文化的价值体系而生存；现代市场经济——个人崛起后，中国依然很难在群体价值规范之外，建立一个个人为主的主观价值信念(阮新邦、罗沛霖、贺玉英，1999)。这种矛盾性提醒我们，传统与现代并非是一个谱系的两端，可以从一头发展到另一头。扬弃“传统-现代”的二分观念，而是把社会转型看作是一个动态的过程，从起点到终点的中间部分都是过渡阶段，一直在变化(金耀基，2010)。在今天的城市中国，我们看到了传统和现代的共存和博弈。

家庭不仅在传统中国文化中具有核心的地位，在中国现代化的过程中同样具有重要地位，正如金耀基指出的：我们以为中国文化传统的落根之处在家，中国文化的复兴之着力处亦必在家。……我们要讨论的是怎样才是一个理想的家庭组成与内涵？……中国现代化能否彰显，中国现代化是否能减少工业化及都市化等所带来的社会解组之痛苦，都与这个问题能否合理解决有关(金耀基，2010：83)。

家对整个中国传统文化价值体系意义重大，日本稻叶君山说：“保护中国民族的唯一障壁，是其家族制度，这家族制度支持力之坚固，恐怕万里长城也比不上。”所以，冯友兰有“家族制度就是中国的社会制度”之说(金耀基，2010)。但是，传统的家庭主义与个人主义是相对的，强烈的家族意识会阻碍“个人主义”与“社会精神”的发展。因为，家是建立在“特定”的“身份”上的，故形成了中国社会的“身份取向”“特殊取向”及“关系取向”的性格(金耀基，2010)。强调关系和身份等级本身和个人主义的个体独立、个体平等和契约精神都是不吻合的，在没有建立个体观念的时候就进入到个体化的进程，使得每个个体同时面对传统和现代。传统和现代就像两种资源进行博弈，个体在做每一个抉择时，都把传统和现代按照自己的利益和爱好进行排序和选择，以达到最优于自己的结果。

在这一过程中，传统虽然不再是一种结构性的力量，但是它依然作为一种资源和行为模式在影响个体。美国纽约市立大学研究中国社会著名的人类学家 Burton Pasternak 曾说过一句很有趣的话，他说在台湾地区所看到的中国家族制度就像一只工具箱一样，人们随手捡拾其中一种以为解决当时需要之用，但是并不放弃其他的工具（Pasternak 1972）（李亦园，1991）。传统与现代就像两样工具，个体根据具体情况来选择某一样工具。

从计划经济到市场经济的转变迫使个体从家庭和单位中脱嵌出来，但是，脱嵌并不意味着独立。个体追求权力的时候不愿意承担义务既是一种生物性，也是制度缺失所导致的。我们在独生子女一章中，看到了个体化程度最快的一个群体同时也是一个最依赖于家庭的群体，这表面上看起来很矛盾，但实际上与整个社会制度和社会压力是紧密相关的。社会变迁促使年轻一代尽可能地利用传统中对他们有利的因素，来缓解生存和快速发展的压力。

在这样一种传统和社会转型交织的途径中，我认为形成的个体与其说是“无公德的个体”（阎云翔，2006），还不如说是依然处于关系中的个体。制度的机会主义造就了个体的机会主义。每一个个体都在传统和转型中寻找最契合自己需求和能力的落脚点。个体无法完全独立，就必然会在家庭中寻找支持，同时个体也在家庭结构的形成和内部关系的调节中充分发挥了能量，所以，我们看到了家庭结构的多元和流动，看到了家庭内部关系逐渐在失去规范。

个体家庭的这种特征不仅仅是家庭的一种变化，其中体现出来的传统和现代之间的博弈在社会的其他方面我们也同样看得到。

目前的个体化还在不断地进行中，远未结束，因而我也无法给予新的家庭特征类型化，我们能够看到的仅仅是一个变化的趋势。但是这一趋势足够重要,因为它影响着人们的日常生活中最重要的体验和实践。曹锦清和陈中亚认为,中国社会与西方社会相比,个体化的进程远未完成,中国从计划经济转向市场经济,一定程度上意味着是以抽象的整体利益为主的"单位"组织形态转向以具体的个人利益为导向的契约组织的运动过程(1997)。在家庭内部我们看到了转变,但是并非是导向一个契约组织,而是有重归家庭的趋势,这是与中国的传统紧密不可分的。因此,传统和现代不是可以二元划分的两个概念,而是一直在螺旋形地穿插前进,所以我们看到一系列奇怪的组合,如:嫁娶概念的淡漠和对姓氏的强调被现实结合在一起。

个体与家庭的关系已经在改变,但是改变的结果必然既不是传统,也不是现代,人类的智慧就在于每一个个体都有自己独特的创造力来塑造自己的人生。

社会快速发展与家庭变革

社会的发展就像一列行进中的列车,个体就是乘客。每当列车到达一个新的站点时,原来的乘客下车,新的乘客上车。新的乘客总比下车的乘客有所不同,被视为"更先进"一点,新的乘客开始掌握列车行进的方向和速度。而中国社会就像一列高速行进的列车,开的速度太快了,旧乘客还没有下车,就来了一批又一批新乘客,每一批新乘客都和前面的乘客想法不同,每一批乘客都认为自己掌握列车行进的方向才是正确的、合理的。火车上挤满了不同时代、想法完全不同的人,因而冲突也更为频繁。

家庭中的成员也一样,跟随着列车跑得飞快。原来二十年是一代人,现在五年就是不同的一代人了。在私密的领域中,人们对于同质性要求更高,更不能容忍差异,因而,家庭中大量的冲突都和这种快速发展有关。父母和子女一辈的想法可能完全不同,婆婆和媳妇对孝顺的理解完全不同,父母和孩子的行为模式完全不同,家庭成为了冲突的中心。

家庭中的种种冲突也是整个社会不同阶层、不同城乡背景、不同教育程度的群体之间的冲突缩影，家庭中的割裂在整个社会中同样存在，因为社会也是由这些个体组成的。

个体家庭的出现同样也是为了应对这种快速发展，它也为中国社会的快速发展和现代化作出了贡献。

古德论证核心家庭比其他任何家庭形式都更能适应工业化制度的需要的主要论点是：个人更容易顺应劳动市场的需要，更能集中精力干工作，而不是集中精力考虑其亲戚网络的需要；此外，个人往往会花费较少的时间参加亲戚们的活动，也更加容易流动（古德，1986）。西方通过福利制度和女性不工作来解决人们的后顾之忧：照顾家庭弱势成员的责任；而在中国，虽然没有同样的福利制度，但是，在国家撤出私人生活时，家族制度重新发挥作用，支撑家庭的功能，释放了年轻的劳动力，对现代化的发展起到了很重大的作用。正是因为有老人的帮助，所以，每个 60 岁以下的人都成为了劳动力，老人承担原来妻子应该承担的家庭义务，把女性劳动力解放出来，推动了现代化的发展。

所以，中国之所以发展如此迅速和女性工作、老人承担家庭义务有紧密的关联，正是有这两项条件，我们在家庭没有崩溃的情况下，既实现了家庭的完整，又实现了社会的飞速发展。个体家庭的灵活性能最大程度地适应社会的快速发展，帮助个体应对现代性中的不确定性和风险。

社会快速的发展，社会福利的不足和国家撤出大部分家庭领域，尤其是政治体制改革与经济改革的不同步，使得中国的个体独立和发展走了一条完全不同于西方的道路，而这样的个体也会影响到未来中国的发展。

在这样一种复杂的语境中，强调家庭的重要性，制定合理的家庭制度，帮助家庭的成长是当务之急。如果说家庭主义是中国传统文化的落根之处，那么对这样一种根基的研究和理解是非常必要的。虽然，我们已经回不到过去，家庭主义也不会再成为文化的核心要点，但是在一个风险社会中，在没有建立完善的保障机制之前，个体对家庭的依赖和肯定是必然的。

在逐渐富裕后的中国，人们追求幸福的速度将会加快，对自身(I)的感受会更加重视，私人生活的重要性将会进一步加大，在这一过程中，家庭的意义是不言而喻的。个体、家庭和国家的排序以及三者之间的逻辑关系应得到更多的讨论。

参 考 文 献[①]

英文：

[1] A History of Private Life, Editors: Antoine Prost and Gerard Vincent [M]. The Belknap Press of Harvard University Press, 1991.

[2] Acker, Joan. 1989, The Problem With Patriarchy [J]. Sociology Vol. 23, No. 2, May 1989, pp. 235 - 240.

[3] Allan, Graham & Graham Crow. 2001. Families, Households and Society [M], Palgrave.

[4] An Introduction to Chinese Culture through the Family [M], Edited by Howard Giskin and Bettys S. Walsh, 2001, State University of New York Press.

[5] Andors, Phyllis. 1983, The Unfinished Liberation of Chinese Women: 1949 - 1980 [M]. Indiana University Press.

[6] Apple, Rima D. 2006, Perfect Motherhood: Science and Childrearing in America [M], Rutgers University Press. Amazon 2009 - 01

[7] Apter, Terri. 1995. Working Women Don't Have Wives:

① 在文献中会出现中英文版本的重复，这是因为我一开始阅读的是英文版本，在引用时我有意识地寻找中译本来引用。如果引用时没有做文字上的调整，前文括弧中的姓名和年份都按照中译本，如果不按照译本，那么括弧中就用原文。

Professional Success in The 1990s [M]. St. Martin's Griffin, New York.

[8] Aubel, Judi. 2005. Grandmothers: A learning Institution [EB/OL]. USAID, http://www.grandmotherproject.org/

[9] Baker, Hugh D. R. 1979, Chinese Family and Kinship [M]. New York: Columbia University Press.

[10] Barajas, Manuel and Elvia Ramirez, Beyond Home-host Dichotomies: A Comparative Examination Of Gender Relations In a Transnational Mexican Community [J]. Sociological Perspectives, Vol. 50, Issue 3, pp. 367 – 392.

[11] Barbara Welter, 1983, "The Cult of True Womanhood". In The American Family in Social-historical Perspective [M]. Michael Gordon, 3rd edition. New York: St. Martin's Press,.

[12] Bauman, Zygmunt. 2000. Liquid Modernity. [M] Cambridge: Polity Press.

[13] Bearman, Peter. 1997, Generalized Exchange [J]. The American Journal of Sociology, Vol. 102, No. 5, (Mar., 1997), pp. 1383 – 1415.

[14] Beck, Ulrich and Elisabeth Beck-Gernsheim. 2001. Individualization: Institutionalized Individualism and its Social and Political Consequences [M]. London and Thousand Oaks, CA: Sage Publications.

[15] Benett, Katy. 2006, Kitchen Drama: Performances, patriarchy and power dynamics in a Dorset farmhouse kitchen [J]. Gender, Place and Culture, Vol. 13, No. 2, pp. 153 – 160, April 2006.

[16] Bernard, Jessie. 1982, The future of Marriage [M]. Yale University Press.

[17] Bernard, Jessie. 1986, The Good-Provider Role: Its Rise and

Fall. Family in transition: rethinking marriage [J]. sexuality, child rearing, and family organization / [compiled by] Arlene S. Skolnick [and] Jerome H. Skolnick. Little, Brown and Company,

[18] Beyond the Nuclear Family Model Cross-cultural Perspectives [M]. 1977. edited by Luis Lenero-otero, SAGE Publications

[19] Bianchi, Suzanne M., John P. Robinson and Melissa A. Milkie, 2006, Changing Rhythms of American Family life [M]. New York: Russell Sage Foundation.

[20] Borovoy, Amy 2005, "The Too-Good Wife: Alcohol, Codependency, and the Politics of Nurturance in Postwar Japan" [M]. University of California Press.

[21] Bourdieu, Pierre. 1996, On the Family as a Realized Category [J]. Theory, Culture & Society 1996 (SAGE, London, Thousand Oaks and New Delhi) VOL. 13(3):19－26.

[22] Bowlby, Sophie., Susan Gregory, Linda McKmie, 1997, "Doing Home": Patriarchy Caring, And Space [J]. Women's Studies International Forum, Vol. 20, No. 3, pp. 343－350.

[23] Brewer, J. & Hunter, A. 1989. Multimethod research: A synthesis of styles [M]. Newbury Park. CA: SAGE.

[24] Bruun, Ole, 1988, The Reappearance of the Family as An Economic Unit: A Sample Survey of an Individual Household in Workshop Production and Crafts, Chengdu, Sichuan Province-China [M]. Copenhagen: University of Copenhagen.

[25] Burawoy, Michael, 1998, The Extended Case Method [J]. Sociological Theory 16:1 March.

[26] Calasanti, Toni M. and Kathleen F. Slevin, 2001, Gender, Social Inequalities, and Aging [M]. A Division of Rowman and Littlefield Publishers, Inc.

[27] Cancian, M. Francesca. From Role to Self: The Emergence of Androgynous love in the 20th Century, Public and Private Families: A Reader (Fifth Edition) [M]. edited by Andrew J. Cherlin, McGraw-Hill, 2005.

[28] Carrithers, Michael., Steven Collins, and Steven Lukes (eds.) The Category of the Person [M]. Cambridge: Cambridge University Press.

[29] Changing Images of the Family [M]. edited by Virginia Tufte and Barbara Myerhoff, New Haven and London, Yale University Press, 1979.

[30] Cherlin, Andrew J. 2008, Public and Private Families: A Reader [M]. Mc Graw Hill.

[31] Cherlin, Andrew J. 2008. Public and Private Families: An Introduction [M]. Mc Graw Hill.

[32] Chodorow, Nancy J. 1999 (1978), The Reproduction of Mothering [M]. University of California Press.

[33] Christopher Lasch, Haven in a Heartless World: The Family Besieged [M]. New York: Basic Books, 1977.

[34] Clausen, John A. 1972, The Life Course of Individuals. [J] in Aging and Society, Vol. 3: Sociology of Age Stratification, pp. 457－514, edited by Matida W. Riley et al. New York: Russell Sage.

[35] Cohen, Myron L. 1992, Family Management and Family Division in Contemporary Rural China [J]. The China Quarterly, No. 130 (Jun., 1992), pp. 357－377.

[36] Cohen, Myron. L. 1976, House United, House Divided: The Chinese Family in Taiwan, [M] Columbia University Press.

[37] Collins, Randall. 1985, “Sociology of marriage and the family: Gender, love, and property (Nelson-Hall series in sociology)”

[M], Nelson-Hall Inc.

[38] Colloer, J., Rosaldo and S. Yanagisako, 'Is There a Family?' In B. Thorne and M. Yalom (eds.), Rethinking the Family [M]. revised edt. Boston: Northeastern University Press, 1992.

[39] Consuming Motherhood [M]. 2004, edited by Janelle S. Taylor, Linda L. Layne, and Danielle F. Wozniak, Rutgers University Press.

[40] Contemporary Theories about The Family: General Theories/Theoretical Orientations [M]. Volume I and II, Edited by Wesley R. Burr, Reuben Hill, F. Ivan Nye, Ira L. Reiss, The Free Press, 1979.

[41] Cooke, Lynn Prince. 2006, Policy, Preferences, and Patriarchy: The Division of Domestic Labor [J]. in East Germany, West Germany, and the United States, Spring 2006 Pages 117 - 143.

[42] Coontz, Stephanie. What's Love Got To Do With It? A Brief History of Marriage, In Public and Private Families: A Reader (Fifth Edition) [M]., edited by Andrew J. Cherlin, McGraw-Hill, 2008.

[43] Coser, Rose Laub. 1978, The Principle of Patriarchy: The Case of "The Magic Flute" [J]. Signs, Vol. 4, No. 2, (Winter, 1978), pp. 337 - 348.

[44] Daniel Scott Smith, "The Dating of the American Sexual Revolution". In The American Family in Social-historical Perspective, Michael Gordon, 2nd ed. [M]. New York: St. Martin's Press, c1978.

[45] Data, L. 1994. Paradigm Wars: A Basis For Peaceful Coexistence and Beyond. In C. S. Reichardt & S. F. Rallis (Eds.), The Qualitative-quantitative Debate: New Perspectives

[M]. San Francisco: Jossey-Bass.

[46] Davis, Deborah. 1993, Urban Households: Supplicants to a Socialist State, In Chinese Families in the post-Mao Era [M]., edited by Deborah Davis and Stevan Harrell, University of California Press.

[47] Davis, Deborah. and Stevan Harrell, 1993, Introduction: The Impact of Post-Mao Reforms on Family Life, In Chinese Families in the post-Mao Era [M]. edited by Deborah Davis and Stevan Harrell, University of California Press.

[48] Davis, Kingsley, 1984, Wives and Work: The Sex Role Revolution and Its Consequences, [J] Population and Development Review, Vol. 10, No. 3 (Sep., 1984), pp. 397-417.

[49] Davis-Friedmann, Deborah. 1991, Long Lives: Chinese Elderly and The Communist Revolution [M]. Stanford University Press.

[50] Deutsch, Francine M. Filial Piety, Patrilineality, and China's One-Child Policy [J]. Journal of Family Issues, Volume 27 Number 3, March 2006 366 - 389.

[51] Devault, Marjorie L. 1991. Feeding the Family: The Social Organization of Caring as Gendered Work [M]. University of Chicago Press.

[52] Diamond, Norma. Collectivization, Kinship, and the Status of Woman in Rural China. Toward an Anthropology of Women [M]. ed. Reiter, R. R. 1975. Monthly Review Press.

[53] Donovan, C. 'Who needs a Father? Negotiating Biological Fatherhood in British Lesbian Famillies Using Self-Insemination', [J] sexialities, 3,2000.

[54] Dore, Ronald P. 1991, Will The 21st Century Be The Age of

Individualism? [M]. Tokyo: The Simul Press.

[55] Doucet, Andrea. 2006, Do Men Mother? Fathering, Care, and Domestic Responsibility [M]. University of Toronto Press.

[56] Dumont, Louis. 1986. Essays on Individualism: Modern Ideology in Anthropological Perspective [M]. Chicago: University of Chicago Press.

[57] Durkheim, Emile, The Division of Labour in Society [M]. London: Macmillan, 1984.

[58] Eastman, Lloyd E., 1988, Family, Fields, and Ancestors: Constancy and Change in China's Social and Economic History, 1550 - 1949 [M]. New York: Oxford University Press.

[59] Edwards, Rosalind, Lucy Hadfield, Helen Lucey and Melanie Mauthner, 2006, Sibling Identity and Relationships: Sisters and Brothers [M]. London and New York: Routledge.

[60] Elliott, Anthony and Charles Lemert. 2006. The New Individualism: The Emotional Costs of Globalisation [M]. London: Routledge.

[61] England, Robert Stowe. 2005, Aging China: The Demographic Challenge to China's Economic Prospects [M]. Praeger Publisher.

[62] Evans, Harriet. Past, Perfect or Imperfect: Changing Images of the Ideal Wife, Chinese Femininities/Chinese Masculinities: A Reader (Asia: Local Studies / Global Themes), [M] edited by Susan Brownell and Jeffrey N. Wasserstrom, 2002, University of California Press.

[63] Family in transition: rethinking marriage, sexuality, child rearing, and family organization [M]. [compiled by] Arlene S. Skolnick [and] Jerome H. Skolnick. Little, Brown and Company, 1986.

[64] Family, Self, and Society: Toward a New Agenda for Family Research [M]. Edited by Philip A. Cowan, Dorothy Field, Donald A. Hansen, Arlene Skolnick, Guy E. Swanson, Lawrence Erlbaum Associates, Publishers,1993.

[65] Fei. Hsiao-tung, 1933, Peasant life in China [M]. London: Routledge & Kegan Paul Ltd.

[66] Fiese, Barbara H. 2006, Family Routines and Rituals [M]. Yale University Press.

[67] Filial Piety: Practice and Discourse in Contemporary East Asia, [M] 2004. , Charlotte Ikels. (ed.), Stanford University Press.

[68] Firth, Raymond. , Jane Hubert, and Anthony Forge, 1970, Families and Their Relatives: Kinship in a Middle-class Sector of London: an Anthropological Study, [M] Humanities Press.

[69] Fong, Vanessa. 2002, China's One-Child Policy and the Empowerment of Urban Daughters [J] AMERICAN ANTHROPOLOGIST, 104(4): 1098 - 1109.

[70] Fong, Vanessa. 2004, Only Hope: coming of age under China's one child policy, [M]. Stanford University Press

[71] Foster, George M. and Robert V. Kemper, Anthropological Fieldwork in Cities, In Urban Life: Readings in the Anthropology of the City [M]. edited by George Gmelch and Walter P. Zenner, Waveland Press, Inc. 2002.

[72] Fox, Robin. 1967, Kinship and Marriage. [M] Cambridge University Press.

[73] Frankel, David and Diane L. Bolger, 1997, On Cypriot Figurines and the Origins of Patriarchy [J]. Current Anthropology, Vol. 38, No. 1, Feb. , 1997, pp. 84 - 86.

[74] Freedman, Maurice 1966, Chinese Lineage and Society: Fukien and Kwangtung [M]. the Athlone Press.

[75] Futrell. Robert and Pete Simi, Free Spaces, Collective Identity, and the Persistence of U. S. White Power Activism [J]. Social Problems, Vol. 51, No. 1, pages 16 - 42.

[76] Gender, Family and Economy: The Triple Overlap [M]. Edited by Rae Lesser Blumberg, SAGE Publications.

[77] Giddens, A. 1990, The Consequences of Modernity [M]. Stanford, CA: Standford University Press.

[78] Giddens, Anthony. 1991. Modernity and Self-Identity: Self and Society in the Late Modern Age. Cambridge: Polity Press.

[79] Giddens, Anthony. 2005, The Theory and Practice of the Pure Relationship, In Public and Private Families: A Reader (Fifth Edition) [M]. edited by Andrew J. Cherlin, McGraijw-Hill.

[80] Glosser, Susan L. 2003, Chinese Visions of Family and State, 1915 - 1953 [M]. University of California Press.

[81] Goode, William. 1963. World Revolution and Family Patterns. [M] Free Press.

[82] Goody, Jack. 1983, "The Development of the Family and Marriage in Europe (Past and Present Publications)", [M] Cambridge University Press.

[83] Gotteriod. Heidi. 1998. Beyond P.

[84] Guba, E. G., & Lincoln, Y. S. 1985. Naturalistic inquiry [M]. Beverly Hills, CA: Sage.

[85] Guba, E. G., & Lincoln, Y. S. 1994. Competing Paradigms in Qualitative Research. In N. K. Denzin & Y. S. Lincoln (Eds.), Handbook of Qualitative Research [M] (pp. 105 - 117). Thousand Oaks, CA: SAGE

[86] Hamilton. Gary G. 1990, Patriarchy, Patrimonialism, and Filial Piety: A Comparison of China and Western Europe [J]. The British Journal of Sociology, Vol. 41, No. 1, March 1990,

pp. 77－104.

[87] Handel, Gerald. 1991, Case Study in Family Research, In A Case for the Case Study [M]. edited by Joe R. Feagin, Anthony M. Orum and Gideon Sjoberg, The University of North Carolina Press.

[88] Hansen, Karen V, 2005, Not-So-Nuclear Families: Class, Gender, and Network of Care [M]. Rutgers University Press.

[89] Harris, Scott R. 2006, The Meanings of Marital Equality [M]. State University of New York Press.

[90] Hays, Sharon. 1996, The Cultural Contradictions of Motherhood, [M]Yale University press.

[91] Heller, Thomas, Morton Sosna, and David Wellbery (eds.) Reconstructing Individualism: Autonomy, Individuality, and the Self in Western Thought [M]. Stanford University Press.

[92] Herzog, Hanna. and Taghreed Yahia-Younis, Men's Bargaining With Patriarchy: The Case of Primaries within Hamulas in Palestinian Arab Communities in Israel [J], Gender & Society, Vol. 21 No. 4, August 2007 pp. 579－602.

[93] Hochschild, Arlie Russell. 2003, The Second Shift [M]. New York: Penguin Books.

[94] Holy, Ladislav. 1996. *Anthropological Perspectives on Kinship*. [M] Pluto Press.

[95] House, E. R. 1994. Integrating the Quantitative and Qualitative. In C. S. Reichardt & S. F. Rallis (Eds.), The Qualitative-quantitative Debate: New Perspectives [M] (pp. 13－22). San Francisco: Jossey-Bass.

[96] How, K. R. 1988. Against the Quantitative-qualitative incompatibility thesis or dogmas die hard [J]. Educational Research, 17, 10－16.

[97] Howard, Cosmo (ed.) 2007. Contested Individualization: Debates about Contemporary Personhood [M]. New York: Palgrave MacMillan.

[98] Ikels, Charlotte. 2004. Introduction. Filial Piety: Practice and Discourse in Contemporary East Asia [M]. edited by Charlotte Ikels, Stanford University Press,.

[99] Jackson, Micheal. 1995, the Home in the World, [M] Duke University Press.

[100] Jankowiak, William R. and Thomas Paladino, Desiring Sex, In Longing for Love: A Tripartite Conundrum, Intimacies: Love + Sex Across Cultures [M]. edited by William R. Jankowiak, Columbia University Press, 2008.

[101] Janssens, Angelique. 1993, Family and Social Change: the Household as a Process in an Industrializing Community [M]. Cambridge University Press.

[102] Jin, Park Boo. 2001, Patriarchy in Korean Society: Substance and Appearance of Power [J]. Korea Journal / Winter 2001, pp. 48 - 73.

[103] Johnson, Carol. 1996, Does Capitalism Really Need Patriarchy? Some Old Issues Reconsidered [J]. Women's Studies International Forum, Vol. 19, No. 3, pp. 193 - 202, 1996.

[104] Johnson, Kay Ann. 1983, Women, the Family and Peasant Revolution in China [M]. Chicago: University of Chicago Press.

[105] Kandiyoti, Deniz. Bargaining With Patriarchy [J]. Gender & Society, Vol. 2 No. 3, September 1988, pp. 274 - 290.

[106] Kateb, George. 1992. The Inner Ocean: Individualism and Democratic Culture (Contestations) [M]. Cornell University

Press.

[107] Keller. Suzanne. 1986, Does the family have a future? In Family in transition: rethinking marriage, sexuality, child rearing, and family organization [M]. [compiled by] Arlene S. Skolnick [and] Jerome H. Skolnick. Little, Brown and Company.

[108] Kendall, Laurel 1996, "Getting Married in Korea: Of Gender, Morality, and Modernity", [M] University of California Press.

[109] Kephart, Willam M. William W. Zellner, Extraordinary Groups: an Examination of Unconventional Life-styles [M]. New York: St. Martin's Press, c1991.

[110] Kim, Nadia Y. "Patriarchy is So Third World": Korean Immigrant Women and "Migrating" White Western Masculinity [J]. Social Problems,, Vol. 53, Issue 4, pp. 519-536.

[111] Kimmel, Michael S. 2000, The Gender Society [M]. The Oxford University Press.

[112] Komter, A. 1989, Hidden Power in Marriage [J]. Gender and Society, 3, pp. 187-216.

[113] Kulp. Daniel. H. 1925, Country Life in South China: The Sociology of Familism [M]. New York: Teachers College, Columbia University.

[114] Kutcher, Norman, 1999, Mourning in Late Imperial China: Filial Piety and the State [M]. Cambridge University Press.

[115] Lang, Olga. 1968, Chinese Family and Society [M]. Archon Books.

[116] Laslett, Peter and John Harrison, Clayworth and Cogenhoe, in Historical Essays, 1600-1750: Presented to David Ogg,

H. E. Bell and R. L. Ollard eds [M]. London, 1963.

[117] Latreille, Martin. and Michel Verdon. 2007, Wives Against Mothers: Women's Power and Household Dynamics in Rural Tunisia [J]. Journal of Family History 2007, pp. 32 – 66.

[118] Lau, S. K. 1981. Chinese Familism in an Urban-industrial Setting: The Case of Hong Kong [J]. Journal of Marriage and the Family 30 (November): 977 – 992.

[119] Levy, Marion J. 1949, The Family Revolution in Modern China [M]. Cambridge: Harvard University Press.

[120] Liu, W. T. 1977 "The Myths of the Nuclear Family and Fertility in Central Philippines." In Beyond the Nuclear Family Model [M]. L. Lenero-Otero ed., pp. 35 – 64. London: Sage.

[121] Lorber, Judith. 2005, Breaking the Bowls: Degendering and Feminist Chang [M]. New York: W. W. Norton.

[122] Lukes, Steven. 1973. Individualism [M]. Oxford: Basil Blackwell.

[123] Lukes, Steven. 1986. Power [M]. New York: New York University Press.

[124] Macfarlane, A. 1978. The Origin of English Individualism: The Family, Property and Social Transition [M]. Cambridge: Cambridge University Press.

[125] Macpherson, C. B. 1962. The Political Theory of Possessive Individualism: Hobbes to Locke [M]. Oxford: Clarendon Press.

[126] Madsen, Richard. 1984. Morality and Power in a Chinese Village [M]. Berkeley: University of California Press.

[127] Malinowski, Bronislaw 1984, Argonauts of the Western Pacific [M]. Waveland Press, Inc.

[128] Mallon, Florencia E. 1987, Patriarchy in the Transition to Capitalism: Central Peru, 1830 - 1950 [J]. Feminist Studies, Vol.13, No.2, Summer, 1987, pp. 379 - 407.

[129] McDonald, Gerald W. 1977, Family Power: Reflection and Direction [J]. The Pacific Sociological Review, Vol. 20, No4 (Oct. 1977), pp. 607 - 621

[130] Miles, M., & Huberman, M. 1994. Qualitative data analysis: an expanded sourcebook (2nd ed.) [M]. Thousand Oaks, CA: SAGE.

[131] Miller, Brent C. Family Research Methods [M]. SAGE Publications, Inc, 1986.

[132] Miller, Eric T. Filial daughters, filial sons: comparisons from rural North China. Filial Piety: Practice and Discourse in Contemporary East Asia [M]. edited by Charlotte Ikels, Stanford University Press, 2004.

[133] Millman, Marcia & Kanter, Rosabeth Moss, 1975, Another Voice: Feminist Perspectives on Social Life and Social Science [M]. New York: Anchor Books.

[134] Mitchell, Juliet. 1966, women: The Longest Revolution [J]. New Left Review 40:11 - 37.

[135] Mitterauer, Michael. & Reinhard Sieder, 1983, The European Family, Basil Blackwell.

[136] Miyanaga, Kuniko, 1991, The Creative Edge: Emerging Individualism in Japan [M]. New Jersey: transaction Publishers, New Brunswick.

[137] Moghadam, Valentine M. Patriarchy in Transition: Women and the Changing Family in the Middle East [J]. Journal of Comparative Family Studies, Spring 2004, Vol. 35 Issue 2, pp. 137 - 162.

[138] Moghadam, Valentine M. 1992, Patriarch and the Politics of Gender In Modernising Societies: Iran, Bakistan and Afghanistan [J]. International Sociology, Vol. 7, No. 1, March 1992, pp. 35 - 53.

[139] Morgan, S. Philip and Kiyosi Hirosima, 1983, The Persistence of Extended Family Residence in Japan: Anachronism or Alternative Strategy? [J]. American Sociological Review 48:269 - 281.

[140] Murdock. G. P, 1975. Social Structure [M]. New York: The Free Press.

[141] Nathan, Andrew J. 1986, Chinese Democracy: The Individual and The State in Twentieth Centrury China [M]. London: I. B. Tauris.

[142] Nauck, Bernhard. & Jana Suckow, 2006, Intergenerational Relationships in Cross-Cultural Comparison: How Social Networks Frame Intergenerational Relations Between Mothers and Grandmothersin Japan, Korea, China, Indonesia, Israel, Germany, and Turkey [J]. Journal of Family Issues, Volume 27 Number 8, August 2006, 1159 - 1185.

[143] New Directions in Anthropological Kinship, [M]. edited by Linda Stone, 2001, Rowman & Littlefield Publishers, INC.

[144] Newendorp, Nicole. 2008, Uneasy Reunions: Immigration, Citizenship, and Family Life in Post - 1997 Hong Kong [M]. Stanford University Press.

[145] Neyer, F. J. and F. R. Lang, 2003. Blood is thicker than water: Kinship orientation across adulthood [J]. Journal of Personality and social Psychology 84. 310 - 321.

[146] Nsubuga, Anthony M., Martha M. Robbins, Christophe Boesch, and Linda Vigilant, 2008, Patterns of Paternity and

Group Fission in Wild Multimale Mountain Gorilla Groups [J]. American Journal Of Physical Anthropology 135：263 - 274 (2008)

[147] Nussbaum Martha C. 1986，Love and the Individual：Romantic Rightness and Platonic Aspiration，In Reconstructing Individualism：Autonomy，Individuality，and the Self in Western Thought [M]. Heller，Thomas，Morton Sosna，and David Wellbery (eds.) Stanford University Press.

[148] Ogasawara，Yuko 1998，Office Ladies and Salaried Men：Power，Gender，and Work in Japanese Companies [M]. University of California Press.

[149] Olga. Lang. 1949. Chinese family and society [M]. New Haven：Yale University Press.

[150] Oxfeld，Ellen，1993. Blood，Sweat，and Mahjong：Family and Enterprise in an Overseas Chinese Community. [M]. Cornell University Press.

[151] Parkin，R. and L. Stone，eds. 2004. Kinship and Family：An Anthropological Reader. [M]. Blackwell.

[152] Parsons，T. & Bales，R.，eds.，1955，Family，Socialization and Interaction Process [M]. Free Press.

[153] Parsons，T. 1943，“The kinship System of the Contemporary United States.” American Anthropologist 45：22 - 38.

[154] Pasternak，Burton. 1972. Kinship and community in Two Chinese Villages [M]. Stanford：Stanford University Press.

[155] Pateman. Carole，1996，A Comment On Johnson's Does Capitalism Really Need Patriarchy? [J]. Women's Studies International Forum，Vol. 19，No. 3，pp. 203 - 205，1996.

[156] Patton，M. Q. 1990. Qualitative evaluation and research methods (2nd ed.) [M]. Newbury Park：CA：SAGE

[157] Pimentel, Ellen Efron and Jinjun Liu, 2004, Exploring Nonnormative Coresidence in Urban China: Living With Wives' Parents [J]. Journal of Marriage and Family 66 (August 2004):821 - 836.

[158] Porter, Natalie. 2005, Location, Location, Location: Contributions of Contemporary Feminist Theorists to Therapy Theory and Practice [J]. Women & Therapy, Vol. 28, No. 3/4, 2005, pp. 143 - 160.

[159] Poutvaara, Panu. 2003, Gerontocracy revisited: unilateral transfer to the young may benefit the middle-aged [J]. Journal of Public Economics 88 (2003) 161 - 174.

[160] Ragin, Charles C. Introduction: Cases of "What is a case", In What is a Case? Exploring the Foundations of Social Inquiry [M]. Edited by Charles C. Ragin and Howard S. Becker, Cambridge University Press, 2000.

[161] Rebhun, L. A. 1999, The Heart Is Unknown Country: Love in the Changing Economy of Northeast Brazil [M]. Stanford University Press.

[162] Reichadt, C. S. , & Rails, S. F. 1994. Qualitative and Quantitative Inquiries are not incompatible: A call for a new partnership. In C. S. Reichardt & S. F. Rallis (Eds.), The Qualitative-quantitative Debate: New Perspectives [M]. (pp. 85 - 92). San Francisco: Jossey-Bass.

[163] Relative Values: Reconfiguring Kinship Studies,[M]. Edited by Sarah Franklin and Susan McKinnon, 2001, Duke University Press.

[164] Risman, Barbara J. 1998, Gender Vertigo: American Families in Transition [M]. Yale University Press.

[165] Robert N. Bellah, 1996, Habits of the Heart: Individualism

and Commitment in American Life [M]. University of California Press.

[166] Rothman, Ellen. " Sex and Self-Control: Middle-Class Courtship in America, 1770 - 1870". The American Family in Social-historical Perspective [M]. Michael Gordon, 2nd ed. New York: St. Martin's Press, 1978.

[167] Ruggles, Steven. 1994, The Transformation of American Family Structure [J]. The American Historical Review, Vol. 99, No. 1 (Feb. , 1994), 103 - 128.

[168] Sa'ar, Amalia. 2005, Postcolonial Feminism, The Politics Of Identification, And The Liberal Bargain [J]. Gender & Society, Vol. 19 No. 5, October 2005, 680 - 700.

[169] Salaff, Janet W. 1976, Working Daughters in the Hong Kong Chinese Family: Female Filial Piety or a Transformation in the Family Power Structure? [J]. Journal of Social History, Vol. 9, No. 4 (Summer, 1976), pp. 439 - 465.

[170] Saso, Michael. 1999, Velvet Bonds: The Chinese Family [M]. Carmel, California: New Life Center.

[171] Schneider, David M. 1968, American Kinship: A Cultural Account [M]. Prentice-Hall, Inc. , Englewood Cliffs, New Jersey.

[172] Schneider, David M. and Raymond T. Smith, 1973, Class differences and sex roles in American kinship and family structure [M]. Englewood Cliffs, N. J. , Prentice-Hall.

[173] Schneider, David. 1984. A Critique of the Study of Kinship. [M]. University of Michigan Press.

[174] Schwartz, Pepper. 2000, Peer marriage, Marriage in America: a Communitarian Perspective [M]. Edited by Martin King Whyte, Rowman & Littlefield Publishers.

[175] Segalen, Martine, 1986, Historical Anthropology of the Family [M]. New York: Cambridge University Press.

[176] Sher, Ada Elizabeth. 1984, Aging in Post-Mao China: The Politics of Veneration [M]. Westview Press.

[177] Siu, Helen F. Reconstituting Dowry and Bride Price in South China, In Chinese Families in the post-Mao Era [M]. edited by Deborah Davis and Stevan Harrell, University of California Press, 1993.

[178] Skinner, Marilyn B. 1986, Classical Studies, Patriarchy And Feminism: The View From 1986 [J]. Women's Studies. Forum. Vol. 10, No. 2, pp. 181 - 186,1987.

[179] Skolnick, Arlene S. 2008, "Family in Transition (15th Edition)", [M]. Pearson Education, Inc.

[180] Smith, J. K. & Heshusius, L. 1986. Closing Down the Conversation: The end of the Quantitative-qualitative debate among educational researches [J]. Educational Researcher, 15, 4 - 12.

[181] Spain, Daphne & Bianchi, Susanne M. 1996. Balancing Act: Motherhood, Marriage, and Employment Among American Women. [M]. Russel Sage.

[182] Stacey, Judith. 1979, Toward a Theory of Family and Revolution: Reflections on the Chinese Case [J]. Social Problems 26, No. 5 (June 1979).

[183] Stacey, Judith. 1983, Patriarchy And Socialist Revolution In China [M]. Berkeley: University of California Press.

[184] Stacey, Judith. 1996 In the Name of the Family [M]. Boston: Beacon Press.

[185] Stacey, Judith. 1998. Brave New Families: Stories of Domestic Upheaval in Later-Twentieth-Century America [M].

University of California Press.

[186] Stack, Carol B. 1982. Domestic Networks: "Those You Count On". In Relationship: the Marriage and Family Reader [M]. [edited by] Jeffrey P. Rosenfeld., Glenview, Ill. Scott, Foresman.

[187] Stone, Linda. 2006, Kinship and Gender: An Introduction, (Third Edition). [M]. Westview Press.

[188] Strathern, Marilyn. 1992. *Reproducing the Future: Anthropology, Kinship, and the New Reproductive Technologies*. [M]. Routledge.

[189] Sussman, Marvin B. The Help Pattern in the Middle Class Family [J]. American Sociological Review, 1953, 18: 22-28.

[190] Tang, Mei-chun (唐美君). 1978, Urban Chinese Families: An Anthropological Field Study in Taipei City [M]. Taiwan, National Taiwan University Press.

[191] The American Family in Social-historical Perspective [M]. Michael Gordon, 3rd edition. New York: St. Martin's Press, 1983.

[192] The Family, Society and the Individual [M]. fourth Edition. Edited by William. M. Kephart, 1977, Houghton Mifflin Company, Boston.

[193] The Nuclear Family in Crisis: The Search for an alternative [M]. 1972, edited by Michael Gordon, Harper & Row, publishers.

[194] Thistle, Susan. 2006, From Marriage to the Market: The Transformation of Women's Live and Work [M]. Berkeley: University of California Press.

[195] Thomson, Elizabeth. 1990, Two into One: Structural Models o Couple Behavior, in Family Variable: Conceptualization,

Measurement and Use [M]. T. W. Draper and A. C. Marcos (eds.), SAGE.

[196] Thorne, Barrie, with Yalom, Marilyn, eds., 1992, 2nd, Rethinking the Family: Some Feminist Questions [M]. New York: Longman.

[197] Thornton, Arland and Thomas E. Fricke, 1987, Social Change and the family: Comparative Perspectives From the West, China and South Asia [J]. Sociological Forum 2:746 - 779.

[198] Thornton, Arland. And Hui-Sheng Lin, 1994, Social Change And The Family in Taiwan [M]. The University of Chicago Press.

[199] Thornton. Arland. 2001. The Developmental Paradigm, Reading History Sideways, and Family Change [J]. Demography, Vol. 38, No. 4, (Nov., 2001), pp. 449 - 465.

[200] Thurer, Shari L. 1994, The Myths of Motherhood: How Culture Reinvents the Good Mother, Penguin Books Ltd.

[201] Tichenor, Veronica Jaris, 1999, Status and Income as Gendered Resources: The Case of Marital Power [J]. Journal of Marriage and The family, Vol. 61, No. 3 (Aug., 1999), pp. 638 - 650.

[202] Tichenor, Veronica Jaris. 2005, Earning More and Getting Less: Why Successful Wives Can't Buy Equality [M]. Rutgers University Press.

[203] Tonnies, F. 1957, Community and association [M]. East-Lansing: Michigan State University Press.

[204] Triandis, Harry C. 1995. Individualism and Collectivism [M]. Boulder: Westview Press.

[205] Turner, Jonathan H. and Jan E. Stets, Sociological Theories of Human Emotions [J]. Annu. Rev. Sociol, 2006. 32:

25 - 52.

[206] Uhlenberg, Peter. 1988, Does Population Aging Produce Increasing Gerontocracy? [J] Sociological Forum, Vol. 3, No. 3, (Summer, 1988), pp. 454 - 463.

[207] Unger, Jonathan. Urban Families in the Eighties: An Analysis of Chinese Surveys, In Chinese Families in the post-Mao Era [M]. edited by Deborah Davis and Stevan Harrell, University of California Press, 1993.

[208] Urphy, Rachelm. 2003, Fertility and Distorted Sex Ratios in a Rural Chinese County: Culture, State, and Policy [J]. Population And Development Review 29 (4): 595 - 626 December 2003.

[209] Van, Harskamp A. and A. W. Musschenga (eds.) 2001. The Many Faces of Individualism [M]. Leuven, Belgium: Peeters.

[210] Vincent, S. 2000. Flexible families: Capitalist development and crisis in rural Peru [M]. JOURNAL OF COMPARATIVE FAMILY STUDIES. Vol. 31. No. 2.

[211] Vogel, Ezra F. 1963, Japan's New Middle Class: The Salary Man and His Family in a Tokyo Suburb [M]. Berkeley and Los Angeles: University of California Press.

[212] Walby, Sylvia. 1989. Thoerising Patriarchy [J]. Sociology Vol. 23, No. 2, May 1989, pp. 213 - 234.

[213] Walder, Andrew. 1986, Communist Neo-Traditionalism: Work and Authority in Chinese Industry [M]. University of California Press.

[214] Wang, Danyu. Ritualistic Coresidence and the Weakening of filial Practice in Rural China, Filial Piety: 2004. Practice and Discourse in Contemporary East Asia [M]. edited by

Charlotte Ikels, Stanford University Press.

[215] Watson, James L. and Rubie S. Watson, 2004, Village Life In Hong Kong: Politics, Gender and Ritual in the New Territories [M]. the Chinese University Press.

[216] Watson, Rubie and Patricia Buckley Ebrey eds. 1991. *Marriage and Inequality in Chinese Society*. [M]. University of California Press.

[217] Watson, Rubie S. 1982, The Creation of Chinese Lineage: The Teng of Ha Tsuen, 1669 - 1751. [J]. Modern Asian Stuies, 16, I (1982), pp. 69 - 100.

[218] Watson, Rubie S. 1981, Class Differences and Affinal Relations In South China [J]. MAN (Journal of the Royal Anthropological Institute, London), Vol. 16, 1981, 593 - 615.

[219] Watson. James L. 1975. Women and the Family in Rural Taiwan. (Reviewed work) [J]. The Journal of Asian Studies, Vol. 34, No. 4 (Aug., 1975), pp. 1039 - 1041.

[220] Watson. James L. 2004. Virtual Kinship, Real Estate, and Diaspora Formation: The Man Lineage Revisited [J]. The Journal of Asian Studies 63 NO. 4 (November 2004): pp. 893 - 910.

[221] Watson. James L. 1982. Chinese Kinship Reconsidered: Anthropological Perspectives on Historical Research. [J]. China Quarterly, No. 92, Dec. 1982.

[222] Weber, M. 1930, The Protestant Ethic and the Spirit of capitalism [M]. London: Allen & Unwin.

[223] Weber, M. 1968, Economy and Society. An Outline of Interpretive Sociology [M]. Berkeley: University of California Press.

[224] Wells, Robert. Family History and the Demographic Transition. In The American Family in Social-historical

Perspective [M]. Michael Gordon, 2nd ed. New York: St. Martin's Press, 1978.

[225] West, C. & Zimmerman D., 1987, Doing Gender [J]. Gender and Society, 1, pp. 125 - 151.

[226] What Is a Case? Exploring the Foundations of Social Inquiry [M]. edited by Charles C. Ragin and Howard S. Becker, Cmbridge University Press, 2000.

[227] White, James M. Advancing Family Theories [M]. SAGE Publications, Inc, 2005.

[228] Whyte, Martin K. Wedding Behavior and Family Stratgies in Chendu, In Chinese Families in the post-Mao Era [M]. edited by Deborah Davis and Stevan Harrell, University of California Press, 1993.

[229] Whyte, Martin King, 1973, The Family, Proceedings of the Academy of Political Science [J]. Vol. 31, No. 1, China's Developmental Experience (Mar., 1973), pp. 175 - 192.

[230] Whyte, Martin King. 1989 Revolutionary Social Change and Patrilocal Residence in China [J]. Ethnology, Vol. 18, No. 3, (Jul., 1989), pp. 211 - 227.

[231] Whyte, Martin King, 1992, Introduction: Rural Economic Reforms and Chinese Family Patterns [J]. The China Quarterly, No. 130 (Jun., 1992), pp. 317 - 322.

[232] Whyte, Martin King. 2005, Continuity and Change in Urban Chinese Family Life [J]. the China Journal, No. 53.

[233] Wicoff, Kamy, 2006, I Do, But I Don't: Walking Down the Aisle Without Losing Your Mind [M]. Cambridge, MA: Da Capo Press.

[234] Widmer, Eric D. 2006, Who are my family members? Bridging and binding social capital in family configurations

[M]. JOURNAL OF SOCIAL AND PERSONAL RELATIONSHIPS, Vol. 23, No. 6, pp. 979 - 998, DEC 2006.

[235] Williams, Brian; Stacey C. Sawyer, Carl M. Wahlstrom. 2005. Marriages, Families & Intimate Relationships [M]. Boston, MA: Pearson.

[236] Wilson, Gail. 1987, Money in the family: financial organisation and women's responsibility, Aldershot, Hants [M]. England ; Brookfield, USA : Avebury.

[237] Wirth, Louis. Urbanism As a Way of Life, In Urban Life: Readings in the Anthropology of the City [M]. edited by George Gmelch and Walter P. Zenner, Waveland Press, Inc. 2002.

[238] Wolf, Margery. 1972, Women and the Family in Rural Taiwan [M]. Stanford University Press.

[239] Women & Chinese Patriarchy: Submission, Servitude and Escape [M]. Edited by Maria Jaschok and Suzanne Miers, Hong Kong University Press, 1994.

[240] Wong, Chun-kit Joseph. (黄俊杰) 1981, The Changing Chinese Family Pattern in Taiwan [M]. Southern Materials Center, Inc..

[241] Xu Xiaohe and Martin Whyter, 1999, Love Matches and Arranged Marriages: A Chinese Replication [J]. Journal of Marriage and the Family, Vol. 52, No. 3 (Aug. 1990), pp. 709 - 722.

[242] Xu Xiaohe, 2002, Resources, Gender Ideologies, and Marital Power The Case of Taiwan [J]. Journal Of Family Issues, Vol. 23 No. 2, March 2002, pp. 209 - 245.

[243] Yan Yunxiang, 2002, Courtship, love and premarital Sex in a

North China Village [J]. China Journal, No. 48, pp. 29 - 53.

[244] Yan, Yunxiang. 2006, Girl Power: Young Women And The Waning of Patriarchy In Rural North China [J]. Ethnology, Spring 2006, Vol. 45 Issue 2, pp. 105 - 123.

[245] Yan, Yunxiang. 2009, The Individualization of Chinese Society, BERG.

[246] Zhan, Heying Jenny and Rhonda J. V. Montgomery, 2003, Gender and Elder Care in China: The Influence of Filial Piety and Structural Constraints [J]. Gender and Society, Vol. 17, No. 2, Global Perspectives on Gender and Carework, (Apr., 2003), pp. 209 - 229.

[247] Zuo, Jiping. & Yanjie Bian, Beyond Resources and Patriarchy: Marital Construction of Family Decisiong-Making Power in Post-Mao Urban China [J]. Journal of Comparative Family Studies, 2005.

中文:

[1] [澳]唐·埃德加、海伦·格莱泽.家庭与亲密关系.家庭生活历程与私生活的再建[J].仕琦译.国际社会科学杂志.1995年第1期.

[2] [德]诺贝特. 埃利亚斯.个体的社会[M].译林出版社,2003.

[3] [德]乌尔里希·贝克.风险社会.[M].何博闻译.译林出版社.2003.

[4] [法]埃米尔·迪尔凯姆.社会学方法的规则.[M].胡伟译,华夏出版社,1999年版.

[5] [法]吉尔·利波维茨基.空虚时代.论当代个人主义[M].方仁杰、倪复生译.中国人民大学出版社.2007年5月.

[6] [法]克洛德·列维-斯特劳斯、列维-斯特劳斯文集9.人类学演讲集[M].张毅生、张祖建、杨珊译.中国人民大学出版社.2007.

[7] [法]克洛德·列维-斯特劳斯.结构人类学[M].张祖建译.中国人民大学出版社.2006年.

[8] [加]大卫·切尔.家庭生活的社会学[M].彭铟旎译.中华书局.2005年8月.

[9] [加]朱爱岚.中国北方村落的社会性别与权力[M].胡玉坤译.江苏人民出版社.2004.

[10] [美]J.罗斯·埃什尔曼.家庭导论[M].潘允康等译.中国社会科学出版社.1991年北京.

[11] [美]Joseph A. Maxwell.质性研究设计[M].陈浪译.中国轻工业出版社.2008年.

[12] [美]W.古德.家庭[M].魏章玲译.社会科学文献出版社.1986年.北京.

[13] [美]艾米莉·韩尼格、盖尔·贺肖.美国女学者眼里的中国女性[M].陈山、延宁、侯玉海译.陕西人民出版社.1999年.

[14] [美]贝尔·胡克斯.女权主义理论.从边缘到中心[M].江苏人民出版社.2001.

[15] [美]丹尼尔·哈里森·葛学溥.华南的乡村生活——广东凤凰村的家族主义社会学研究[M].周大鸣译.知识产权出版社.2006年.

[16] [美]华琛(James. Watson).中国丧葬仪式的结构——基本形态、仪式次序、动作的首要性[J].历史人类学学刊(台湾)第一卷.第二期.2003年10月.

[17] [美]加里·斯坦利·贝克尔.家庭论[M].商务印书馆.2005年.

[18] [美]赖特·米尔斯.社会学的想象力[M].陈强.张永强译.生活·读书·新知三联书店.2005.

[19] [美]理查德·桑内特.公共人的衰弱[M].李继宏译.上海译文出版社.2008年.

[20] [美]丽莎·斯冈茨尼、约翰·斯冈茨尼.角色变迁中的男性与女性(Men. Women and Change)[M].潘建国、潘邦顺、王晴波译.

浙江人民出版社 1988 年 8 月.

[21] [美]托克维尔. 论美国的民主[M]. 董果良译. 商务印书馆. 2006 年 6 月.

[22] [美]托妮・法尔博. 独生子女与独生子女家庭[M]. 云南教育出版社. 2001 年 1 月.

[23] [美]薇薇安娜・A. 泽利泽. 亲密关系的购买[M]. 姚伟. 刘永强等译. 上海人民出版社. 2009 年.

[24] [挪威]托马斯・许兰德・埃里克森. 小地方. 大论题——社会文化人类学导论[M]. 董薇译. 周大鸣校. 商务印书馆. 2008 年. 北京.

[25] [挪威]贺美德・鲁纳编著. “自我”中国[M]. 许烨华等译. 上海译文出版社. 2011 年.

[26] [日]上野千鹤子. 近代家庭的形成和终结[M]. 商务印书馆. 2004 年.

[27] [英]F. A. 冯・哈耶克. 个人主义与经济秩序[M]. 邓正来译. 生活・读书・新知三联书店. 2003 年.

[28] [英]安东尼・吉登斯. 亲密关系的变革——现代社会中的性、爱和爱欲[M]. 陈永国、汪民安等译. 社会科学文献出版社. 2001 年.

[29] [英]安东尼・吉登斯. 失控的世界[M]. 周红云译. 江西人民出版社. 2001 年.

[30] [英]安东尼・吉登斯. 现代性与自我认同[M]. 赵旭东、方文译. 王铭铭校. 生活・读书・新知三联书店. 1998 年.

[31] [英]奈杰尔・巴利. 天真的人类学家——小泥屋笔记[M]. 何颖怡译. 上海人民出版社. 2003 年.

[32] [英]齐格蒙特・鲍曼. 流动的现代性[M]. 欧阳景根译. 上海三联书店. 2002 年.

[33] D. 简・克兰迪宁、F. 迈克尔・康纳利. 叙事探究. 质的研究中的经验和故事[M]. 陈向明审校. 张园译. 北京大学出版社.

2008 年.
[34] Joseph A. Maxwell. 质性研究设计[M]. 陈浪译. 中国轻工业出版社. 2008 年.
[35] Sinha, Mrinalini. 2009 年. 如何以全球视野思考社会性别? [C] 张颖译. "社会性别研究国际学术会议"会议主题报告.
[36] 阿巴斯・塔沙克里. 查尔斯・特德莱. 混合方法论. 定性方法和定量方法的结合[M]. 唐海华译. 张小劲校. 重庆大学出版社. 2010 年.
[37] 艾尔・巴比. 社会研究方法[M]. 邱泽奇译. 华夏出版社. 2000 年.
[38] 艾伦・麦克法兰. 英国个人主义的起源[M]. 管可秾译. 商务印书馆. 2008 年.
[39] 巴博德(Burton Pasternak). 中国天津红天里的婚姻与生育[A]. 中国家庭及其变迁[M]. 主编:乔健. 编辑:李沛良、金耀基、杨汝万、刘兆佳、关信基. 香港中文大学社会科学院暨香港亚太研究所. 1991 年.
[40] 柏隶. 平等与差异. 西方后现代主义女性主义理论[A]. 鲍晓兰主编. 西方女性主义研究评介[M]. 生活・读书・新知三联书店. 1995 年.
[41] 包蕾萍、陈建强. 中国"独生父母"婚育模式初探:以上海为例[J]. 人口研究,第 29 卷第 4 期 2005 年 7 月.
[42] 边馥琴、约翰・罗根. 中美家庭代际关系比较研究[J]. 社会学研究. 2001 年第 2 期.
[43] 边燕杰、李煜. 中国城市家庭的社会网络资本[J]. 清华社会学评论. 2000 年第 2 期.
[44] 蔡采秀. 工业化对亲属关系的影响[A]. 性别视角. 生活与身体[M]. 王金玲、林维红主编. 社会科学文献出版社. 2009 年.
[45] 曹锦清、陈中亚. 走出"理想"城堡——中国"单位"现象研究[M]. 海天出版社. 1997 年.

[46] 曹锦清、张乐天. 当代浙北乡村的社会文化变迁[M]. 上海远东出版社. 2001 年.

[47] 曹诗弟、泥安儒. “他是他. 我是我”:中国农村养老中的个人和集体[A]. 贺美德 鲁纳编著“自我”中国. [M]. 许烨华等译. 上海译文出版社. 2011 年.

[48] 曾毅、李伟、梁志武 中国家庭结构的现状、区域差异及变动趋势[J]. 中国人口科学. 1992 年第 2 期.

[49] 曾毅、梁志武. 中国 80 年代以来各类核心家庭户的变动趋势[J]. 中国人口科学. 1993 年第 3 期.

[50] 曾毅、王正联. 中国家庭与老年人居住安排的变化[J]. 中国人口科学 2004 年第 5 期.

[51] 陈成文、孙中民. 二元还是一元. 中国户籍制度改革的模式选择[J]. 湖南师范大学社会科学学报. 2005 年第 2 期.

[52] 陈功. 家庭革命[M]. 中国社会科学出版社. 2000 年 1 月.

[53] 陈皆明. 投资与赡养——关于城市居民代际交换的因果分析[J]. 中国社会科学. 2006 年第 1 期.

[54] 陈胜利、魏津生、林晓红主编. 中国计划生育与家庭发展变化[M]. 人民出版社. 2002 年 12 月.

[55] 陈卫民. 家庭户规模变化的人口因素分析[J]. 广东社会科学. 2001 年第 4 期.

[56] 陈午晴. 当代中国的单位变革与家庭变迁[J]. 河北大学出版社. 2004 年 1 月.

[57] 陈向明. 质的研究方法与社会科学研究[M]. 教育科学出版社. 2000 年.

[58] 大卫·费特曼. 民族志. 步步深入. 龚建华译. 重庆大学出版社. 2007 年.

[59] 当代中国妇女家庭地位研究[M]. 主编:沙吉才. 副主编:熊郁、刘启明、孙淑清. 天津人民出版社. 1995 年.

[60] 当代中国婚姻家庭[M]. 中国婚姻家庭研究会编. 中国妇女出版

社. 1986 年.

[61] 邓伟志. 近代中国家庭的变革[M]. 上海人民出版社. 1994 年.

[62] 丁文、徐泰玲. 当代中国家庭的巨变[M]. 山东大学出版社. 2001 年.

[63] 董之鹰. 传统孝文化的建构与重构[J]. 中国社会科学院院报. 2008 年 2 月 29 日.

[64] 都市人类学[M]. 阮西湖主编. 华夏出版社. 北京. 1991 年.

[65] 恩格斯. 家庭、私有制和国家的起源[M]. 人民出版社. 2006 年版本.

[66] 樊欢欢. 家庭策略研究的方法论——中国城乡家庭的一个分析框架[J]. 社会学研究. 2000 年第 5 期.

[67] 费孝通. 家庭结构变动中的老年赡养问题——再论中国家庭结构的变动[J]. 北京大学学报. 1983 年第 3 期.

[68] 费孝通. 1998 年. 乡土中国生育制度[M]. 北京大学出版社.

[69] 费孝通. 江村农民生活及其变迁[M]. 敦煌文艺出版社. 1997 年.

[70] 费孝通. 三论中国家庭结构的变动[A]. 中国家庭及其变迁[M]. 主编:乔健. 编辑:李沛良. 金耀基、杨汝万、刘兆佳、关信基. 香港中文大学社会科学院暨香港亚太研究所. 1991 年.

[71] 风笑天. 城市青年的生育意愿. 现状与比较分析[J]. 江苏社会科学. 2004. 4

[72] 风笑天. 独生子女政策对青少年教育的影响[J]. 探索与争鸣. 2003 年 3 月.

[73] 风笑天. 论城市独生子女家庭的社会特征[J]. 社会学研究. 1992 年第 1 期.

[74] 风笑天. 走进“围城”的独生子女:概念、规模与质疑[J]. 江苏社会科学. 2005. 3.

[75] 冯汉骥(han yi feng). 中国亲属称谓指南[M]. 徐志成译. 上海文艺出版社. 1989.

[76] 弗朗索瓦兹·佐纳邦德. 论家庭——用人类学的眼光看亲族关系

与家庭[A]. 家庭史(一)[M]. 安德烈·比尔基埃等主编. 生活·读书·新知三联书店. 1998.

[77] 杰克·古迪,1998,序言,[A]. 家庭史(三)[M]. 安德烈·比尔基埃等主编. 生活·读书·新知三联书店,1998.

[78] 高永平. 中国传统财产继承背后的文化逻辑——家系主义[J]. 社会学研究 2006. 3.

[79] 管华. “四、二、一”家庭模式与中国人口再生产[J]. 湖北社会科学. 2006 年 1 月.

[80] 郭康健. 家庭的两代关系——上海个案研究[J]. 青年研究. 1994 年第 11 期.

[81] 郭于华. 代际关系中的公平逻辑及其变迁——对河北农村养老事件的分析[J]. 中国学术. 2001 年总第八辑.

[82] 郭于华. 倾听底层. 我们如何讲述苦难[M]. 广西师范大学出版社. 2011 年.

[83] 郭振羽. 家族主义和社会变迁:新加坡华人家庭组织的分析. 中国家庭及其变迁. 主编:乔健,编辑:李沛良、金耀基、杨汝万、刘兆佳、关信基. 香港中文大学社会科学院暨香港亚太研究所. 1991 年.

[84] 郭志刚、陈功. 从 1995 年 1%人口抽样调查资料看北京从妻居婚姻[J]. 社会学研究. 1999 年第 5 期.

[85] 郭志刚. 北京市家庭户的变化及外来人口的影响[J]. 北京社会科学. 2004 年. 第 3 期.

[86] 郭志刚. 当代中国人口发展与家庭户的变迁[M]. 中国人民大学出版社. 1995.

[87] 郭志刚等. 我国现行生育政策与“四二一”家庭[A]. 风笑天主编. 中国独生子女. 从“小皇帝”到“新公民”[M]. 知识出版社. 2004.

[88] 贺美德、庞翠明. 个人选择的理想化. 中国农村青年眼中的工作、爱情和家庭[A]. 贺美德、鲁纳编著. “自我”中国. [M]. 许烨华等译. 上海译文出版社. 2011 年.

[89] 贺雪峰. 农村家庭代际关系的变动及其影响[J]. 江海学刊. 2008. 4.

[90] 洪小良、尹志刚. 城市贫困家庭的社会关系网络研究[J]. 北京行政学院学报. 2005. 3.

[91] 胡亮. 由传统到现代——中国家庭结构变迁特点及原因分析[J]. 西北人口. 2004 年第 2 期.

[92] 胡士云. 汉语亲属称谓研究[M]. 商务印书馆. 2007.

[93] 华南婚姻制度与妇女地位. 马建剑、乔健、杜瑞乐主编. 广西民族出版社. 1994 年.

[94] 华人妇女家庭地位——台湾、天津、上海、香港之比较[M]. 伊庆春、陈玉华主编. 社会科学文献出版社. 2006 年 6 月.

[95] 杰克·顾迪(Jack Goody). 饮食与爱情. 东方与西方的文化史[M]. 杨慧君译. 台北. 联经. 2004.

[96] 金观涛、刘青峰. 2010. 观念史研究. 中国现代重要政治术语的形成[M]. 法律出版社.

[97] 金耀基. 从传统到现代[M]. 法律出版社. 2010 年.

[98] 金一虹. 父权的式微——江南农村现代化进程中的性别研究[M]. 四川人民出版社. 2000 年.

[99] 可凌玮、郭学贤. 改革开放对家庭结构的影响[J]. 郑州大学学报(哲学社会科学版). 第 36 卷第 1 期. 2003 年 1 月.

[100] 克利福德·格尔茨. 文化的解释[M]. 韩莉译. 译林出版社. 2008 年.

[101] 孔迈隆. 中国家庭与现代化. 传统与适应的结合[A]. 中国家庭及其变迁. 主编:乔健. 编辑:李沛良、金耀基、杨汝万、刘兆佳、关信基. 香港中文大学社会科学院暨香港亚太研究所. 1991 年.

[102] 雷敏、冯九璋. 女性文化程度与生育率[J]. 南京人口管理干部学院学报. 第 19 卷第 2 期. 2003 年 4 月.

[103] 雷洁琼. 家庭社会学二十年[J]. 社会学研究. 2000 年第 6 期.

[104] 李东山. 工业化与家庭制度变迁[J]. 社会学研究. 2000 年第

6 期.
[105] 李东山. 家庭还是社会的细胞吗? ——试论家庭的社会地位变迁[J]. 社会学研究. 1990 年第 3 期.
[106] 李汉林. 中国单位社会[M]. 上海人民出版社. 2004 年.
[107] 李沛良. 香港家庭与亲属体系的变迁. 回顾与展望[A]. 中国家庭及其变迁[M]. 主编:乔健. 编辑:李沛良、金耀基、杨汝万、刘兆佳、关信基. 香港中文大学社会科学院暨香港亚太研究所. 1991 年.
[108] 李树茁、靳小怡、[美]费尔德曼、[加]李南、朱楚珠. 当代中国农村的招赘婚姻[M]. 社会科学文献出版社. 2006 年.
[109] 李霞. 娘家与婆家. 华北农村妇女的生活空间和后台权利[M]. 社会科学文献出版社. 2010 年.
[110] 李亦园. 台湾汉人家族的传统与现代适应[A]. 中国家庭及其变迁[M]. 主编:乔健. 编辑:李沛良、金耀基、杨汝万、刘兆佳、关信基. 香港中文大学社会科学院暨香港亚太研究所. 1991 年.
[111] 李银河、陈俊杰. 个人本位、家本位与生育观念[J]. 社会学研究. 1993 年第 2 期.
[112] 李银河、郑宏霞. 一爷之孙——中国家庭关系的个案研究[M]. 上海文化出版社. 2001 年.
[113] 李银河. 生育与中国村落文化[M]. 香港牛津大学出版社出版. 1993 年.
[114] 李长莉. 家庭夫妇伦理近代变迁的民间基础[J]福建论坛 · 人文社会科学版. 2002 年第 5 期.
[115] 李中清、郭松义、定宜庄编. 婚姻家庭与人口行为[M]. 北京大学出版社. 2000 年 1 月.
[116] 利翠珊. 婆媳与母女. 不同世代女性家庭经验的观点差异[A]. 性别视角. 生活与身体[M]. 王金玲、林维红主编. 社会科学文献出版社. 2009.
[117] 廖小平. 中国传统家庭代际伦理的现代转型和重构[J]. 东南学

术. 2005 年第 6 期.

[118] 林美容. 汉语亲属称谓的结构分析[M]. 稻香出版社. 1980 年 4 月. 台北.

[119] 林松龄. 台湾社会的婚姻与家庭-社会学的实证研究[M]. 台湾五南图书出版公司. 2000 年.

[120] 林耀华. 义序的宗族研究[M]. 生活·读书·新知三联书店. 2000 年.

[121] 林耀华、金翼——中国家族制度的社会学研究[M]. 生活·读书·新知三联书店. 北京. 1989 年.

[122] 刘宝驹. 现代中国城市家庭结构变化研究[J],社会学研究 2000. 6.

[123] 刘炳福. 上海当代婚姻家庭[M]. 上海三联书店. 1996 年.

[124] 刘成明. 青海省家庭结构的变动情况及原因分析[J]. 青海师范大学学报(哲学社会科学版). 1999 年第 4 期.

[125] 刘创楚、杨庆堃. 中国社会从不变到巨变[M].(香港)中文大学出版社. 1989 年.

[126] 刘庚常. 中国家庭结构的变动趋势及其未来影响[J]. 晋阳学刊. 1999 年第 5 期.

[127] 刘桂莉. 眼泪为什么往下流?———转型期家庭代际关系倾斜问题探析[J]. 南昌大学学报(人文社会科学版). 2005 年 11 月第 36 卷第 6 期.

[128] 刘建军. 单位中国——社会调控体系重构中的个人、组织与国家[M]. 天津人民出版社. 2000 年.

[129] 刘英. 中国城市家庭的发展与变化. 京津沪宁蓉五城市家庭调查初析[A].《中国家庭及其变迁》[M]. 主编:乔健. 编辑:李沛良、金耀基、杨汝万、刘兆佳、关信基. 香港中文大学社会科学院暨香港亚太研究所. 1991 年.

[130] 卢晖临. 社区研究. 源起、问题与新生[J]. 载开放时代. 2005 年第 4 期.

[131] 吕亚军、杨伟平. 20 世纪西欧家庭结构的发展[J]. 红河学院学报. 2005 年 10 月.
[132] 马春华、石金群、李银河、王震宇、唐灿. 中国城市家庭变迁的趋势和最新发现[J]. 社会学研究. 2011 年 2 月.
[133] 麻国庆. 分家. 分中有继也有合——中国分家制度研究[J]. 中国社会科学. 1999 年第 1 期.
[134] 麻国庆. 家与中国社会结构[M]. 文物出版社. 1999 年.
[135] 麻国庆. 永远的家——传统惯性与社会结合[M]. 北京大学出版社. 2009 年.
[136] 毛丹. 一个村落共同体的变迁——关于尖山下村的单位化的观察与阐释[M]. 学林出版社. 2000 年.
[137] 莫里斯・弗里德曼. 中国东南的宗族组织[M]. 刘晓春译. 王铭铭校. 上海人民出版社. 2000 年 3 月.
[138] 潘鸿雁. 对非常规核心家庭实践的亲属关系的考察——以翟城村为例[J]. 新疆大学学报(哲学・人文社会科学版). 2006 年 11 月第 34 卷第 6 期.
[139] 潘鸿雁. 农村分离的核心家庭与社区支持[J]甘肃社会科学. 2005 年第 4 期.
[140] 潘鸿雁、孟献平. 家庭策略与农村非常规核心家庭夫妻权力关系的变化[J]. 新疆社会科学. 2006 年第 6 期.
[141] 潘天舒. 发展人类学概论[M]. 华东理工大学出版社. 2009 年.
[142] 潘允康、林南. 中国城市现代家庭模式[J]. 社会学研究. 1987 年第 3 期.
[143] 潘允康、阮丹青. 中国城市家庭网[J]. 浙江学刊. 1995. 3.
[144] 潘允康、约翰・罗根、边馥芹、边燕杰、关颖、卢汉龙. 住房与中国城市的家庭结构——区位学理论思考[J]. 社会学研究. 1997 年第 6 期.
[145] 潘允康. 家庭社会学[M]. 重庆出版社. 1986 年版.
[146] 潘允康. 中国家庭网的现状和未来[J]. 社会学研究. 1990 年第

5 期.

[147] 潘允康.社会变迁中的家庭[M].天津社会科学院出版社.2002 年 6 月第一版.

[148] 潘允康.讨论我国城市的核心家庭[A].中国家庭及其变迁[M].主编:乔健.编辑:李沛良、金耀基、杨汝万、刘兆佳、关信基.香港中文大学社会科学院暨香港亚太研究所.1991 年.

[149] 潘泽泉.现代家庭功能的变迁趋势研究[J].学术交流.2005 年 1 月.

[150] 彭希哲、黄娟.人口态势对我国家庭模式的影响[J].社会学研究.1996 年第 2 期.

[151] 乔健.性别不平等的内衍和革命.中国的经验[A].华南婚姻制度与妇女地位[M].马建剑、乔健、杜瑞乐主编.广西民族出版社.1994 年.

[152] 瞿学伟.人情、面子与权力的再生产——情理社会中的社会交换方式[J].社会学研究.2004 年第 5 期.北京.

[153] 全球视角:妇女、家庭与公共政策[M].周颜玲、凯瑟琳·M.伯海德主编.王金玲等译.社会科学文献出版社.2004 年.

[154] 阮丹青、周路等.田径城市居民社会网初析[J].中国社会科学.1990.2.

[155] 阮新邦、罗沛霖、贺玉英.《婚姻性别与性——一个当代中国农村的考察》[M].台湾八方文化企业公司.1999 年.

[156] 沈崇麟、杨善华.当代中国城市家庭研究[M].中国社会科学出版社.1995.

[157] 沈崇麟、李东山、赵峰.变迁中的城乡家庭[M].重庆出版社.2009.

[158] 沈奕斐.被建构的女性——当代社会性别理论[M].上海人民出版社.2005.

[159] 沈奕斐.在科学与传统之间——"生育的故事"课题报告之一[A].复旦大学第三届社会性别与发展论坛论文集[M].张禾

天、邹晓露、沈奕斐主编. 上海社会科学院出版社. 2008 年.

[160] 世纪之交的城乡家庭[M]. 主编：沈崇麟、杨善华、李东山. 中国社会科学出版社. 1999.

[161] 宋健. “四二一”结构——形成及其发展趋势[J]. 中国人口科学. 2000. 2.

[162] 苏颂兴. 上海独生子女的社会适应问题[J]. 学术季刊. 1998. 5.

[163] 孙得雄. 社会变迁中的中国家庭：以台湾为例[A]. 中国家庭及其变迁[M]. 主编：乔健. 编辑：李沛良、金耀基、杨汝万、刘兆佳、关信基. 香港中文大学社会科学院暨香港亚太研究所. 1991 年.

[164] 孙立坤. 河南当代家庭变迁[M]. 人民出版社. 2004 年.

[165] 孙立坤. 河南省家庭变迁特征概述[J]. 河南社会科学. 2004 年 7 月. 第 12 卷第 4 期.

[166] 孙丽燕. 20 世纪末中国家庭结构及其社会功能的变迁[J]. 西北人口. 2004 年第 5 期.

[167] 谭琳、陈卫民. 女性与家庭. 社会性别视角的分析[M]. 天津人民出版社. 2001 年 6 月.

[168] 谭琳. 婚姻、家庭变革中的妇女问题的国际比较研究[J]. 中国人口科学. 1994 年第 6 期.

[169] 谭深. 家庭社会学研究概述[J]. 社会学研究. 1996 年第 2 期.

[170] 谭深. 农村劳动力外出决策模式的性别分析[R/DB]. 资料来源：中国网 http://www.china.com.cn/06/20/2003.

[171] 汤兆云. 20 世纪 70 年代中国人口政策研究[J]. 江西社会科学. 2003 年第 3 期.

[172] 唐灿. 北京市城乡社会家庭婚姻制度的变迁[J]. 北京行政学院学报. 2005 年第 5 期.

[173] 唐灿. 评 2003—2006 国内家庭婚姻研究[J]. 中国社会学年鉴. 2007 年.

[174] 唐灿. 中国城乡社会家庭结构与功能的变迁[J]. 浙江学刊. 2005 年第 2 期.

[175] 唐灿、马春华、石金群. 女儿赡养的伦理与公平——浙东农村家庭代际关系的性别考察[J]. 社会学研究. 2009. 6

[176] 唐灿. 家庭现代化理论及其发展的回顾与评述[J]. 社会学研究. 2010 年 3 月。

[177] 童星、崔晓辉. "现代化"概念及其内涵[J]. 江苏行政学院学报. 2004 年第 4 期.

[178] 汪怀君. 试析现代家庭伦理关系的嬗变[J]. 前沿. 2005 年第 11 期.

[179] 王金玲. 女性社会学的本土研究与经验[M]. 上海人民出版社. 2002 年.

[180] 王来华、约瑟夫・施耐德. 论老年人家庭照顾的类型和照顾中的家庭关系——一项对老年人家庭照顾的"实地调查"[J]. 社会学研究. 2000 年第 4 期.

[181] 王善军. 宋代家庭结构初探[J]. 社会科学战线. 2000 年 3 期.

[182] 王善军. 宋代宗族和宗族制度研究[M]. 河北教育出版社. 2000 年.

[183] 王树新. 社会变革与代际关系研究[M]. 首都经济贸易大学出版社. 2004.

[184] 王松兴. 中国人的"家"制度与现代化[A]. 中国家庭及其变迁[M][M]. 主编:乔健. 编辑:李沛良、金耀基、杨汝万、刘兆佳、关信基. 香港中文大学社会科学院暨香港亚太研究所. 1991 年.

[185] 王威海. 中国户籍制度——历史与政治的分析[M]. 上海文化出版社. 2006 年.

[186] 王雅林、李金荣. 城市职工家务劳动研究[J]. 中国社会科学. 1982 年第 1 期.

[187] 王玉波. 中国古代的家[M]. 商务印书馆国际有限公司. 1995 年.

[188] 王玉波. 中国家长制家庭制度史[M]. 天津社会科学院出版社. 1989 年.

[189] 王跃生. 当代中国家庭结构变动分析[J]. 中国社会科学. 2006年1月.
[190] 王跃生. 当代中国城乡家庭结构变动比较[J]. 社会. 2006. 3.
[191] 王跃生. 华北农村家庭结构变动研究——立足冀南地区的分析[J]. 中国社会科学. 2003年第4期.
[192] 王跃生. 十八世纪中后期的中国家庭结构[J]. 中国社会科学. 2000年第2期.
[193] 文崇一. 台湾的工业化与家庭关系的转变[A]. 中国家庭及其变迁[M]. 主编:乔健. 编辑:李沛良、金耀基、杨汝万、刘兆佳、关信基. 香港中文大学社会科学院暨香港亚太研究所. 1991年.
[194] 夏桂根. 吴江市第一代独生子女婚育状况调查报告[J]. 人口与计划生育. 2001. 3.
[195] 夏伟东、李颖、杨宗元. 个人主义思潮[M]. 高等教育出版社. 2006年.
[196] 肖群忠. 传统孝道与当代养老模式. 西北师大学报(社会科学版)[J]2000年2月. 第37卷第2期.
[197] 笑冬. 最后一代传统婆婆?[J].《社会学研究》. 2002年第3期.
[198] 谢维扬. 周代家庭形态[M]. 中国社会科学出版社. 1990年.
[199] 邢铁. 试论“宋型家庭”[J]. 河北师范大学学报(哲学社会科学版). 2003年11月. 第26卷第6期.
[200] 邢铁. 宋代家庭研究[M]. 上海人民出版社. 2005年.
[201] 熊跃根. 中国城市家庭的代际关系与老人照顾[J]. 中国人口科学. 1998年第6期.
[202] 徐安琪、叶文振. 中国离婚率的地区差异分析[J]. 人口研究. 第26卷第4期2002年7月.
[203] 徐安琪、叶文振. 婚姻质量. 度量指标及其影响因素[J]. 中国社会学. 第四卷. 上海人民出版社. 2005年10月.
[204] 徐安琪. 对家庭结构的社会学和人口学的考察[J]. 浙江学刊. 1995年第1期.

[205] 徐安琪.夫妻权利和妇女家庭地位的评价指标.反思与检讨[J].社会学研究.2005年第4期.北京.

[206] 徐安琪.婚姻权力模式.城乡差异及其影响因素[J].台大社会学刊第二十九期.2001年2月.

[207] 徐安琪.家庭结构与代际关系研究.以上海为例的实证分析[J].江苏社会科学.2001年2月.

[208] 徐安琪.家务分配及其公平性——上海市的经验研究[J].中国人口科学.2003.第3期.

[209] 许圣伦、夏铸久、翁注重.传统厨房炉灶的空间、性别与权力[A].性别视角.生活与身体[M].王金玲、林维红主编.社会科学文献出版社.2009.

[210] 鄢盛明、陈皆明、杨善华.居住安排对子女赡养行为的影响[J].中国社会科学.2001年第1期.

[211] 阎云翔.差序格局与中国文化的等级观[J].社会学研究.2006年第4期.

[212] 阎云翔.家庭政治中的金钱与道义——北方农村分加模式的人类学分析[J],中国社会学.第四卷.上海人民出版社.2005年10月.

[213] 阎云翔.私人生活的变革.一个中国村庄里的爱情、家庭与亲密关系1949—1999[M].龚小夏译.上海书店出版社.2006年.

[214] 阎云翔.《中国社会的个体化》[M].陆洋等译.上海译文出版社.2012年.

[215] 阎云翔.导论.自相矛盾的个体形象:纷争不已的个体化进程[A].贺美德鲁纳编著"自我"中国.[M].许烨华等译.上海译文出版社.2011年.

[216] 杨鸿燕.上海市两地户口婚姻的特征、存续状况及其空间模式[J].华东师范大学人口研究.

[217] 杨菊华、李路路.代际互动与家庭凝聚力——东亚国家和地区比较研究[J].《社会学研究》2009年3月.

[218] 杨善华、刘小京. 中国农村家庭研究的若干理论问题[J]. 中国社会科学. 2000 年第 5 期.

[219] 杨善华、孙飞宇. 作为意义探究的深度访谈[J]. 社会学研究. 2005 年. 第 5 期.

[220] 杨善华. 家庭社会学. 高等教育出版社. 2006 年 4 月.

[221] 杨善华. 中国城市家庭变迁中的若干理论问题[J]. 社会学研究. 1994 年第 3 期.

[222] 杨善华、沈崇麟. 城乡家庭——时尚经济与非农化背景下的变迁[M]. 浙江人民出版社. 2000 年.

[223] 杨善华. 经济体制改革和中国农村的家庭与婚姻[M]. 北京大学出版社. 1995 年.

[224] 杨上广、王春兰. 上海城市居住空间分异的社会学研究[J]. 社会. 2006 年第 6 期 pp. 117—137.

[225] 杨雄、程福财. 社会转型对上海家庭结构的影响——对 500 个家庭入户调查[J]. 上海社会科学院学术季刊. 2002 年第 1 期.

[226] 杨云彦. 人口迁移与劳动力流动的女性主义分析框架[R/DB] www. chinapop. gov. cn.

[227] 杨知勇. 家族主义与中国文化[M]. 云南大学出版社. 2000 年.

[228] 叶文振. 论计划生育文化发展与家庭变革[J]. 东南学术. 2002 年第 4 期.

[229] 余华林. 近 20 年来中国近代家庭史研究评析[J]. 中州学刊. 2005 年 3 月.

[230] 原新. 独生子女家庭的养老支持——从人口学视角的分析[J]. 人口研究. 2004 年第 5 期.

[231] 约翰・W. 克雷斯威尔. 研究设计与写作指导. 定性、定量与混合研究的路径[M]. 崔延强主译. 重庆大学出版社. 2007 年.

[232] 约翰・罗根、边馥芹. 城市老年人口与已婚子女同住的观念与现实[J]. 中国人口科学. 2003 年第 2 期.

[233] 约瑟夫・A. 马克斯威尔. 质的研究设计:一种互动的取向[M].

朱广明译. 陈向明校. 重庆大学出版社. 2007 年.

[234] 岳庆平. 中国的家与国[M]. 吉林文史出版社. 1990 年.

[235] 张乐天. 告别理想. 人民公社制度研究[M]. 上海人民出版社. 2005.

[236] 张乐天. "国家话语的接受与消解". [J] 社会学研究. 2001 年第 6 期(中国社会科学文摘 2002 年第 2 期转载).

[237] 张乐天、沈奕斐. 2005 年上海市妇女职业调查报告. [R]上海市妇联 2005 年项目之一.

[238] 张李玺. 角色期望的错位——婚姻冲突与两性关系[M]. 中国社会科学出版社. 2006 年.

[239] 张善玉、俞路、彭际作. 当代中国女性人口迁移的发展及其结构特征[J]. 市场与人口分析. 2005 年 2 月.

[240] 张小军. 家与宗族结构关系的再思考[R]. 香港. 香港中文大学人类学系. 1999 年.

[241] 张研、毛立平. 19 世纪中期中国家庭的社会经济透视[M]. 中国人民大学出版社. 2003 年.

[242] 赵喜顺. 适应与变迁——工业化冲击下的中国农村家庭结构. 浙江学刊. 1996 年. 第 5 期.

[243] 甄自恒. 从公权社会到私权社会——法权、法制结构转型的社会哲学探讨[M]. 人民日报出版社. 2004 年.

[244] 郑丹丹、杨善华. 夫妻关系"定势"与权力策略[J]. 中国社会学. 第四卷. 上海人民出版社. 2005 年 10 月.

[245] 郑丹丹. 中国城市家庭夫妻权力研究[M]. 华中科技大学出版社. 2004 年.

[246] 郑也夫. 男女平等的社会学思考[J]. 社会学研究. 1994 年第 2 期.

[247] 郅玉玲. 浙江城镇家庭代际互助关系研究[J]. 人口研究. 1999. 6.

[248] 中国城市家庭——五城市家庭调查报告及资料汇编[M]. 五城

市家庭项目组. 山东人民出版社. 1985 年.

[249] 钟瑶奇. 重庆市家庭结构变迁研究[J]. 重庆大学学报(社会科学版). 2002 年第 9 卷第 1 期.

[250] 仲长远. 当代城市青年生育意愿初探——对北京市石景山区模式口社区两代人生育意愿的对比调查[J]. 青年研究. 2001 年第 1 期.

[251] 周大鸣. 凤凰村的变迁.《华南的乡村生活》追踪研究[M]. 社会科学文献出版社. 2006.

[252] 周大鸣. 人类学导论[M]. 云南大学出版社. 2001 年.

[253] 周晓虹. 文化反哺:变迁社会中的亲子传承[J]. 社会学研究. 2000 年第 2 期.

[254] 周颜玲. 男权制的概念和理论之批判与初步探索[A]. 金一虹等主编. 世纪之交的中国妇女与发展[M]. 南京大学出版社. 1998 年

[255] 周于芹、周会林. 父系宗法制度是性别歧视的总根源[J]. 妇女学苑. 1996 年 3 月.

[256] 周智娟、康祥生. 当代中国家庭变革走向[J]. 求实. 2000 年 10 月.

[257] 庄英章. “台湾农村家族对现代化的适应”[J]中央研究院民族学研究所集刊[M]. 1972 年第 34 期. 页 85—98.

[258] 左际平. 从多元视角分析中国城市的夫妻不平等[J]. 妇女研究论丛. 2002. 第 1 期.

[259] 左际平. 20 世纪 50 年代的妇女解放和男女义务平等:中国城市夫妻的经历与感受. [J]社会. 2005. 第 1 期.

附录1:个案简介[①]

个案1:晓月一家

晓月和丈夫都是高学历、高收入的人群。晓月1973年出生,1991年到上海读大学,博士学历,在高校工作,年收入12万以上,晓月丈夫1972年出生,1995年读研究生来上海,目前在公司工作,年收入在50万左右。2001年两人育有一女。

晓月的父母在当时也是高学历(本科),在湖南长沙某高校工作,两人均有退休工资(4万、3万),除晓月外,还育有一子,即晓月的弟弟。2007年,晓月父亲60岁,晓月母亲63岁。

晓月丈夫的父母目前都在江苏,学历也比较高,高中,育有两男一女,晓月丈夫排行中间,有一个姐姐和一个弟弟。2007年,两人均为60岁,都已退休,退休工资为3万和2万。

个案2:可可一家

可可1976年出生在上海,大专学历,自己开了个小公司,年收入18万左右,可可丈夫1973年出生,河南农村人,1992年考入上海某名牌大学,1996年本科毕业,先在大公司工作,后自己开公司,年收入28万左右。两人于2002年结婚,2003年育有一子。

可可的父亲本科学历,曾经是教师,目前已经退休,退休工资3～4

① 2007年时的个案情况。

万。2007 年时可可父亲已经 76 岁，身体不是很好，曾经小中风过；可可母亲高中学历，也曾经是老师，目前退休，退休工资 3～4 万。

可可对公婆的情况不熟悉，只是知道公婆都是农民，没有收入，育有两男一女。

个案 3：杨晴一家

杨晴 1975 年出生在浙江一个城镇，2001 年来到上海就业，目前是高校老师，博士在读，年收入在 5～6 万。杨晴的丈夫 1971 年出生在浙江的另一个城镇，目前还在北京工作，也在读在职博士，年收入 10 万左右，计划博士读完后，回上海工作。两人育有一子。

杨晴的父亲 1946 年出生，名牌大学本科毕业，退休前收入很高，每年要 10 万左右，2007 年 60 岁退休后，收入骤减，为 4 万一年。杨晴母亲 2007 年也是 60 岁，退休工资 1.2 万，学历高中。其父母收入和条件都是自立绰绰有余，还可贴补小辈。杨晴的外婆和外公离婚了，目前 82 岁的外婆住在杨晴父母家里，需要杨晴母亲照顾。除杨晴外，他们还有一个女儿，即杨晴的妹妹。

杨晴丈夫的父母很早就过世了，杨晴的丈夫还有一个哥哥和一个姐姐。

个案 4：韩心一家

韩心先生 1977 年出生在山东的一个村庄，本科毕业以后，2001 年到上海工作，2004 年结婚，目前的学历为硕士，在一家外资公司工作，年收入 18 万。韩心的太太 1981 年出生，上海人，本科学历，目前也在外资公司工作，年收入 6 万左右，是独生子女。两人还没有孩子。

韩心先生的父母目前都在山东老家，2007 年访谈的时候都还不到 60 岁，属于比较年轻的父母，他们学历不高，身体健康，作为农民，没有固定年收入。韩心还有一个姐姐，已经结婚。

韩心对其太太的父母情况不是很熟悉，不确定其工作的单位，也不知道他们具体的出生年份，只知道都还没有退休，猜测年收入丈人大概是一年2万,丈母娘大概是一年1.2万。

个案5:尹薇安一家

薇安1979年出生,是独生子女,上海人,大学毕业在一家国有企业工作,年薪在6万左右,2005年生有一女。

薇安的丈夫1978年出生,上海郊区人,大学毕业后在一家外资企业工作,年收入10万左右,还有两个姐姐。

薇安的父母2006年时都只有58、57岁,身体状况良好(薇安如此填写,但是在后来的访谈中,薇安的母亲不断说到自己身体一直不好)。他们都是中专学历,都曾在国企工作。薇安的母亲很早就退休了,而父亲目前正处于待退休的状况(也不需要上班)。薇安没有填写父母的收入。

薇安对公公婆婆的情况显然知道得没有那么确切,除了知道公公2006年时58岁(因为知道公公要办60大寿),婆婆56岁以外,其他的都不是太清楚。作为农民,薇安认为他们没有年收入,或者说年收入太少。

个案6:周龙一家

周龙1974年出生在江苏一个村庄中,1997年本科毕业到天津工作一年,然后到上海读硕士,留在上海工作,年收入十几万。

周龙太太1978年出生在江西某县城,读大学到上海,本科毕业后在外资单位工作,年收入10万。两人于2006年生有一女。

周龙的父母都是农民,几乎都没什么学历,父亲2007年时68岁,母亲58岁,他们有三个儿子。

周龙的丈人丈母娘分别是65岁和54岁,目前都在江西。周龙丈人和丈母娘都已经退休,除了女儿以外,还有一个儿子,目前两人住在儿子家里,帮助儿子带孩子。

个案7:蔡青青一家

蔡青青1976年出生在上海,本科毕业后先到一个小学做老师,然后2002年结婚、2003年生儿子,随后离开学校,成为一名保险员。

蔡青青丈夫(蔡青青把老公的名字叫做萝卜),1972年出生在浙江一个农村,1994年来上海读硕士,博士毕业后留在上海一家国有企业,目前是副总工程师,年收入15万。

蔡青青的父母都是上海人,父亲大专学历,63岁,母亲初中学历,57岁,两人都已经退休,两人的退休工资加起来有四五万,只有蔡青青一个女儿。

蔡青青丈夫的父母都是浙江的农民,父亲已经70岁,母亲63岁,生有两儿三女,蔡青青丈夫是最小的儿子,其他的哥哥姐姐都已经结婚,姐姐们都已经生好孩子。

个案8:乔希一家

乔希生于1967年安徽的一个城镇,因为工作1992年硕士毕业后到上海,目前是高校的讲师。

乔希的丈夫出生于1968年,江苏一个乡村,和乔希是硕士同学,1993年到上海,目前在一家外企工作,职位为部门经理。两人育有两个儿子,大儿子已经12岁了,小儿子6岁。

乔希没有填写家庭收入,估计应该家庭收入在12—20万之间。

乔希的母亲已经去世,父亲1939年出生,目前在老家,已经退休。乔希还有一个哥哥,已经结婚。

乔希的公公婆婆和乔希他们住在一起,他们都是65岁,出身虽然是乡村,但是教育程度较高,公公是中专,婆婆是初中,都已经退休。共有两男一女,乔希丈夫是老大。

个案9:李强一家

李强1969年出生在山西,虽然他的籍贯是湖北,本科考到上海,毕业后去深圳工作了两年,然后1996年又考研回到上海,然后在上海工作、成家。目前是一家合资公司的经理，年收入 15 万左右，有一个 5 岁的女儿。

李强太太 1973 年出生在上海，大专毕业，目前在一家国有企业做财务，年收入 7 万。

李强一家和李强的父母住在一起。李强的父母学历都很高，都是大专学历（那个年代的大专啊），出生湖北武汉大城市，后来支边到山西工作，李强就在山西长大。李强父亲 1940 年出生，曾是某法院副院长，目前退休，退休金 2 万；李强母亲 1942 年出生，曾是某国有企业的会计，目前退休了，退休工资 1 万。他们育有一儿一女，李强是老大。

李强太太的父母学历更高，都是本科，他们的籍贯是湖南，但是在李强太太 6 岁的时候就到了上海，李强太太的父亲 1945 年出生，曾是国有企业的部门经理，目前退休，但是被返聘，公派到土耳其，年收入 20 万。目前李强太太的母亲退休了，年收入 5 万，也跟随到了土耳其。他们只生了李强太太一个女儿。

个案 10　董莎莉一家

莎莉老家是上海的一个郊区，1976 年出生在新疆，然后跟随父母去了江苏的一个农场，1991 年，高中才回到上海，然后考入上海的大学。大学毕业后在一家私营单位工作过，因为 2005 年生孩子，辞职在家，一直到现在。

莎莉的丈夫是浙江农村人，比莎莉大 6 岁，因为读研究生 1996 年来到上海，博士毕业后到高校做老师，年收入 5 万左右，但是还有其他收入。

莎莉的父母都在上海，身体都很健康，父亲 1948 年出生，在政府机构工作，年收入 4 万，还未退休；母亲 1944 年出生，高中学历，曾为教师，目前已经退休。除莎莉外，他们还有一个大女儿。

莎莉的公公 60 多岁，身体健康，目前还在浙江一个私营机构工作，年收入 1 万左右；莎莉婆婆 1949 年出生，农民，除了莎莉的丈夫，他们还有一个小儿子。

个案 11:黎瑞兰一家

黎瑞兰 1977 年出生在江苏,属知青子女,读小学的时候,1984 年就到了上海,硕士毕业后就留在高校做老师,年收入 10 万,2004 年年底生有一子。

瑞兰丈夫与瑞兰同龄,上海人,大专毕业后在服务业担任管理人员,年收入 8 万。

瑞兰父亲是江苏人,1951 年出生,初中学历,在工厂工作,年收入 4 万,目前还没有退休,所以还留在江苏。瑞兰母亲 1950 年出生,上海人,下放到江苏工作,也是工厂工人,目前已经退休,年收入 2 万,和瑞兰住在一起。他们还有一个儿子,目前也暂居在瑞兰家。

瑞兰的公公虽然只有 60 岁,但是身体不太好,初中学历,以前是工厂工人,目前已经退休,年收入 2 万;瑞兰婆婆 1950 年出生,情况同公公相同。他们只有瑞兰丈夫一个孩子。他们都是上海人,住得比较近。

个案 12:李芸一家

李芸 1972 年出生在江苏一个城镇,大学毕业以后到上海工作,目前在一家外资公司工作,年收入 7 万左右,2001 年生育一个儿子。李芸的丈夫 1972 年出生在上海的农村,大学毕业后到外资机构工作,目前已升至中高层管理人员,目前年收入 35 万。

李芸的母亲 1995 年生病去世了,李芸的父亲在她结婚后也生病过世了。李芸还有一个姐姐。

李芸的公公 2007 年时 65 岁(大概),高中学历,曾在上海郊区的一家国营企业担任领导职务,目前已经退休,身体非常好,年收入 2 万。李芸婆婆 66 岁,身体一般,初中学历,农民。除了李芸丈夫外,还有一个小女儿。

个案 13:马兰一家

马兰 1973 年出生在江苏一个农村,大学毕业后到上海工作,在一个事业单位,年收入 5 万。2001 年生有一子。马兰丈夫 1971 年出生于江苏农村。1998 年到上海某部队工作,由于从事海事,所以常年在海上,年收入 5 万。

马兰父母身体都健康,父亲 62 岁,小学学历,曾是企业职员,目前已经退休,年收入 5 千;母亲 60 岁,无学历,农民,有两个女儿。马兰的奶奶和外婆还健在。

马兰的公公很早就去世,婆婆 2007 年时 60 岁,小学学历,农民,生有三个儿子,马兰丈夫是老二,目前马兰婆婆身体不是很好,长期和马兰住在一起。另外两个儿子都在新疆。

个案 14:崔浠一家

崔浠:江苏人,1976 年出生于江南一城镇,中国人民大学国际金融本科,目前为全职太太。1999 年结婚后跟随丈夫去日本,2000 年生育第一子,2007 年生育第二子。丈夫张先生,江苏人,1970 年出生于江南农村,清华大学博士,高管,年收入 50 万以上。1999 年留学日本,2001 年回到上海。

崔浠的父亲 1947 年出生,大专学历,是当地的公务员,年收入 3 万以上,退休后依然还在工作。崔浠的母亲 1950 年出生,本科学历,曾任某学校校长,年收入 5 万以上,目前退休后,自办一培训中心。崔浠是他们的独生女。

张先生的父亲是个孤儿,很早就过世了,母亲 1950 年出生,文盲,农民。育有三子,张先生是长子。

个案 15:潘玉一家

1974 年出生在南京的潘玉,因一个特殊的政策,1989 年高中就到上海来读书,考上上海的名牌大学,本科毕业后,留校做老师,年收入 5 万左右。2003 年生了一个女儿。她的丈夫景先生 1969 年出生在浙江一个农村,初中毕业后,到上海一个国企做销售,现在是销售经理,年收入 10 万(估计,实际上潘玉并不清楚)

潘玉的父亲 1945 年出生,中专学历,是一个国企的技师,目前退休，退休工资2万，又在上海找了工作。母亲1949年出生，初中学历，工人，已经退休，年收入2万。他们育有一男一女，也就是说，潘玉还有一个弟弟。

景先生的父亲很早就过世了，他的母亲已经80多岁了，身体不是很好，文盲。景先生有三个姐姐，两个哥哥，他是最小的。景先生的一个哥哥在上海，另外，两个姐姐的女儿在上海工作，所以，两个姐姐也常常来上海。

个案16:朱安一家

朱安1970年出生在辽宁，1988年到上海读书，后到高校工作，年收入4万。朱安的丈夫1965年出生，是上海人，研究生学历，目前是高级工程师，年收入15万。两人1994年育有一子。

朱安的父亲1941年出生，辽宁人，本科学历，曾是一学校的校长，目前已经退休，年收入3万。朱安的母亲1939年出生，也是本科学历，曾是老师，目前退休，年收入3万。他们育有两女一子。朱安是老二，上面有一个姐姐，下面有一个弟弟。

朱安丈夫的父亲1934年出生，研究生学历，曾是大学老师，目前退休，年收入2.5万；朱安丈夫的母亲1936年出生，大专学历，曾是医生，目前退休，年收入2万。他们育有一子一女，即朱安丈夫还有一个姐姐。

个案17:方欣华一家

方欣华1974年出生在上海宝山，硕士毕业后到高校工作，年收入4万左右，2003年育有一子。

方欣华的丈夫胡先生1970年出生，来自山东农村，本科毕业后，因为工作1991年到上海，目前是工程师，年收入10万以上。

方欣华的父亲2000年年底过世，就在方欣华结婚之前，病故了。方欣华的母亲1949年出生，小学学历，农民，年收入5000元，她的收入主要来自于她在宝山区的房子的出租。育有二女，即方欣华还有个妹妹。

胡先生的父亲1944年出生,山东农民,小学学历,年收入2000元,方先生的母亲1945年出生,文盲,农民,年收入1000元。两人育有两男两女,即方先生有一个哥哥、一个姐姐、一个妹妹。

个案18:毕佳玲一家

毕佳玲1978年出生于湖北某县城,1996年考入上海的大学,本科毕业后,在一家民营企业工作,目前年收入在10万左右;邱志辉1974年出生在湖北某县城(离佳玲家100公里左右的一个县城),1993年考入上海的大学读研究生,博士学历,目前在一家外资公司工作,年收入10万左右。两人于2002年育有一女。

毕佳玲的父亲1954年出生在湖北,初中学历;毕佳玲的母亲1958年出生在湖北,小学学历。两人都是农民,无固定收入,育有一儿一女。

邱志辉的父亲1944年出生在湖北,大专学历,曾在学校工作,访谈时已经退休,年收入1万;邱志辉的母亲1944年出生,小学学历,年收入1万左右。两人育有三子,邱志辉最小。

个案19:叶玲玲一家

1976年出生的叶玲玲属于上海知青子女,1994年考入上海的某大学,毕业后留校做教职工,目前年收入6万以上。叶玲玲的丈夫方强,1972年出生,上海人,在事业单位工作,年收入8万以上。2005年,两人育有一子。

叶玲玲的爸爸江苏人,1950年出生,本科学历,事业单位工作,年收入10万以上,访谈时处于离岗休养(提前半退休)状态;叶玲玲的妈妈,1952年出生在上海,后下放,属于上海知青,初中学历,原来在工厂工作,目前已经退休,年收入1万5左右。叶玲玲是他们的独生女。

方强的父亲大概是1945年出生,上海人,大专学历,原来是工厂主任,目前已经退休,年收入2万5左右;方强的母亲大概是1949年出生,上海人,中专学历,原来是医院护士,目前已经退休,年收入2万5,

育有两子,即方强还有个弟弟,未婚。

个案 20:谭敏一家

谭敏 1972 年出生在江苏某城镇,1987 年跟随父母到上海,硕士毕业后到一家国有企业工作,年收入 10 万,2000 年生育一女:珂珂。阎刚 1972 年出生在湖北农村,1994 年大学毕业后先进入一家国有企业工作,后自己出来做公司,年收入 20 万左右。

谭敏父亲 1940 年出生在四川,大学毕业后成为一名教师,目前已经退休,年收入 2 万;谭敏母亲 1945 年出生在江苏城镇,大专学历,会计工作,目前已经退休,年收入 1 万。谭敏是他们独生女。

阎刚父亲已经 70 多岁了,一直在湖北农村,小学学历;阎刚母亲也已经 70 多岁了,文盲。他们一共育有两个孩子,阎刚还有一个姐姐。

个案 21:贾妮一家

贾妮 1983 年出生在上海,籍贯为江苏,中专毕业后,因为有一技之长,成了一名围棋老师,属于自由职业者,目前年收入 8 万左右。贾妮的丈夫 1976 年出生,出生在宁波,也是上海人,大学毕业后进了一家国营企业做职员,年收入 2 万。两人于 2004 年育有一女。

贾妮的父亲已经过世,贾妮的母亲 1955 年出生,高中学历,原是一家国营企业的工人,目前已经退休,退休年金 1 万 2。贾妮还有一个哥哥。

贾妮的公公 1945 年出生在上海,大专学历,以前是军人,目前已经退休,年收入 3 万。贾妮的婆婆 1946 年出生,也是上海人,初中学历,原是国营企业职工,目前已经退休,年收入 1 万 2。贾妮的丈夫还有一个姐姐。

个案 22:王艾尔一家

王艾尔 1975 年出生在浙江农村,2000 年读硕士到上海,硕士毕业后留在上海一事业单位,年收入 5 万左右。艾尔的丈夫 1973 年出生,哈尔滨城镇人,1993年到上海读书,本科毕业后到外企工作,年收入10万左右。两人于2005年育有一子。

艾尔的父母身体状况都很好,父亲1953年出生,母亲1951年出生,都在浙江农村,都是小学学历,除了艾尔以外,还有一个儿子,即艾尔的弟弟。艾尔的父母目前和艾尔一家住在一起,弟弟也会在周末过来。艾尔的奶奶依然生活在老家。

艾尔的公公1939年出生,籍贯为山东,目前在哈尔滨,中专学历,曾在国企工作,目前已经退休,年收入2万左右,身体状况一般。艾尔的婆婆1939年出生,小学学历,曾是工人,目前已经退休,身体状况良好。艾尔的丈夫排行最小,上面还有一个哥哥,两个姐姐。大姐姐的女儿目前和艾尔一家住在一起。

个案23:薛蒂一家

薛蒂1970年出生在湖北,本科毕业后到一家国有企业工作,后因为工作2002年调动到上海,年收入4—8万。张斌1970年出生在湖北农村,本科毕业后在湖北工作,因为妻子调动到上海,也到上海来工作。目前年收入8—15万。两人1999年育有一子。

薛蒂的父亲已经过世了,薛蒂的母亲1943年出生在湖北,身体不好,中专学历,曾是小学校长,目前已经退休,退休工资3万一年。他们生育了四个女儿,薛蒂排行老二。

张斌的爸爸1949年出生,也是湖北人,小学学历,农民,目前还是居住在湖北农村。张斌的母亲1950年出生,小学学历,也是农民,目前住在上海和儿子住在一起。他们育有三个孩子,张斌是唯一的一个儿子。

个案24:许立萍一家

许立萍1975年11月出生在湖北的一个农村,大专毕业后在一家国有企业做工程师,年收入3万,因为工作调动到上海,年收入3万左右。严昊云1974年出生在湖南一个小城镇,硕士毕业后,在一个国有企业做部门经理，年收入 7 万，1999 年因为工作关系到上海。两人 2003 年育有一子。

许立萍的父亲 1940 年出生在湖北，访谈的时候，耳朵已经很背了，基本上不主动交流，身体其他情况还好，高中学历，曾是小学老师，目前已经退休，月收入 3000 元左右；许立萍的妈妈 1942 年出生，高中学历，曾做大队会计，月收入 3000 元左右，两人育有三子一女，许立萍是最小的女儿。目前在上海与许立萍一家同住。

严昊云的父亲已经过世，严昊云的妈妈 1952 年出生在湖南，目前在湖北工作和生活，大专学历，在一个国有企业做经理，目前虽然已经退休，但是被返聘，目前年收入 7 万。严昊云还有一个哥哥和一个弟弟。

个案 25：阎林建一家

阎林建 1972 年出生在河南一个城镇，1995 年到上海，硕士毕业后成为一名律师，年收入 40 万。阎太太 1979 年出生在河南农村，2001 年到上海读硕士，目前已经博士毕业到一家高校工作，年收入 4 万。两人 2005 年育有一女。

阎林建的父母都已经过世。他们共育有四男一女，阎林建是最小的。

阎太太的父亲 1948 年出生在河南农村，高中学历，是一名小学校长，访谈时还未退休，年收入 3 万；阎太太的母亲 1947 年出生在河南，高中学历，农民(?)，他们有三男一女，阎太太是最小的。阎太太的三个哥哥都是大学生，因此，阎太太的父母认为自己教育孩子是很有经验的。

个案 26：韩年富一家

韩年富 1959 年出生在上海，高中毕业后在一家企业工作，年收入 1 万多一点；韩太太 1960 年出生在上海，高中毕业后在纺织厂工作，后纺织厂倒闭，协保在家，目前在超市工作。两人于 1990 年生了一个儿子。

韩年富的父亲在1993年就过世了,韩年富的母亲1921年出生在上海,曾是纺织厂工人,目前退休工资1万多一年。一共育有两儿三女,韩先生最小。有一个姐姐已经过世。

韩太太的父母都是上海人,已经70多岁了,生了两女一男,韩太太是最小的。韩太太的父母都已经退休,住得很近,离韩先生韩太太的家骑自行车只有15分钟的距离。

个案27:谢恬一家

谢恬1973年出生在上海,技校毕业后在一家企业工作,普通职员,年收入18000元;谢先生1968年出生在上海,高中学历,目前在民营企业工作,年收入40000元,两人育有一个女儿,1995年出生。

谢恬的父亲1945年出生,小学学历,曾是国企员工,目前已经退休了,退休年收入13000元;谢恬的母亲1946年出生,初中毕业,曾在村企工作过,目前已经退休,年收入6000元;他们一共育有一儿一女,即谢恬还有一个哥哥。

谢恬的丈夫谢先生的父亲1934年出生,初中毕业后在国企工作,目前已经退休,年收入18000元;谢先生的妈妈1932年出生在上海,小学学历,没有工作过,目前政府补贴收入每年6000元。两个人育有两儿三女,谢先生是最小的。

个案28:刘天明一家

刘天明1958年出生在上海,高中毕业后在一家国企工作,年收入18000元左右,刘太太1959年出生在上海,高中学历,目前年收入15000元。1987年,两人育有一子。

刘天明的父亲访谈时已经76岁了,身体看上去还是很硬朗的,上海人,初中学历,一般工人。早已退休,退休年收入10000元左右;刘天明的母亲身体不太好,访谈时已经72岁了,初小学历,在街道企业工作过,早已退休,年收入10000元。两人育有两男两女,刘天明是老三。

刘太太的父亲也已经75岁了,初中学历,一般工人,目前已经退休,年收入12000元;刘太太的母亲71岁了,文盲,曾是普通工人,现已退休,年收入12000元。两人身体都一般。育有三女一男。

个案29:秦琴一家

秦琴1980年出生在湖北一个城镇,大专学历,2001年因为工作来到上海,目前在一家国企工作,年收入1万5左右;秦先生1977年出生在上海,中专学历,目前是国企员工,年收入2万多一点。两人于2005年结婚,2006年育有一子。

秦琴的父亲1954年出生,目前依然在湖北,初中学历,目前还是国企职工,年收入1万2左右;秦琴的母亲已经在1998年过世了,两人育有一子一女,即秦琴还有一个哥哥。秦琴的父亲又再婚了。

秦琴的公公1944年出生在上海,中专学历,曾是一家大型企业的职工,目前已经退休,年收入3万左右;秦琴的婆婆1949年出生在上海,小学学历,目前已经退休,年收入1万5左右。两人育有两子,秦先生还有一个哥哥。

个案30:李怡晖一家

李怡晖1977年出生在湖南的一个县城,博士毕业后留在高校做老师,年收入6万左右;李先生1976年出生在江苏农村,研究生毕业后到一家私企工作,目前年收入18万;两人都是从外地因为读书到上海,2005年育有一女。

李怡晖的父亲1938年出生在湖南,中学学历,曾在事业单位工作,目前已经退休,年收入1万5,身体状况良好;李怡晖的母亲1946年出生,曾在国企工作,目前已经退休,年收入5000元。他们育有两男两女。

李先生的父亲1947年出生在江苏农村,李先生的母亲1950年出生在江苏农村,都是农民,身体状况都是良好,目前居住在上海,两人基本无收入,育有两子。

个案31:庄志强、木雪蓉一家

庄志强1977年出生在安徽一个农村,高中毕业后,1996年跟随一个亲戚到上海来工作;木雪蓉1980年出生在安徽农村(与庄志强家很近),高中毕业后,原在当地工作,后经人介绍认识庄志强,2002年结婚后,就跟随丈夫到上海来,也在庄志强亲戚的公司工作,两人于2003年育有一女。

庄志强的父母分别出生于1951年1953年,都是初中学历,曾做工人,退休后年收入1.5万和1.3万,两人育有两男一女,庄志强最小。木雪蓉的父母分别出生于1949年和1950年,也是初中学历,企业退休后,年收入分别为2万和1.6万,两人育有两男一女,木雪蓉也是最小。

个案32:许强、曾馨仪一家

许强和曾馨仪都是1977年出生的,1999年大学毕业。曾馨仪是学金融专业的,而许强是工程专业毕业的。毕业后,许强在一家中外合资单位工作,年收入15万;曾馨仪在一家国企工作,年收入5万。两人在2003年结婚,并在2004年有了儿子。

许强的父亲籍贯是上海,但是1946年出生在重庆,后又回到上海工作,大学学历,曾是工程师,目前已经退休,年收入2万;许强的母亲1945年出生,大学学历,曾是医务工作者,目前也已经退休了,年收入2万。两人育有两子,许强还有一个哥哥。

曾馨仪的父亲1942年出生在广东,曾是大学教授,后到上海工作,目前已经退休,年收入2万左右;曾馨仪的母亲1945年出生在广东,后到上海,大专学历,曾是教师,目前已经退休,年收入2万。曾馨仪是他们的独生女。

个案33:卫静一家

卫静1974年出生在浙江一个城镇,本科学历,工作两年后,跟随丈夫到上海来工作,目前在一家国企工作,年收入6万;卫先生1973年出生在浙江一个城镇(但是与卫静不是同一个城镇),1998年到上海读硕士，毕业后在一家民企工作，年收入 20 万左右。两人于 2004 年育有一女。

卫静的父母育有一男一女，但是后来离婚，离婚后，卫静的母亲再婚，又生育了三个孩子。卫静的母亲 1947 年出生，小学学历，没有工作过，因而也没有收入。虽然再婚，但是与现任丈夫关系并不好，因此，目前与卫静生活在一起。而卫静的生父与她的亲哥生活在一起。

卫先生的父亲已经 80 岁了，还在浙江，是农民，年收入 2 万；卫先生的母亲 1937 年出生，也 80 岁了，年收入 1 万左右。他们两个人生育了三女四男，卫先生是老六。

个案 34：局长一家

局长爷爷并不是局长的爷爷，而是因为官至局长，而被我女儿称呼为局长爷爷。局长爷爷 1951 年出生，江苏人，大专学历，因为工作到上海，目前已经退休，还有一份工作，年收入 7 万左右；局长奶奶 1952 年出生，小学学历，江苏人，目前已退休，年收入 15000，两人育有一子。

局长儿子（局长爷爷的儿子）1981 年出生在上海，初中学历，目前在一事业单位工作，年收入 3—4 万；局长媳妇（局长儿子的媳妇），1981 年出生在扬州，本科学历，2001 年到上海求学，目前无工作。两人于 2005 年育有一女。

局长亲家公已经过世，亲家母 1949 年出生，江苏人，初中学历，原在乡镇企业工作，后厂关闭。没有退休工资。育有两女，大女儿已经结婚生子。

个案 35：鹏鹏一家

鹏鹏妈妈 1978 年出生在上海，本科毕业后在银行系统工作，年收入 12 万；鹏鹏爸爸 1969 年出生在上海，大专毕业后也在银行系统工作，年收入 8 万，两人于 2004 年育有一子。

鹏鹏外公早在 1990 年就因为工伤过世了；鹏鹏外婆 1948 年出生在上海，初中学历，目前已经退休，年收入 1 万，鹏鹏妈妈是他们唯一的孩子。

鹏鹏爷爷1931年出生,鹏鹏奶奶1944年出生,大专学历,他们都是上海人,目前已经退休,两人的年收入在4万以上。两人育有一儿一女。

个案36:莉莉一家

莉莉爸爸1967年出生在上海,高中毕业后直接工作,目前年收入6万左右;莉莉妈妈1975年出生在上海,大专学历,目前年收入4万。两人于1996年育有一女。

莉莉爷爷1931年出生,上海人,小学学历,目前已经退休;莉莉奶奶1934年出生,上海人,小学学历,目前退休了,年收入1万5.两人育有三女一男,均已结婚。

莉莉外公1937年出生,上海人,高中学历;莉莉外婆1940年出生,上海人,目前都已经退休,两人育有两女。

个案37:欢欢一家

欢欢爸爸1976年出生在上海,大专毕业后在外资单位工作,目前处于经理阶层,年收入30多万。欢欢妈妈1980年出生,上海某大学英文系大专毕业后曾在外资公司工作过,当时月收入5千,做夜班,后离职,辞职在家,看房子、装修、生孩子,孩子4岁多的时候又出去工作,但是收入很低,年收入只有2万,目前又辞职在家。两人于2004年育有一女。

欢欢爷爷1946年出生在上海,中专毕业,退休后还在工作,年收入超过15000元;欢欢奶奶1949年出生,初中学历,退休后曾工作,因为要照顾孙女而不再工作,退休年收入在14000元。欢欢爸爸是他们的独养子。

欢欢的外公外婆的情况不清楚,只知道他们有一儿一女,儿子目前还在高中阶段。欢欢妈妈回娘家或者欢欢外公外婆来的时候很少。

个案38:强强一家

强强爸爸1962年出生在上海,高中学历,做过多个工作,目前年收入3万;强强妈妈1962年出生在上海,高中学历,年收入1万3,两人于1986年育有一子。

强强爷爷1934年出生在江苏苏北,初中学历,曾是工厂工人,目前已经退休,年收入1万3;强强奶奶1933年出生在苏北,没上过学,目前退休,年收入1万;两人于1951年举家搬迁到上海,育有两男一女,强强爸爸是最小的儿子。

强强外公1931年出生在上海;强强外婆已经过世,两人育有两男一女。强强外公外婆家的其他情况强强爸爸不清楚。

个案39:苏菲一家

苏菲1976年出生在上海,本科学历,目前在国有企业工作,年收入8万左右。苏先生1977年出生在上海,本科学历,外资公司职员,年收入10万。两人于2009年育有一子。

苏菲的爸爸1998年过世。母亲1949年出生,上海人,目前退休了,年收入1.5万。苏菲是独生子女。

苏菲的公公1944年出生,原是银行职员,目前退休,年收入苏菲不清楚,觉得应该比自己母亲高,2万左右吧;婆婆1946年出生,原是工厂的工人,年收入不详。苏先生是独生子。

个案40:费瑞一家

费瑞1970年出生在成都,2000年博士毕业后到上海某高校工作,年收入10万左右;费先生1970年出生在山东某城市,1991年来上海求学,后在某机关工作,年收入9万左右。两人于2005年育有一女。

费瑞的父母访谈时都是60岁,父亲本科学历,曾是成都某研究所的所长,退休后到上海又找了份工作,年收入8万以上;母亲中专学历,已经退休,年收入5万。两人育有三个女儿,费瑞是老大。

费先生的父亲65岁,本科学历,曾是某医院院长,目前已经退休,年收入 8 万;费先生的母亲中专学历,曾在医院工作,目前退休,年收入 5 万。两人育有三个儿子,费先生最小。

个案 41:刘凤一家

刘凤 1975 年出生在上海,大专学历,目前在事业单位工作,年收入 2 万左右;刘先生 1968 年出生在上海,大专学历,自由职业者,年收入 3 万左右。两人 2001 年育有一女。

刘凤的父亲 1946 年出生在上海,初中学历,目前已经退休,年收入 2 万左右;母亲 1950 年出生在上海,目前退休。两人育有一男一女,即刘凤还有个弟弟。

刘先生的父亲 1936 年出生在上海,刘先生的母亲 1940 年出生在上海,两人都已经退休(关于学历、收入等,刘凤说她不清楚)。两人育有两子,即刘先生还有一个弟弟。

个案 42:米菲一家

米菲 1975 年出生在上海,大专学历,国有企业工作,目前年收入 7 万;米先生 1971 年出生在上海,本科学历,国有企业工作,年收入 8 万;两人于 2003 年育有一女。

米菲的父亲 1946 年出生在上海,中专学历,国有企业工作,年收入 4 万,访谈时还没有退休;米菲的母亲 1949 年出生在上海,中专学历,年收入 1.5 万元,目前已经退休了,两人育有两女。

米先生的父亲 1941 年出生在上海,国有企业工作,目前已经退休,年收入 1.5 万元;米先生的母亲 1946 年出生在上海,退休,年收入 1.5 万元,两人育有两子,但是有一子已经过世,因此,米先生成为了独子。

个案 43:柳荷一家

1976 年,柳荷生于上海,中专毕业后先在一家公司工作,后到丈夫公司工作,因为种种原因,目前处于无职业状态;柳先生 1976 年出生在安徽某一农村,本科学历,2000 年到上海来工作,两人于 2004 年生育一子。

柳荷的父母都是1955年出生，都是上海人，目前都已经退休，两人育有一儿一女，即柳荷还有一个弟弟。

柳先生的父亲1960年出生，母亲1962年出生，都在安徽农村，两人育有两男一女。

个案44:欧莉一家

欧莉1976年出生在上海，本科毕业后进了一家外资公司工作，目前年收入6—10万。欧莉的丈夫强尼1976年出生在上海崇明，大专毕业后在松江的一家民营企业工作，目前年收入10—15万。两人于2004年育有一女。

欧莉的父亲1948年出生，上海人，大专学历，2009年退休，年收入4万左右。欧莉的母亲1949年出生，北京人，长居上海，已经退休，年收入4万左右。欧莉是独生女。

强尼的父亲四几年出生在上海郊区，中学毕业，已经退休，年收入3万左右，身体不是很好；强尼的母亲1945年出生，小学文化，农民。强尼是独生子。

个案45:曾莹一家

曾莹1972年出生于湖北农村，成长于一个小县城，研究生毕业后，到上海来工作，目前在一个国营单位做编辑，年收入10万左右。曾先生1971年出生在湖北武汉，博士毕业后到上海某一高校做博士后，随后留校做老师，年收入10万左右。曾先生与曾莹结婚后，一同在2001年来上海，2005年生育一子。

曾莹的父亲1940年出生在湖北，本科毕业后在一学校任教，年收入1万左右，目前已经退休。曾莹的母亲1939年出生在湖北，农村妇女，身体情况比较差。他们共育有三女一男。

曾先生的父母在武汉，都是中专毕业后在一个国营单位工作，年收入1万左右，目前都已经退休，两人身体健康。曾先生是他们唯一的孩子。

个案46:姚华一家

姚华1975年出生在南通,1994年求学到上海,目前是博士生和全职太太;姚华的丈夫姚先生1975年出生在南通,1994年到上海求学,本科学历,目前是一家外企的经理,年收入30万。两人于2007年育有一女。

姚华的父亲1946年出生,中专学历,目前已经退休,年收入1.2万,居住在南通;姚华的母亲1949年出生,初中学历,目前已经退休,年收入1.2万。两人育有两女,即姚华还有个妹妹。

姚先生的父亲1947年出生在南通,大专学历,曾是工程师,退休后又找了份工作,目前年收入5万左右;姚先生的母亲1949年出生在安徽,初中学历,目前已经退休,年收入1.2万。两人因工作于1984年到上海工作,但是姚先生留在南通和爷爷奶奶一起生活,直到1994年上大学。姚先生是他们的独子。

三位老人访谈

三位女老人年龄都在55岁—65岁之间,退休工资都在1.2—1.5万之间,身体健康,帮自己的子女带第三代。

附录2:家庭生命周期中的同行者

个案1:晓月一家

晓月1998年结婚,住在父母购买的一室户中,当时父母都还在湖南工作和生活。2000年,晓月怀孕生下了一个女儿,当时晓月母亲作为高校的老师,可以选择60岁退休,但是为了照顾晓月母子,还是提前55岁就退休了,来到了上海,和晓月一家共同居住。2001年,晓月和丈夫买了一套三室两厅的复式房,晓月一家三口和晓月母亲一起搬入新家。2003年晓月弟弟也到了上海,住在晓月家,晚上睡客厅。2005年,晓月爸爸退休到上海,入住晓月家。2006年,晓月弟弟自己买了房子并结婚了,曾经有一段时间独立居住和吃饭,后来,考虑到父母太辛苦了,于是晚上到晓月家吃饭,吃好饭离开。

个案2:可可一家

可可出生在上海,26岁(2000年)结婚,同年丈夫出资买房子,27岁生孩子,与自己的父母一直同住,中间只有一个月的时间,父母住在租的房子里,可可和丈夫搬入新家,但是一个月后,父母也马上搬入。

个案3:杨晴一家

杨晴2001年底结婚,2002年买房,2004年儿子出生。丈夫在北京工作,孩子在上海出生,母亲到上海来照顾,出生一个月以后,杨晴和母亲一起回到老家,孩子1岁3个月以后,杨晴一个人回到上海,母亲每隔一阵子到上海来住一段时间,杨晴也经常回家。偶尔父母会一起来上海。

个案 4:韩心一家

2004 年韩心结婚,韩心的父母每隔一阵子,来一两个月,韩心的丈人和丈母娘因为家在青浦,有空就来住两三个星期,或者几天。基本上,一年中,有 40%—50%的时间,总有一方父母住在家里,但是,双方父母从来不会同时出现。

个案 5:尹薇安一家

薇安 1979 年出生,2002 年年末毕业买房,2004 年结婚,2005 年生有一女儿。母亲与其同住,基本上没有离过家,父亲每天早上到薇安家,晚上回走路过去十分钟的自己家。

个案 6:周龙一家

周龙 1993 年读硕士到上海,随后留在上海工作。大学时代认识现在的太太,2003 年买房结婚,2006 年生有一女。周龙母亲于 2006 年到上海,一直带孩子,计划孩子大了才可能回老家。

个案 7:蔡青青一家

2001 年买的是期房,2002 年两人结婚后就住在蔡青青丈夫单位的宿舍里,宿舍条件很差,2003 年蔡青青怀孕期间装修房子。等到要生产了,请人检测房子,发现房子还有(甲醛的)味道,不适合新生儿,于是住到娘家。出月子后住回自己家。

个案 8:乔希一家

乔希 1992 年到上海,1993 年结婚,住在学校宿舍。1995 年,大儿子出生,婆婆到上海,和他们住在一起。1998 年,婆婆回老家。1998 年买房子,2000 年二儿子出生,婆婆到上海,2001 年公公到上海。

个案9:李强一家

李强1996年回到上海,1999年结婚买第一套房子,2002年生孩子,父母到上海,2004年买第二套房子。

个案10:董莎莉一家

1999年莎莉结婚,2002年买新房子,莎莉的婆婆在他们生孩子之前就来了。2003年婆婆过来,那个时候,莎莉还在工作,很忙碌,莎莉婆婆来帮忙做家务。2005年生孩子。2008年由于莎莉丈夫和莎莉分别出国,莎莉婆婆已经回到浙江老家。目前莎莉的父母住到莎莉家,照看莎莉的孩子。

莎莉1999年和丈夫结婚的时候,买不起房子,住在丈夫单位的教师公寓里面,住了5年。2002年买了新房子,2003年装修好,说新房子不好,不要住进来,所以宁愿在那不走,拖了一年,2004年搬进新房子的。他们计划就是买好新房子以后生孩子,于是在新家怀孕、生子。

个案11:黎瑞兰一家

2001年瑞兰和当时的未婚夫一起买房,2003年入住,2004年1月结婚,马上怀孕,5月,瑞兰妈妈到上海,瑞兰弟弟也住在瑞兰家。目前瑞兰弟弟已经搬出。

个案12:李芸一家

李芸1995年(23岁)因为工作来到上海,1998年和丈夫一起买房子,1999年结婚,2001年生孩子。怀孕的时候住在婆家几个月,孩子出生后,回到自己的新居,婆婆一起住过来一直到现在,公公于2004年住过来。目前买了四房的新居,还是打算和老人一起住,虽然矛盾很大。

个案13:马兰一家

马兰1973年出生,1999年在江苏结婚,2001年在上海生孩子,婆婆和妈妈一起到上海照顾,两亲家在一起不舒服,半个月后带孩子回江苏老家，婆婆和妈妈都回到江苏老家（距离不远的两个小镇）。后马兰回到上海，小孩子一直到 3 岁，即 2004 年回到上海，婆婆同时到上海，一直共同居住到现在。

公公很早去世，丈夫是海员，常年在外。

个案 14：崔浠一家

崔浠 1999 年结婚去日本，2000 年 5 月在中国生育第一子，当时和自己的父母一起住在江苏某城镇。2000 年 9 月带孩子一起去日本，三口之家在日本团聚。2001 年 2 月，崔浠和孩子回到中国，3 月崔浠的丈夫张先生回到中国。回国后都住在崔浠娘家，崔浠的婆婆也过来帮忙。

2001 年 6 月到上海，崔浠一家三口和姨妈（婆婆的姐姐）一起到上海。姨妈有的时候崔浠直接说保姆，有的时候说“阿姨”。很长一段时间，我一直以为保姆和崔浠家没有亲戚关系。

2005 年，崔浠婆婆到上海，2006 年，崔浠姨妈开始生病，2007 年崔浠姨妈离开，婆婆也离开，崔浠请了保姆。

2007 年 9 月崔浠生第二子，崔浠的爸爸妈妈平时在上海，周末回江苏，家中还请了一个保姆。2009 年 9 月，崔浠准备让母亲关了培训中心，和自己同住。实际上，在实施时，崔浠还是请了保姆，然后她的父母隔一阵子来一段时间，因为当地的工作还没有完成。

个案 15：潘玉一家

潘玉高中就来到上海，大学毕业后，留校做老师。1997 年认识现任老公，2002 年结婚，2003 年生孩子。她父亲退休后到上海工作，母亲在她怀孕的时候，就来到上海，与其父亲住在一起。潘玉生好孩子后，母亲住到她家，因为争执不断，2004 年，潘玉父母就在他们房子附近买了一套房子，照顾潘玉和她女儿，但是分开居住。2005 年，潘玉母亲回南京。目前潘玉父亲帮他们接送孩子，偶尔做家务。潘玉希望母亲能再过来帮忙，但是，可能很难实现，因为潘玉的弟弟要有孩子了。

个案16:朱安一家

1992年结婚,住在公婆家里,很小,单人床加一条木板。1994年怀孕后,租房住,主要还是公婆照顾,公婆每天都来。1996年住到老公单位分的房子,半年后,公婆买了隔壁的房子,打通,住在一起。2005年买新房子,与公婆分开住,但是儿子还是主要住在公婆家。

个案17:方欣华一家

方欣华1996年就认识了现在的丈夫,2000年结婚,父亲2000年12月过世,2003年儿子出生。方欣华的妈妈是孩子生下来以后住过来的,就是在坐月子的时候过来的。刚结婚的时候,方欣华住在妈妈家,但是因为上班路途太遥远了,所以就住到了先生单位的房子。方欣华的妹妹在未出嫁前和母亲住在一起,妹妹出嫁就在村子里,住得离母亲很近的,但是,并不在一起。

个案18:毕佳玲、邱志辉一家

毕佳玲和邱志辉因为同学聚会而认识,2002年结婚,同年生孩子。当时住在租的房子里,毕佳玲的公婆马上过来照顾怀孕的毕佳玲。中间离开了一段时间,又回来一直到2004年,孩子半岁多。由于邱志辉的大哥又生了第二胎,公婆离开上海回老家照顾大哥家的两个孩子。毕佳玲的母亲随之到上海来照顾,一直到2006年10月回老家。

个案19:叶玲玲一家

叶玲玲,知青子女,读大学的时候回到上海,住在大舅舅家,一直到2003年出嫁。出嫁后先是住在婆家,等期房拿到手,装修好以后,2005年就搬入新家,叶玲玲的妈妈也随之搬入新家。搬入新家时,叶玲玲的儿子已经八个多月。叶玲玲的妈妈很早就因为大弟弟(即大舅舅)生病而到上海,叶玲玲的爸爸一直到2007年退休才来到上海,中间有很长一段时间两地分居。

个案 20:谭敏、阎刚一家

1994 年因为工作关系阎刚谭敏认识了。1997 年结婚,结婚是香港回归那一天。

刚刚结婚的时候谭敏还是住在娘家,阎刚住在单位的宿舍里。因为谭敏的娘家房子就一室半,很小很小的,都没有厅的。两人也从来没有考虑过住到谭敏娘家。

一直到 1999 年分的房子装修好,就正式入住进来,2000 年 10 月份,珂珂出生。刚搬入新家时,一开始的时候谭敏的父母没有立即住进来,而是周末的时候过来一下,后来谭敏怀孕了以后才过来的。谭敏父母的房子,一开始空关了一段时间,他们偶尔还要回去看看。后来就找了个房客租掉了,基本上就不怎么过去了。

个案 21:贾妮一家

2003 年结婚,住入公婆家。

个案 22:王艾尔一家

艾尔研究生期间就结婚了,2003 年结婚,2005 年生孩子。艾尔妈妈在艾尔怀孕三四个月(2004 年)的时候就过来了。目前艾尔家住了父母、艾尔丈夫的外甥女、艾尔的弟弟。

个案 23:薛蒂一家

薛蒂原来在湖北结婚,1999 年 3 月 20 日生了个儿子。怀孕 6 个月的时候,他们就把婆婆接到了工作的地方沙市,这既不是薛蒂的老家也不是张斌的老家。生孩子的时候,回到了婆婆家,哺乳假结束后,带着婆婆一起回到沙市。婆婆一直帮忙照顾孩子。后来,老公到国外工作,薛蒂也是和婆婆一起生活。2002 年,薛蒂因为工作调动到了上海,而这个时候,张斌也因为工作在国外。张斌回国的时候,就直接到了上海。薛蒂和张斌住在一个单位分配(随后买下来)的小房子里,只有 83 个平米。那个时候,孩子跟着奶奶回到了湖北。2003 年买了现在居住的三室一厅的房子，2004 年把房子装修好以后，把孩子和婆婆都接到了上海。薛蒂的妹妹也在这个房子中住了很长一段时间，2007 年 3 月才搬出去。2007 年，薛蒂的妈妈到上海和他们住在一起，而薛蒂的爸爸已经过世了。

个案 24：许立萍一家

刚到上海的时候，许立萍和丈夫住在单位的宿舍里，2002 年买了房子，2003 年 10 月搬入新家。2003 年 6 月 6 日，许立萍的妈妈就到了上海，6 月 11 日，孩子出世。基本上就是要生了，把妈妈接过来，后来爸爸 2004 年再过来。

个案 25：阎林建一家

2002 年阎林建和阎太太结婚，2006 年 3 月阎太太的母亲到上海来照顾女儿和即将出世的外孙女，一星期后，外孙女出生。但是由于阎林建和丈母娘关系处得非常差，2006 年 10 月，原来准备常住的丈母娘回到了老家，并且估计以后都不会再来了。

目前孩子由小两口自己带，阎林建从老家找了个小保姆过来，做家务和带孩子。

个案 26：韩年富一家

1985 年结婚就和父母同住，1986 年一同搬入动迁房。

个案 27：谢恬一家

谢恬和谢先生 1994 年结婚，搬入男方家，和男方父母住在一起。1996 年生了女儿，2007 年访谈时，已经 11 岁了。

个案 28：刘天明一家

1986 年刘天明和刘太太结婚，住进了 1965 年分配给刘天明父母的一套两室户中，和刘天明的父母一直居住在一起。

个案 29:秦琴一家

2005 年结婚,2006 年生孩子,公婆入住。

个案 30:李怡晖一家

2002 年结婚,租了房子,2003 年搬入新买的房子,2005 年生孩子。2005 年 6 月父母过来三个月照顾孩子的出生,期间公婆也来了一个月。在月子期间,因为两亲家聚头不是很和谐,公婆离开。三个月后,由于大孙女需要照顾,李怡晖的父母又离开了,李怡晖的婆婆又过来,一直居住在上海,而公公两边跑。

个案 31:庄志强、木雪蓉一家

2002 年结婚,2003 年生育一女,一直一家三口居住,但是吃饭和公婆等一个 11 人的大家庭一起吃饭。

个案 32:许强、曾馨仪一家

2003 年结婚,2004 年生孩子,在第一年中,父母来来往往变动很多。

2003 年结婚后,曾馨仪很快地怀孕了,2004 年生下儿子。双方父母都住得很近,一开始都来帮忙。这边住得最多的一次是 7 个人,6 个大人一个婴儿,2006 年后,开始稳定下来。目前(一直到 2009 年最后一次见面还是如此),周一到周五是曾馨仪的父母在许强家帮忙,晚上,曾馨仪的父亲回自己的家,曾馨仪的母亲住下来;周末是许强的父母住过来,帮忙。周末经常是许强的父亲接送孩子到各种兴趣班。

个案 33:卫静一家

2001 年结婚,2003 年,因为家庭问题,把母亲接到了上海,8 月份怀孕,母亲一直居住到现在。

个案34:局长一家

2001年买新房子,2003年入住,2004年儿子结婚,一起住在这套房子里。

个案35:鹏鹏一家

2002年买好房子,2003年鹏鹏父母结婚。鹏鹏母亲怀孕后,鹏鹏外婆马上住进来。一直到现在。

个案36:莉莉一家

莉莉父母1996年结婚,一直和莉莉的爷爷奶奶生活在一起。2008年,莉莉爷爷过世。

个案37:欢欢一家

2003年结婚,搬入新家,欢欢爷爷奶奶随着欢欢妈妈怀孕而搬入新家,一直共同居住到现在。

个案38:强强一家

1986年结婚,和父母长期居住在一起,但实际上是两个分开的家庭,媳妇与男方父母多年不来往。

个案39:苏菲一家

2006年结婚,住到婆家四个月,后住到婆家之前就买好的婚房,晚上到婆家吃饭。2007年怀孕后又流产,苏菲母亲住到她家近半年,2009年生孩子,婆婆和妈妈都来照顾,因为矛盾,妈妈又离开。2009年11月一个人住到娘家,2010年3月份回自己家。

个案40:费瑞一家

2002年结婚,2003年费瑞父母一起住进来,2005年生孩子。与女方父母一起住到现在。

个案 41:刘凤一家

刘凤 2000 年结婚,2001 年买房子,2002 年生下了女儿。

孩子出生到 2 个月住在母亲家,等到 2 个月以后刘凤就白天在母亲家,晚上抱着女儿一起回自己的家了;等到女儿一岁又抱去爷爷奶奶家,周末再抱回来;然后 1 岁半的时候反过来了,工作日到外公外婆家,星期六、星期天再抱回来。等到孩子 2 岁半的时候,上中班了,又倒过来,刘凤从星期一带到星期五,周末外公外婆带。

个案 42:米菲一家

米菲和米先生 2003 年结婚,2004 年生孩子,一开始的三个月是婆婆住过来帮忙带,但是因为婆媳矛盾,之后就由米菲的妈妈帮忙带孩子(没有入住,两家人住得很近),孩子三岁左右,公婆一年中隔两个月来住两个月。一年中,公婆半年住在米菲家。

个案 43:柳荷一家

柳荷 2001 年认识了柳先生,2003 年结婚买房,2004 年育有一子。结婚之前,因为柳荷工作的地方离自己家很远,因此住在单位提供的宿舍,结婚后,柳荷父母、柳荷三口之家和柳荷弟弟小夫妻 7 人住在四房三厅的复式房中。2006 年,因为剧烈的家庭矛盾,柳先生搬了出来,独立居住,小夫妻两人在离婚的边缘。

个案 44:欧莉一家

2003 年 10 月,欧莉和强尼结婚后,只住了一个月的新家(吃饭还是到父母家吃饭的),然后欧莉就回到了父母的家住。欧莉住的房间就是她结婚前的房间。欧莉的丈夫平时住单位,周末和欧莉碰面,然后两人一起回到“自己的家”。这样的生活一直持续到现在。典型的周末夫妻。

个案45:曾莹一家

曾先生与曾莹1998年在武汉认识,1999年底结婚,2001年毕业后双双来到上海工作。2005年生有一子,2005年,曾莹的叔公入住,帮忙带孩子。

个案46:姚华一家

2005年姚华结婚后,就住在丈夫之前就买好的房子里,每天晚上到公婆家吃饭,然后散步回家。2007年生好孩子后,姚华还是住在自己的家,姚华的婆婆每天早上八点到姚华家,带来早点和要做的菜,然后帮忙一起照顾孩子。晚上八点左右,吃好饭再走回家。流动的主体变动了。

姚华刚结婚的时候,我们到她家去,她说他们的厨房是用来烧水的,基本不开火;而现在姚华说,“婆婆家的厨房成了摆设”。

附录 3：参与年轻夫妻年龄图

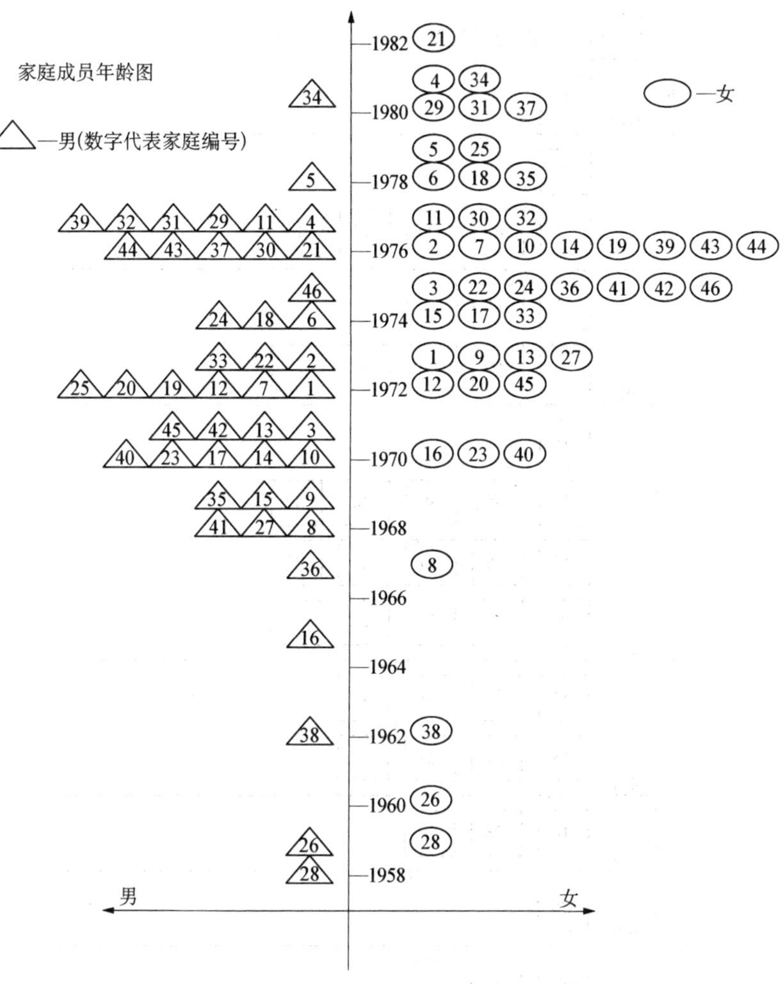

附录4：夫妻年收入图

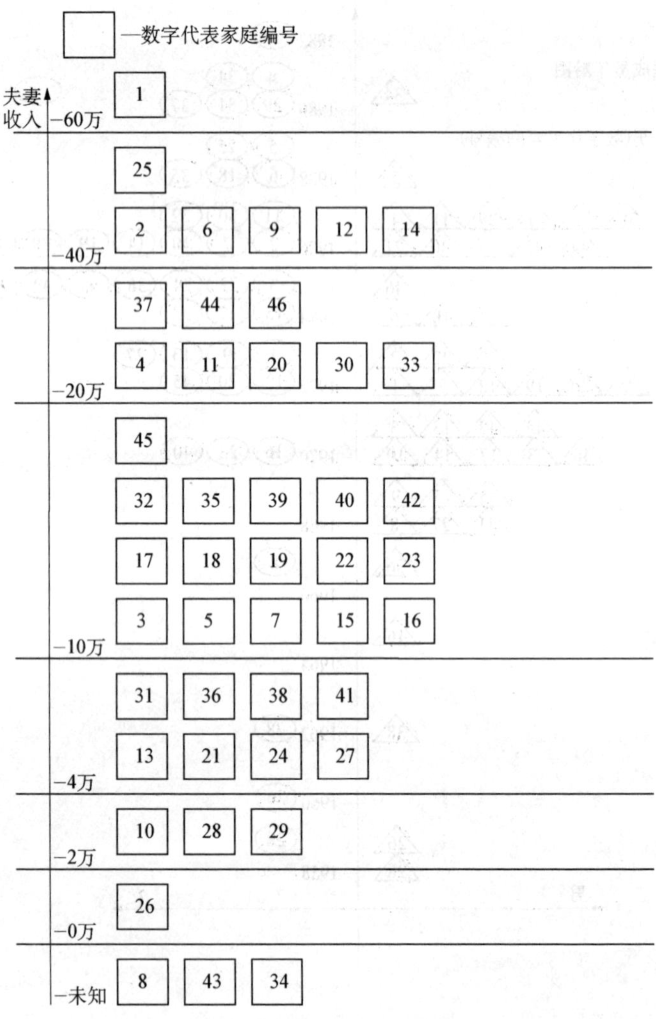

—数字代表家庭编号
夫妻收入
—60万
1
25
2
6
9
12
14
—40万
37
44
46
4
11
20
30
33
—20万
45
32
35
39
40
42
17
18
19
22
23
3
5
7
15
16
—10万
31
36
38
41
13
21
24
27
—4万
10
28
29
—2万
26
—0万
—未知
8
43
34

后　　记

从2006年确定以上海家庭为我的研究主题到现在，已经足足走了六年，在这六年中，我有两次彻底放下了我的博士论文，觉得自己走进了死胡同，再也走不出来，当时的沮丧和烦躁到今天还有影响。我不能想象，在漫长而纠结的六年中，如果没有师长、朋友和家人的鼓励与支持，我如何能够挺过这段日子，完成我的博士论文，最后修订成书。所以，这里要感谢曾经帮助过我、支持过我的师长朋友和家人，这种感激不仅仅是源于事业的追求，更重要的是，正是因为有师长、朋友和家人在这一特殊阶段对我的支持，让我感受到了生活的丰富、厚重与多彩。

首先，一定要感谢我的导师张乐天教授。张老师对于我研究方向的把握一直给予不断地修正和指导，尤其是每次和他讨论论文时，张老师充满兴趣的闪光的眼睛，让我在迷茫的时候一次又一次地被感染，然后坚定地走下去。张老师对学术的热情和精确的专业水准是我学术道路上的“兴奋剂”，每次遇到学术问题，他不仅能快速给予我精准的学术指导，并且能够用他对学术的热爱让我再度产生为“知识”燃烧的激情。

其次，要感谢阎云翔教授和潘天舒教授。我论文的两个关键转折点都是因为阎老师的几个问题，使我发现了我原来强调的扩大-核心家庭概念的矛盾之处和前提假设的不靠谱，并寻找到新的理论力量：个体化。阎教授对于家庭研究和中国研究的学术脉络之清晰和深度使得我少走了很多弯路，并让我感受到理论的意义和乐趣。

潘天舒教授就像一个生动的图书馆，任何一个问题丢过去，总能得到即时的检索信息，其信息之快、之准、之权威让我佩服得五体投地。潘教授还花费了大量的时间帮我推敲写作风格、引用文献、论文结构等，并且在我不知道如何进一步写论文的时候，及时指出我文章中的闪光点，让我恢复信心。

再次，我一定要深深地感谢刘欣教授和程远、韩雪辉夫妇。刘老师在方法论上给了我很多的帮助，尤其是我一开始遇到定量数据处理难题时，刘老师在百忙中，花费了好几天帮忙转换数据、计算。在我论文初稿出来后，刘老师又逐字逐句地修改我文章的某些段落，指导我更好地运用学术语言。

程远、韩雪辉夫妇则在他们最为忙碌的时候：出国的前两星期和回国后一星期帮我处理定量数据。虽然，最后在论文中我舍弃了几乎所有的定量数据，但是，在定量数据上花费的时间和精力同样是非常多的。程远和韩雪辉夫妇不仅没有怨言，而且还成为了调节我情绪的最好朋友，他们理解我写论文时的急躁和沮丧，常常请我吃丰盛大餐来减缓我的压力，效果很明显。

第四，要感谢学院领导彭希哲院长和严峰书记允许我去美国哈佛访学，让我有机缘结识华琛夫妇（James L. Watson and Rubie S. Watson）、怀默霆（Martin Whyte）和傅高义（Ezra F. Vogel）。

华琛夫妇是我在美国哈佛燕京学社访学时的导师，他们对我博士论文提出来一系列的有深度的问题使得我彻底重写了我的博士论文，走出了单线进化论的框架，开始尝试面对和处理多元的家庭现状。不仅如此，他们通过日常生活中很多的细节追问，让我感受到"跨文化"视角的魅力，使我虽然常常处于沮丧中，但是从来不曾熄灭我对我的博士论文的激情。华琛夫妇还介绍我认识了他们的一部分优秀的学生，如Jeanne Shea、Vanessa Fong、Nicole Newendorp、Eriberto P. 、Lozada Jr、张敏等，他们都成为了我的良师益友，给我的论文提了不少有用的建议，这里一并感谢，我相信未来我们彼此之间还会有很多的合作和互相促进。

怀默霆和傅高义每月一次的中国社会学"家庭会议"也让我受益匪

浅，不仅让我在美国享受了美味的中餐或西点，还得到了很多的学术供养，尤其是给我机会，把我的博士论文作为某次会议的主题，参加者给我的评论，尤其是两位老师的评论和指导对我很有帮助。在这之后，两位老师也一直关心我博士论文的进度。惭愧的是，一直到回国，我还没有完成论文。

在美国的日子里，虽然论文进展不大，但是有关论文的讨论对我回国后形成文字很有帮助，燕京的同仁们：李若虹、刘志军、王冠玺、魏泉、魏长宝、楚国飞、学愚、朱健刚等领域与社会学、人类学相近的学者也给了我很多的帮助。在燕京的岁月成为了我成年后最美好的一段记忆，真正是"岁月静好"，以至于我现在还常常怀念。

第五，感谢瞿铁鹏、周大鸣、Carol J. Boyd、Judith Stacey、Deborah Davis、纳日碧力戈、徐安琪、麦岗、张静、周怡、王金玲和郑丹丹等教授，他们每个人都抽出特别的时间就我博士论文的方法和理论对话给了我一定的指导和启示，让我受益匪浅。

第六，我要把我最真挚的感谢给予章平、易臻真和参与者们。易臻真和章平为我引荐了好几位参与者，并且常常陪同我访谈。而那些真正的幕后英雄：我的访谈对象即参与者们，虽然限于伦理，我无法把他们的名字一一罗列，但是在我的心底，我牢牢记得每一个人的名字、形象和他们的家，正是因为有了这些愿意坦诚心扉和我分享他们故事的参与者才有了这一博士论文的基础。我到现在还记得参与者给我打印体现"三夹板"心声的歌词；记得参与者详细填表格时的认真劲儿；记得参与者对我的热情款待……

最后，我最要感谢也最愧疚面对的是我的家人。我母亲吴根妹三十多年如一日地照顾我，这次不仅承担所有的家务和照顾我儿女的重担，还帮我联系老年访谈者，并且常常向我汇报小区中老年人的心声，让我的研究视角以最方便的方式延伸到老年群体中。我觉得我妈妈完全可以成为一位优秀的研究者，因为她感觉敏锐、喜欢学习又擅长交往。而我的父亲沈林坤给了我开朗的性格和总能恢复的信心，并且做到随叫随到，在我写论文的紧要关头丢下工作到上海来帮忙。

我的丈夫商建刚既是我生活的物质保障也是我的精神偶像，他给了我一个舒适的家，让我可以安心做学问而不用管柴米油盐醋；同时，他在精神上给我很多的指引，让我可以依靠并且能够不断得到提升。如果没有他，我相信我的人生一定不会走得像今天这样从容和潇洒，是他让我一直感觉自己生活在童话世界里。还要感谢他给了我一双可爱的儿女，让我觉得自己如此幸福，人生可以这样满足。

在最后撰写博士论文期间，我的脾气变得很差，感谢我的家人容忍我，并且想尽方法让我心情舒畅。正是因为有家人的宠爱和呵护，导致我竟然在写博士论文期间胖了四斤！

六年时间不算长但是也不算短，从女儿两岁多到现在女儿八岁儿子三岁多，我的人生走过了一个新的阶段，博士论文是我的第三个孩子，虽然有些难产，但好歹生出来了，现在，经过两次推倒重来和若干次修修补补，它成为了一本书，摆在了您的面前。

文章出现的闪光点都来源于师长们的指导，而其中的缺点和不足全部是因为我自身学疏才浅导致的，我负一切责任。

图书在版编目(CIP)数据

谁在你家:中国“个体家庭”的选择/沈奕斐著. —上海:上海三联书店,2022.12 重印
ISBN 978 - 7 - 5426 - 6666 - 6

Ⅰ.①谁… Ⅱ.①沈… Ⅲ.①家庭问题—研究—中国 Ⅳ.①D669.1

中国版本图书馆 CIP 数据核字(2019)第 071285 号

谁在你家——中国“个体家庭”的选择

著　　者 / 沈奕斐

责任编辑 / 杜　鹃
装帧设计 / 一本好书
监　　制 / 姚　军
责任校对 / 张大伟

出版发行 / 上海三联书店
(200030)中国上海市漕溪北路 331 号 A 座 6 楼
邮购电话 / 021 - 22895540
印　　刷 / 上海惠敦印务科技有限公司

版　　次 / 2019 年 6 月第 2 版
印　　次 / 2022 年 12 月第 5 次印刷
开　　本 / 640×960　1/16
字　　数 / 360 千字
印　　张 / 27.75
书　　号 / ISBN 978 - 7 - 5426 - 6666 - 6/C · 583
定　　价 / 68.00 元

告读者,如发现本书有印装质量问题。请与印刷厂联系 021 - 63779028